教育部高等学校旅游管理类专业教学指导委员会规划教材

展览会组织与运营

ZHANLANHUI ZUZHI YU YUNYING

◎ 蔡清毅 等 编著

重庆大学出版社

内容提要

一个成功的展览会,既是一种系统的策略思考过程,也是具体实施方案的设计和细致的组织实施过程。对于运营主体来说,展览会本身就是一种牵涉企业整体经营系统的持续性的策略活动。

本书选择一种以决策为导向的视角,即以管理为导向的视角来介绍展览会重要决策阶段的行为,目的就在于讲述如何成功地开发和组织一个展览会,并通过有效的运营与管理,实现展览会的品牌化和可持续化发展。展览会的组织与运营不仅注重操作,强调其执行层面的价值;还要全面系统地研究展览会整体产品的设计、策划、流程、组织,注重整体运作,强调其战略层面的价值;同时,在生命周期里展览会还要经历竞争、时间、市场和环境的博弈过程实现自身成长,强调其可持续的价值。本书从这样的认识出发,系统梳理展览会作为 special event 产业中的特殊活动——"会"的特殊性,重新探讨展览会组织运营的概念、研究对象和职能内容,深入展览会项目的组织管理的核心内容,聚焦于展览会的项目开发、计划、市场组织、现场组织和收尾工作的操作性流程,更是强调从产品开发和品牌运营、组织资源运营、国际化和资本运营、技术和信息化策略等层面建构展览会项目持续发展的企业运营管理体系,教材里开创性地对项目组织中风险管理、合同管理和所有权保护等专项工作进行探讨。本书坚持实事求是和基于理论学习结合实际运用的原则,力求资料引用准确无误,案例典型新颖,具有可读性,核心知识更以流程化、图表化进行阐述,除了导入案例之外,每章后有本章小结、复习思考题、延伸阅读,以便拓宽视野,引发思考,提供综合训练的方向和技能提升的方式。总之,该教材的撰写,旨在帮助读者把握展览会运营管理的总体策略方向和系统的规划组织流程,同时注重组织展会各个环节具体方法的运用,并能关注不同条件下,展会组织运营的方案设计、执行、效果监控。

本书可操作性强,内容翔实,特色鲜明,也在同类书籍中试图有所新意,既可作为高等院校会展经济与管理专业及相关专业的研究生、本科生教材,也可作为会展专业人员的工作参考书。

图书在版编目(CIP)数据

展览会组织与运营 / 蔡清毅等编著. -- 重庆:重庆
大学出版社,2022.3
教育部高等学校旅游管理类专业教学指导委员会规划
教材
ISBN 978-7-5689-3082-6

Ⅰ.①展… Ⅱ.①蔡… Ⅲ.①展览会—组织—高等学
校—教材②展览会—运营—高等学校—教材 Ⅳ.
①G245

中国版本图书馆 CIP 数据核字(2021)第 242081 号

教育部高等学校旅游管理类专业教学指导委员会规划教材
展览会组织与运营
蔡清毅 等 编著
策划编辑:尚东亮

责任编辑:夏 宇 版式设计:尚东亮
责任校对:谢 芳 责任印制:张 策

*

重庆大学出版社出版发行
出版人:饶帮华
社址:重庆市沙坪坝区大学城西路 21 号
邮编:401331
电话:(023) 88617190 88617185(中小学)
传真:(023) 88617186 88617166
网址:http://www.cqup.com.cn
邮箱:fxk@ cqup.com.cn(营销中心)
全国新华书店经销
重庆华林天美印务有限公司印刷

*

开本:787mm×1092mm 1/16 印张:26.5 字数:631千
2022 年 3 月第 1 版 2022 年 3 月第 1 次印刷
印数:1—3 000
ISBN 978-7-5689-3082-6 定价:68.00 元

编委会

总序

一、出版背景

教材出版肩负着吸纳时代精神、传承知识体系、展望发展趋势的重任。本套旅游教材出版依托当今发展的时代背景。

一是落实立德树人这一根本任务，着力培养德智体美劳全面发展的中国特色社会主义事业合格建设者和可靠接班人。以习近平新时代中国特色社会主义思想为指导，以理想信念教育为核心，以社会主义核心价值观为引领，以全面提高学生综合能力为关键，努力提升教材思想性、科学性、时代性，让教材体现国家意志。

二是世界旅游产业发展强劲。旅游业已经发展成为全球经济中产业规模最大、发展势头最强劲的产业，其产业的关联带动作用受到全球众多国家或地区的高度重视，促使众多国家或地区将旅游业作为当地经济的支柱产业、先导产业、龙头产业，展示出充满活力的发展前景。

三是我国旅游教育日趋成熟。2012年教育部将旅游管理类本科专业列为独立一级专业，下设旅游管理、酒店管理、会展经济与管理3个二级专业。来自文化和旅游部人事司的统计，截至2017年年底，全国开设旅游管理类本科的院校已达608所，其中，旅游管理专业501所，酒店管理专业222所，会展经济与管理专业105所。旅游管理类教育的蓬勃发展，对旅游教材提出了新要求。

四是创新创业成为时代的主旋律。创新创业成为当今社会经济发展的新动力，以思想观念更新、制度体制优化、技术方法创新、管理模式变革、资源重组整合、内外兼收并蓄等为特征的时代发展，需要旅游教材不断体现社会经济发展的轨迹，不断吸纳时代进步的智慧精华。

二、知识体系

本套旅游教材作为教育部高等学校旅游管理类专业教学指导委员会（以下简称"教指委"）的规划教材，体现并反映了本届教指委的责任和使命。

一是反映旅游管理知识体系渐趋独立的趋势。经过近30年的发展积累，旅游管理学科在依托地理学、经济学、管理学、历史学、文化学等学科发展基础上，其知识的宽度与厚度在不断增加，旅游管理知识逐渐摆脱早期依附其他学科而不断显示其知识体系成长的独立性。

二是构筑旅游管理核心知识体系。旅游活动无论作为空间上的运行体系,还是经济上的产业体系,抑或是社会生活的组成部分,其本质都是旅游者、旅游目的地、旅游接待业三者的交互活动,旅游知识体系应该而且必须反映这种活动的性质与特征,这是建立旅游知识体系的根基。

三是构建旅游管理类专业核心课程。作为高等院校的一个专业类别,旅游管理类专业需要有自身的核心课程,以旅游学概论、旅游目的地管理、旅游消费者行为、旅游接待业作为旅游管理大类专业核心课程,旅游管理、酒店管理、会展经济与管理3个专业再确立3门核心课程,由此构成旅游管理类"4+3"的核心课程体系。确定专业核心课程,既是其他管理类专业成功且可行的做法,也是旅游管理类专业走向成熟的标志。

三、教材特点

本套教材由教育部高等学校旅游管理类专业教学指导委员会组织策划和编写出版,自2015年启动至今历时3年,汇聚了全国一批知名旅游院校的专家教授。本套教材体现出以下特点:

一是准确反映国家教学质量标准的要求。《旅游管理类本科专业教学质量国家标准》既是旅游管理类本科专业的设置标准,也是旅游管理类本科专业的建设标准,还是旅游管理类本科专业的评估标准。其重点内容是确立了旅游管理类专业"4+3"核心课程体系。"4"即旅游学概论、旅游目的地管理、旅游消费者行为、旅游接待业;"3"即旅游管理专业(旅游经济学、旅游规划与开发、旅游法)、酒店管理专业(酒店管理概论、酒店运营管理、酒店管理案例分析)、会展经济与管理专业(会展概论、会展策划与管理、会展营销)的核心课程。

二是汇聚全国知名旅游院校的专家教授。本套教材作者由教指委近20名委员牵头,全国旅游教育界知名专家和教授,以及旅游业界专业人士合力编写。作者队伍专业背景深厚,教学经验丰富,研究成果丰硕,教材编写质量可靠,通过邀请优秀知名专家和教授担纲编写,保证了教材的水平和质量。

三是"互联网+"的技术支撑。本套教材依托"互联网+",包括线上线下两个层面,在内容中广泛应用二维码技术关联扩展教学资源,如导入知识拓展、听力音频、视频、案例等内容,以弥补教材固化的缺陷。同时,也启动了将各门课程搬到数字资源教学平台的工作,实现网上备课与教学、在线即测即评,以及配套老师上课所需的教学计划书、教学PPT、案例、试题、实训实践题,以及教学串讲视频等,以增强教材的生动性和立体性。

本套教材在组织策划和编写出版过程中,得到了教指委各位委员、业内专家、业界精英以及重庆大学出版社的广泛支持与积极参与,在此一并表示衷心的感谢!希望本套教材能够满足旅游管理教育发展新形势下的新要求,为中国旅游教育及教材建设开拓创新贡献力量。

教育部高等学校旅游管理类专业教学指导委员会

2018年4月

前言

展览会的策划、组织和运营是一门实践性很强的课程,学习者仅从概念理解认知角度学习,只能达到初级的理解。如何通过教学让学习者在展览会组织与运营活动方面的策略思考和相关方法的运用能得以系统和科学训练,是评判教材或著述的根本标志。

理论学习结合实际运用是应用性学科的最高原则。但如何做到这一点,理论界、教育界和业界长期"各具立场"。为此,一本教材需要把握展览会运营管理的总体策略方向和系统的规划组织流程,同时注重组织展会各个环节具体方法的运用,并能关注不同条件下,展会组织运营的方案设计、执行、效果监控。这是展会市场运营实践发展的需要,也是会展教育因应市场、深入思考和沉淀的结果。本教材从开始设定为"编"到写作过程中几乎为"著"。这样的转变,对于个人和团队来说都是挑战,也是有创新性的尝试。但结果如何,只能在使用过程中去发现。其实,我们也做好"被拍砖"的各项准备了。

本书共14章,分属四大板块,分别阐述展览会组织运营的基本原理、展览会组织、展览会运营以及不同所有权的展览会运营案例。

第1编为展览会及其理论基础,包括第1章和第2章,以"会"这一特殊活动出发对展览会多姿多彩的历史类型性质进行阐述,试图对展览会功能性质进行定性,并探讨了会展在现代生活中的作用和影响。而后分析展览会是如何运作的,其组织和运营的基本原理何在。

第2编为展览会组织,进入展览会项目组织管理的核心内容,包括第3章至第9章,是涵盖展览会项目的开发、计划、市场组织、现场组织、收尾与评估等基础性操作的指南,并研究了展览会组织过程中必须时刻把控的风险管理、合同管理与所有权保护等专项性工作。

第3编为展览会运营,研究要获得展览会永续经营而涉及展览会组办方的经营管理支持系统,包括第10章至第13章,主要内容为展览会产品开发与品牌运营、展览会组织资源运营、展览会运营国际化与资本运营策略、展览会技术与信息数字化策略等。

第4编为展览会实务案例,以展览会所有权的视角,探讨不同展览会模式下不同类型的展览会组织运营的规律,并将在后续中为读者(订书者)提供实务性综合案例。

"教育以学生为本"。笔者认为当今制约会展教育的瓶颈之一就是教科书,教科书是大

多数学生的重要资源。从终端使用者的需求出发进行编撰,就成为本书的特点:

①坚持想法—办法—方法三位一体的讲述体系。在现实工作中,成功的展览会项目和品牌活动,既是一种系统的策略思考过程,也是具体实施方案设计和细致的组织实施过程,两者关系体现了展览会组织与运营的"策略为先,执行为本"的特点。我们经常提及的"思路决定出路"的观点,也体现了方向、方式和方法之间的关系。

②坚持实战化的项目管理流程,揭示出一个程序合理、结构井然的展览会组织运营的整合步骤和内容。基于理论学习结合实际运用的原则,本书强调操作方法的学习运用,更注重思维方法的训练,并为之揭示工具的使用。为揭示这种流程和给予学习者流程性思维方式,在行文中尽可能地图表化知识和工作模块任务,并在每一章后附有本章小结、复习思考题、延伸阅读和参考文献,以便拓宽视野,引发思考,提供综合训练的方向和技能提升的方式。

③深度案例和操作要点担纲。在教材中,以"开篇案例"的方式深度剖析完整性案例并以"延伸阅读""案例拓展"提供案例思考和操作要点性材料,让案例和理论延伸能指导实战性应用。坚持展览会尤其展览业是城市经济不可或缺乃至于最具显示性的产业平台观点,教材中案例深入实践,且都是一手采写,尽可能以厦门作为目的地城市对展览项目进行剖析和解读,使得学习者能将所学的方法运用到实践中去,具有分析问题的基本思路和解决问题的基本素质。

本书是团队合作的成果,参与编写的有蔡清毅、张金祥、金亦林、张晶、蔡在养等。第6章由东海学院张金祥执笔,第9章9.2节由德国冠科律师事务所金亦林执笔,第13章13.2、13.3节由原厦门理工学院张晶执笔,31会议、厦门共创公司、厦门投促中心等单位为本教材编写提供了部分案例和相关的素材。其他章节和相关案例均由蔡清毅撰写。全书由蔡清毅统稿。

本书在撰写过程中,参考了大量文献资料,谨向编撰这些文献资料的专家深表谢意,同时尽量在引用中列出,如有遗漏,深表歉意!2015年笔者在厦门市会议展览事务局挂职锻炼长达10个月,从2008年起厦门理工学院作为厦门市会展协会副会长单位,这使得我们能深入会展产业链和生态圈中进行近景观察和贴境研究。会展局、协会、各展会组办方、会展活动行业及品牌管理咨询业相关链条上的组织和企业,多年为我在会展(业)管理、品牌策略研究方面提供了很好的研究机会和实证条件。特别感谢重庆大学出版社的编辑,他们耐心细致和富有成效的工作为本书出版提供了有力支持。十六年会展教学过程中,受到帮助无数。这里特别感谢厦门市会展局原局长王琼文、厦门市会展协会会长郑智、厦门国贸会展总经理邱国跃、厦门文广会展原总经理陈文水、厦门中机重联总经理蔡在养、厦门建发思尔福总经理陈志福、厦门理工学院文化产业与旅游学院各同仁、上海对外经贸大学王春雷、会E人创始人武君、上海后博信息科技公司总经理于业军、31会议CEO万涛……及十六年来听我课程的所有厦门理工学子。

由于作者水平有限和实践的快速发展,书中的缺憾和不足在所难免,恳请业界方家、学界同仁及广大读者不吝批评指正！同时，在行文过程中，尽管也试着把相关成果在教学中验证，但却没有完整地受到来自学生和业界的针对性的"评判"；另外，本教材企图为企业组织和运营提供一种相对基础且实用的方法指导，在思考模式和运用方式上仍然需要结合不同行业、企业、展览会项目的实际运用进一步验证和完善，也请使用的同仁、准会展人及行业人给予批评指正。我的电子邮箱是 caisir@126.com，欢迎联系。

蔡清毅

2022 年 1 月

目 录

第 1 编　展览会及其理论基础

第 2 编　展览会组织

第 3 编　展览会运营

第4编　展览会实务案例

第 1 编
展览会及其理论基础

第1章
展览会的性质与功能

【本章导读】

1.了解"会"的本质和特征；

2.正确理解展览会的定义与特征；

3.掌握展览会的主要形式；

4.掌握展览会名称的构成及命名方法；

5.了解展览会的主要分类；

6.理解展览会的性质；

7.掌握展览会的功能及作用。

理解正在管理的对象并清楚所要做的事情,是走向成功的必经之路。

——蔡清毅

每一次会展都是人类进步的真实而生动的写照。

——艾伯特亲王

【开篇案例】

一个展览会与一座城——"9·8"投治会与厦门

亮丽的城市名片可助一个城市声名远播。如果说,鼓浪屿令厦门闻名遐迩,是老天对这座"海上花园"城市的眷顾;那么正在此间举办的中国国际投资贸易洽谈会(以下简称"投治会"),则是厦门这座现代气息浓郁的特区城市魅力长盛不衰的时代元素。设立于1981年的厦门经济特区,因台湾而设;而投治会选择在海峡西岸的厦门举办,同样与其毗邻台湾的独特区域优势不无关系。经过特区初创期开放意识的培养和浸染,1987年9月6日,厦门携手泉州、漳州、龙岩4个地市举办以"招商引资"为主题的"闽南三角区外商投资贸易会",从此拉开投治会在厦门举办的序幕。1991年,投治会经国家外经贸部批准从福建区域性洽谈会升格为口岸洽谈会。1997年再上新台阶,从福建省投资贸易洽谈会升格为中国投资贸易洽谈会。历经30余载风雨岁月磨砺的投洽会,与历经40年闯出一片新天地的厦门经济特区,可谓相互扶持,相得益彰,相映生辉。

一个展览会一座城

投洽会的发展,伴随着中国改革开放的历史进程而风生水起,也成了厦门经济特区发展的参与者和见证人。

1.城市结构的调整。"从城市规划的角度来看,'9·8'投洽会确实带来了厦门城市规模、结构和功能的调整。"厦门市规划局原局长赵燕菁说。

在过去很长一段时间内,人们脑中的厦门概念一直就是中山路一带的老城区。于是,很多城市功能的设置和市政建设都是围绕着这个老城区进行的,给老城区造成很大的地价压力。这种情况的改变就缘于"9·8"投洽会。1984年,香港会展人陈金钺先生向厦门市政府建议:利用特区的开放优势,兴建展览城,举办国际展览会,将厦门建成中国的"汉诺威"。很快,当时中国沿海地区最大的大型展览中心——一座占地1万多平方米的富山展览城便在一片水稻田中拔地而起。1985年6月25日,厦门首个国际展览会开展,来自18个国家和地区的56家企业在富山设置了200多个摊位。经济特区办国际展览会,在当时还是首创。富山由此成了厦门会展业最初上演的舞台。随后"9·8"投洽会成功举办的15年,富山共举办了近300期各种类型的展览会。会展业开始初试锋芒,为厦门特区创造直接区域经济价值15亿元,并形成了自身1.16亿元的无形资产。

会展业给厦门带来了巨大的综合效益,负责展览会工程、服务、运输以及广告的各类衍生公司随之纷纷涌现,为中外厂商推广品牌、交流协作、拓展市场提供了窗口,也为旅游、金融、交通、酒店、餐饮的兴旺和市政设施建设提供了机会。一个以富山展览城为中心的新城区就像摊大饼一样逐渐形成,既减少了老城区的地价压力,也使得厦门城市规模不断扩大蔓延,城市的结构和功能也得到了合理的调整和配置。之后随着投洽会规模的扩大,厦门市投资近12亿元人民币填海造地,建造厦门国际会展中心,首期工程于2000年9月建成启用,成为当时内地占地面积最大、展厅层高最高、单体体量最大的展馆。如今厦门会展中心室内展出面积可达10万平方米,总展出面积达18万平方米,推进了厦门城区的发展。此外,厦门环岛路的建设、岛内东部地区的开发也都是同样的道理。

"9·8"投洽会或者说是会展业使得厦门跳出了以往总是用非常高的成本来改造旧城的路子,这跟北京建设亚运村的效果相似。换句话说,懂得经营城市,可以使得城市在实现同样功能的同时,付出的成本较低。

2.投资环境的改善。调整城市的规模、结构和功能,仅仅是厦门利用投洽会这个平台经营城市的一个显著成果。厦门通过投洽会获得更多的可能要属投资环境的改善对招商引资的促进。这一点从多家全球知名跨国公司先后入驻厦门就可看出一些端倪。1998年,戴尔公司通过投洽会这个平台把它的中国客户中心落户厦门。随后通用电气、波音公司、柯达公司、松下电器等多家全球500强跨国公司的进驻,使厦门在国际市场的知名度大幅度提升。这些跨国公司多数在厦门获得了极大成功以及它们在厦门进一步投资的信心,从一侧面说明了厦门投资环境的改善。投资环境的改善,又进一步吸引了各国客商前来投资。

3.招商理念、城市文明的改变。除了投资环境的改善外,投洽会也对厦门有关部门原有的招商方式和招商理念造成了较大的冲击。为了更好地延长投洽会的效果,发挥平时的招商引资功能,厦门市外资局于2005年1月建起了"网上投资信息集散中心",这是全国第一个网上投资信息系统。值得一提的是,网上投资信息集散中心还对项目的进展实行严密跟踪,通过建立项目流失预警报告制度,力求让每个项目到厦门后都不轻易流失,即使流失也能清楚在哪个环节上出了问题,以便于总结经验。

4."利用投洽会平台来包装和推销厦门。"时任厦门市规划局局长赵燕菁说,以前招商一般都是先确定好招商项目的用途和规划,然后到投洽会去寻找投资者;而如今只是把项目包装好推介出去,然后"向市场问可以做什么",再去寻找最合适的项目用途。世界上有很多游资在寻找投资机会,而且很多游资就是直接想投资城市,而各个政府部门又不可能到处去寻找这些投资者,因此,投资商密度很大的投洽会就是一个很好的平台,可以大大降低项目推介方和投资方双方对接的成本。而政府经营城市,就是要利用城市中的桥、水电、地下管线等产品,包装出一系列的厦门品牌来吸引这些投资者,从而达到一种"推销厦门"的整体效果。

一个展览会三大平台

30多年来,投洽会打造了全球投资促进、政策研讨以及权威发布三大平台,不仅成为国际投资博览盛会,还努力打造世界投资峰会,可谓成果丰硕。

在中国国际投资贸易起步艰难的时候,投洽会已经设立跨国公司馆,全球500强企业搭建的展位总是人山人海。1998年,戴尔公司落户厦门,如今戴尔已是厦门软件和信息服务业千亿产业链的关键一环;当时世界领先的工业气体供应商——美国空气化工,经由投洽会的"牵线",与新疆克拉玛依签订合作开发天然气项目协议;澳门宝龙集团通过投洽会陆续在安庆、郑州、泰安、无锡、青岛等多个城市落地,平均每个项目投资额都超过10亿元人民币,当前开工的项目已超过20个。

伴随着中国改革开放大潮涌起,投洽会开国际投资贸易洽谈风气之先,从"一站式了解中国"到"引进来""走出去"并举,逐步迈向国际投资博览盛会,为双多边、第三方投资贸易洽谈搭建大舞台,为国际资本、世界财富开启大门,树立国际投资风向标,引领国际投资新趋势。

30多年来,全球超过200个国家和地区先后参会参展,30万名境外各界人士、3500多家跨国公司先后参会。19000多个项目签约,超过2500亿美元从投洽会进入中国市场,一大批中国企业从投洽会走向世界。

30多年来,投洽会不仅千方百计将国际资本"引进来",还持续推动"中国力量"走出去。对中国企业积蓄的"走出去"力量青睐有加,以"国际投资论坛"为风向标,投洽会如今多达100多场的论坛、研讨会、圆桌会、发布会成为每年100多个参展参会国家和地区关注的焦点。因为,在这里可以准确全面地掌握中国对外开放的权威前沿信息,真切地感受、触摸世界经济跳动的脉搏。

一个展览会一条路

投洽会成功举办30多年,浓缩了中国对外开放的历史进程,折射着大国崛起的身影,更形成了强大的引力波,被誉为"中国经验"。

投洽会自升格中国投洽会、国际投洽会以来,积极拓展资源、突出全球投资主题、主动融入国家战略,注重"创新办会"和"实效办会",每年吸引100多个国家和地区参展参会,成就了如今全球规模最大、功能最完善、最具影响力的跨国投资盛典和大步迈向国际化、专业化、市场化的世界经贸往来大平台。

借助投洽会这个大平台,争取"洽谈一批,签约一批,动工一批",是福建和厦门的经验,也是投洽会四五十个省市成员单位的成功经验。在投洽会引领下,改革开放之初的中国找到了一条"吸引外资""开拓市场"的新路子。据夏桂华统计,之后以"招商引资"为主题的展览会在中国最多时达到了100多个,一种全新的主题展览会得以诞生。如今不乏中国品牌展览会,除了"9·8"投洽会之外,东北亚投资博览会、东盟投资博览会、西部投资博览会、中部投资博览会、天津投资博览会等都为当地和区域的经济发展提供了重要的基础。

不仅如此,投洽会带动厦门成为福建乃至中国对外开放的"窗口",成为中国经济开放格局的全景展现。人们不难发现,历届投洽会的升格和主题变化,勾勒出中国开启和完善对外开放战略布局的历史进程。1997年,投洽会正式升格为商务部主办的中国投洽会,成员单位几乎覆盖全国所有的省、自治区、直辖市和国家部委。此后,投洽会紧扣时代脉搏,积极对接东部开放、振兴东北老工业基地、西部大开发、中部崛起、乡村振兴等国家战略及"一带一路"倡议等,宣传各地投资环境和投资政策,推介各地投资重点项目,推动国内国际市场的深度融合。

从这个意义上说,投洽会有力推动了"中国力量"走向世界舞台,而"中国力量"也让投洽会持续30多年的每一步越发坚定自信。

1.1 展览会的定义与特征

展览会名称繁多。准确地划分展览会对展览业的发展和展览会的效果有重要作用。展览会的名称与分类依据是展览会的本质特征(内容)和属性(形式)。

1.1.1 展览会的定义

1)展览

展示(display)一词来源于拉丁语的名词"diplico"和动词"diplicare",表示思想、信息的交流或实物商品的展览。把展示作为展览的基本特点,成为各国及各种文献的共同所在。

德国人认为展览带有展示的特性,比如它作为专业展览为各经济部门、各机构,也为生产者提供解释性的、广告性的展示服务。日本百科大全认为展览是用产品、模型、机械图等方式展示农业、工业、商业、水产等产业及技艺、学术等各个文化领域的活动和成果的现状,让社会有所了解。英国人则认为展览是为了鼓舞公众兴趣、促进生产、发展贸易,或者为了说明一种或多种生产活动的进展和成就,将艺术品、科学成果或工业制品进行有组织的展示。而我国专家也有类似观点:认为展览是一种"广义的艺术形式",是"人在物质和精神领域中所取得的各种成就的公开展示"。

按照汉语文字的字义,"展"的本意是"转动",后"展"进化出"陈列,展示"之意,"展,陈也"。如《左传·襄公三十一年》"百官之属,各展其物"。"览"的本意是"观看",如《说文》"览,观也"。《离骚》"皇览揆余于初度兮"。《汉书·扬雄传》"又览累累之昌辞"。观看又进化出"观赏"之意,如杜甫《望岳》"会当凌绝顶,一览众山小"。从这些义项考察"展览","展"是一个供给动作,"览"是一个需求动作。"展览"的真实含义是"为观看观赏而进行的展示陈列"。在此,"展"是形式,是手段;"览"才是内容,是目的。

因此,展览是通过物的集中、艺术的展示进行信息交流和经济交换的社会形式。展览就其目的和性质而言,分为经济类展览和宣传教育类展览,前者以繁荣经济、实现商业盈利为主要目的,后者以宣传教育和技艺展示为主要目的。

2)展览会

"展览"本来是一个动词,将其作为活动的一种形式而作为名词使用,是近代的事情。1649年,西方出现了"exhibition"一词,反映了展览与集市贸易的不同,是对展示、展演作为主要交流活动的认可。欧洲大型集市的发展进一步推动展览会的萌芽状态,尤其是1851年,在伦敦海德公园举办的"万国工业博览会"被后人确认为首届世界博览会。而1894年,莱比锡国际工业样品博览会召开,打破了过去现场贸易形式的束缚,使得展览会与集市、商业行为划清了界限,在贸易之外产生一种全新的独立形式——展览会。

展览会是在一定时间和空间内人、财、物、技术、信息的高度聚集的载体。会是形式,是载体,是场域,是平台;而展览已融为一体,是内容,是目的。随着社会分工的深入、展览市场的细分、组办主体的多元,展览会产生了不同的目的,也就产生了不同的形式:展销会、投洽会、博览会、交易会、展演会、展示会等。

因此,宣传教育展览(有的学者称艺术展)和展览会的区别,在于"会"①。

会作为一种特殊的活动,是在一定场域和时间条件下,汇聚相关利益人群,以场景设计为表达,以分享互动为目标,以关系链接为结果,以和合为根本目的的活动。简而言之,会是人的流动耦合的众聚行为。"会"的主要特性:

---

① 在我国,文化类展览会在名称上一般称为"展览",很少称为"展览会";反之,经济贸易类展览会,在名称上一般称为"展览会""博览会""交易会"等,鲜见称为"展览"的。这其实是有深刻道理的。

①聚合性——集聚性是会活动的主要特征。

②项目性——长期准备,一次呈现。

③事件性——计划了的能引起关注的活动。

④场景性——以场景化提供面对面的互动体验,是会的典型性特征。临时性现场是"会"项目的显著性特征。

⑤节气性——节气化的场景设计,利于气氛营造、关系的连接和情感的沟通。

1.1.2　展览会的特征

展览因经济需要而产生并发展。几千年来,展览的原理基本未变,即通过展和览达到交换协商的目的,但其形式却一直在更新。近代以来,展览会的产生使得展览成为全新的市场形式,并发展成为成熟、庞大的行业。

1) 会聚性

"会"既是基本的人类行为方式,也是人类的基本组织方式之一。如前所述,会本身具有众聚特性,这是展览会文化人类学的核心特征,没有这个特征就无从谈起会展或活动了。正是因为人的会聚,带来了展览会在短时间内特定场域"物的集中"、新技术新思想的"行业信息的集中"、产业"资金的集中"等。这样的集中,从现代经济学的角度来看,优点在于:一是信息量大,二是信息搜寻成本低,这就在最大限度上降低了市场的"交易费用"。

2) 展示性

物的艺术展示是展览活动不同于其他活动尤其是信息交流活动的根本所在。衡量一种活动是不是展览,很重要的就是看展示在其中的地位。邵培仁就认为:从某种意义上说,会聚、商议、对话和展示是不可分割的过程。

3) 融合性

随着展览会的不断发展,它已经超越了单纯的展示和贸易功能,逐步成为综合性的盛会。从企业管理学角度看,一场展览会几乎囊括了商业的活动方式,除了产品展示外,还包含各种会议和商业宣传活动。为此展览会也日益成为探讨行业发展的平台、城市营销乃至于政治外交的场域。

【延伸阅读】

会展的集聚性是会展市场的基本特征

关于展览会特征的认识,俞华曾用唯物辩证法和系统论的方法审视会展,会展具有如下十大对立统一的共轭特征:集聚性与辐射性,营利性与公益性,高效益性与高风险性,竞争性与人文性,标准化与特色化,传统性与时尚性,直观性与虚拟性,互动性与内省性,艺术性与科学性,关联性与独立性。而学者应莉雅从新制度经济学交易成本出发,认为会展市场的集聚性特征对会展市场的交易成本产生了决定性影响。在实践中,会展的集聚性是会展市场的基本特征。它表现在四个方面:

一是时空集聚。会展活动都有时间的限定,且主要以场馆为有限空间,如投洽会通常于每年的9月8日至11日在厦门国际会展中心举行,会期为4天,厦门国际会展中心为主要场馆,部分会务活动由厦门的其他酒店承揽。

二是人员集聚。会展活动在有限的时空范围内吸引来自四面八方的大量人员,包括参展商、观众、企业高层管理者、行业管理机构、政府部门、国际组织、专家学者等各个层面的参与者,如2002年在厦门举办的第六届中国投资贸易洽谈会,短短4天里,参会的境内客商有3万多人,境外客商10 107人,他们来自96个国家和地区,包括:菲律宾、日本、美国、新加坡、马来西亚、尼日利亚、印尼和英国等,与会者中一些颇具影响力的重要人物十分引人注目,如外经贸部部长石广生、苏丹国际合作部部长特克纳、著名经济学家约翰·哈里·邓宁、摩托罗拉董事长高尔文、中英贸易协会主席鲍威尔勋爵、怡和控股有限公司常务董事珀西·韦德乐、OECD的副董事长近藤诚一等。

三是信息集聚。会展通过产品展示、技术推广、媒体宣传和研讨会等活动,汇聚了来自企业创新、行业发展、产业政策、科技动向等多方面、全方位、高质量的信息。2004年第七届北京国际科技产业博览会上,有32个国家和地区的82个外国政府、企业代表团参加了科技博览活动,五场不同层面的科技经贸项目推介洽谈会和各省市开展的专场活动,汇集了1万多个技术成果转让、招商引资、技术引进等合作项目,吸引了数十个国家和全国各省市1万多人次中外客商到会洽谈。25个专题93场次的论坛和专题交流活动,有580人登台演讲,其中包括国际组织负责人、诺贝尔奖获得者、世界500强企业首脑和政府高层权威人士,境外演讲人占30%,到会听众2.8万人次,他们分享演讲人的信息和知识。

四是交易集聚。会展期间大量客商云集,各界人士汇聚,除掌握和了解信息外,其重要目的就在于要进行商贸洽谈,签订合同,实现交易。2004年第五届中国长春农业食品博览(交易)会首日共迎来参观者28万人,现场交易额达2.8亿元,2005年第九届投洽会上,各成员单位在签约中心共签订各类投资项目1 411个,总投资金额268.5亿美元,利用外资222.75亿美元,其中合同项目1 053个,总投资金额147.34亿美元,利用外资122.43亿美元,进出口贸易成交1.25亿美元。

可见,会展的集聚性就是把时空、人员、信息和交易这四个要素聚集起来,使得会展市场具有真正意义上的信息中心和交易中心的功能,尽管这个中心具有短期性和有限性的特点,但在这里发布的信息和实现的交易数量是相当可观的。

(资料来源:应莉雅. 会展市场交易成本实例研究[J].商业时代,2007(2):92-95.)

1.2　展览会的名称和类型

1.2.1　展览会名称的种类与性质

由于展览会这个词汇的范围广泛,为了较好地运用,不管中文或英文,都会通过不同的组合方式或其他的方法,对展览会的种类加以细分。

在中文里,除了展览会、展示会、交易会、展销会、博览会,还有很多名称,如博览展销会、看样订货会、展览交流会、贸易洽谈会、展评会、样品陈列、庙会、集市、墟、场、节等。在英语国家中同样如此,主要有 exhibition、exposition、show、trade mart、fair、display、presentation、launch regional……

另外,还有一些展览会使用的非专业名词,如日、周、市场、中心等,展览名称纷杂难陈。

【知识链接】

展览会的主要形式

fair(展销会)。在英文中 fair 是传统形式的展览会,也就是集市与庙会。fair 的特点是"泛",有商人也有消费者,有农产品也有工业品。集市和庙会发展到近代,分支出了贸易性质的、专业的展览,被称作"exhibition"(展览会)。而继承了"泛"特点的,规模庞大的、内容繁杂的综合性质的展览会仍被称为 fair,在传入中国时则被译成了"博览会"。因此,对待外国的"博览会",要认真予以区别:是现代化的大型综合展览会,还是传统的乡村集市。

exhibition(展览会)。从字面上理解,展览会是展示与陈列的聚会。在英文中 exhibition 是在集市和庙会基础上发展起来的现代展览会形式,也是被最广泛使用的展览会名称,通常作为各种形式的展览会的总称。从内容上看,展览会不再局限于集市的贸易或庙会的贸易与娱乐,而是扩大到科学技术、文化艺术等人类活动的各个领域。从形式上看,展览会具有专业正规的展览场馆、现代的管理组织、专业性的展商与观众等。

exposition(博览会)。exposition 起源于法国,是法文的展览会。在近代史上,法国政府第一个举办了以展示、宣传国家工业实力的展览会,由于这种展览会不做贸易,主要是为了宣传,因此,exposition 便有了"宣传性质的展览会"的含义。之后其他国家也纷纷举办宣传性质的展览会,加上法语对世界一些地区的影响,以及世界两大展览会组织:国际博览会联盟和国际展览会局的总部均在法国,因此,不仅在法语国家,而且在北美等英语地区,exposition 均被广泛地使用。

show(展示会):在英文中 show 和 display 的原意是展示,为演出式展览会,show 为动态的,display 为静态。但是在美国、加拿大等国家,show 已替代 exhibition。在这些国家,贸易展览会大多称作 trade show,而宣传展览会被称作 exhibition。随着人类活动类型的增加,其词意与应用范围也在不断扩大。如以伸展台为展示方式的时装展(fashion show),以街头演出为展示方式的路演(road show),以汽车实体为展示方式的车展(auto show),以实体展示与实际航行结合的游艇展(boat show),以飞行表演和飞机实体结合的航空展(air show)……

presentation(报告会):也称简报式展览会。这种展览会的目的不在于意见的交流或实质性的交易,而是希望通过这个场合,将组织的最新动态与最新成果向大众介绍。当然举办这样的活动的目的也具有为未来的交易或市场推动进行铺垫工作的意义在内。如概念车发表会。

launch(发布会):也称发表性展览会。指为已经成熟且可以上市销售的商品所举办的展览会。这种展览会所展示的商品基本上都已经通过各种技术验证,可以成为交易的商品。这种展览会和 presentation 一样,可以由某个组织独立举办,也可以由行业内多个厂家共同举办。

1.2.2　展览会名称构成与用法

每一个展览会都有一个名称,展览会名称反映了展览会的内容与性质,是展览会分类的重要依据。展览会名称是展览会组织者对展览会实行经营管理的内容之一。

1)展览会名称

展览会名称可分为三个部分:基本部分、限定部分和附属部分。其中主体是基本部分和限定部分。

(1)基本部分

基本部分用于表明展览会的性质和特征(表1.1)。由前面提到的展览会基本词及其衍生词和变体词构成。

表 1.1　展览会主要形式的性质和特征

名称	性质	特征
博览会	综合	内容广、规模大、展出者和参观者多的现代形式的展览会
展览会(交易会、看样订货会等)	经贸	由一个或数个相关行业参与,规模多为中小型,以贸易和宣传为主要目的的现代形式展览会
展销会	消费	由一个或数个相关行业参与,规模多为中小型,以零售为主要目的的现代形式展览会
庙会	消费为主	内容繁杂,集贸易、零售、文化、娱乐等于一体,以零售为主的传统形式展览会,多在城镇举办
市集(含集、墟、场等)	消费	以交流农副产品、土特产品、日用品为主的传统形式展览会,多在乡村举行,也常用于文创产品展示

(2)限定部分

用于说明展览会的举办时间、地点、规模、专业(题材)等形式和内容。比如:

第十一届中国厦门国际佛事用品(秋季)展览会

| 时间 | 地点 | 行业标志/标志 | 时间 | 特征 |

规模/性质

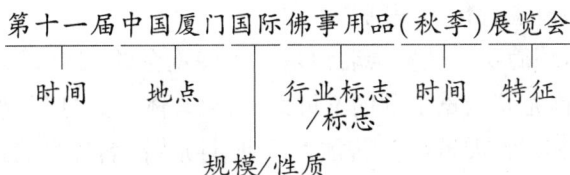

举办时间有三种表示方法:①用"届"表示。这最常见,强调展览会的连续性。②用"年份"来表示。如"2020厦门国际时尚周"。在实际使用中常常把"年"字省略,常用于刚举办的展览会。③用"季"表示。如"法兰克福春季消费品展览会"。主要根据展览会的具体题材,在一年内举办两届或两届以上的展览会。

展览会地点大多用所在城市或省、区名称表示。如"中国(厦门)国际食品博览会"。

展览会性质或范围(规模)的词主要是"国际""世界""全国""华东""省"等。用于标识展览会参展商来自哪些国家与区域,或展览会展出的展品出产地都是哪些国家或地区。

行业标识是用来表明展览题材和展品范围。这是展览会取名的关键,也是展览会策划和运营的基础。这一部分通常是一个产业的名称或是一个产业中某一个产业大类的名称,有的展览会也可以是几个相关的产业或一个产业中的几个大类。

(3)附属部分

是限定部分的补充,具体说明展览会的时间、地点等细节。最常见的是用小字标明展览会的具体时间。也有再加上具体地点、组织单位名称等。还有一种情况是展览会缩写,如中国国际投资洽谈会英文缩写为CIFIT,若放在全称之后,也视为附属部分。

2)展览会名称的应用

"名字不代表什么,名称也代表一切。"莎士比亚如是说。从品牌学的角度,品牌资产是"以品牌名字为核心的联想网络",品牌的意义首先来自品牌名字的字义。所以说品牌命名是品牌资产的前提,对于展览会来说尤其如此。

①"正名"之事非同小可。展览会名称设计是展览会项目立项的标志性工作。掌握展览会命名的规律和方法,既有利于对展览会主题创意的认识,也有助于在制订项目组织工作实施方案的过程中思考品牌建设问题。

②确定了展览会的名称也就确定了展览会的基本取向。一个好的名称就好比一张好的通行证,给展览会取名要准确、有创意,要能抓住行业的亮点和市场的特点,且要有一定发展空间。

③展览会名称的构成。展览会名称中国别/地域/所在地和展览主题、名称是不可缺少的。但展览会的届数、性质并非必备。

④展览会主题必须准确提炼,科学反映。在确定名称时,既不要太宽泛,也不要太狭窄,要有一定的容纳性。含义过宽,会使得客户对展览会产生浮夸和虚假的印象;含义过窄,会削弱展览会的影响和展出效果。主题提炼时,必须尊重相关行业的行业规范或行业习惯。如"建筑陶瓷展览会"展览主题不能用"瓷砖"。一个通行的做法是将行业协会、专业学会名

称中关于行业或专业的概念转化为展览会主题。

⑤展览会名称要精练简明。展览会名称是一个展览会的"眼睛",是对一个展览会的高度概括,一个展览会名称尤其展览主题词不可太长、太具体。如"广告喷印写真设备、标牌标识、LED 发光体产品及其技术展览会",若加上国别、性质等,名称显然过长,不利于传播。

⑥展览会运营方要重视展览会名称的品牌效应和品牌个性。尊重展览会的中文简称约定俗成的同时,注重品牌个性的塑造。国人有讲省略语的语言习惯,往往以"地名+展览主题+展或会"的格式进行提炼。如"全国糖酒商品交易会"简称"糖酒会","中国国际投资贸易博览会"简称"厦洽会"等,但有时会因为误解而无法传播展览会主题。如"投洽会"在福建省内简称"9·8",外地人往往无法理解,会以为是酒吧。因此,为体现品牌价值,对品牌名称(全称、简称或英文缩写)实施管理和设计是必要的。如英国励展公司在中国项目,简称中总刻意强调"励展"二字。

1.2.3 展览会的分类

展览会的分类比较复杂,主要考虑两个方面:一是展览会的内容,即展览的本质特征和目的,包括展览的性质、内容、所属行业等;二是展览会的形式,即属性,包括规模、时间、地点等。

展览会常见分类形式有:按性质分为贸易展览会和消费展览会,用 trade 和 customer 来区分,如 trade shows, customer exhibition 等;按内容分为综合展览会和专业展览会;按规模分为国际、国家、地区、地方展览会;按时间分为定期展览会和不定期展览会;按展览会场地分为室内展览会、室外展览会、巡回展览会、流动展览会等(表 1.2)。

表 1.2　不同类型的展览会统览

方法	标准	划分类型	定义
行业分类	国民经济部门及产业细分	按照展品内容行业归属,划分为综合展、专业展和消费展	不同的国际组织、国家对展览会的划分有所不同。主要的标准包括国际展览联盟(UFI)、英国、美国及中国的标准(见本章延伸阅读)
展览性质	展示商品种类	消费展览会(B2C 展览会)	展示针对公众和普通消费者的商品与服务,参展商通常是零售商或制造商,通常买家是消费者(终端用户)
		专业性展览会(B2B 展览会)	展示制造业所需设备和相关服务,参展商通常是产品或服务的制造商和分销商,典型的(公司)买家是相关行业的终端用户
		混合型展览会(综合性展览会)	综合上述提到的各方面,既向商业上的目标客户开放,又向公众开放

续表

方法	标准	划分类型	定义
展览大类/习惯分类	展览目的性质	宣传教育类展览会	以对公民进行宣传教育为主要目的的展览会,但不包括用于招生等商业目的的教育展
		经济类展览会	以繁荣经济、实现商业盈利为主要目的的展览会
	内容,即行业多寡	综合性展览会(综合展)	展示来自生活的各个方面,主要针对大众和公共群体
		专业性展览会(垂直展)	专注于某一个特定的贸易和商业参展商
		多行业(水平展)	展示两个领域以上的产品或服务
		公司展览会(独家展)	仅展示一家制造商、一家零售商或一个购买群体的产品或服务
	展品用途	消费品展	服装展、机械展、医用设备及耗材展,是这三类展览会的代表性展览会
		生产资料展	
		服务设备暨耗材展	
	时间间隔	定期展览会	定期有一年四次、两次、一次,两年一次、四年一次等
		不定期展览会	展览会举办视需要而定
	展览场地	室内展览会	多用于展示常规展品,如纺织展、电子展
		室外展览会	多用于展示超大超重展品,如航空展、游艇帆船展等
		巡回展	在几个地方轮流举办的展览会
		流动展	利用飞机、轮船、火车、汽车作为展出场地的展览会
	运作主体(主办方)	协会型	顾名思义,不同性质的主办主体划分为不同的展览会类型。在我国的特殊国情,还存在一种政府主导型展览会
		公司型	
		非营利展览会	
	展商或观众来源(展览规模)	国际展	理论上讲,有两个以上国家参加的展览会(如国际展览局就是如此规定)。为提高代表性展览会,国际组织和相关国家都规定了更高的标准
		国家展	非国际展览会,参展商和观众主要来自一个国家以内
		区域展	主要是吸引某一区域的展览观众
		独展	单个公司为其产品或服务举办的展览会
	时空固定与否	定点展	展出地点固定的展览会,一般时间也是固定的
		巡回展	地点和时间都不固定,但内容相同或相对固定
	方式	实物展览会	在某一展览场地上召开,包括展厅和户外地区,参展商和参观者必须亲自到现场
		虚拟展览会	在网络媒体上展示产品和服务,参展商和参观者能利用网络浏览

不太成熟的分类通常是基于一个标准,而成熟的分类则根据一系列标准对展览会进行划分。这对于展览会组织和运营方而言无疑是其增益的一个途径,既提升了行业的透明度和可靠性,也使得专门的组织、管理和运营经验得以积累和比较(图 1.1)。

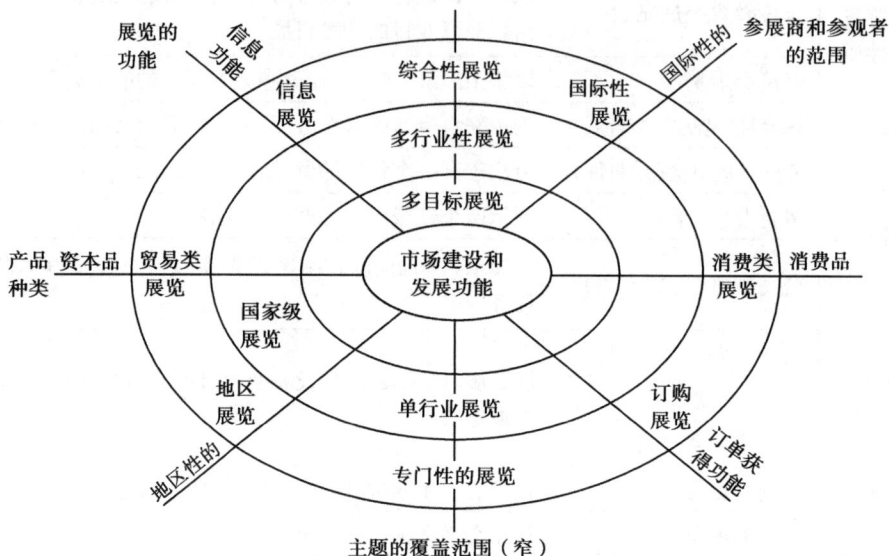

图 1.1　展览会分类的一个综合性框架

1.3　展览会的性质、功能与作用

展览会是一种既有市场性又有展示性的经济交换和社会协调形式,曾经是人类经济交换和协调对话的主渠道,如今仍是重要的渠道和平台。

1.3.1　展览会的性质

1)展览会是一种特殊的流通媒介

展览会是一种古老、特殊的经济交换(流通)形式。一般认为,最具市场性的交换(流通)媒介是商品交易所、期货市场以及展览会。不过展览会通过展和览,为供需双方提供环境,本身不像交易所、期货市场那样是交换的中间环节。这是展览会在宏观经济领域的职能表现,即在一定期限内将供给和需求紧密结合起来。换句话说,展览会既开发市场,也是这个市场的主导。通过提供平台让市场参与者进行互动,让市场自我开发和成长,并通过定期举办发展了市场,促进国家和全球的贸易活动,给市场带来更多的市场透明度。

因此,从根本作用和性质上看,展览会尤其是经贸性展览会是一种特殊的市场,是一种交换媒介。通过展览会的交换、交易和市场发展的功能,实现展览会的商业价值。

2) 展览会是一种特殊的传播媒介

很多年来,业界和学界通常把展览会视为传播媒介,这几乎成为共识。展览会的两大性质之一是展示、宣传。政治、文化类的展览会划归为传播媒介毫无争议,而现代展览会的渊源之一是工业展览会,其本身就是发端于工业革命时期的法国艺术展览会和英国发明博览会。前者纯具展示性,后者则纯具宣传性。因此,尤其从参展商的角度,展览会依然是一种传播沟通的工具。

从传播学和信息学角度看,展览会是实时沟通的一种理想方式。举办展览会,实际上就是设计和提供一种实时沟通的模式和场所。在网络时代,包括展览会、各类商务活动、路演、厅展和促销活动等实时传播工具日益重要的原因就在于通过与客户的直接对话来达到沟通品牌信息和提供场景化品牌互动体验的"场域"。

作为实时沟通形成的特殊营销方式,展览会不再被视为参展者的单一事件,而是被融入参展企业长久的整合营销传播的方案之中。今天它与直复营销和电子商务相并列,成为以场景化、实时沟通为特征的新商务时代的营销工具。

3) 展览会经济是一种平台经济,而非一般性的部门经济

平台的兴起,可能是 21 世纪以来最重要的商业事件,也被视为数字革命最重要的三大标志之一。随之,平台经济学应运而生。

平台被定义为是一种现实或虚拟的交易空间或场所,该空间可以导致或促成双方或多方客户之间的交易,收取恰当的费用而获得收益,其本质是市场的具化。展览会作为最古老的供需双方直接的市场交换形式,完全符合"平台经济学"意义上的商业模式。

①展览会具有明显的双边或多边市场效应。展览会连接供需双方,通过集聚人气,扩大交易规模,形成双边市场效应和平台的集群效应以及符合定位的平台分工,实现平台价值。

②展览会兼具市场和企业的双重特征。自从科斯提出科斯定理以来,人们往往持有一种市场与企业二分的观点,认为两者是对立的。而展览会平台同时兼具两者属性;从作用上看,它扮演的是市场的角色,用来沟通和实现人们的交互;从表现形式上看,展览会的运营往往由一个企业或机构的形式呈现。

③展览会经济具有典型的网络外部性。所谓"跨群网络外部性",就是平台一侧的用户增加,会导致另一侧的用户也相应增加。展览会的展商和客商之间的互动质量是展览会运营的关键所在。

④展览会经济具有强烈的开放性。展览会的最大特点是促进交易,因此平台必须开放,不断吸引各种资源加入,沟通产业链上下游、生产者与消费者,实现交易撮合,从而提高平台的聚焦效应和平台价值。

作为平台经济的展览会经济,竞争问题和治理问题成为展览会运营中必须时刻关注的焦点。

4) 一般意义上说,展览会是一种协调对话机制

人类会聚的原始动机是生存和相互依赖的需要,不同的个体和群体的聚集为的是相互

协商、协调,为建立更大的共同体而交流思想和交换物品,往往针对具体的现实问题。

展览会具有沟通功能,通过会聚与展示会形成一些固定的文化仪式和象征利益,成为文化传承的重要载体,并以一种思想和物质文化交换的方式不断演变和传播开来。在这个过程中,与不同国家、不同民族、不同文化相互对话、比鉴融通、共同融合。

1.3.2 展览会的功能

功能是一个事物或机构所应具有的能力和作用。展览会的功能应是展览会存在并发挥作用的固有的内在因素的本能反应。展览会是合目的性的人类活动,展览会功能(即效果)是展览会组织者主观意图或目标的实现程度,可分为基本功能和特殊功能。

1)基本功能

基本功能是展览会普遍具有的功能。一个事物所具有的基本功能是由该事物的基本性质所决定的。

(1)展览展示

展示是展览会最基础的功能,只有在产品和技术得以展示的基础上,展览会才能实现企业营销、信息传播、商贸洽谈等其他功能。1928 年 11 月 22 日在巴黎签署的《国际展览会公约》对展览会的定义是:"展览会是一种展示,无论名称如何,其宗旨均在于教育大众,它可以展示人类所掌握的满足文明需要的手段,展示人类在某一个或多个领域经过奋斗所取得的进步,或展望发展前景。"

(2)信息传播

展示交流本身已是信息传播的一种手段。展览会是一个集中传播交流的平台,同时又是为参展商提供自身活动和传播的媒介。因此,展览会被称为"行业风向标",为所有参加者提供了一个感知未来的氛围。同时,一个展览会几乎囊括了商业的活动方式,成为企业"整合营销传播"的重要工具。我们必须注意的是,一个"展览会只有在传播上取得成功并长久地发展,才能在经济上获得胜利"。

(3)交易交换

交换是市场营销的核心概念。通过交换的过程获得人类所需所欲的产品或价值,是人类生存或建立共同体的主要方式。展览会是商业活动中最古老的贸易和交流手段。不管何种形式的展览会,最终都是为人类实现商品或价值的交换。因此,以交易和交换为中心的市场营销职能是展览会的核心功能。市场交换的发展最终确定了展览会的商业价值。这是确定现在展览会最重要的因素。

(4)关系连接

作为市场供需双方的平台,展览会产业链上下游、生产者与消费者除实现交易的撮合外,还实现不同层次、不同种类的组织间的沟通,连接企业之间、组织之间、非政府组织之间,甚至政府之间、国家之间的沟通,进而实现更大共同体关系的建构。

为此,展览会超出了其交易性和展示性的功能,成为"实时沟通"的平台、"文化传播"的工具和"人生体验"的场所。

2）特殊功能

展览会的特殊功能是指与展览会类别相关联的功能。展览类别不同,展览会特殊职能也就不同。它不仅源于大的展览类型,而且源自同一展览会类型中的不同题材、不同主题。理解展览会的特殊职能是展览会专业化组织和品牌化运营的重要所在。

我们以展销会、展览会和博览会的区别为例。展销会的关键在销售,其本质上就是市场交换的场所,所以商品的现场展示和现场出售就体现展销会的特殊商贸功能;展览会关键在于"陈列展示",是为了促进商品将来的销售;博览会则是弥补了展销会和展览会之间差异的纽带,从参展商的角度其特殊功能就在于作为整合销售和营销的工具而发挥作用。

目前,国内的会展著述中对展览会的基本功能(或职能)提出了各种各样的看法,造成此差异的主要原因有:

①不少著述中所列举的各种展览会功能并非同一层次的,或者并不都是基本功能这一层次。有不少列举的功能其实是在基本功能下的细分,这些细分功能都可以纳入基本功能。目前对展览会学科定位有着较大争议,有人认为属于展示学,有人认为属于管理学,有人认为属于社会学,有人认为属于传播学等。但不管如何,都应该在母学科基本功能之下。比如,认为展览会本质是一种传播行为,那就应该具有一般传播行为所具有的功能——守望、监察、协调、教导、娱乐和效益功能等;作为管理学,那当然就是计划、组织、领导、控制和协调①等。

②把功能(或职能)的理解偏向于职责,即展览会应该做什么。如有人把展览会职能归结为信息采集、传播沟通、客户接触、商务洽谈、品牌推广等,其实都是一些具体的职责。功能与职责相互联系,但职责毕竟是功能的具体承担者,不宜随意等同。

③对功能仍然缺乏全面系统的研究。看到多少就提出多少,更多只是凸显出某一方面。比如对信息传播和商务促进职能的内容看得特别清楚,分析得很细,而往往忽视文化传承、关系协调等,难免以偏概全。还有就是把展览会的作用作为功能来看待。这点详见下文。

以上,我们尝试从理论上概略性地探讨展览会基本功能的内容。在实践中,展览会的功能并不只是理论问题,功能是由展览会活动所产生的结果来体现。功能的实现需要一套健全的职责来保证,有赖于这些具体职责的行使来实现。

1.3.3　展览会的作用

展览会作为人类社会活动的一个组成部分,或者说是作为人类社会系统的一个子系统,它的存在和实践必然对人类社会产生作用。因此,展览会作用研究(即影响研究)相对于功能研究的微观研究,是一种宏观研究。作用是从社会经济效应的角度出发,研究展览会给举办地创造的价值和贡献。

---

① 　管理学的教材中一般概括为四职能或五职能:计划、组织、领导和控制(或加上协调)。

展览业的地位和作用日益凸显,其功能和作用是多方面的。储祥银教授从拉动效应、扩散效应和收入在国民经济中的比重入手分析展览会的地位和作用,尤其是后两者,他认为展览会具有商品流动效应、生产要素流动与重新组合配置效应、经济技术示范效应、城市环境改善效应等四个方面。刘大可教授把展览会的作用拓展为:带动经济发展、促进产业发展、优化城市产业结构、促进城市建设、提升城市知名度、促进城市就业、促进文化交流、普及科学知识等八个方面。

展览业是现代服务业的重要组成部分,影响面广,关联度高,发展潜力大。我们可以从以下三个层面加以分析:

(1)作为生产性服务业,展览业具有商务促进作用

从微观上讲,展览业是营销手段。具体表现为企业参展追求收集信息、现场成交、接触客户、品牌推广、寻求合作、竞争手段等目标。

从中观上讲,展览业具有信息引导功能。展览活动通过新技术、新产品和新思想、新理念、新信息的交流促进,沟通供需双方,促进商品和技术要素的流通,在提升市场经济功能水准的同时,以自身产业链的提升,为服务业诸多领域提供需求刺激,促进现代城市的服务经济转型。

从宏观上讲,展览业具有大形势观察窗口功能。展览业作为功能性平台,涉及工业、农业、商贸等诸多产业,对结构调整、开拓市场,促进消费、加强合作、扩大产品进出口、推动经济持续健康发展均具有促进作用。展览业作为经济发展的"风向标""晴雨表""温度计"的功效明显。

(2)作为现代服务业,展览业具有文化传播作用

尤其是宣传教育类展览,如艺术品展、科普展、历史题材展等,本身就属于文化产业,具有提高民族素质,起到公益宣传、公共教育的功能。对不同国家、不同民族、不同文化具有沟通融合的功能。

(3)作为社会性服务业,展览业具有政策工具功效

尤其是政府主导型展览会:如各种成就展示类、工作汇报类、专项推动类、城市名片类、产业扶持类、对外使命类的展览会,显然是政府意志和国家战略的体现。展览会为政治家提供意见,也具有关注海外形势、完善对外政策的职能,完全可以作为一种政策工具发挥作用。

尽管相关的研究几乎没有看到,但有必要指出的是,与万事万物相同,展览会的作用和影响并不都是积极的,也有其消极的一面。比如展览会形成媒介假环境、诱发异常行为、增加社会风险等问题。

本章小结

如果以1894年莱比锡样品工业博览会算起,展览会已走过了100多年的历史,它的诞生并非"深思熟虑的发明",而是供求规律和人们社会交往需要的结果。如今已成为常见的经济或文化活动。然而,学术界和实业界至今都没有一个统一的认识。

为此,还是有必要重新认识展览会的概念和实质,简要分析历史;以便真正了解展览会所具有的特征及其可以区分的类型和层次;辩证地认识其性质、功能及作用,能科学定位展览会的本质属性及如何发挥作用,以及展览会作为人类相互作用的引擎,如何成为经济发展、文化进步和社会稳定的传播者,进而影响世界的社会文化。

【延伸阅读】

1.查阅相关网站,学习展览会行业分类标准:国际展览会联盟标准、英国展览业协会标准、美国标准、中国对外经济技术展览会标准。

2.陈泽炎.关于会展业产业性质、服务机理、业态特色的探讨[C]//2012中国会展经济研究会学术年会论文集,2012:1-8.

3.刘大可.大型活动的旅游效应与旅游概念延伸[J].旅游学刊,2009,24(3):5-6.

4.王春雷,杨婕,Larry Yu.会展经济与管理:是一门学科还是一个领域?[J].旅游论坛,2015(2):14-22,88.

复习思考题

【知识链接】

1.什么是展览会?

2.展览会的主要类型有哪些?其主要性质和特征是什么?

3.为什么说"会"是一种特殊的事件?

4.展览会的主要分类有哪些?

5.如何认识展览会的功能?

6.展览会名称主要包括哪些?

7.展览会的作用有哪些?

【思考再三】

展览会的名称是展览会最重要的资产。你同意这种说法吗？你对展览会的名称保护乃至展览会的知识产权保护有何看法？（其困难点在哪？主要保护范围有哪些？如何突破？）

【走进实践】

1.以你所在城市最成功的展览会为对象,对其历史和现状做一个调研,阐述该展览会从成立以来取得了哪些效益,对产业和这个城市有何贡献？

2.网络实践:在国际展览会联盟、英国展览业协会等相关网站,探索国际展览会联盟、英国展览业协会、美国和中国的展览会标准,并加以学习。

综合实践 1
×××展览会考察报告

- 任务:撰写展览会产业研究报告
- 要求

1.考察以小组为单位,每小组 4~6 人,大家自愿组合、自主分工,并由小组长负责。

2.小组应提供包括所有同学的现场照片 1 张,跟组展方、参展商、观众交流的照片各 1 张,共计至少 4 张照片,电子版即可。

3.案例的制作应尽力体现对展览会理解的深度(专业深度)。

4.要体现团队合作精神,如说明小组成员对案例的贡献。

5.实际调研的最后成果中,除了调研报告之外,问卷及访问提纲也必须附上。

6.适时召开研究报告汇报与交流会。

- 报告撰写的结构及要求

1.建议报告可分为三部分:第一部分为案例,第二部分为展览会考察,第三部分是对案例的评价。

2.第一部分应分清层次并写好标题。内容应该包括本项目的基本情况、历史情况、亮点和特色、发展趋势,也可根据本小组确定的主题来写小标题和组织内容。

3.第二部分是对展览会的考察研究,主要包括展览会的现场考察、组展方调查、参展商调查、观众调查尤其是专业观众或其他利益相关者及公众的调查等。调查强调实地实证研究,每一组自选某一视角选定课题,自设调查访问提纲;调查方式可以是深度访谈、问卷调查、观察法等,一定要根据需要准备调研表格或提纲。

4.第三部分也应分清层次并写好标题。内容应该包括宏观环境分析、产业环境分析、竞争分析、项目 SWOT 分析、项目未来发展建议等,其中特别强调对展览会依托的具体产业环境的研究和主要竞争展览会的研究。主要使用文献研究法、竞争情报调查法、专家咨询法等方式。

- 评分标准

1.案例结构、逻辑性及语句(25%)

2.运用所学基础知识及会展知识能力(25%)

3.案例完整性、深刻性(15%)

4.团队合作精神(15%)

5.研究方法的应用(10%)

6.展示汇报(10%)

第 2 章
展览会的组织与运营概述

【本章导读】

1. 了解管理学中组织与运营的基本含义；

2. 了解展览会组织与运营工作的基本界定；

3. 了解展览会组织与运营的边界；

4. 掌握展览会组织与运营的任务；

5. 理解在城市架构下展览会的组织与运营；

6. 了解展览会组织与运营中涉及的基本理论和工具。

理解正在管理的对象并清楚所要做的事情,是走向成功的必经之路。

——蔡清毅

技术拙劣的工人抱怨自己的工具。

——西方谚语

【开篇阅读】金砖厦门会晤保障的项目管理

厦门以"三最"做好金砖会晤服务保障

2017 金砖国家领导人会晤于 9 月 3 日至 5 日在厦门举行。厦门会晤是继 2011 金砖国家领导人三亚会晤之后,中国再次举办的金砖国家领导人会晤,也是承办地厦门乃至福建迎来的史上最高规格的会议。从 2016 年 11 月 26 日,厦门宣布进入"金砖年"开始,厦门"全力提升城市综合服务能力",把金砖会晤筹备工作与灾后重建工作结合起来,以"最高效率、最实作风、最好效果"做好金砖厦门会晤保障。为此厦门将"景观环境、城市文明和国际化水平"三方面的提升作为厦门市政府的重点工作。

1. 提升景观环境。深入实施灾后重建工程包,以"三线四片"重点区域为核心,打造一批园林绿化、夜景亮化、立面美化精品工程。改造提升 9 条道路市政设施和 19 条道路园林绿化,新增园林绿地 400 公顷,尽早恢复城市往日的优美和整洁。

2. 提升城市文明。围绕弘扬社会主义核心价值观,把会晤保障与文明创建有机结合,开展市民素质提升行动,营造积极向上的浓厚氛围,加快创建全国公共文明行为典范城市。开展主题外宣和民间外宣,向世界展示开放厦门、文明厦门的良好形象。

3.提升国际化水平。加强与金砖国家经贸文化交流,深化国际友城往来合作,打造国际交流重要城市。加快建设全域旅游示范市,培育引进一批国际会展项目和主体,提升旅游会展服务能力和保障水平。对照国际标准,完善道路交通、公共场所、景区景点等各类标识,打造一批国际社区和国际街区,提升城市知名度和影响力。

金砖会晤是一项庞大而复杂的系统工程,时间紧、任务重、质量要求高,其中每一项工作都离不开一门学科——项目管理学。

建发集团——主场综合服务商项目管理

作为主场综合服务商,厦门建发集团是会晤主场所(会议中心、会展中心、会议中心酒店、海悦山庄)的业主方、运营方、改造方以及会晤重要活动的服务保障方,其工作质量的高低直接显示了厦门会晤保障工作的好坏,也直接体现出"中国服务"的水准。

1.会晤主会场:国际会议中心。建发房地产集团负责对会议中心(含会议中心酒店国宴厅)场馆进行改造提升。这个已建成 10 年的商业型会议中心需要转化为重量级外交舞台(图 2.1)。

图 2.1 厦门金砖会晤主会场

2.工商论坛会场和新闻中心:国际会展中心。联发集团负责将会展中心 B1、B2 展馆改造提升为工商论坛主会场,将 A7、A8 展馆改造为新闻中心,以满足 3 000 多名世界各地记者的使用。

3.主场馆会务保障:作为此次会晤主要场馆会议中心和会展中心的场馆运营方,建发会展集团圆满完成了厦门会晤近 30 场重大外交活动的服务保障,并为数千名会议代表、媒体记者、各类工作人员提供了高质量的服务。

4.重要会议宴会服务:建发旅游集团及成员酒店为金砖会晤及工商论坛等提供了欢迎晚宴和全场次的茶歇出品等服务,并为一些国际政要提供了酒店保障服务,还设计制作了宴会用品用具。

5.工商论坛嘉宾和媒体记者接待:建发国旅集团配合承接了工商论坛近1 200名嘉宾（为历届之最）和境内外2 000多名媒体记者的接待,以及"2017年金砖国家协调人第四次会议"120名境内外参会嘉宾的接待任务,并承担"工商论坛欢迎招待会"整体策划执行工作。

6.会展北片区景观改造提升:建发房地产集团景观项目部承担改造工程,总范围超过200公顷,包括绿化、市政、管线提升改造。

7.夜景照明提升:联发集团和房地产集团负责打造会晤主场馆、白鹭洲音画视界演绎秀等夜景照明提升工程。同时通过建设重点片区夜景照明集中控制平台,对全市重点片区1 400多栋楼宇、桥梁的夜景照明进行集中控制。

8.湖里城区立面改造和绿化提升:湖里建发城建集团此次除承接湖里城区近110万平方米的建筑立面提升改造,还承接了湖里区面积近150万平方米的绿化提升工程,种植乔木近10万株。

9.主会场活动与厦门大学配套活动:建发会展广告公司设计制作会议用品、办公文具。

会场服务是会晤保障的重头戏。作为会场服务的提供商,建发会展集团投入600多名员工,制订了近40万字详细的会务服务保障方案、工程保障方案、应急演练方案等各种保障方案,并将平日形成的一套完整而标准的服务体系执行到位且做到极致。建发会展集团前后组织会务相关培训、演练和岗位竞赛150余次,参与9 984人次,确保服务万无一失。

北辰集团——会务接待服务项目管理

服务接待和会务保障是整个会晤的核心工作。2017年3月24日,北辰会展集团受建发集团委托,为这次高端国际会议提供会议主场地改扩建顾问及会议接待服务筹备和全程保障服务。北辰会展实际承担了厦门接待服务的"总策划、总组织、总指挥、总实施",带领各相关单位为服务保障保驾护航。

1.主场会务接待任务

北辰的任务清单:1场工商论坛开幕式、1场工商论坛、2次迎宾仪式、3次合影、1次小范围会议、1次大范围会议、1次文化节启动仪式暨文化图片展、1次同工商理事对话会签字仪式、1场餐前酒会、1场欢迎晚宴、1场新兴市场与发展中国家对话会、1场记者会、1场闭幕式、1场文艺晚会,近百场贵宾服务以及多场次双边、签约和茶歇任务。服务保障元首、领导人、高级近随、会议代表、大会工作人员和媒体记者近万人次,并对工程运行保障72个重要机房与129个重点保障点位。

北辰集团协同北京市建设设计研究院在此次会务接待中承担的角色任务如图2.2所示。

2.接待服务的项目管理

(1)总目标

厦门会晤上,任何一个细节都代表着"中国服务"。为此,厦门会晤接待提出,要以"严

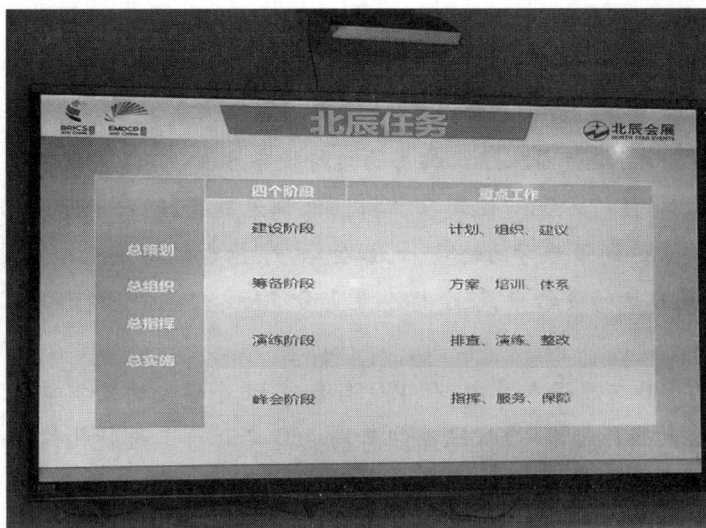

图 2.2　北辰集团承担的角色任务

之又严、细之又细、实之又实"的总要求,达到"安全运行万无一失,接待服务滴水不漏,力争增光添彩"的服务保障总目标。

（2）问题导向

解决问题的方法决定结果。测度问题,是分析的第一步,也是关键的一步。项目管理团队在筹备过程中检查发现各类问题 4 693 项,其中通过联合检查发现各类问题 1 116 项,通过每日检查问题汇总、分类,发现服务类问题共 1 042 项,工程类问题 2 407 项。这些问题都逐一消项,截至 2017 年 8 月 31 日,所有问题已整改完毕。

（3）任务分解

通过任务分解,处理最大的问题,让少数的关键问题和重点任务得到根本解决。接待项目组重新梳理了金砖会晤的各项任务,并细化分解,寻求重点,以求一个最佳解集。

表 2.1　金砖会晤重点工作一览表

各类服务	场次	工作重点
元首级服务	48	—
贵宾级服务	81	—
会议服务	30	其中重点会议:元首主会场 8 场,双边会 15 场,新闻发布会 1 场
餐饮服务（含茶歇）	25	重点餐饮:欢迎宴会 1 场,茶歇持续供应,各茶歇区域根据需求持续供应,翻台共计 23 次。提供各类茶歇糕点 38 个,国宴面包品种 8 种,西式面点类总共计 28 000 份,水果供应 20 余个品种
工程服务		带领 286 名场内保障人员全场排% 6 次,共计 531 名保障人员保障值守 72 个重要机房与 129 个重点保障点位,检查保障人员工作 1066 人次,电梯倒向/启停操作 20 次

（4）质量对标

"最快速度、最高标准、最硬作风、最佳效果"，这是此次金砖会晤呈现"中国服务"的最高标准。作为项目管理金三角——时间、成本和质量是不可或缺的一角，服务标准和质量体系是成功的关键。为此，接待团队组织编写的接待服务方案、工程联合保障方案近40万字；根据不同服务场景，将接待方案细化到人、到岗，保证无缝衔接；每一个环节，提前做好两个"脚本"……标准甚至达到了严苛的地步，比如会晤中，抢台翻场是一个重要环节，一般完成时间是5分钟，可是在金砖会晤中，这个标准是1分30秒。

（5）精细贯标

在参与接待的780名服务人员中，有450名来自11个学校的校招学生。按照G20峰会与"一带一路"峰会的服务标准，会议服务组针对450名新员工进行礼仪形体、基础摆台、餐饮和会议服务共计4大类42项360个点的技能培训，并制订了共计数百小时的培训计划。"你看，每一个分解动作就是一个点，光一个上水动作就分13个点。在欢迎晚宴服务中，从礼仪迎宾、站位、上菜到送客离开，共96个点。"别看服务人员的动作简单得体，但"站、坐、走、让、蹲、拣、笑"等一举一动都有讲究。又比如，抢台环节，服务人员通过20多天的演练，细化点位，把整个抢台所需时间从5分钟压缩到1分30秒。

任何一项经济活动的有序发展都需要有科学的理论的指导，展览会作为比较新的社会经济活动更是如此。我们选择一种以决策为导向的视角，即以管理为导向的视角来介绍展览会重要决策阶段的行为，目的就在于讲述如何成功地开发和组织一个展览会，并通过有效的运营与管理，实现展览会的品牌化和可持续化发展。"做正确的事"与"正确地做事"是任何项目成功必不可少的两个环节，展览会组织与运营也不例外。

2.1 展览会组织与运营管理概述

2.1.1 管理学中的组织与运营

1）什么是组织工作

（1）组织职能的含义及任务

20世纪初，"一般管理之父"亨利·法约尔提出任何管理者都发挥五种职能，他们实施计划、组织、指挥、协调和控制。现今，一般管理学教程把这些职能简化为计划、组织、领导和控制。

其中，组织的基本含义是有序，可以从两个方面理解：一是组织用作名词，是指有序的组织实体;二是组织用作动词,是指一个从无序到有序的过程。通常,我们把作为一个实体的组织称为组织结构,把作为过程的组织称为组织工作(organizing)。组织工作是管理者从事管理活动的一个重要内容,是为了实现组织目标、互相结合、明确责任、沟通信息、协调行动的人造系统及其运转的过程,它是计划的自然延伸。其主要内容包含:

- 要完成什么任务(组织结构的设计与变革);
- 谁来承担这些任务(人员的合理配置和使用);
- 如何分解任务及在什么地方进行决策(权力的分配和关系的协调)等主要工作。

(2)组织工作在管理中的地位

组织工作决定了一个组织如何对活动和资源进行组合,以保证组织(项目)计划实施(图2.3)。

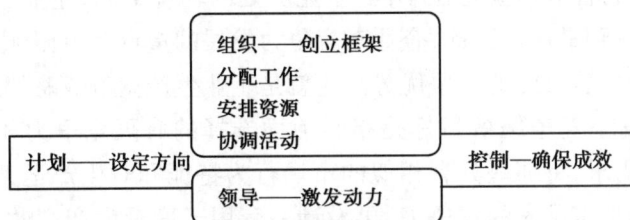

图 2.3　组织职能与其他职能之间关系①

2)什么是运营管理

运营管理是组织对资源转化为商品和服务、为客户创造价值这一过程的系统性指导和控制。无论是制造业还是服务业都需要通过运营管理提高效能。运营管理解决的核心问题是需求和供给不匹配以及由此产生的成本,主要包括生产管理、库存管理、品质控制等。

(1)转化过程

转化过程是组织将资源转化为产品或服务以满足市场交换的过程。这种转化有三层含义:一是被转化物形态的转化;二是功效的转化;三是价值的转化。

典型的转化包括三个部分:首先要确定所需要转化的资源;其次确定资源转化的方式;最后是产出的控制和检验(图2.4)。

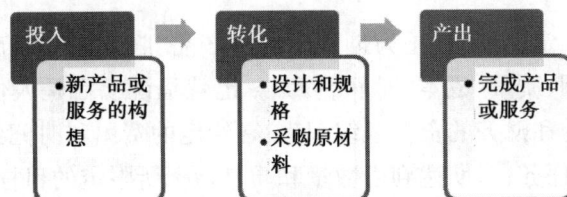

图 2.4　资源转化的过程②

---

① 约翰·R.舍默霍恩.管理学:第 8 版[M].周阳,译.北京:中国人民大学出版社,2011:189.
② 吴何.现代企业管理:激励、绩效与价值创造[M].2 版.北京:中国市场出版社,2015:137.

（2）运营管理理论及内容

运营管理不仅是一套新概念和新技术的集合，而且是一个研究生产问题的全新视点。20世纪七八十年代以前，欧美企业对生产运营的作用认识不足。之后，世界制造业的竞争呈现了一个显著特点，即制造业企业的五大管理职能（研发、生产、营销、人力资源、财务）中，生产职能日益成为企业竞争优势的重心和支撑点。1969年，美国威克汉姆·斯金纳在哈佛商业评论上提出了生产运营战略。在这之后，运营管理逐步形成较为成熟的理论框架和操作程序。其主要内容包括：

①竞争力排序。根据威克汉姆·斯金纳和泰瑞黑尔的研究，把现代企业的竞争力归结为五个方面：成本、灵活性、质量、交货、服务。每一个企业自身条件不同，顾客对其产品及服务的要求不同，产品特性和市场定位不同，企业所处的环境不同，企业不可能也没有必要在上述五个方面同时达到最优。因此，企业对竞争力发展的重点及有限顺序要进行排序，且长期不断地坚持，不断发展自己的竞争优势。这就是企业生产竞争战略的形成过程。

②竞争绩效目标。竞争绩效目标是指与前面选择的有限竞争力相一致的生产绩效指标。企业根据顾客需求，将那些具有相似的市场行为特征和对生产运营系统提出相似的产品组合在一起，分别选定优先的竞争力，再设计一套用于度量生产绩效目标的指标体系，通过瞄准选定的标杆，确定每个产品组合的重点绩效目标值，作为满足不同需要的努力方向。

③行动方案。行动方案是指为发展优先的竞争力实现竞争目标的行动方案，包括各种现代管理方法和管理技术。运营管理历经手工业到制造业再到服务业的快速拓展过程。从20世纪60年代以来，我们耳熟能详的各种管理方法层出不穷：物料需求计划、计算机集成制造系统、制造资源计划、准时生产制、全面质量管理、供应链管理、流程再造、六西格玛管理等。

生产运营理论在不同的时代有不同的内容，相应的，在不同生产运营战略指导下的生产运营系统也有不同形式。

2.1.2　作为项目的展览会组织

1）展览会项目及项目管理

美国项目管理协会定义：项目是为创造独特的产品、服务或成果而进行的临时性工作。项目参数包括项目范围、质量、成本、时间、资源。也就是说项目是人们通过努力，运用新的方法，将人力的、材料的和财务的资源组织起来，在给定的费用和时间约束规范内，完成一项独立的、一次性的工作任务，以期达到由数量和质量指标所限定的目标。

展览会是一个十分庞杂的系统。曾经有专家统计，一次展览会由大大小小的3 600多项事项（任务）构成。展览会具有典型的项目特征：

①项目管理要预计到目标可能变化。

②项目管理必须能够处理唯一的、未知的活动和因素。

③项目管理处理约束和时间限制。

④项目管理复杂的环境和活动,经常是项目组织内外相互关联的人、部门或利益相关者。

⑤项目管理人对变革的反应。

正因如此,绝大多数的展览公司都采取项目制的运作方式。所以"几乎所有的项目管理理论、方法与工具都适用于展览会项目管理"。展览会的组织与运营工作项目就是展览会活动主办方的项目经营。因此,确立"项目"运营管理思维是展览会经理人员的工作动力,也是思维活动的动力。"上项目""做项目""评估项目"是展览会项目管理中不可缺少的环节。

2）展览会项目管理的内容

美国项目管理学会(PMI)已经建构了项目管理知识体系,主要从动态管理和静态管理两个维度展开——项目的动态管理及项目进程管理;项目的静态管理及项目范围管理涵盖项目时间管理、项目费用管理、项目质量管理、项目人力资源管理、项目沟通管理、项目风险管理、项目采购管理及项目综合管理等九大知识领域,涉及启动、计划、执行、控制、收尾五大管理过程。

以项目管理为组织展览会的基础,并通过不断借鉴各方的管理经验和工具,提升展览会项目运作的水平和能力是展览业努力的方向和壮大的基石。为此,王春雷、陈震等人参照项目管理知识体系的定义,建构了一个展览会项目管理的价值和知识体系,初步为展览会项目管理搭建了一个可供借鉴的知识平台(图 2.5)。其实这也是展览会项目管理的主要内容。

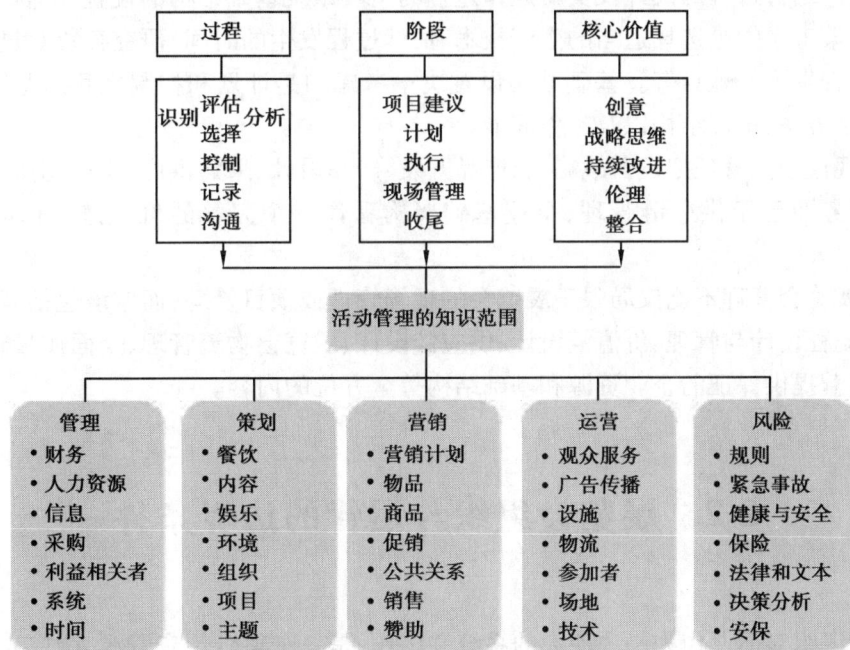

图 2.5　展览会项目管理知识体系①

---

① 王春雷,陈震.展览项目管理:从调研到评估[M].北京:中国旅游出版社,2012.

2.1.3 作为服务业的展览会运营

1）展览会运营管理的特点

展览会提供了一种不能从一个人转移到另一个人的无形的个人体验性产品（服务），属于现代生产性和生活性双重特征的服务业范畴，展览会运营本质上就是服务业运营管理。与制造业相比，服务具有自己的一些特点：

①服务业的产出往往立刻被消费，而不像制造业的产品可以储存；

②服务生产和消费的同步性，必须在客户想要的时间和地点提供；

③服务业通常是劳动密集型的；

④服务的产品通常是无形的，难以衡量客户的满意程度。

与制造业相比，服务业与客户的距离更近，往往能够更快地获得客户的反馈并作出改进。

2）展览会运营管理的内容

现代运营管理在发展过程中，从传统的制造业扩大到现代服务业，运营管理的内容也不再限于生产过程的计划、组织和控制，而是扩大到包括运营战略的制订、运营系统设计、运营系统运行以及运行系统的评估和改进等多个层次的内容。从总体性而言，运营管理的决策和对象是生产运行过程的设计及支持运作过程的生产系统基础结构的设置和运行控制。过程设计和决策考虑的是选择适当的生产技术、估计过程发生的时间、研究存货对过程的作用以及确定过程发生的地点等。基础结构设置决策考虑的是计划和控制之间的逻辑关系、质量保证、控制方法、工资结构以及运作职能。

因此，现代企业管理把运营战略、新产品开发、产品设计、采购供应、生产制造、产品配送直至售后服务乃至于供应链管理、企业基础架构看作一个完整的价值链，对其进行集成管理。

同样，展览会管理不能仅局限于展览会的现场管理或项目管理，而应该包括展览会的设计与研发、流程设计与管理、价值链设计、供应链设计、展览会物流管理、全面质量管理、绩效管理及为运营提供保证的企业资源和基础结构等全方位的内容。

2.2 展览会组织与运营的边界条件

展览会组织与运营作为一项庞大的系统性工作，是一个整合现有资源，调控人力、物力、财力，进行任务分配，为参展商、观众及其他利益相关团体解决价值与信息传递问题的过程。因此，一个成功的展览会要求整个行业及区域给予支持，行业及相关利益团体可以在这个平台上建立关系。

2.2.1　展览会组织与运营的边界

展览会活动的组织是一个搭建平台、整合平台、共享平台的过程。搭建多方共赢的平台,成为展览会运营与持续发展的要义。平台的概念并非简单指提供渠道及中介服务,而是通过激励平台进行多方互动和交流,最终打造一个多主体互利共赢的生态圈。

作为城市经济的组成部分,展览经济必须纳入城市发展体系和规划,与城市的基础设施建设、经济发展水平、历史文化传统、生产与消费结构相协调一致。这里强调是以城市,而非以国家或行政区划为主体进行会展产业的规划和协调。与此同时,从宏观层面上来看,会展活动不但是某一产业的经济活动,还与举办地的政治、经济、社会、文化、技术变迁等宏观因素有联动关系。

因此,展览会策划、组织和运营需要有良好的思想方法,这是成功的前提。用孙子兵法来说:需"经之""较之"而"索其情"。学者吴志才认为,展览会组织与运营可以从三个方面寻求其边界:①从微观层面来看,市场需求是内核,产业发展是动力,它们的不断变化、融合、发展,催生了不同类型、不同主题的展览会项目。可以说行业、需求、产品的多样性,决定了展览会项目的多样性。②从中观层面来看,展览会作为产业融合平台,是相关利益团队市场共享、资源整合的平台基础,同时从具体展览会项目上,必须平衡各个利益相关者价值和成本诉求。搭建多方共赢平台,是展览会运营和持续发展的重要基础和保障。③从宏观层面来看,一个展览会的发展离不开举办地的宏观环境,产业、经济、社会、技术、政治以及基础设施等都为展览会活动提供动力和支撑作用。因此,展览会策划、组织和运营不仅要从市场供需、产业经济及城市会展生态的系统内因素寻找项目创意和运营动力,同时要跳开系统,从宏观环境以及国内外大局把握展览会,寻求机会,善用外力,使展览会始终充满活力。这样的会展生态和环境条件形成的"圈层"系统,正好构成了展览会组织与运营的边界,我们可以称之为大会展生态和环境系统(图 2.6)。

1) 重构价值链及核心系统

一般情况下,参与交易的各方通过线型价值链实现价值的传递并实现各方价值。对展览行业来说,组办方[①]、参展商和观众是构成一般展览的三大要素,是展览会的主要利益集团。因此,会展的价值链不是线型而是三角形,我们可称之为"价值金三角"。他们对展览会有决策的主动权,可以直接地或通过行业协会来参与展览会在相关市场中战略定位问题。展览会是三方交易的平台,三方各自价值的实现,取决于价值三角的优化耦合。

与此同时,场馆方及展览会承建商与"价值金三角"是展览会最直接的参与者,共同构成展览会的核心系统。其中组办方、场馆方及展览会承建商直接为展览会活动提供服务、场馆及设施,是展览会行业中提供最基础核心服务的机构。

---

① 一般称为主办方或组展商。由于展览会组织运营主体复杂,涉及主办、联合主办、承办机构、执行机构等,他们的利益和承担责任不同,为此本教材提出"组办方"的概念。

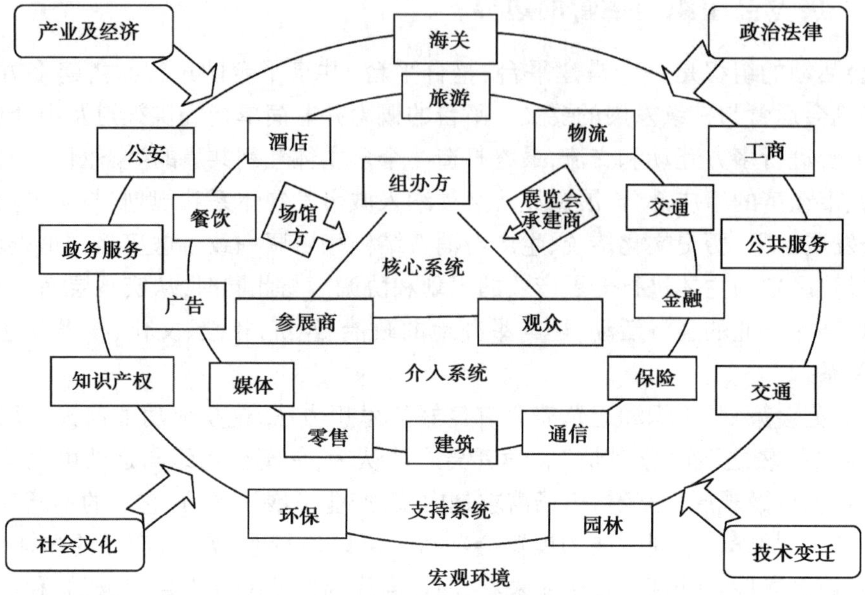

图 2.6　大会展生态和环境系统

2) 构建行业平台生态圈

展览会活动是涉及多行业的综合性社会经济活动,产业联动性强,能够带动餐饮、住宿、交通、旅游、购物、广告、装饰、通信等多位一体的"第三产业消费链"。在展览会核心系统的带动和引领下,将为展览会提供支撑服务的众多行业连接起来,成为展览会活动成功不可缺少的环节和力量,构成了展览会的支持系统。

展览会支持系统中的餐饮、酒店、交通、旅游、零售、通信业为参展商及观众的吃、住、行、游、购、娱提供便利;专业的广告、媒体、建筑服务为组办方及参展商的营销宣传工作提供支持;物流、金融及保险行业则与展览会的产品交易、运输联系密切。展览会支持系统中的行业,其服务贯穿于从展览会筹备到现场及展后的各个环节,他们之间相互协作,最终共同为展览会提供专业的服务支持。

这样多个利益方相互交织的关系网络在相互连接和互动中得以注入强大的增值力量,并推动展览会的转型升级,这就是展览会的平台价值。因此,在展览会组织与运营中,组办方应当致力于经营联系各方利益群体的关系网络,构建平台生态圈,并在运营过程中汇总,与参展商、观众、各服务商、协助方、媒体等共同成长,维护生态圈的利益平衡,推动展览会持续发展。

3) 营造城市综合营商氛围

由于展览会行业是综合性强、关联度高的服务贸易行业,同时展览会具有较强的地域根植性,因此在策划、组织和运营展览会活动时,不能割裂展览会与区域整体营商环境①的内在联系。

营商环境是指伴随企业活动整个过程(包括从开办、营运到结束的各环节)的各种周围境况和条件的总和。其中,海关及工商部门相关政策将直接影响展品可否如期、顺利运抵展览会现场,并进行各类商品展示和交易活动。此外,当地公安、交通、环保、知识产权保护、园林等部门的配合将使展览会在一个安全、有序而舒适的环境中举办。

这些行业和部门,被我们称之为展览会的支持系统。该系统不仅为展览会活动提供政策、技术、产权保护和社会资本的支持,而且为展览会组织运营提供基础设施及要素供给,为展览会顺利举办及持续发展提供动力和土壤。同时,该系统建构也是一项涉及经济社会改革和对外开放众多领域的系统工程,包括影响企业活动的法律要素、政治要素、经济要素和社会要素等。良好的营商环境是一个国家或地区经济软实力的重要体现。

4) 知天识地判天命

从战略学和策略学角度,情势分析永远是战略决策的逻辑起点。《孙子兵法·地形篇》曰:"知彼知己,胜乃不殆;知天知地,胜乃不穷。"一个展览会的发展离不开举办地的宏观环境——不可控制的宏观力量,产业、经济、社会、人口、文化、技术及基础设施等因素都为展览会活动提供了动力和支撑作用,还可以借助区域的力量为展览会注入新的生命力。诚如吴志才所说,展览会组织与运营要做到:跳出项目研究项目;跳出展览会研究展览会;跳出区域研究区域。展览会组织与运营应该考虑展览会所在区域的宏观发展背景及可资利用的"外力""外脑"等多方面的因素,确定展览会的定位和基本框架,搭建不同区域之间的"通道",借力借势,从国内乃至国际的全局中寻找展览会的动力。

2.2.2　展览会与举办地之间的互动

1) 城市目的地框架下的展览会组织与运营

城市是全球政治、经济、文化发展的重要载体,未来世界的竞争主要是城市的竞争,重点体现在城市综合实力的竞争。对展览业的投资,最终是对举办地的投资,同样,对举办地基础设施的投资往往对展览业起到促进作用。

首先,从展览业发展的历史来看,展览业在地区间的聚集计划适合城市化同步发展。从世界范围看,不同国家和地区城市化水平的差异造成了展业业状况的不同,这种不同既包括发展水平的差异,也包括集聚程度的差异。世界展览之都如巴黎、东京、纽约、慕尼黑、香港、上海等多是经济、金融、贸易乃至政治中心。

其次,展览业的集聚与城市密切相关,前者聚集的特征和内容往往与后者的规模、类型有一定的联系。展览会是一种特殊形式的聚集,它属于"注意力经济"的范畴,与制造业不

---

① 目前世界银行主要聚焦于企业"获得感"来测评营商环境,主要包括开办企业、办理施工许可、获得电力、产权登记、获得信贷、保护少数投资者、纳税、跨境贸易、合同执行和破产办理等可量化指标。

同,展览业必须在城市中聚集,且其集聚的规模和程度与城市规模大小密不可分。展览业发展需要政策、城市交通、通信和专业人才等城市资源配套,需要与周边地区的市场和资源互补,需要与周边城市建立战略合作伙伴关系。

最后,从城市经营来看,城市作为商品的意识为人们所认知,它本身需要实现自身的价值,更需要通过包装策划去寻求自己的目标消费者——企业、投资者、创业者、旅游者和城市的居住者,提升竞争优势。会展业是一个国家产业和经济实力的展示橱窗,素有"城市建设的加速器"之称。与此同时,会、展、节庆等特殊活动还是城市最具激情和亲和力的传播手段,将城市优势资源以浓墨重彩的手法向国内外辐射传播,其对城市经营的意义不言而喻。

2) 城市发展展览会经济的一般条件

最近 40 多年来,城市在政策营销、土地营销的实践中取得了巨大的成绩,甚至可以毫不夸张地说,这两大领域的营销模式成就了高速发展的"中国模式"。但是,城市千城一面、环境恶化等问题也日益突出。充分调动和组织区域文化及创意理念与高科技手段相结合,提高区域附加值、区域(城市)品牌,已经成为城市经营者不得不认真思考的问题。因此,在这样的背景下,发展展览会经济乃至于活动及创意产业,必须通过对城市的整体规划,把展览会定位纳入城市经营的整体框架中。

一般来说,要发展展览会经济,城市需要具备以下几个条件:一是该城市具备与展览会主题相关的特色产业和经济基础;二是该城市有参展产品和服务的目标市场;三是该城市的良好区位处于区域城市中心,对周边区域有很强的辐射力;四是良好的城市基础设施和城市综合服务系统;五是良好的旅游文化资源。

这些条件为成功举办展览会提供了"软的"或"硬的"必要条件与环境。城市政府的政策、支持力度、法规、在设施上的投入、城市综合服务体系、场地的集中及相互联系的竞争、产业链自身的配套体系等提供了展览会条件质量的制约因素,这些总体上可以大致归属为举办地"正面形象"的软性因素。

不过,展览会的场地设施质量本身最能代表展览会举办地为展商和专业观众提供额外服务能力。

2.2.3　决定基础设施条件质量的因素

从东道主的条件而言,除了举办地的正面形象之外,展览会的基础设施质量是影响竞争最主要的因素。具体而言:

1) 地理位置

在展览会发展的起初阶段,地理位置对展览场地的选择起到至关重要的作用,展览会的初始状态——集市就是凭借买卖双方由来已久的直接接触方式使得展览会有别于其他的市场营销方式。如今随着交通通信的发达,逐步失去了原有的意义。研究表明,地理位置仍起到关键作用的情况如下:①辐射小于或约等于 200 公里的消费类展览会;②地貌优势发挥重要效用,如澳大利亚神仙湾国际游艇展。

2)得天独厚的市场

展览会所要求的得天独厚的市场首先是指在展览会场地有供给、有需求。一个地区的行业能力与潜在参观者数量是展地选择的关键因素。城市规模不大且欠缺经济腹地的厦门能拥有全球最大的石材展、佛事用品展、茶叶展绝非偶然。以茶叶展为例，福建省是中国茶类最齐全、生产规模最大的产茶大省，闽南—潮汕—台湾的乌龙茶区是中国最浓郁的茶文化地区和最大的茶消费产地，厦门还是拥有中国近一半进口茶叶的港口城市。同时，技术的优势对展览会的竞争力尤为重要，一个展览会的号召力与其所展出的真正创新产品成正比。

3)交通状况

原则上，如果能越快、越舒适地到达展览会所在地与场馆，那么客商对场馆质量的评价就越高。可以设想以下因素对展商和参观者的重要性：场地到机场的距离、服务质量、高速公路的距离、庞大便捷的交通网络、轨道交通的使用情况、短程公交的使用率、场馆与城市交通的连接状况等。

4)展览场地(场馆)

会展场馆是会展经济发展的载体，被誉为会展经济发展的火车头，是展览业发展的基础。没有相当规模及配套设施齐全的会展场馆，就难以催生具有影响力的品牌展览会。近十多年来，以展览场馆尤其是大型展馆建设为中心的会展城市竞争与博弈方兴未艾。展览场馆对于展览所在地营销的作用和所受到的关注越来越大(表2.2)。

表2.2　国内10万平方米以上的主要展馆一览表

序号	展览馆	可租面积/万平方米	建设情况
1	国家会展中心	40	
2	深圳国际会展中心	40	在建
3	广州琶洲展馆(广交会会馆)	35	
4	昆明滇池国际会展中心	30	
5	长沙国际会展中心	26	在建
6	上海新国际博览中心	20	
7	青岛国际博览中心	18	在建
8	武汉国际博览中心	15	
9	杭州国际博览会中心	15	在建
10	广州潭州国际会展中心	12	
11	成都世纪城新国际会议展览中心	12	
12	西安丝路国际会展中心	—	规划中

续表

序号	展览馆	可租面积/万平方米	建设情况
13	北京中国国际展览中心	10.6	
14	厦门国际会展中心	10	
15	深圳会展中心	10	

资料来源:时间截至 2018 年 12 月 31 日。

会展场馆建设的总体潮流在于围绕展览业生态,通过关注舒适度和绿色化的各个构成因素以完成展览业的情感化过程。同时,展览场地的状态会影响展商的服务政策。如果展商想充分展示其产品的特性与质量,那么他们必定对展台的各项技术设备有所要求(比如 Internet、Wi-Fi 等)。

根据施特克博士的调查报告和当今技术发展,展览场地的现代化设施主要包括:
①展览场地优化的结构和布局;
②高效的客运和人员迁移系统;
③方便展商和参观者配备充足的停车位;
④商店和服务区;
⑤优化的运输和物流系统;
⑥会议厅安装具备拓展能力的设备;
⑦充足的餐馆、零食吧和休闲吧;
⑧高效的信息系统;
⑨高效的停车导向系统。

同时,还包括其他软性因素,如愉快、友好的氛围,理想的空气状态,灯光、充足的数据线路、充分的卫生设施、水电供应系统等。

5)技术服务

展台是举办一次展览会的中心元素,是参展商的名片。毫无疑问,专业化的展示艺术以普通的技术媒体为基础;参展商需要电、水、通信等各种设备。信息传递的高水准和成熟的会议技术对展览会的展示能力起到积极的影响,同时,组办方能否随时为顾客准备数据信息,为顾客的整合营销能力提升服务,也受到信息传递和会议技术的影响。自动化的准入控制、重要专业观众数据的生成、展商和专业观众展览行为的共享、富有特色的客户对话和关系撮合等更具情感化和实效性的信息沟通和技术发展,将整合于今后的展览会营销行动。

6)宾馆

宾馆的高质量服务和合理的价格成为展览会城市竞争的基本规则。宾馆的价格、容量和质量影响着展览会举办地的形象。这一点是不言而喻的。

7) 餐饮

餐饮体验是会展项目中一个关键但却容易被忽视的环节。展览会的餐饮供应作为一个展馆服务能力的体现,也是一个展览会现场服务质量的体现。餐饮服务从简单的吃饭变成了重要的参展参会体验。同时多项研究都表明,对于参展商及参观者而言,餐饮服务是展馆服务质量的重要影响因素。人们在衡量一个城市的餐饮行业时,会考虑品种、质量和价位等。翁国钦经调查发现,除保证(菜肴、服务、气氛)高质量之外,谁如果能在餐饮供应模式和餐饮上推陈出新、自创一派,谁就能在展览会的竞争中脱颖而出。

8) 所在城市的魅力、文化和艺术

展览会的客户和合作伙伴能够直接感受到举办地居民的文化、思维方式和性情,他们热情好客、对外乡人表现出来的开放态度以及对展览会的态度。因此,积极对待展览会的社会文化环境成为举办地竞争的一大优势。一个城市的正面形象、业余活动的丰富程度,文化节目、购物条件等城市的文化艺术和整体魅力,正是推动一个城市成为受人欢迎的会展城市的动力。

【案例拓展】

表 2.3　国际性会展旅游城市特点及厦门会展旅游发展的对照表

项目	标准、特点	样本数据①	厦门情况
交通条件	国际机场	到展馆 1 小时以内	15 分钟
	港口	水深 9~15 米,集装箱码头	集装箱中国第六大港口;世界第 17 名
	铁路交通	展馆距离火车站约 15 分钟最佳	约 15 分钟
	公路	展馆位于高速公路枢纽地带	福厦高速公路与厦漳高速公路的交会点
	轨道交通	展馆最好离地铁出口 5 分钟车程	地铁在建
口岸	直达口岸	拥有落地签证和国际物流与结算条件	厦门空港和厦门海港;空港国际航线仅两条
饭店、宾馆	高档饭店群距离展馆 2 公里以内最佳	高档饭店客房容量 2 万人以上;中低档饭店 8 万人以上;其中五星级宾馆至少 5 家	旅游饭店 110 家(其中星级饭店 59 家),客房 1 万多间;社会旅馆等 300 多家,床位 2 万多张

续表

项目	标准、特点	样本数据①	厦门情况
年均国际展览会数	80 次以上	样本平均数为 86 次	200 次
潜在参展商家数	1 万家以上	样本平均值为 2.6 万家,重复 200%,门槛值约为 1 万家	
友好商务联系国家（或地区）	50 个以上	样本均值为 98 个,门槛值为 50 个	国际友好城市 25 个,与 130 个国家和地区建立商务联系
潜在年均观众人数	150 万人次	样本均值为 151 万人次	432 万人次
展览会时间占全年时间	1/3	取样本均值	1/2
年接待入境旅游者人数	不少于 10 万人次	达到 50 万人次以上的规模	110 万人次
旅游外汇收入	不少于 1 亿美元	突破 10 亿美元以上的规模	6.4 亿美元
旅游增加值占 GDP	5%~10%	至少达到 5%	收入为 280 亿元,占 GDP 的 18.94%

注:①该取样为 2005 年数据。厦门数据为 2018 年数据。

2.3 展览会管理的主要工具

2.3.1 项目管理

1)项目生命周期(PLC)管理

项目在时间的流逝中逐渐向前进展。项目是由各种过程组成的,可分为两类:一是与项目管理有关的过程,主要涉及项目的组织和管理;二是与产品有关的过程,主要涉及具体的产品生成。两类过程结合起来,才能完成整个项目活动。启动一个项目与完成一个项目有着巨大的差别。在项目生命周期的不同阶段,其要求会发生变化,项目的重点也会发生转移,因此所需的技能也会有所不同。描述项目生命周期主要有以下几种说法:

(1)三阶段 PLC

梅雷迪思和曼特根据不同的工作量和工作速度,指出一般项目经历三个类似的阶段:缓慢开始—快速推动—缓慢阶段。同时,他们承认不同类型的项目会遵循不同的模式,如反 S 形。

（2）四阶段 PLC

梅勒根据基本问题和中心问题从组织的角度对项目生命周期进行定位,提出了 4D 过程法(表 2.4)。

表 2.4　梅勒项目管理的 4D 过程

序号	阶段	中心问题	基本问题	输入所含活动和输出
1	定义项目 （define）	项目和组织的战略、目标定义	要完成什么,为什么	项目大纲
2	设计项目过程 （design）	建模、规划、估算、资源分析、冲突解决和论证	怎样完成项目,各部分都由谁来完成,项目何时开始与结束	建议书/PID
3	交付项目:执行 （deliver）	组织、控制、领导、决策和问题解决	如何进行项目的日常管理	结果
4	过程优化 （develop）	对过程和项目结果的评估、评价、未来的变更	如何持续改进过程	过程和产品的知识

（3）五阶段 PLC

弗雷真塔和科摩尼诺斯提出了五阶段理论,根据输入所包含的活动和输出来定义,把项目生命周期中所有的工作量进行划分,分别为启动—定义—计划—执行—收尾(图 2.7、表 2.5)。其实早在 1992 年,维斯和外索基也提出了类似观点,他们划分了项目管理的五个阶段,包括:①启动—定义;②计划;③组织—执行;④执行;⑤ 收尾。

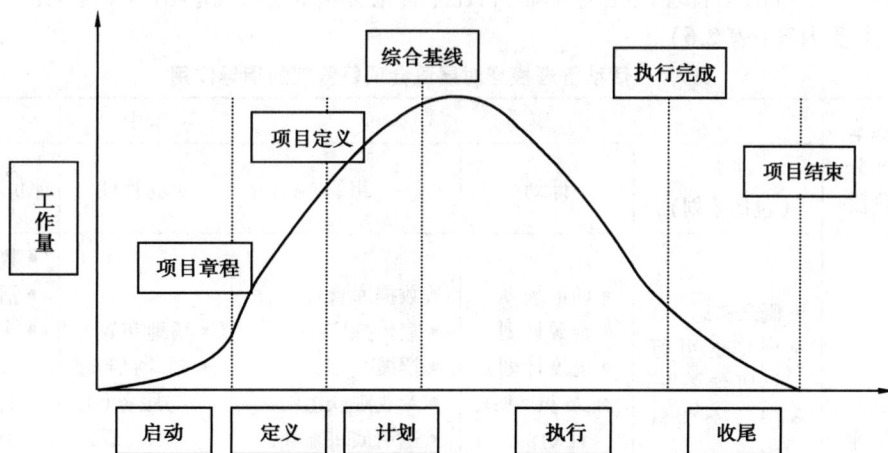

图 2.7　弗雷真塔和科摩尼诺斯的生命周期各阶段

表 2.5 弗雷真塔和科摩尼诺斯"目标导向"的项目管理方法

序号	阶段	定义	输入	输出
1	启动	概要与业务案例及支撑文件	项目经理任务、知会各方、利益相关者管理	项目章程
2	定义	在定义项目并生成项目定义报告的过程中,形成项目团队,将利益相关者集合起来	定义项目、项目定义报告、对项目有粗略了解,通过使命、目标、可交付成果的分解、范围内和定位各项计划(进度、成本、职责、风险、沟通等)	项目定义报告、项目团队
3	计划	接受定义,形成现实的、可靠的计划	时间、资源、现金流和采购等详细规划、控制信息系统细节和关键绩效指标(反复进行)	详细基准计划
4	执行	执行计划	定期汇报阶段性成果;中间还有监督、分析、控制和解决问题等重要互动	没有明显的出处或触发器
5	收尾	项目变更,对最后阶段进行再计划	审查绩效标准,释放资源及交付产品	项目结题报告

不论是采用描述性项目生命周期,还是更为一般化的过程,都可以对项目和不同节点的各种活动、态度与中心问题获得很全面的看法。识别项目的生命周期,对了解项目的过程、处理和排列组成项目管理的大量细节、加强项目管理和控制方面是一种很有价值的方法。理解项目的生命周期可以帮助在项目执行过程中避免遗漏活动或在错误的活动上停滞不前。

2)展览会项目管理

以戈德布莱特活动管理模型为基础并结合展览会的特点,勾勒出展览会项目管理的基本流程及主要内容(表 2.6)。

表 2.6 活动管理模型对展览会项目管理的指导作用

活动	基本划分阶段	事前			事中	事后
		研究(包括策划)	计划	组织	现场管理	评价/事后工作
展览项目	主要工作	• 概念构思 • 详细的可行性研究 • 展览会项目定位 • 撰写立项策划书	• 场地规划 • 资源计划 • 进度计划 • 人员组织计划 • 现场管理计划	• 数据库管理 • 宣传推广 • 招展 • 专业观众组织 • 邀请演讲嘉宾 • 广告和赞助销售 • 供应商选择与管理	• 场地布置 • 现场管理与服务(开幕式、观众入场管理、闭幕式等)	• 数据库更新 • 活动评估 • 其他善后工作(感谢、总结、新闻报道、催款等) • 启动下一届展览会的相关工作

【延伸阅读】

项目生命周期整合模型

项目本质在进展中会发生变化。目前人们对项目周期有不同的观点：可以用来非常清晰地定义一个过程（目标导向的项目管理模型）；也可以是风险管理和质量管理的基础（梅雷迪思和曼特三阶段模型）；或者可以是不同阶段活动的一个总结（梅勒4D过程法）。它们有重叠、联系，但各具价值。整合各种项目生命周期理论，对每个阶段重点考察三件事：中心议题、风险和要解决的问题，并区分为四个通用的阶段：立项、计划编制和开发、执行、结束。

一、立项

立项是指项目的产生，包括思路的形成与选择，以及作为一个潜在的项目而给这些思路注入生机的一些动力、过程或热情。

1. 中心

- 面对环境问题会产生创新的思维跳跃
- 召集团队并取得团队的承诺
- 粗略定义项目

2. 风险

- 严格的执行或者过早的定义会压制项目的创新性
- 没有一些选择机制，会使得低回报的项目通过
- 利益相关者一般不认同项目目标
- 团队不和会引起项目的偏差和冲突

3. 问题

- 利用成本收益分析和其他方法对项目进行论证
- 确定项目管理的风格：开放型、集权制、民主型

二、计划编制和开发

该阶段对项目进行了更加清晰地定义，为成功奠定了坚实的基础。

1. 中心

- 一个合理的成本，质量和可交付成果计划
- 创建团队，加强工作关系
- 对每一个任务、管理、活动制订责任制
- 有效沟通和考核，建立未来控制体系
- 团队与利益相关者的会议和沟通结构

2. 风险

- 利益相关者参与
- 该阶段常常被忽略
- 过于详细的计划会削弱动力

3.问题

- 项目合适执行,谁负责执行,怎样执行
- 还有动力吗

三、执行

执行阶段常常是项目最令人激动而容易遭受挫折的部分,包括项目的进展、冲突、问题、障碍和挑战。

1.中心

- 完成目标所需的工作
- 大量的活动
- 对问题进行管理

2.风险

- 时间、目标、成本利益相关者的参与,会使得项目各部分分离
- 将注意力从项目的其他地方转移出来
- 问题的不确定性会对项目产生不利影响
- 利益相关者对项目进度了解滞后
- 团队沉醉于工作本身,忽略了目标和规划

3.问题

- 怎样确保项目顺利执行
- 收尾阶段何时开始

四、结束

收尾阶段是项目最艰难的一个阶段。工作进展非常缓慢,目标不得不修订,成果的交付要满足利益相关者的期望。交付的成果常常不像项目开始时那么令人激动,而项目团队将不得不解散而使项目受到损害。同时,当人们已经工作得很疲惫、团队正要解散的时候,还要通过总结整个项目来获取学习经验。

1.中心

- 预期成果交付
- 围绕着成果对成员进行培训,设备维护,将成员转移到新的项目
- 移交成果
- 学习经验
- 开展庆祝活动
- 解散团队
- 使得项目成功

2.风险

- 项目发生偏离或者终止
- 完成目标,但却没有取得项目成功
- 犯了和其他项目同样的错误

3.问题

● 成果、目标、团队意识是什么

● 是否有借鉴作用

（资料来源：英国皇家与采购供应学会.采购项目管理［M］.北京：机械工业出版社,2008.）

2.3.2 价值链管理

1) 价值链分析法

（1）价值链分析的内容

价值链是企业将投入转化为对顾客有价值的产出的一系列活动,这一过程中包括许多为产品增加价值的基本活动和支持活动（图2.8）。

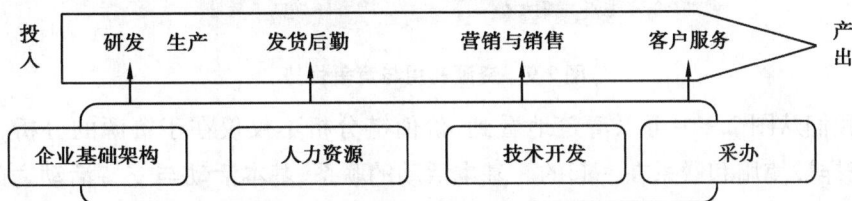

图2.8 价值链分析:基本活动和支持活动①

①基本活动:是指直接为产品和服务增加价值的活动,包括产品研发、生产、运送、营销、客户服务等。

②支持活动:是指为基本活动提供赖以进行的条件,包括采办（获取各种资源输入的主要活动过程,不是输入资源本身）、技术开发、人力资源管理和公司基础架构（计划、财务、质量控制体系、组织文化等）。其中,企业的基本职能活动支持整个价值链的运行,而不与每项主体直接发生联系。

（2）价值链分析的意义

价值链是企业建构核心竞争力的砖砖瓦瓦。获取并保持竞争优势不仅要理解企业自身的价值链,也要理解企业价值链所处的价值系统。价值链围绕顾客价值创造这一核心,找到最重要的价值创造环节,通过优化资源和能力的组合,建立核心竞争力。

价值链为行业革新提供了机会。它有助于企业发现市场上尚未得到满足的顾客需求。不同的产业具有不同的价值链。在同一产业,不同企业的价值链也不同,这反映了它们各自的历史、战略以及实施战略的途径等方面的不同,也代表着企业竞争优势的一种潜在来源。

新技术的发展和环境的改变也会影响这价值链上的活动。电子商务、虚拟通道/路径（VP）技术成长改变展览会的价值创造和实现方式,企业要重新审视自己在价值链上的优势

---

① 后期很多管理学教科书中,把支持性活动理解为人力资源管理、物料管理、信息管理、企业基础设施（含财务管理）等。下文刘春章的展览会价值链显然受此影响。参见:迈克尔·波特.竞争论［M］.高登第,李明轩,译.北京:中信出版社,2003:72.

和机会。

（3）价值链分析的要点

价值链分析的关键是认识到组织不是技术、货币和人员的随机组合，如果不将这些资源组织进入系统或日常工作中来，保证"生产"出顾客最终认为有价值的产品或服务，那么这些资源将毫无价值（图2.9）。

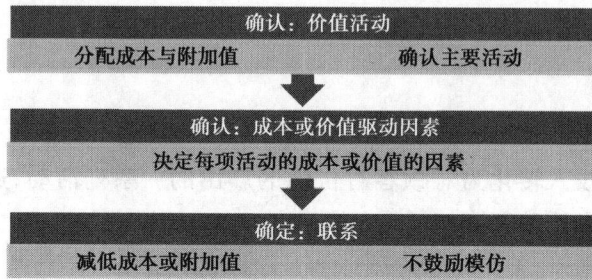

图2.9 资源利用与竞争优势

显然，我们从图2.9中可以清楚地看到，价值链分析不仅仅在于资源的分析，并且要分析资源是怎样被使用和联系在一起的。基本活动的联系、基本活动与支持活动之间的联系、不同支持活动的联系、企业内部价值活动的外部联系、整个价值体系内部局部最优化等构成了企业竞争优势的重要源泉。

2）展览会价值链管理模型

作为平台和媒介存在的展览会，整体活动项目构成了一个完整的价值创造链。我们可以将活动项目的组织管理视为展览会管理的基本工作，其他工作便围绕项目运营管理展开（最终是围绕活动策划展开）。这些工作可视为活动管理中的支持工作。

刘春章就依照价值链分析法构建了活动管理价值链分析模型，可以作为展览会组织与运营的参照（图2.10）。它与迈克尔·波特的价值链极为相似却不尽相同。波特的价值链以

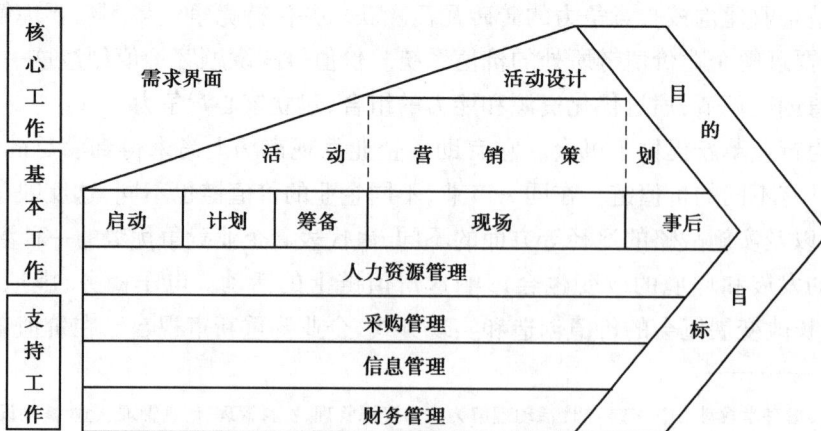

图2.10 活动管理价值链分析模型

一般企业尤其是生产型企业为起点建构而成。

在这个活动项目价值链中,把活动策划(活动设计和活动营销策划)也列入其中,它是基本工作的一部分(策划工作是计划工作的一部分),但因为极为重要,所以把它作为活动管理中的核心工作。活动价值链的基本工作是启动、计划、筹备、现场和事后,体现的是活动项目的基本运营过程。支持工作包括人力资源、采购、信息和财务管理,体现的是活动项目中为支持活动而进行的资源调配。而在活动的价值链中,活动中的任何工作都是为了取得活动最初的目的以及为此设计的目标。

【高阶链接】

展览会组织与运营管理的支撑理论和方法

展览会的组织与运营管理是为了满足参展商和观众的需要,前者研究如何为参展商和专业观众搭建一个理想的展示、交流、交易平台,后者核心在于探讨如何使这个平台更有效地运转。任何一项经济活动的有序发展都需要科学理论的指导,展览业作为新兴的产业更是如此。一个展览会项目从无到有、如何可持续地健康发展,从策划、组织到运营,根据作者的调研和实践经验,一个成熟的项目经理应该熟练掌握以下策划组织与运营基础理论、相应的工具和方法。

表 2.7　展览会策划、组织和运营的支撑理论

支撑性理论	主导功能方向	主要的分析方法和工具
策划学	• 策划和创意的思想贯穿于展览会的整个过程	• OK 模型 • 创意的方法 • 决策学的方法
项目管理学	• 贯穿于展览会策划、组织和运营的全过程(在设计范围管理、时间管理、成本管理、风险管理、人力资源管理、质量管理、采购管理、沟通管理和集成管理九大领域,为展览会组织与运营提供全面的指导)	• 项目管理知识体系(PMBOK)
产业经济学	• 产业结构为展览会立项提供依据 • 产业供需状况为展览会定位提供方向 • 产业热点问题、最新动向为展览会专业研讨会提供议题素材	• 产业集群钻石模型 • 结构—行为—绩效(SCP)分析
财务管理学	• 进行展览会的财务可行性分析 • 指导展览会资金的筹集、投放、耗费、收入和分配活动 • 指导展览会资本运营、品牌运作活动	• 资本筹集与运用 • 成本控制 • 经济预算 • 三大报表运用等

续表

支撑性理论	主导功能方向	主要的分析方法和工具
市场营销学	<ul><li>指导展览会的目标市场定位</li><li>直接指导展览会的市场组织(招商招展、广告赞助、观众组织等活动)</li><li>为改进展览会提供直接依据</li></ul>	<ul><li>市场细分—目标市场—市场定位(STP)战略</li><li>市场定位</li><li>市场营销组合(6Ps)</li></ul>
服务营销	<ul><li>进一步明确展览会的定位</li><li>提升展览会的附加价值</li><li>补充传统意义上的营销工作(市场组织)的不足</li><li>建立良好的与会关系</li></ul>	<ul><li>7Ps 营销理论</li><li>服务质量体系</li></ul>
质量管理	<ul><li>指导展览会组织者更有效地整合资源</li><li>提高参展商和专业观众的满意度</li><li>增强展览会的核心竞争力</li></ul>	<ul><li>质量模型</li><li>5M 分析法</li><li>全面质量管理(TQC)</li><li>戴明环</li></ul>
客户及公共关系管理	<ul><li>更好地了解和预测目标客户及其需要</li><li>简化展览会的运作流程</li><li>促进展览会公司组织结构的优化</li><li>有力地培养顾客忠诚</li><li>相关利益团体管理,塑造良好的外部环境</li></ul>	<ul><li>利益相关者管理</li><li>危机管理</li><li>客户关系管理(CRM)</li></ul>
品牌管理	<ul><li>塑造展览会的良好形象</li><li>提升展览会的品牌价值和竞争力</li></ul>	<ul><li>品牌资产</li><li>品牌价值评估</li><li>品牌联想</li><li>品牌定位</li></ul>
战略管理	<ul><li>最大限度地整合展览会组织者的资源</li><li>增强展览会的国际竞争力</li><li>指导展览会的可持续发展</li></ul>	<ul><li>战略分析(PEST 分析模型、五力模型、竞争分析模型、波士顿咨询矩阵等)</li><li>战略匹配模型(SWOT、SPACE 矩阵等)</li><li>战略选择</li><li>战略决策方法</li></ul>
供应链管理	<ul><li>注重整体价值链效率的提高和价值增值</li><li>提高服务质量,扩大客户需求</li><li>推动信息共享,实现展览会价值链各方共赢</li></ul>	<ul><li>6R 理念</li><li>快速反应(QR)</li><li>有效客户反应(ECR)</li></ul>

本章小结

　　展览会组织与运营是科学,也是艺术,思想境界高低和理论支撑的深浅决定了项目的高雅平庸与否和可持续发展的可能性。在好的思想理念和方法模式指导下的策划、组织和运营是成功的前提,在市场经济、社会文化和城市品牌中就表现为效益。

　　首先,从管理学的角度入手,厘清展览会组织与运营的科学内涵,即为教材写作制订内容框架及逻辑方法,让展览会组办方能为展览会组织和运营的决策行为树立正确的导向。其次,研究展览会作为项目组织和服务业运营的约束条件及边界要素,从城市体系和展览会生态圈角度探讨展览会成功的关键影响要素,为展览会组办方提供组织和运营的任务和互动路线。最后,总结支撑展览会组织和运营的相关理论,尤其以项目管理和价值链管理为依托,试图为展览会组办方提供策划、组织和运营展览会的一个思考方向,这对提升展览会策划质量、展览会组织和运营工作的科学性具有重要意义。

【延伸阅读】

　　1.“会展策划思想”,参见:吴志才.会展策划理论与实务[M].北京:经济管理出版社,2016:17-51.

　　2.“始计篇”,参见:孙武.孙子兵法[M].上海:上海古籍出版社,2019.

　　3.“展览会项目管理的指导理论”,参见:王春雷,陈震.展览项目管理:从调研到评估[M].北京:中国旅游出版社,2012:22-33.

　　4.“活动项目的价值链:兼论活动人应具备的知识”,参见:刘春章微信公众号“活动策划家”,2015-10-20.

复习思考题

【知识链接】

　　1.为什么说展览会具有典型的项目特征?

　　2.项目管理的生命周期理论主要有哪些? 其主要内容如何?

　　3.简述大会展生态和环境系统的基本内容。

　　4.说明展览会的价值链管理。

【思考再三】

　　1.展览会的核心竞争力是什么? 请举例说明。

2.为何展览会组织与运营必须放在城市的架构中行使使命和完成其边界?

【走进实践】

1.选择本地最成功的展览会,思考该项目之所以成功的内在理由和基础。

2.请思考本地城市发展展览会经济的主要条件。

综合实践 2
××展览会策划综合实践

一、任务

以小组为单位,采用头脑风暴,确定小组拟作展览会项目。

二、具体要求

1.实训项目贯穿课程始终。

2.以小组为单位,每小组 3~5 人。

3.小组确定后,确定小组名称、目标、口号、组长等以调动小组成员积极性。

4.小组以头脑风暴法先确定拟作展览(会)项目,以后所做训练围绕此项目进行。

5.为体现实战性目标,展览会项目创意鼓励的方向为:(1)为自身学校策划;(2)以学校大学生或城市所在区策划;(3)选择某个会展专业赛事,以其要求进行项目策划。

6.拟作的项目在将来进行可行性分析时,可根据分析结果进行改变。

三、评分方法

小组分两次进行提案,分别在中期和课程结束时举行。其他小组可参与答辩和打分。

第 2 编
展览会组织

第3章
展览会立项

【本章导读】

1.描述展览会规划流程；

2.掌握立项定义及其中心议题；

3.了解展览会市场信息的核心内容；

4.掌握展览会主题的常用方法、展览会立项策划的主要内容；

5.了解展览会定位的主要方法和内容；

6.阐释为什么每一个规划阶段代表了该展览会取得全面成功的关键要素；

7.掌握展览会立项策划书的编写步骤和内容。

计必胜而后战，是胜不可以幸得也；度有功而后动，是功可以常期也。

——何去非

强有力地执行一个精雕细琢而缜密的战略，不但是公司取得成功的秘诀，而且是公司管理卓越最好的经验标准。

——汤姆森·斯迪克兰德

【开篇案例】

台交会：惊鸿展现的智慧故事

厦门工业博览会暨海峡两岸机械电子商品交易会(简称台交会)由中国商务部特别授权中国机电产品进出口商会、中国机械工业联合会、台湾区电机电子工业同业公会和厦门市对台贸易促进中心主办，每年4月在厦门举行。作为海峡两岸经济区规模最大的机电展览会，台交会是海峡两岸间规模最大的经贸交流盛会，也是大陆参会台湾买家最多的专业性展览会。

台交会在"一个特殊的时间、特殊的地点，以特殊的方式，为两岸交流搭建了一个非常有特殊意义的经贸交流平台"，其诞生之初就是两岸人民智慧的结晶。

图3.1 台交会标识

一、诞生背景

1.厦门进一步发挥对台新优势的需要。1996年初,中央在珠海召开经济特区工作会议,要求厦门要继续发挥经贸交流与合作的独特作用,争创新优势。

2.两岸互通的"破局"之举。1996年,当时两岸的关系处于"冷热交融"的特殊局面。

3.两岸贸易存在严重不平衡。表现在祖国大陆对台贸易年递差首次突破数百亿元。当时厦门市贸易发展委员会与厦门大学台湾研究所组成了一个"扩大对台出口工作调研小组",发布了当时第一份也是唯一的对台出口问题及对策白皮书。

因此,作为祖国大陆对台经贸合作与交流的窗口,厦门感觉应该"有所为"。

二、创意伊始

台交会的创立源自厦门市领导向外经贸部等部门的一次汇报活动中。1996年6月初,时任厦门市市长洪永世率领有关部门赴京向国家外经贸部、国台办、国家计委、税务总局、人民银行汇报厦门拟率先采取措施扩大对台出口的思路、做法,请求给予支持,其中一条是开展对台出口促进活动,得到外经贸部、中国人民银行、国家税务总局的支持,专门于1996年8月函复厦门市政府,明确表示"原则同意在厦门举办对台出口商品交易会"。

三、调研论证

之后,由市贸易发展委员会联合市台办、厦门大学台湾研究所等部门"立足于推动台资企业产品返销台湾",着手进行可行性研究。在初步规划中,厦门方面建议邀请中国机电、轻工、纺织三个进出口商会加盟共同主办。1996年9月,厦门市政府与三个进出口商会签订联合主办的协议。

1996年10月,还处于台交会酝酿和论证中,时任厦门市贸易发展委员会主任的黄菱率领大陆贸易团到台湾访问,进行了一次"破冰之旅"。"探讨举办'厦门对台出口商品贸易会'的可能性,正是率团赴台考察的一个重要内容",代表团向台湾工商界征询办会意见、建议,得到台北市商业会等的广泛响应,台湾海峡两岸商务协调会还表示愿意协助招商,最终促成了首届台交会的顺利举办。

经过反复论证,最终确定了"厦门对台出口商品交易会筹备方案"。1996年10月30日,厦门市政府正式向国家外经贸部提出举办请求,报请批准。

四、方案定型

1996年11月8日,国家外经贸函复厦门市政府,同意举办台交会,并批准厦门市提出的筹备方案。

有趣的是,厦门筹办台交会的消息是由敏锐的台湾媒体捕捉并公布出来的。11月9日,台湾新闻记者团在厦采访两岸试点直航情况,得知厦门要就举办面向台湾的出口商品交易会,纷纷报道。其中台湾《经济日报》以《逆转对台逆差厦门宝剑出鞘——明年4月首办对台出口贸易会》成为最早的报道,比组委会的新闻发布早了20天。

1997年4月8—13日,在厦门富山展览城举办首届"厦门对台出口商品交易会暨97台胞回乡旅游购物节"。时任国务院总理李鹏,副总理钱其琛、李岚清为大会题词,钱其琛副总理参加大会并剪彩。大陆首次面向台湾举办的大型经贸交流活动横空出世。

图3.2 首届台交会开幕盛况

（图片来源：许本能先生提供）

1.台交会的使命

紧密两岸经贸联系，促进两岸"三通"，为两岸架起"交流、交易、交友"的大舞台，正是台交会肩负的重要历史使命和最大追求。

2.台交会的宗旨与目标

台交会以祖国大陆适销台湾市场的出口商品的展示、洽谈、成交为主要内容，以扩大祖国大陆对台出口为主要目的，同时，逐届扩大台湾企业、台资企业商品的展示比例，逐年扩大对台湾以外地区的招商，吸引世界各地进口商前来采购海峡两岸适销国际市场的出口商品，努力实现"密切两岸经贸关系，促进两岸共同发展"的办会宗旨。

3.展览会定位与特色

（1）参展商品以台湾开放祖国大陆的商品为主，同时展出可通过台湾、香港等地和其他国家转口到世界各地的其他商品。（2）台交会参展企业以"厂"为主，主要由自营进出口生产企业、外贸企业、台资企业等各类制造厂家参展，便于"厂""商"直接见面，这点显然与当时各地经贸展览会、出口加工会以外贸公司为主参展极大不同。（3）时间安排在4月，主要有两点考虑：一是临近清明，便于台胞回乡祭祖，所以首届特意同期举办了"台胞回乡旅游购物节"；二是与春季广交会衔接。

日后，以对台为主，厂商见面，唯一与春季广交相衔接成为台交会一贯的特色。首届台交会充分发挥了厦门对台区位优势和经济特区口岸功能，它的成功举办拓宽了两岸贸易信息交流的渠道，对扩大对台贸易、推动定点直航、促进直接"三通"具有重要意义。

五、运营转型

由于台交会定位准确，特色鲜明，在全国各类出口商品交易会、经贸洽谈会中独树一帜。不仅成为两岸机电行业(后来)互相交流、互通有无、互惠互利，开展双向贸易的交流平台，也成为两岸联手共同拓展国际市场的重要平台。

台交会的生命力很大程度上源自"常办常新"的办会追求以及其确定的"两岸携手开拓国际市场"的站位,第四届台交会成功转型为机电专业展,邀请台湾机电企业参展,增加"海峡两岸机械电子商品交易会"名称。台交会也从最初的单向式(对台出口)转为双向式(进出口),并稳健地朝多向式(两岸贸易和两岸共同面向国际市场)发展。

2001 年,从第五届台交会开始,历经多层次艰难谈判,台湾电机电子工业同业公会应邀加盟主办台交会,首开台湾商会参与主办大陆展览会之先河。同时台交会移师厦门国际会展中心并正式定名为"海峡两岸机械电子商品交易会",同时保留"厦门对台进出口商品交易会"名称。

之后经过精心经营和培育,台交会逐步成为由两岸共同主办的最大规模的经贸交流活动,也是中国规模最大的机电专业展览会。新一轮科技革命和产业革命正在孕育兴起,"中国制造2025"成为未来10年中国制造业发展的路线图。台海关系的和缓、三通也实现已久,台交会再次更名为"厦门工业博览会暨海峡两岸机械电子商品交易会",拓展了工业展的功能,顺应"互联网+"的发展趋势,紧扣两岸产业发展动向,立足于"国际化、专业化、市场化"的办展方向,努力打造面向两岸、享誉国际的工业旗舰展。

立项是指项目的产生,包括思路的形成与选择,以及作为一个潜在的项目而给这些思路注入生机的一些动力、过程或热情。在这个环节中,主要的中心议题是:一是以面对环境或问题产生创新性思路;二是项目有关人员一致同意的目的或目标纲要,它粗略地定义了项目是什么;三是调集人员并获得他们对项目的承诺。

提供基本"产品"、规划市场活动,即展览会项目是展览会企业的根本业务,也是展览会组织的起点。作为服务产品,展览会项目的策划与组织与一般产品开发过程类似(图 3.3),同样从创意来源或创造性解决的问题中产生创意构思,并进一步对此进行开发及精炼,最后得到最终的产品和服务。

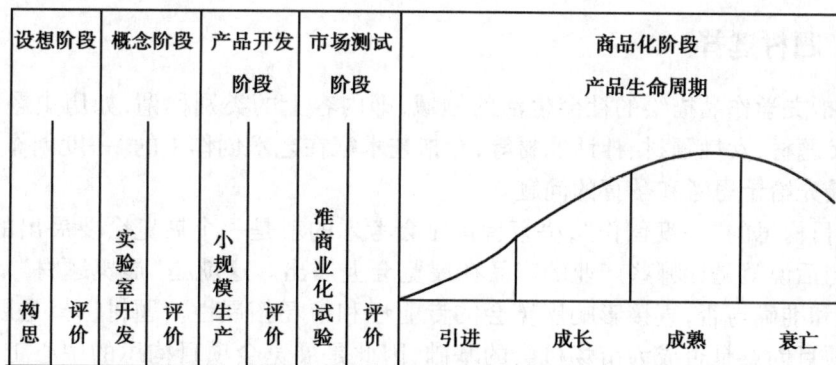

图 3.3　一般产品计划及开发过程[1]

① 郁义鸿,李志能,罗博特·D.希斯瑞克.创业学[M].上海:复旦大学出版社,2001:37.

3.1　构　思

项目构思是决策者识别机会或发现需求（市场、团体等）的回应,从大量社会经济新闻表象、市场表象、行业经验的感知进入思维,是项目的萌芽状态,但却往往是启动的决定性因素。

3.1.1　构思

展览会项目构思可以分为两个领域:一是开发新产品即新展览会项目;二是为自己的产品组合寻找新主题。作为项目构思（创意）的来源和方法,我们将在展览会新产品开发策略中详细介绍。

展览会企业所经营的项目大部分来自决策者的感知和思维。然而对于一个有创新的、适合的项目构思（创意）,必须是实实在在的,能作为企业业务加以发展甚至新创企业基础的,决不能信手拈来。因此在构思时应该注意其内在影响因素:市场条件、地域特点和合作伙伴。在思考时注意以下问题:

①亲自感受项目的市场条件;

②查阅国内外关于该项目展的基本情况;

③了解举办城市的在地资源;

④评估管理者在项目举办城市的相关机构的可合作性。

如果这些思考和探索性研究得出的结论是正面的,才进入下一个步骤。当然这一过程中,提高展览会项目决策者信息处理和分析能力,提升有价值资讯的应用能力也是关键。

3.1.2　题材选择

题材泛指文学作品描绘的社会生活的领域,即内容上的类别称谓,如历史题材、军事题材、爱国主义题材、女性题材、神话题材等,专指艺术家在艺术创作中的"一度创作"。在创作中,题材是最先给予思考和孕育的问题。

作为项目构思的"一度创作",决策者首先会考虑的就是一个展览会要展出的展品范围是什么,换句话说就是让哪些产业的产品在展览会上展出。这就是"展览题材"。展览题材选择的好坏和准确与否,直接影响展览会的专业性和市场拓展性。题材选择是展览会的先决条件,是项目创意是否成为市场机会的基础,因此是展览会项目构思的中心工作,其实质上解决了"有没有项目开展"的可能性。主要解决:①在什么行业办展? ②项目如何选题,即初步的定位,尤其题材及类型定位①。

---

① 罗秋菊从定位的角度认为展览会定位分为三个层次:宏观性的类型定位、中观性的行业题材定位、微观性的细分市场定位。从实际操作来看,行业领域定位即题材选择决策应该在类型之前。

1）选择展览会行业

作为"产品"的展览会本身就是一个市场,它是在特定的时空限制下,集中性反映一般市场的供需双方以及组织方和参展方的需求。每一个展览会的立项都离不开产业的支持;而展览会的定位则来自对目标市场需求(展商、观众、市场代表、行业协会等)的准确把握。因此展览会所在行业的发展才是展览会的内核。行业系统分析和选择成为展览会项目构思的起点。

展览会组织者首先从本区域的优势产业和主导产业切入;其次从国家或区域的重点发展产业中寻求突破;最后从国家或区域的新兴产业、战略性或先导性产业及政府重点扶持性产业进行选题。

在这个过程中,市场营销学中的"细分市场"揭示了进入一个行业举办专业展览会的市场机会,也提供了行业选择与评估的方法。恰当且有创造性地选择市场细分的变量是进行市场细分的重要前提。展览会组织者还应从以下几个方面对细分市场进行评估:

①规模和发展潜力。即被评估的细分市场有一定的产业基础和较大的产品使用范围,这是首要考虑的问题。

②盈利能力。合理的利润是企业生存的基础和持续的动力。

③展览会市场的吸引力。不同竞争市场及其竞争态势对展览组织者的吸引力是不同的。

④组织机构的目标、市场需求与资源优势的匹配度。

2）展览会题材的确定

项目构思确定具体产业之后,下一步就是确定展品的大致范围。一般来说,选择展览会主题有四种常用方法:全新题材、分离题材、拓展题材、合并题材(表 3.1)。在实际操作中,协同办展、异地(复制)办展等往往跟展览会主题紧密相关,也常被列入。

表 3.1　展览会展览题材的选择

	定义	优点	风险	运作要点
全新题材	通过对收集到的各种信息进行整理和分析,选定一个本展览企业从来没有涉及的产业作为举办新会展项目的会展题材	• 可进入新兴产业,开发新市场 • 避开竞争者 • 抢先一步,成功可能性大	• 进入陌生领域,风险大 • 缺少专业人才和经验 • 难以抓住重点,缺乏市场号召力	• 慎重决策:把控新主题的来源渠道,或创新,或移植改造 • 做好新项目的可行性研究
分离题材	将已有项目的展览题材再进一步细分,从原有的大题材中分列出更小的题材,并将这些小题材办成独立的展览会	• 有一定的客户基础和经验,容易成功 • 更加专业化,更大的发展空间	• 难以把握最佳时机 • 对原有展览会冲击 • 组展方不具备相应的实力	• 要认真分析,注意分列的必备条件 • 把握分列的时间和举办细分题材展的地点

续表

	定义	优点	风险	运作要点
拓展题材	将现有展览会所没有包含的,但与现有展览会题材有密切关联的题材,或者是将现有展览会展览大题材中暂时还未包含的某一细分题材列入现有题材	• 扩大招展展品范围,扩大参展企业数量和观众来源 • 题材更完整,展览更专业,更具有行业代表性	• 可能出现"拉郎配",失去其专业性,增加展览的展区划分、现场布置和管理难度	• 注意拓展题材必须为展览会"锦上添花"而不是"画蛇添足" • 关联性要强 • 不给现有展览会造成不便 • 不影响原有专业性
合并题材	将两个或两个以上拥有相同的或一定关联的题材的现有展览会合并为一个更大的展览会,或者是将两个或以上的展览会中彼此相同或有一定关联的题材挑选出来,放在一个新的展览会中统一举办	• 做大做强,消除市场竞争、独占题材的展览市场 • 提高参展的积极性,更具有行业代表性	• 业务合作不当和利益分配不均,可能会导致题材合并的失败,选择不当成为大杂烩	• 题材之间要有很强的关联性 • 强化合并效应的研究和预测,做好防范 • 不同企业间的权责和利益分配方案必须先行谈妥 • 选择好合并时机

3.1.3 激发创意的方法

创造力是一个展览会策划者所应具备的素质。创造性地解决市场需求和问题的能力经常是作为商业运作成功与否的标志。策划者可以运用多种方法来帮助激发新的创意并加以测试。

1) 焦点小组

焦点小组方法自20世纪50年代以来被广泛应用。它是由主持人带领一群人聚在一起进行公开的、深入的讨论,用不局限于主持人提问的方式来征得与会者的反应,主持人以直接或间接的方式来集中该小组的讨论。一般来说,小组由8~14人组成,每个成员都会接受其他小组成员的评论,以刺激其创造性而产生新项目。

2) 头脑风暴

与焦点小组方法不同,头脑风暴法中的小组讨论一般没有明确限制集中讨论的主题,而是规定一个只有大致的、相对较宽的领域,其目的是产生尽可能多的想法。头脑风暴经常从一个问题或一个难题的陈述开始,引出一个或更多的想法,最后产生大量的想法。

应用时一般要遵循以下四个原则:

①不批评和评价其他人的想法——讨论中没有负面评论;

②鼓励随心所欲——欢迎那些看似疯狂的想法;

③希望产生大量的想法——构思越多,好的创意出现的概率就越大;

④鼓励对其他人的想法进行组合和改进。

此外,对于所有想法,无论表面上看有多么不合逻辑和疯狂,都需要记录下来。可见,头脑风暴的过程应该乐趣无穷,不存在某个统治局面的人,而且不应禁止讨论。

可以激发人们创造力的方法还有很多,比如自由联想法、灵感激励(梦想)法、启发法、集体笔记法、价值分析法、矩阵图表法、参数分析法等。在具体实施过程中,可以根据需要、条件,选择或组合合适的方法,以产生创造性的创意和创新。

3.1.4　项目构思的论证

一个展览会项目从策划到完成一般需要 1~1.5 年,而每个展览会的培育通常是 3~4 年(或 3~4 届),一旦决定错误,耽误就是 4~5 年,但这只是时间成本,更不谈真实成本,对于任何一个展览会组织者来说都是承担不起的。因此在构思阶段,有希望的项目题材应该被确定,而不切实际的创意(尤其题材)应该被剔除,这是在最大限度上运用组织者现有资源的前提下所作出的决策。

项目构思阶段存在的主要问题:

①把项目构思(创意)当市场机会。市场机会是一个有吸引力的、使投资者能够收回投资的想法或主张。商业项目是一个市场推动的过程,市场实现是其成功的必要条件。一个好的创意并不是一个经营机会;同时,第一个获得好的项目构思也不一定能保证成功。

②直觉性决策。在展览会实践中,经常碰到的情况是展览会项目因应某种特殊需求或特殊条件而产生:如受朋友影响;或与某市领导很熟悉;或因对某产业情有独钟;或掌握某特殊的资源……可以肯定的是,这样的决策成功者寥寥。

③多数的谬误(或称成功的复制)。因循成功项目进行移植或者大多数同行都在举办项目进行"拷贝",而认为其风险必然小。

在项目构思阶段,一个有效的评价方法就是系统化的市场评价清单。运用这种方法,每个项目创意都根据其主要价值、优点来评价。通过确定市场价值、新项目市场需求和项目对企业价值三方面,并与竞争对手项目价值相比较,确定项目的市场机会的范围,进而对项目构思进行确定和初步筛选。

【案例拓展】

会展+产业,厦门会展业融合创新之路

旅游会展业是厦门市重点打造的两大千亿级产业链(群)。近年来,厦门以打造国际会

展名城和中国会展典范城市为目标,充分发挥会展业的扩散效应,使之成为打通生产与消费、连接产业和市场的重要纽带,力促大旅游、大会展、大商贸、大物流融合发展格局。厦门充分利用政策效应,加大会展政策扶持力度和法治机制管理工作,营造会展业发展环境,特别是以旅游、会展、商贸、体育、文化等融合为抓手,重点推进"会议业+旅游""展览业+旅游""会展市场主体+旅游""会展+文创""会展+赛事"等的深度融合,会展业成为产业发展和文化事业、城市经济的有效抓手和重要平台。目标是推动旅游会展融合发展和会展业转型升级发展,不断提升厦门市国际化、高端化、品牌化水平。全市会展业增长率15%以上。2015年,厦门跻身全国十大会展城市,旅游会展业产值首次突破千亿元大关,比原计划提早一年实现千亿产值的目标。展览方面,全市全年举办展览项目230场,展览总面积215万平方米,而这两项数据在2012年分别是160场和138万平方米。

厦门会展业的成绩,得益于相关部门和会展行业精细的行业研究和精准项目策划。

良好的政策环境调动社会力量办展办会的积极性,全市上下充分挖掘城市及周边地区的会展资源、市场状况及城市特质,不遗余力地培育"生根型展览会"和招展引会,特别是在新策划专业展方面取得显著成效。根据有关数据分析,2016年厦门成功策划举办了21个经贸专业展览会,成功培育了国际收藏展、印刷广告展、电子展、老龄展、乐器展、教育展、数娱展、时尚生活展等产业融合会展项目,达到历年之最。2017年上半年又新申报了9个新展览会;涵盖实际体育产业、航空维修、移动电竞、跨境电商、纸品设备与技术、微电商产业、女性产业等领域。厦门市走出了一条具有厦门特色又契合城市特质的"会展+产业"的融合发展之路。这些展览会起点高、专业性强,与厦门城市特质和重点产业契合度高,以会展促进产业融合升级的成效凸显。

其实早在2013年,厦门会展业升级行动计划中,厦门市就把"策划重点专业会展项目"作为升级方案中的重点工作。课题组深入分析福建省和厦门市的经济发展水平、行业现状、市场需求及城市群发展态势等,提出"依托福建省60多个全国领先、具有区域特色的产业集群和厦门及泉州、漳州、莆田等周边城市集聚的机械装备、电子信息、建材、水暖厨卫、纺织鞋服、石材、茶叶、家具家居等产业群,有针对性地策划打造一批重点专业展览会,成为吸引和带动周边城市群相关产业高端要素集聚的有效平台(表3.2)。

表3.2 厦门市产业融合与会展项目对照一览表

序号	产业	福建省产业发展简况	厦门已有会展项目	策划培育或引进项目
1	石化	福建省三大主导产业之一,初步形成四大石化基地,在全国位居17位,并形成一批优势产品	国际石化(厦门)商贸大会	
2	电子信息	福建省是全国LED产业的重点发展区域,近年来信息产品制造业规模不断壮大	LED照明展、两岸平板显示论坛和两岸LED照明论坛	

序号	产业	福建省产业发展简况	厦门已有会展项目	策划培育或引进项目
3	汽车	福建汽车产业基本形成了闽中、闽南、闽西北三大汽车产业群。全省现有汽车整车生产企业 8 家,已具备国家产业政策中几乎所有汽车产品类别的生产资格	海西汽博会	房车暨新能源汽车展
4	船舶	船舶工业是福建比较传统的工业,具有很好的基础和得天独厚的地理优势,也是福建省"十二五"期间重点谋划的支柱性产业	游艇展	潜水打捞及海工装备展
5	机械装备	福建省机械装备制造业是该省千亿产业集群,工程机械、电工电器、环保机械和飞机维修等行业在全国具有一定优势或特色,形成了厦门、龙岩工程机械,闽东电机电器,龙岩环保设备、南平电线电缆等产业集群	台交会、工程机械展、航空维修展	
6	不锈钢	福建省不锈钢产业已形成福州、宁德、漳州三大产业基地和武平不锈钢产业园区,成为该省不锈钢产业集群的基础	无	
7	稀土及有色金属	福建稀土资源丰富,位居全国第三位。福建稀土资源主要集中在与稀土王国江西赣州市比邻的龙岩市和三明市	亚洲粉末冶金大会	世界钨业大会
8	建材	福建是全国建材工业重要的生产省,已经发展壮大成具有区域特色的建筑陶瓷、水暖器材和石材、橱柜、安防等优势建材产业	石材展、厨卫展	五金建材展、家居用品展、水暖设备交易会
9	纺织鞋服	纺织服装业是福建省传统优势加工业,已形成门类齐全的纺织工业体系,纺织经济总量位居全国前五位	时尚设计展	
			品牌订货会	
10	食品加工	食品工业位列全国前十位。水产品加工业、饲料加工业、精制茶加工业、植物油加工业、卷烟制造业、罐头制造业、软饮料制造业和焙烤食品制造业等子行业发达	食博会	
11	造纸	福建是全国纸业重要的基地,纸业是该省传统优势产业		全国纸业大会
12	能源	能源工业长足发展,形成以火电、大机组为主的电源结构和以高压输变电主网架为重点的电网体系	海西新能源展	

续表

序号	产业	福建省产业发展简况	厦门已有会展项目	策划培育或引进项目
13	医药	福建省已初步形成生物制药、化学药、现代中药、医疗器械等医药产业门类,基本形成了厦门、福州等产业集聚地		医博会、医疗器械展、制药装备展
14	建筑业	建筑业是福建省重要的支柱,在经济社会发展中具有重要的地位和作用		家具家居展
15	粮食	福建是产粮大省,也是全国第三大缺粮省份,粮食产需年缺口约1 000万吨		饲料展、植保双交会
16	设施蔬果	全省各类园艺设施面积超过145万亩,其中设施果蔬大棚面积将超过40万亩	农展会	
17	茶产业	福建省茶叶总产量居全国第一;茶园面积居全国第五;毛茶产值居全国第一	茶博会	茶产业投资展览会
18	食用菌产业	福建食用菌产业已基本形成融生产、加工、流通为一体的较为完整的产业链	农展会	
19	花卉产业	形成了以水仙花、榕树盆景、蝴蝶兰、仙人掌与多肉植物、耐寒棕榈等为特色优势的花卉产品	兰花展	
20	畜禽产业	建设25个畜禽良种工程项目,建成种畜禽场526个		猪业博览会
21	林竹产业与竹下经济	全国竹子重点产区,竹林面积1 575.3万亩,毛竹1 445万亩(二类),居全国首位		
22	烟草种植及加工	福建烟叶生产规模约300万担(15万吨),占全国烟叶总产量的6%左右,成为全国第六大烟区		
23	海洋渔业	海岸线总长3 752千米,居全国第二位。海洋资源种类繁多,拥有丰富的港口资源、渔业资源、滨海旅游资源等	国际海洋周、休闲渔业展、渔博会	水产养殖展、世界海洋大会
24	金融服务	福建省已形成体系完善、功能相对齐备的银行业机构体系	国际金融合作展、理财节	
25	交通物流	福建省物流总量与效益不断提升,物流企业加快发展壮大,物流园区和物流配送中心等物流运作基础设施持续改善	国际货代大会、物流节	物联展及物联大会
26	信息服务业	福建物联网产业发展初具规模,拥有传感器、网络传输、数据处理等基本完善的产业链	国际物联网博览会、移动应用展	智慧城市展
27	旅游	形成以泉州、厦门、武夷山、福州为中心的旅游生态工业区,发挥中心城市的辐射带动作用	海峡旅博会	厦门国际休闲旅游展

续表

序号	产业	福建省产业发展简况	厦门已有会展项目	策划培育或引进项目
28	文化产业	福建文化产业集聚发展态势逐步显现,对文化产业发展的示范和带动效应不断扩大。大力发展文化创意、动漫游戏、文化会展等十大文化产业	佛事展、文博会、动漫节、德国红点设计展	

注:以上是根据福建省经济工作会议所提出的28个产业与会展项目对照一览表。

3.2　调　研

一个好的创意只是展览会企业手中的一个工具,市场机会并不等于创意,有一个好的创意也并不意味着一定有市场机会。一般来说,有了创意之后,还需要进行市场研究,并在此基础上对项目的市场机会进行辨识、筛选和评估。这很重要但并不简单。

调研阶段是展览会项目的灵魂,是决定项目构思能否立项和立项后能否规避风险和减少失败的基础性工作。它解决了"展览会项目能不能上"和"展览会项目如何上"两个问题。

3.2.1　项目信息的收集与研究

项目有时对于展览企业来说就是创业的早期灵丹,信息对于创业来说非常重要。有研究表明,市场信息的采用会影响项目组织运营的绩效,所以展览会企业有必要进行一定层次的市场研究。

任何调研项目都可以分为若干逻辑步骤,起点为确定调研的价值,终点为分析和解释调研结果。

1) 定义研究目的和目标

市场研究开始对研究目的或研究目标的定义,常常是最困难的一步。对于项目决策人员来说,开始市场研究最有效的方式就是坐下来并列出一个准备项目启动和营销计划所需要的信息清单。

2) 从二手资料中获取资料

对于展览会项目组织者来说,最明显的信息来源是已有的数据或二手资料。二手资料是指某种已经存在的,并不是为本展览会项目策划而是为其他目的而收集的资料。大量的战略性、竞争性信息可以从公开出版和不公开出版的来源中得到。不公开出版的信息来源包括:用户调查、市场研究、职工和股东会议的讲话、电视节目、与利益相关者的对话。公开出版的信息包括:杂志、报告、政府文件、摘要、书籍、企业名录、报纸、手册等。它们广泛存在于图书馆、商贸杂志、政府机构、大学或专门的咨询机构中。现在,项目策划人员可以从因特网获取很多方面的信息,并可以对其加以拓展作为一手资料以及购买二手资料的一种方式。从成本考虑,策划人员应该尽其可能获取所有免费的二手资料。

3) 从第一手资料中获取资料

为当前目的而展开收集的资料就是一手资料。当展览会组织者所需要的展览会项目资料不存在或现有资料可能过时、不详细、不完全或不可靠时,就应该收集一手资料。一手资料收集包括建立一个数据收集过程:为决策提出调研问题、拟定调研提纲、寻求解决问题途径、说明信息来源、选择调研对象、确定研究方法、抽样方案拟定、统计分析方案拟定、安排调研进度以及经费安排等。同时根据不同的策划需求、时间和成本选择不同的信息收集方法,如焦点小组访谈、深度访谈、投射法、观察法、实验法、调查法(网络、人户、邮寄、电话、电子邮件等方式)等。

4) 分析与解释

根据样本规模,决策者可以把结果通过列表显示或输入计算机。应该根据在研究过程的第一步中所确定的研究目标对结构进行评价和解释。对于一般的数据,单纯对问题答案的统计和总结可以给出初步印象,接着对这些数据进行交叉制表分析出更加有意义的结果。而对于趋势性、因果性、预测性的数据还需要根据统计方法进行分析。

最后,进行调研成果的汇报,可以是书面的也可以是口头的,但对于调研人员来说,如何提交一份清晰、准确和有说服力的研究成果是至关重要的。因为成功的报告能给统计和逻辑的研究结论以活力,人们才会把研究的结论变成行动。

3.2.2 项目信息收集的内容

在获得足够的资料之后,就可以着手进行有关的分析研究。外部环境和内部条件在展览会的市场计划过程中扮演着非常重要的角色。对这些动态变化过程中影响和制约展览会活动的最普遍因素的总体分析,不仅构成一个展览会的发展条件,同时也提供了市场机会甄别与评估的准则。

根据展览会及其市场的特点,可以编制一个展览会环境条件分析和调研的框架(表3.3)。

表 3.3 "天—地—彼—己"展览会环境条件分析框架

内容	分析目的	主要市场力量	分析内容框架	分析要点	主要分析工具
天（不可控制的宏观力量）		宏观环境	政治、经济、社会、文化、技术、人口六要素	寻找未来项目运营和绩效的关键影响要素；尽可能量化、细化指标，拒绝泛泛而言	PEST、G-PEST模型
地（无法控制但可以通过自己竞争行为施加影响的外部力量）	机会和威胁分析——通过外部环境的机会、威胁的性质、关键影响要素分析，确定项目的战略地位	行业（产业）	产业现状、产业特点、产业关系、产业趋势	关键影响要素的选择，尽可能数据化，搜集数据保持一段时间以反映趋势	波特五力分析模型；展览会生命周期分析法
		市场	规模、结构、偏好、趋势、市场机会窗口大小	重在展览会市场供求关系研究	市场结构模型；市场趋势模型
		目标顾客	展商和专业观众购买行为的研究	重在分析顾客需求，尤其是展商和专业观众的购买行为	消费者行为7O模型、厂商理论
彼（竞争对手）		同类展览市场	国内外展览会情况；有影响力的品牌展览会分析	属于供给市场的一部分	基准分析
		直接竞争者	谁是竞争者，尤其是品牌竞争者的设定；竞争者的优势劣势、目标、假设及竞争策略	评估展览会组织者和项目的竞争地位	竞争者分析模型；竞争态势分析矩阵（CPM）
己（可以控制的微观力量）	优势和劣势分析——评估项目及要素领域的优势和弱点，并为分析两者的相互关系提供基础	举办地可资使用的条件	举办地经济发展水平、基础设施、社会服务体系、场馆条件、配套服务水平、展览业发展水平	评估展览会项目能否"落地"的条件	波特钻石模型；资源分析法
		主办方（组织者）	资金、技术和其他必要的资源；团队管理；创业者个人目标和能力；相关利益团体分析	评估展览企业的战略能力；从组织和项目运营的政治与文化角度评估战略能力问题	价值链分析法；文化变化模型；7S文化结构模型
		项目题材条件	可行性研究、商业计划书（策划方案）	重在展览会公司和项目经营策略评估	定位分析

续表

内容	分析目的	主要市场力量	分析内容框架	分析要点	主要分析工具
态势分析与预测	战略匹配	条件环境、需求分析、趋势预测	环境条件和企业目标匹配并制订战略框架	将企业内部资源和技能等要素与由外部因素造成的机会与风险进行匹配	SWOT 分析法；IE 矩阵；BCG 波士顿咨询集团矩阵

在调研阶段,需要注意以下几个问题:

①调研工作一般在展览会策划中都被列为一个前置的前提性步骤,这符合一般性的思维和过程。不过,从展览会的策划、组织、运营和管理的过程来看,调研应该贯穿于展览会项目管理和企业管理的全过程和各个环节之中。

②调研工作是专业性、系统性很强的工作。项目决策者应该对市场调研有足够的了解,以便更好地筹划调研活动和解释调研结果。而现实中,许多决策者往往缺乏市场营销学、广告学、会展学、消费者行为学等相关学科的知识和经验,甚至不知道他们希望通过调研得到什么样的结果。然而这正说明市场研究对项目立项的意义重大。

③合理完善研究计划是充分保证调研客观性和科学性的前提。计划好坏是衡量研究水平的标志,也是取得信任的依据。我们列出研究内容的提纲和步骤,只是为学习者提供参考和帮助学习者建立思维方向。实际在展览会项目调研工作中收集的提纲和计划更为复杂,也可能更简化,这主要是由项目主办方的要求和目的决定的。

④这些信息收集的内容,其实也在一定程度上为项目投资者和运营方提供了机会筛选的准则。根据这些准则可以评判一个项目构思(创意)的市场前景是否有较大的潜力。

【案例拓展】

展览会项目研究提纲式分析

调研是项目的灵魂。

调查应以量化为基础,研究的主要内容包括:城市条件;新项目所依托产业的市场状况;该项目在外国、本国其他城市、本市的经营状况;供求关系;供方的质与量,求方的质与量;该项目的竞争力,本身的比较优势;可借助的社会力量,良好的合作选择;本身人才资源的运用和人才的组织方案;风险评估;价格准则及财务预算等。

管理市场调研必须客观,千万不要让主观喜恶所左右。还要注意的是,市场调研在现实运用中要做的工作很多、很细致,这要在现实工作中发挥创造性的作用。

下面我们以某一个城市的钟表展览会调研做个提纲式的分析(表3.4)。

表 3.4　钟表产品展览会

调查内容	调查结果
城市条件	人口:700 万人,沿海城市,国内外贸易是强项
依托产业	全市有 250 家钟表制造企业
产业技术状况	一半企业为来料加工,替国外批量生产,40%的企业以生产零配件为主,只有 10%的企业生产自有品牌
供求关系	供应者期望出口,买家需要来自海外
供方质和量	两方面都能达到要求,但缺乏自身品质,因此推广品牌欲望不强
求方质和量	求方在海外,且因加工性强,品牌在他人手中。求方对自有品牌渴求不高
同类展状况	不多,但以参与对外出口商品交易为主。本国以钟表为强项的展览会多数不具规模
比较优势	经营者可能对钟表产业比较熟悉,对消费品办展经验也较丰富
社会力量	协会、商会,精力多放在组织参加境外的专业展上
财务预算	难以形成规模,因此盈利不乐观
风险评估	除非找到有突破口的卖点,否则风险太大
结论	成功的机会不高,除非可以组织大量国外买家参与

资料来源:京柏. 会展实践与理论[M].深圳:海天出版社,2005:101-103.

3.2.3　调研成果与项目立项

一个典型而严格的展览会项目研究包含以下环节:先进行内外条件环境分析、项目的需求分析(市场、社会、消费者、企业自身需求分析)、趋势分析,确定项目的可能性和必要性,并进行项目的可行性研究,进而识别筛选项目并进行立项申报工作。因此,调研成果主要集中表现在市场研究报告和可行性研究报告。

1) 项目提案

在完成对展览会项目的内部条件和外部环境的分析后,要对项目提案进行筛选,从而识别预备立项的展览会项目。管理人员筛选项目提案的主要标准如图 3.4 所示。

2) 可行性研究

项目识别后,须对最佳项目方案进行详细的分析研究,明确项目的具体范围,并对项目的可行性做出最终评价,提出可行性报告,决策立项与否,并立项申报。

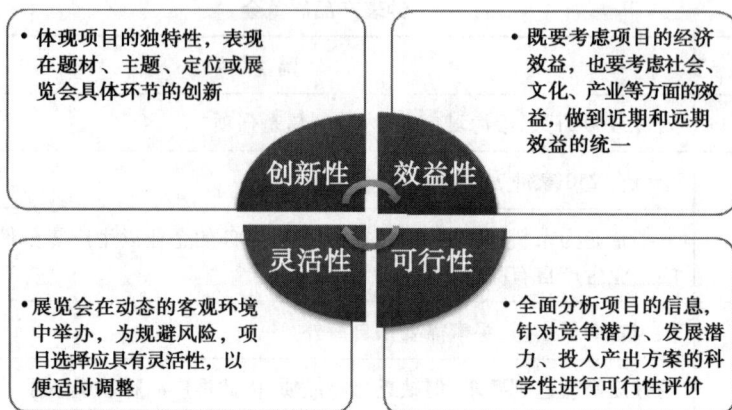

- 体现项目的独特性，表现在题材、主题、定位或展览会具体环节的创新

- 既要考虑项目的经济效益，也要考虑社会、文化、产业等方面的效益，做到近期和远期效益的统一

创新性　效益性

灵活性　可行性

- 展览会在动态的客观环境中举办，为规避风险，项目选择应具有灵活性，以便适时调整

- 全面分析项目的信息，针对竞争潜力、发展潜力、投入产出方案的科学性进行可行性评价

图 3.4　筛选项目提案的标准

（1）可行性研究的内容

进行展览会项目的可行性分析，一是必须进行项目的市场可行性分析，市场可行性分析包括宏观环境分析、产业条件分析、展览项目的竞争分析；二是进行展览会的生命力分析；三是举办条件的可达到性分析、主要包括举办地条件分析、自身资源及缺失资源的可获得性分析，以此证明项目能被本组织所驾驭；四是进行财务分析，从财务的角度论证展览会项目的可行性；五是展览会项目执行方案评估，以判断项目执行方案能否保障展览会按照预期的步骤和目标顺利进行；六是进行风险分析，以综合确定此项目的可行性（图 3.5）。

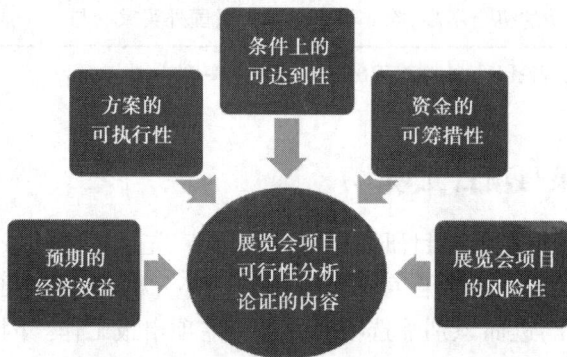

图 3.5　展览会项目可行性分析的主要内容

（2）可行性研究报告

可行性研究报告是策划者对上述各项工作的一个综合和提炼，是进行可行性研究的书面表达，是决定是否继续展览会项目的依据。

表 3.5　展览会立项可行性研究报告的结构内容

序号	形式结构	内容要素	具体说明
1	封面		项目名称、公司名称、报告完成日期
2	摘要	经理摘要（也称执行摘要）	主要内容的简要介绍,要求精练准确到位
3	目录		
4	正文	总论	项目背景,介绍项目背景情况和项目的目的
			市场研究工作情况简介
5		市场环境分析	宏观环境分析
			微观环境分析
			SWOT 分析
6		展览会项目的生命力分析	项目发展空间,分析展览会所依托的产业空间、市场空间、地域空间、政策空间等是否具备
			项目竞争力分析,分析展览会定位的号召力、办展机构的品牌影响力、参展商和观众的构成、展览会价格和服务等
			办展机构的优劣势,以制订竞争策略
7		展览会执行方案分析	展览会基本要素分析
			展览会执行重点计划分析,包括展览会主题定位及活动方案、招商招展和宣传推广计划、现场服务与应急管理计划、人员分工及时间安排计划等
8		展览会财务分析	展览会盈利模式、价格定位、成本分析和利润预测,进行项目盈亏平衡分析,评估项目资金的筹措方案
9		项目风险预测	预测评估市场风险、经营风险、财务风险、合作风险等
10		存在的问题	通过可行性分析发现项目立项存在的问题,并分析可能产生的影响
11		改进建议	针对上述问题,提出项目方案的改进建议
12		努力方向	根据展览会项目的目标,在可行性研究分析基础上,针对可能出现的问题,提出成功实施展览会项目需要具备的其他条件或需要努力的方向
13	附录	数据、资料	资料来源、数据统计的方法,以及其他重要的佐证材料

3)立项备案(申报)

举办展览会项目的机构在可行性分析之后,须向有关部门提出项目申报或备案,有些事项要获得项目批准后方可正式实施。主要程序包括申报立项、申报登记和申报审批。如今,我国展览会改项目审批制为项目备案制,但有一些相关事项,仍须按照主管部门要求进行申报登记,特殊项目和要求还需审批,如展览会名称冠以"中国""海峡""国际"等字样,需要按照相关规定进行审批申请。

3.3 策 划

策划是策动与计划。策划是在准确调研基础上,制订如何利用自身竞争优势策略和改善劣势的措施。这类似于产品开发与市场测试阶段,即产品的原型开发。一个完整的展览会策划内容体系主要包括:①展览会项目要素策划。项目构成展览会项目的基本框架,是展览会项目的躯干。②展览会战略性策划。项目的战略性策划意味着做一些恰当的事情来发展一个可以支撑的业务。③展览会项目的战术性策划。是对展览会设计的人力、物力、财力以及时间的分配;意味着恰当地做一些事情来优化和有效地执行具体的措施,尤其展览会项目经济测算,是组办方最为关注的内容之一。

3.3.1 要素策划

展览会作为一种贸易服务,顾客最终获得的是服务过程,因此其实质是由一系列要素构成的综合性"服务包"。展览会的要素构成展览会的"产品"形式(表3.6)。项目1和9构成了展览会的"核心产品",即核心利益;尤其是项目1—8,构成了展览会的"形式产品",是项目策划书中的必然要素;项目10—12构成了展览会产品的"延伸产品",其中展览会营销与管理计划对于新办项目及承办项目来说,应该在策划书中有所体现。

表 3.6 展览会"产品"的形式要素构件

序号	内容	策划构成	影响要素	意义及要求
1	展览会名称	它包含基本部分、限定部分和定位标识,界定了展览会的性质特征,描述了展览会时间、地点、办展频率等基本信息,同时也对展览会行业或主题定位加以界定	一个好的展览会名称不仅要先声夺人,吸引眼球,对展览会基本情况高度概括,还应该考虑展览会定位、规模及展示内容的发展方向,并提前以品牌管理的高度对其规划,使之具有代表性和可延展性	展览会名称是展览会内容最直观的反映。一个展览会的名称犹如其"眼睛",是展览会与外界沟通最重要的窗口

序号	内容	策划构成	影响要素	意义及要求
2	组办机构	负责展览会策划、组织、招商、招展及现场管理等事宜的相关单位和机构,是展览会的组织者	是展览会的实际发动力量和中坚力量;一般包括主办单位、承办单位、协办单位;其中主、承办是核心,协办及支持单位根据需要设置	权衡多方关系,合理组合,构筑完整的组织架构;建立合作共赢关系,充分发挥各机构的资源优势,提升品牌号召力
3	合作伙伴*	(非必须项)主办方根据需要可以合作的机构	配合主办方为展览会提供营销、物流、现场服务、接待、搭建、广告,行业外的酒店、餐饮、娱乐、旅游,社会上的安保、海关、工商、消防及传媒等	与组办机构、政府和协会一起,共同构成展览会命运共同体
4	办展地点	解决展览会"去哪儿办"的问题。一是确定在哪个国家、城市举办;二是确定使用哪一类场地;三是确定在哪一个场馆举办	举办地点是受到展览会题材、性质和定位的影响;而场馆选择则要综合考虑:展览会的特点、规模、预算及展馆自身的环境与条件(地区、环境、设备、住房、展场空间、餐饮服务、展览空间等)	场馆选择对参展商及买家的信心起关键作用,是展览会项目中不可小觑的部分
5	办展时间	解决"什么时候办"的问题。主要确定展览会重大事件的里程碑。一般来说主要有:展览会举办日期;展览会的筹撤展日期;公众的开放时间等	其中展览会举办日期是最重要的决策,主要考虑展览会题材行业特点、同类展览会时间、国家法定节假日及企业工作习惯等;筹撤展日期则主要考虑办展成本、效率和展览会形象	要统筹兼顾,充分合理,尽可能做到精确;同时需要对其他重要事件的日期做出确定,并设计清晰的时间表
6	周期/频率	解决"多久办一次展"的问题	市场需求;产品生命周期,尤其关注产业和产品导入期和成长期;产业发展阶段	与办展时间相互影响,需统筹兼顾、协调选择,切忌顾此失彼
7	展品范围	展览"素材"的选择与范围,是展览会定位主题的实物反映,是展览会差异性的重要体现	综合考虑:市场需求;展览会定位;展览会组织者的优劣势;产业的相关性。这是一项专业性极强的工作	直接决定展出商品、技术和设备,间接决定展览会的参展商和观众类型,及展览会规模及生命力

续表

序号	内容	策划构成	影响要素	意义及要求
8	展览会规模	狭义上讲,指展览会的展出面积尤其是净展出面积;广义上讲,还包括展商数量和观众数量	展览会规模预测是展览会服务与其他工作的基础。展览会题材所在行业;观众的数量和质量限制;展览会组织者办展策略的制约;同类展览会的限制	把握专业观众—展商数量—展出面积顺序,做好规模预测;要与观众数量、质量相适应,达到规模效应
9	展览会定位和主题	解决展览会"是什么"和"有什么"的问题。明确目标客户、办展目标、主题与其他定位问题	是展览会组办与参展者、观众视线沟通的心理桥梁,是展览会要素聚焦的最大公约数。需综合考虑行业、市场需求,聚焦政策要素、业界关注焦点、社会关注热点	其实质是项目产品的"核心产品",为展览会的核心价值服务。要有针对性和预见性,有创意,能把握社会热点和焦点
10	配套活动策划	承担了展览会"延伸产品"的价值功能,增加展览会项目特色,拓展展览会功能,吸引潜在客户,提升效果的附属性活动	是展览会主题、价值的补充、提升与再现,同时有利于活跃展览会气氛、提升展览会对展商、观众的黏度。展览会的配套活动包括:开闭幕式活动、专题会议、宣传推广活动、评比活动、娱乐活动、文化体育活动等	已成为现代展览会不可或缺的部分。应坚持以下原则:客户需求第一位;与展览会主题一致性;利于提升展览会价值
11	展览会营销计划	是一个以年度为基准的计划,着眼于与营销组合变量(产品、价格、分销及促销等)有关的决策,并考虑如何实施	对项目进行营销定位指导下,选择确定适合展览会项目类型与特点的营销策略,并进行营销组合设计与规划	两者均属于展览会的战术性策划,是展览会组织实施方案部分,应该在从项目总进度和里程碑、主进度及详细进度三个层次为项目执行服务,并建立进度、费用、质量三个维度,确保目标约束与平衡
12	展览会项目执行及管理计划	以展览会项目为中心,设定具体的项目管理目标和绩效指标,纵横交叉对展览会项目计划实施流程进行决策	设定执行计划的管理目标和绩效指标,并从展前、展中和涉及展览会组织的相关活动、营销推广、招商招展、开幕式与现场管理、意外与风险管控、人员分工协调、时间进度管理、后续管理等各项计划进行设计	

注:＊合作伙伴并非展览会项目策划的必选项。

3.3.2 战略策划

其实质是项目产品的"核心产品"的策划,为展览会的核心价值背书。主要工作包括定位策划、主题策划、品牌策划。

1)定位策划

一个展览会的定位将直接影响到展览会能否成功举办,也是一个展览会成长和发展的基石。展览会定位是展览会组织者为自己的展览会成长所选择的发展方略和目标。

(1)定位层次

展览会定位三个层次的含义,第一层次是企业战略层面的战略定位;第二层次是品牌竞争策略层面的市场定位(品牌定位、产品定位、竞争定位、需求定位);第三层次沟通战术和传播层面的营销传播定位(表3.7)。

表3.7　展览会定位层次结构表

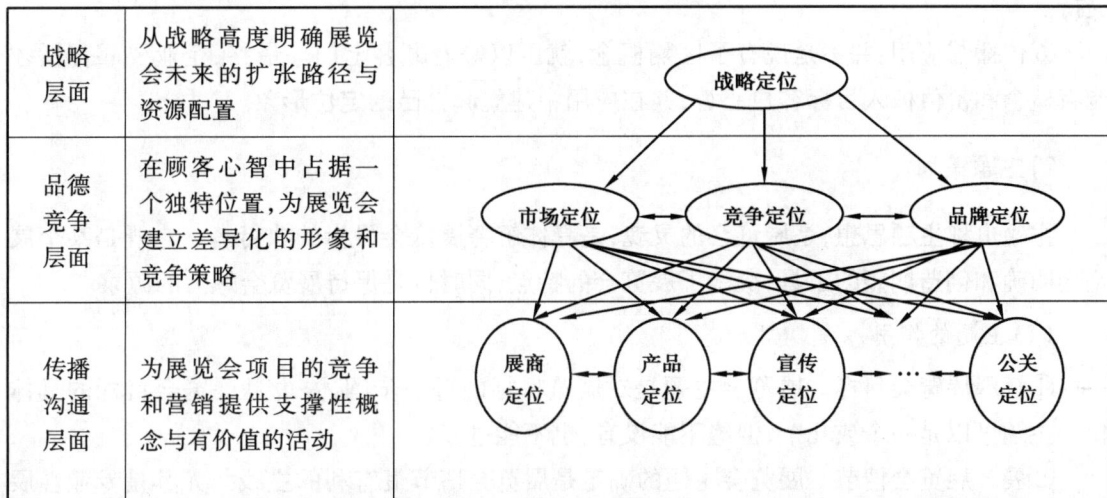

战略层面	从战略高度明确展览会未来的扩张路径与资源配置	
品德竞争层面	在顾客心智中占据一个独特位置,为展览会建立差异化的形象和竞争策略	
传播沟通层面	为展览会项目的竞争和营销提供支撑性概念与有价值的活动	

(右侧为图示:战略定位 → 市场定位、竞争定位、品牌定位 → 展商定位、产品定位、宣传定位、……、公关定位)

(2)定位方法

其本质是选择能与竞争对手有区别的活动。战略定位即企业必须创造独特的、持久性差异的方略,这种方略要通过系统性组配构成。同样,在其他层次的定位均要分解出相应的定位活动,以便落地实施。以展览会市场定位为例,如图3.6所示。

(3)定位步骤

①选择对象:展览会公司的整体、个别展览会项目还是展览会项目的服务;界定相关的目标群体(核心群体和次级群体);界定竞争对象(作为竞争对手的公司、展览会)。

②定位背景检视:通过对产业和展览会市场的分析,建立符合市场环境真正的"区隔"。

③寻找区隔概念:目标群体(尤其是参观者和参展商)的需求结构、价值观及看法,明确目标市场及其特点,使自己与竞争者区别开来。

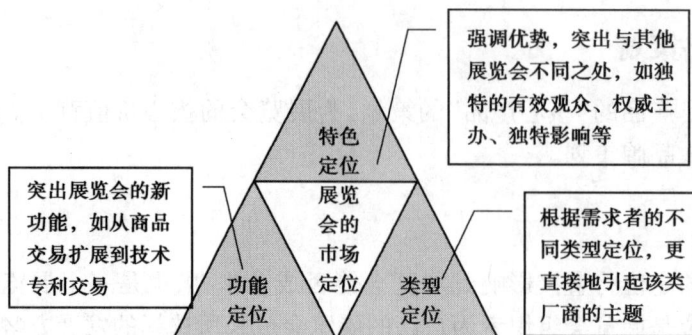

图 3.6   一般展览会市场定位的方法

④找到支持点:提炼自身优势和特点,提炼价值主张,进行定位体系描述,创造差异化竞争优势,让它真实可信。

⑤探寻策略支撑:为定位提供坚持、调整、放大或重新的决策支持,作为后续运作的支持。

⑥传播与应用:并不是说有了区隔概念,就可以等着顾客上门。最终,企业要靠传播才能将概念和价值植入目标客户心智,并在应用中建立起自己的定位形象。

2)主题策划

主题也称主题思想,是展览会的灵魂,是具体解释展览会目标的执行者。它既是某个展览会明确和创造期望的工具,决定了展览会的特点,同时也是保持展览会魅力的源泉。

(1)主题的作用

①解释展览会目标。展览会主题是对展览目标的进一步阐述,也是展览会目标的具体化。主题可以是一个或几个,但绝不能没有,也不能过多。

②展开展览会情节。展览会主题的确定是展览会情节最有利的主线。尤其是专业性展览,主题是关键,也是展览会存在和创新发展的源泉。因此围绕主题是举办展览会必须遵守的原则。

③突出展览会个性。展览会的特色,一般都是通过展览会的主题来表现。如巴西奥运会以"一个新世界"与伦敦奥运会"激励一代人"区别;2015 年米兰世博会以"滋养地球,生命之源"为食物主题,2020 年迪拜世博会则以"沟通思想,创造未来"的可持续发展为主题,不同于上海世博会"城市让生活更美好"的城市发展主题,也决然不同于历届世博会的主题,凸显了自己的个性与特色。

(2)主题策划的步骤

展览会主题策划的步骤如图 3.7 所示。

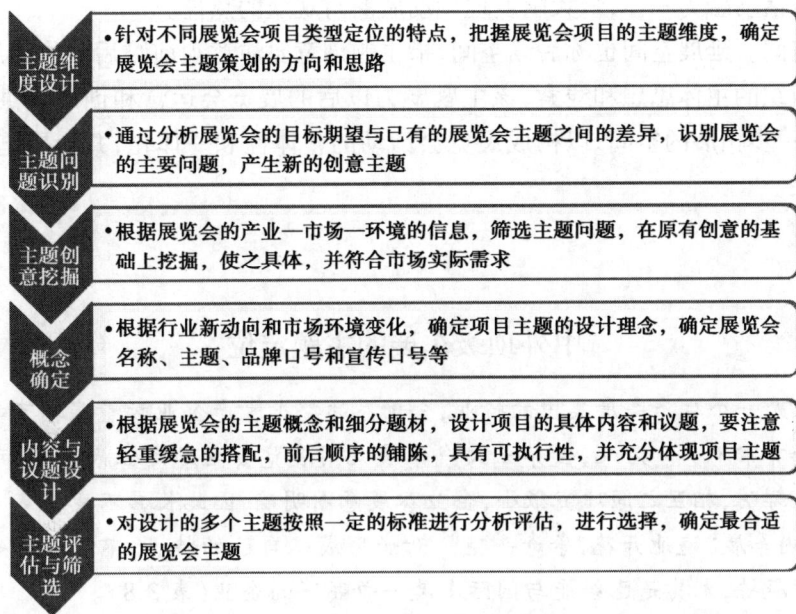

图 3.7 展览会主题策划的步骤①

（3）确定展览主题要点

展览会应有鲜明的主题,没有主题的展览会是不能吸引观众的,招展也无法开展。明确的主题是展览会明确市场细分和确定展览会受众目标的关键,是展览会个性特点的标志。一个成功的主题展览会要有前瞻性、独特性和综合性的特征。

①贴切达意。作为创意性的活动,时刻把握展览会自身概念和消费者心理,寻求贴切的表达方法,是展览会主题策划的本质。贴合展览会项目自身特点,切中目标客户心理,"贴、切"构成主题创意的两个最基本的着眼点。这样才能为展览会塑造出独一无二的个性特征,并具有新颖性、震撼力、不可模仿性和持久性,创造展览会最有价值的东西。

②特色创新。作为展览会个性的表现和组织者倡导的展览会价值,主题定位是展览会定位最为核心的问题,是展览会项目的主线与灵魂。寻求展览会独特的与众不同的主题表达,成为展览会最重要的任务。因此,展览会组织者可以从这几个方面入手:选择优势领域、突出区域特色、体现专业性质,灵活应用模仿、移植、嫁接等方法,在创新的基础上,塑造自己有个性的展览会主题。

③文化意蕴。卓越的展览会主题创意必须也必然是对展览会的文化内涵进行深层次的开发,从文化内涵的边际效应中寻求主题创意的切入点,引发客户和社会大众的共鸣。在主题创意选择上,首先以大众心理和人的核心价值为核心;其次必须进入一定的社会文化背景,挖掘社会情感流向,捕捉大众心理聚焦点;最后创建展览会的独特精神价值,使之成为精神追求的反应,又成为一种社会导向。因此主题创意对文化意蕴的挖掘,使得现今的价值观

① 李敏.会展会议活动项目管理手册[M].北京:中国电力出版社,2015.

念与市场经济活动融为一体,最大限度地调动展商与观众的热情。

④延展空间。延展空间也称后续空间,指主题创意要注意瞻前瞻后。作为展览会营销、传播、运营、组织的主体思想和线索,该主题要为以后的展览会运营和创意提供比较大的容量,以便有进一步拓展的空间,以构成展览会活动的整体性和一体化,并为展览会持续运营提供思想源泉。

【案例拓展】

中外顶级车展的主题定位

汽车产业是一个生产高度集中的行业,全世界的整车生产企业数量屈指可数,要吸引它们参加展览会非常不易。为此,世界五大汽车展就用展览会主题定位来分割市场。这五大车展各自特色鲜明,相互之间冲突很小,企业参展意图明确,因此长盛不衰。

目前,国内车展"遍地开花,争奇斗艳",开始形成了自己的特点,不过在主题定位上,还有待于进一步凝练,尤其是已经能与国际车展一争高下的企业(表3.8)。

表 3.8　中外顶级车展的主题定位特点

国际五大车展	主题定位	特点	国内五大车展	特点
德国法兰克福车展	打造世界"汽车的奥运会"	博大,世界最早,规模最大	上海车展	技术先进,中国最早,规模排名世界第一
法国巴黎车展	倾情"新概念、新技术"	优雅	北京车展	创办时间早、最具权威性、规模盛大、品种齐全,媒体关注度高
瑞士日内瓦车展	追求"汽车时尚、汽车潮流"	奢华,首次推出新产品的最主要的展出平台	广州车展	参与人数多
美国底特律车展(北美车展)	注重"娱乐与舒适"	妖娆	长春车展	中国 B 级国际汽车工业展览会之首
日本东京车展	提倡"环保、节能"	细腻,日本生产的小型汽车唱主角	成都车展	中国西部最具规模和影响力的汽车展示交流平台

3)品牌策划

品牌从未如今天这般重要。经济和市场变化莫测,技术和创新突飞猛进,无论是实业公司还是网络公司都必须大力打造自己的品牌才有可能生存。展览会也不例外。展览会品牌策划是服从于展览会公司总体战略的一种长期性、持续性的对品牌资产培育和健康有直接影响的战略及策略活动。

然而,纵观展览会和展览会品牌,其相互关系显示出许多复杂性。展览会品牌涉及各个层次:展览会活动的地点(国家、地区、城市)、展览会的经营者和展览会项目自身。同时,展览会目标群体比起其他商品和服务来说复杂得多,如何管理展览会品牌成为组织者一个重大的挑战(图 3.8)。

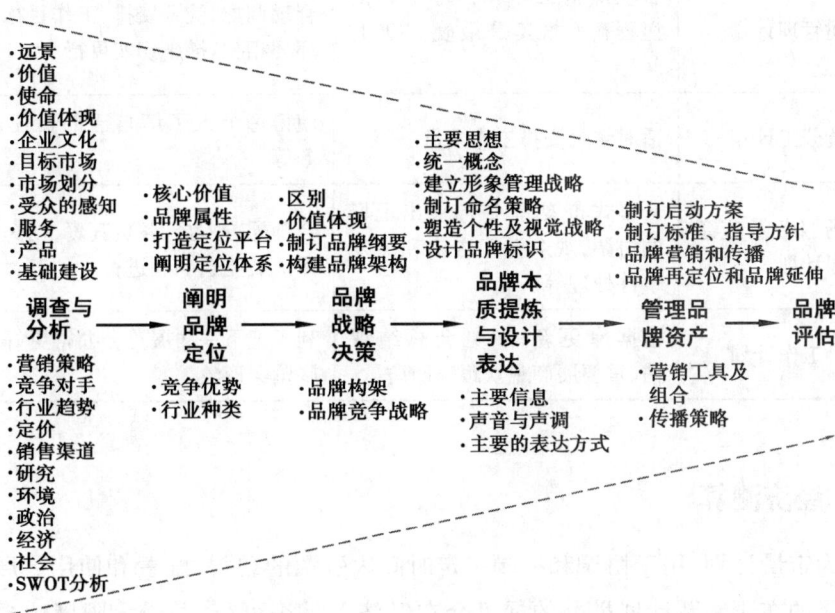

图 3.8　展览会品牌策划概要示意图

3.3.3　战术策划

展览会的战术性策划工作其实就是制订展览会项目的组织工作实施方案。在某种程度上,就是立项工作的规划意图与落实方法的汇集。有关于一个展览会的各个执行计划,涉及面很广,内容也比较多(表 3.9)。

表 3.9　展览会战术性策划的任务一览表

序号	名称	计划的主要内容	重点说明
1	相关活动策划	论坛、宴会、交流会、研讨会、评奖与各项表演等	早策划、早安排、精心组织,提升展览会的附加值,提高展览会的展商及观众黏度,提高展览会品牌影响力
2	资金筹措计划	制订资金筹措使用计划	能保证展览会活动的顺利开展
3	营销与招展计划	制订招展、营销的策略、措施和办法	不同实施阶段,各有侧重

续表

序号	名称	计划的主要内容	重点说明
4	宣传推广与招商计划	树形象、建品牌、与招商招展紧密配合	不同实施阶段要选择适宜的媒体和传播方式,突出重点
5	配套服务商决策	展位搭建商、运输代理商、旅游服务、安保、清洁等	能满足展商和专业观众的需要,并建立良好的展览会合作关系及商务模式
6	时间管理计划	各项筹备工作和任务执行的里程碑(尤其是最晚完工时间)	合理调配、统筹安排,工作目标明确,内容环环相扣、措施切实可行
7	人员分工计划	适时统筹安排工作人员	使得每个人了解自己的责任、目标和任务等
8	现场服务及应急管理计划	开幕式布展、撤展与展出现场的协调,观众登记咨询和突发事件处理等	合理配置人员、各负其责,提高服务质量,保证展览会顺利进行
9	会后工作计划	数据库更新、展览会总结评估、重要展商观众跟踪回访	利于把下一届展览会办得更好,树立品牌展览会形象

3.3.4 经济测算

预算作为定量计划,用于协调和控制一定时间内资源的获得、配置和使用。展览会的财务分析主要目的在于判断计划举办的展览会在经济上是否可行,并最大限度地提高项目的收益。

展览会"产品"(核心是展位)定价是展览会项目经济测算的重要基础。展览会的价格不仅关系到主办单位的收入,还直接影响展览会的规模。展览会项目的价格是多方因素博弈制衡的结果,组展方往往以某一种因素为主导,兼顾其他因素从而做出定价决策。

1)收支预算

收支分析作为最基本的成本效益分析方法,对展览会预计在项目期间的费用将给企业带来的收入或收益的可能进行比较分析。其主要包括三个维度:多少(how much)——即为实现展览会目标而执行各项工作的收入与支出的数量;为什么(why)——产生相关收入和支出费用的原因;何时(when)——实现这些收入和支出的时间。

进行展览会收支分析是根据预定的展览会展出规模,在确定展览会项目价格后,对举办展览会的收入和成本进行详细预测,并加以汇总,然后编制初步的展览会成本——收入支出预算表(表3.10)。

表 3.10　展览会收入支出预算表

	科目	金额/元	占总收入百分比/%
收入	展位租金收入		
	门票销售收入		
	广告收入		
	企业赞助收入		
	其他相关收入		
	收入总额		
支出	展览场地租金		
	广告宣传费		
	营销与招展费用		
	相关活动费用		
	专业观众组织费		
	展出期间空调费		
	展出现场氛围布置费		
	资料设计和印刷费用		
	资料邮寄和通信费		
	主要服务购买费		
	宴请费		
	办公费用和人工费		
	税费和管理费		
	不可预见费用		
	支出总额		
利润总额			

在此基础上,展览会组织者可以测算以下两个指标来初步判断展览会是否经济上有生命力:一是投资利润率(ROI);二是投资回收期。

2) 盈亏平衡分析

盈亏平衡分析也称量本利分析或保本点分析,是项目不确定分析的一种。即通过对展览会经营单位一定届期内的销售量、成本和利润三者之间的关系研究来说明盈亏状况,能帮助组织者制订盈利计划。盈亏平衡点(BEP)也称盈亏分界点或保本点,是指当项目的收入与支出平衡时所必须的销售与成本水平。在盈亏平衡图上表现为总销售收入线与总成本线交点(图3.9)。

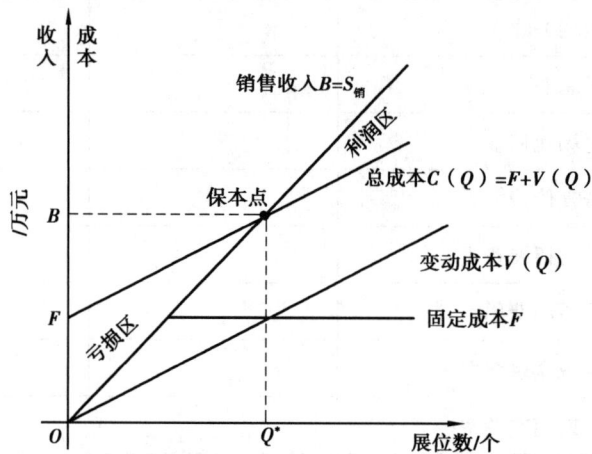

图3.9　展览会项目的盈亏平衡分析图

其基本公式为:

$$盈亏平衡展出规模(Q^*) = \frac{固定成本(F)}{单位销售价格(p) - 单位变动成本(v)}$$

在展览会实际中出现如表3.11所示的几种应用。

表3.11　展览会盈亏平衡计算方法

序号	计算量	应用条件	公式
1	盈亏平衡价格	以标准展位定价	$盈亏平衡价格 = \dfrac{展览会总成本}{标准展位数}$
2		以单位展览面积定价	$盈亏平衡价格 = \dfrac{展览会总成本}{展览总毛面积}$
3	盈亏平衡规模	以标准展位数衡量规模	$盈亏平衡规模 = \dfrac{展览会总成本}{单位标准展位价格}$
4		以展览面积衡量规模	$盈亏平衡规模 = \dfrac{展览会总成本}{单位展览面积价格}$

3) 现金流量分析

展览会在新项目构思决策过程中,组织者面临多种方案的选择评价,或者一个展览会项目需要经过几年的培育期才能盈利,如何比较不同方案,或需要培育项目是否值得投资,就要通过现金流量来分析是否值得举办。

把展览会项目或方案作为一个系统,从财务分析的角度,整个系统必定存在现金流动。我们把所有流入该系统的现金称为现金流入,所有流出该系统的现金称为现金流出。现金流入与现金流出统称为现金流量,两者的代数和称为净现金流量。

作为投资决策,因为资金与时间存在动态关系,所以在方案的技术经济分析评价中一定要研究时间因素,从而解决不同时间发生的资金可比性问题,并准确计算因时间因素所带来的经济效果。在实际工作中,可以用以下几种方法计算展览会各个阶段的现金流量值,以评价和比选展览会方法。

(1)净现值法(NPV)

就是依据现金流量等值的概念把项目或方案在整个分析期内不同时间点上发生的有关现金流量,按照某一给定的折现率(通常使用行业基准收益率或银行利息率)贴现为同一时间点上的现值,并求其代数和的方法。如果净现值大于零时,展览会就可举办。多方案比选时,净现值仅仅表明投资效果的“量”的方面,而没有表明单位投资的经济效益。

(2)净现值指数法(NPVR)

净现值率为单位投资现值的净现值,即展览会项目的净现值占全部投资现值综合的百分比。当 NPVR≥0,方案可取。

(3)内部收益率法(IRR)

其中内部收益率法是通过计算能满足方案在整个分期期中的净现值或净现值为零的收益率来评价方案的一种方法。这个收益率较内部收益率用 IRR 表示。即 IRR(NPV)=0。当方案的 IRR 大于行业标准收益率(一般国家对各行业的标准收益率都有规定),方案可采纳。

4) 敏感分析

由于展览会准备周期长,存在较大的不确定性,在进行财务分析时往往还需进行敏感分析和风险分析。其中敏感分析是研究展览会项目主要因素发生变化时,项目经济效益的相应变化,从而判断这些因素对项目经济目标的影响程度。以此确定风险的根源和大小,并进行方案择优。

3.4　规　划

其实,新展览会规划同任何战略规划的流程十分相似。它包括愿景和任务陈述的创造、环境和办展条件的分析、长期战略和短期战术的制订。

3.4.1　使命陈述

作为展览会战略管理的第一步,是通过使命陈述,为新的展览会创造和定义理念,使得展览会和组织者建立在一个牢固的基础上。

展览会使命是目标的最普通的描述,是展览会乃至组织"存在理由和目的"的表述。使命陈述揭示了展览会要成为什么样的展览会和要服务于哪些用户这样的愿景内容。具体包含对展览会经营理念(指导思想)、战略宗旨、愿景和任务陈述等内容(见课后延伸阅读2)。他们共同确定一个引导规划决策的中心。是确定运营重点、制订战略计划和分配工作的基础,是梳理管理岗位和设计组织结构的起点。

3.4.2　商业战略规划

确定公司的长期目标并制订完成目标所必需的计划过程,即商业战略规划,是展览会规划的第二个步骤。一个良好而富有挑战性和可操作性的战略规划的必要条件有:简明量化的目标、明确的组织结构、清楚界定的目标市场、可靠的财政来源和信息系统,预计对可能影响展览会规划或筹办的变量的识别和应对计划。

1)目标

目标是一定期限内展览会组织或项目累积的经营成果。相对于展览会使命,目标和战略是随着时间而改变的,每个目标都有明确的实现时间表。它们来源于经营宗旨。目标所具有的特征包括数量化、可度量、现实、好理解、有挑战性、分层次、可接受及能协调组织各单位间的关系。对于短期目标的制订还需注意应该附以相应的奖惩规定。同时,目标必须在组织和相关利益团队中得到广泛传播。目标对于展览会的成功至关重要,促使相关利益团体和运营团队能认识到他们在展览会未来应发挥的作用,并成为度量绩效的重要标准。

2)竞争战略

确定目标之后,下一步就要制订一系列将展览会项目带向成功的战略和战术。

战略是指展览会运营者将怎样利用现有和将来的资源实现目标。它说明了用来"进行项目的途径"。战略趋向于从全局、系统和长期的观点来考虑问题。除了组织结构、管理信息系统、人力和资源配置之外,战略方向的制订也尤为重要,比如展览会如何构建商业模式,展览会如何根据自身不同的市场地位、展览会不同的生命周期建立和选择合适的竞争战略是展览会要着重考虑的问题。

3) 竞争战术(或策略)

战术是指完成预定战略特定的短期行动路线和方案。如展位销售、观众组织等具体的展览会职能工作。这在以下各个章节中体现。

3.4.3　战略步骤和关键路径

有价值的项目机会也会有风险相伴。为展览会制订战略规划,应该对可能妨碍进程或成功的无法预期的情况作出谋划。除时间与成本是项目永远的障碍之外,还必须考虑和识别其他的变量。如行业市场中,有没有变化的趋势或事件发生? 这些变化将如何影响展览会? 人口迁移如何变化、行业的经济稳定性、劳动法规等的变化都是不可控的因素。

因此应该在执行战略之前,为战略实施设定阶段性的目标和相应的行动方案。这就是战略步骤,并以实践维度为标准,为展览会制订一条关键路径。展览会的关键路径按照预定任务的最早完成时间列出展览会成果举办所需要的战略战术,每个战略或战术常常包含特定任务的确定的日程安排、任务的负责人、预算金额等详尽的细节安排。一般而言,一个小型展览会在一年以前开始策划,而大型国际展览会往往提前两年甚至更长时间开始筹备。许多展览会甚至拥有五年前确定的关键路径(详见课后延伸阅读3)。

关键路径的完成标志着会展项目立项规划的结束,之后就从战略转移到战术中。

3.5　立项策划书

展览会立项策划书为展览会提供了整体性框架,并确定了总目标、基调、方向、战略与策略的重要工作。制订一个实用、可行、方便操作的项目计划书,是项目团队的首要工作。它是关乎上层领导能否审批或确定的总框架性的文件,也是展览会组织与运营的指导性文件,同时还是检查项目进行情况的标准。概括地说,一份策划书的主要内容如表 3.12 所示。

表 3.12　展览会立项策划书的结构内容

结构	分类	主要内容	备注
封面		项目策划书名称、公司名称、策划书完成日期	
执行摘要		主要内容的简要介绍	也称经理摘要,要求精练、准确、到位
目录			

续表

结构	分类	主要内容	备注
正文	展览会背景创意构思	项目背景及项目构思创意	
	展览会市场环境、条件及前景分析	包括对展览会题材所在产业和市场的情况分析,对国家有关法律、政策的分析,对举办地市场的分析等,其中产业基础、市场基础、政策法律基础、地域空间基础、举办地的配套设施基础、同类展览会市场和竞争对手研究、展览会公司经营策略等相关条件最为关键	
	展览会基本框架	展览会名称、举办地点、办展机构和组织架构、展品范围、办展时间、周期与频率、展览会规模	
	展览会战略性规划	展览会使命、目标	
		展览会定位	
		展览会主题	
		展览会品牌规划	
		展览会发展及竞争战略规划	
	展览会市场组织与营销方案	展览会营销与招展方案	含展区安排、展位划分、招展计划等
		展览会促销宣传与招商方案	
		展览会观众组织及媒体计划	
	展览会执行方案	配套活动计划	
		开幕与现场管理方案	
		展览会服务决策与后勤计划	
		工作人员分工方案	
		时间管理方案	也称展览会筹备进度计划
		展览会风险与危机管控计划	
	展览会评估跟踪方案	展后闭幕和撤出计划	
		客户跟踪与关系管理计划	
		效果总结评估计划	
	展览会经济预测	展览会盈利模式、价格定位、预算方案及项目资金的筹措方案	
附录	数据、资料	资料来源、数据统计的方法,重要品牌授权、支持函件及其他重要的佐证材料	

本章小结

　　规划和筹办一个新的展览会需要承担风险,并制订明智的决策。这是一项艰巨的工作,如果对路,会带来巨大的收益。它除了必须密切注意细节,更是长年累月进行认真的战略和战术规划、发展同承包人和服务供应商的相互依存关系、定义再定义以及提炼想法和观念的结果。

　　为展览会搭建一个稳固的框架需要付出时间、精力和细致的规划。从构思的萌芽开始,展览会规划主要通过前期的准备工作、立项策划并为展览会未来规划未来方向及战略等相关内容。本章以"新产品开发"为原型,论述展览会项目立项的主要步骤和主要任务,为展览会项目运营提供基础性的框架。其意义是不言而喻的。

【延伸阅读】

　　1."展览会定位内容",参见:张金祥.会展实务[M].重庆:重庆大学出版社,2007:53.

　　2."企业愿景与使命",参见:弗雷德·戴维,福里斯特·戴维,梅雷迪思·戴维.战略管理:建立持续竞争优势:第 17 版[M].徐飞,译.北京:中国人民大学出版社,2021:第二章.

　　3.(1)"展览会项目的关键路径",参见:王春雷,陈震.展览项目管理:从调研到评估[M].北京:中国旅游出版社,2012:14-16.

　　(2)"新会展 5 年关键路径",参见:桑德拉·L.莫罗.展会管理实务:会展艺术[M].武邦涛,等译.2 版.上海:上海远东出版社,2008:176-179.

　　(3)"会展营销时间的制定",参见:桑德拉·莫罗.展会管理实务:会展艺术[M].武邦涛,等译.2 版.上海:上海远东出版社,2008:132-140.

　　4."展览会主题的创意方法",参见:张凡.会展策划[M].武汉:武汉大学出版社,2014:84-119.

　　5."展览的时间要素""展览的空间要素""展览的竞争要素""展览的市场要素",参见:魏士洲.展览实务[M].天津:南开大学出版社,2013:58-65.

复习思考题

【知识链接】

1.展览会立项是什么？其主要中心议题包含什么？

2.展览会项目的立项策划包括哪些内容？其主要依据是什么？

3.专业展览会需要收集哪些方面的信息？

4.寻找展览会主题的方法有哪些？

5.展览会定位的程序、内容以及应该遵循的原则是什么？

6.如何进行展览会项目的可行性论证？

7.请描述展览会立项策划的编写步骤。

【思考再三】

1.系统性市场信息的收集和市场调研需要注意哪些方面？市场调研在展览会组织和运营中，你认为是一个环节，还是贯穿始终的一项功能？

2.对一个自己熟悉的展览会进行全面的思考，以展览会策划的内容体系，从要素策划、战略策划和战术策划三个方面进行解读（如厦门"9·8"投洽会）。

【走进实践】

1.以你所在城市中最大的展览会为基础，并选择国内 TOP5 的同题材展览会开幕当天的新闻稿，分析这些展览会的定位。

2.为进行展览会项目的可行性分析而从事调研工作有哪些方法？试策划一项展览会活动，调查其所处的环境和可利用资源等各方面的信息，对其进行可行性分析和研究，并最终编写一份该项目的研究报告。

第4章
展览会市场组织

【本章导读】

1. 理解展览会营销的特殊性；
2. 了解展览会营销计划纲要；
3. 掌握展览会营销的战略及策略构成；
4. 了解展览会营销的主要方法；
5. 熟悉招展管理的工作流程与主要技巧；
6. 熟悉展览会观众组织的常用方法、技巧和基本程序；
7. 了解整合营销传播理论的主要内容；
8. 掌握展览会广告和赞助方案的撰写、销售技巧；
9. 了解展览会广告和赞助的主要形式。

　　没有产业市场和社会市场就没有展览业。对于组展方而言，参展商是"真正的老板"，而买家群体是展览业的灵魂群体。

——陈金钹

【开篇案例】

中国国际投资贸易洽谈会的市场组织

　　中国国际投资贸易洽谈会是世界最大的投资类展览会。第20届投洽会(2018年)共有13.2万平方米的展览盛大开展,3 000多场次项目对接及商务洽谈活动、3万多个优质项目登场,100多场投资促进主题论坛智慧呈现。投洽会共吸引了来自境内外128个国家和地区的1 005个工商团组、约12万名客商参会,5 000多家企业参会,可谓万商云集,共襄盛举。

　　一、投洽会招商、招展及宣传工作架构

　　投洽会由商务部主办。组委会工作机构主要有:办公室、会务部、联络部、投资贸易部和新闻中心。具体组织执行机构为中国(厦门)国际投资促进中心(与厦门市会议展览事务局、厦门市对台贸易促进中心合署办公)。投促中心下设展览运营处、联络拓展处、投资促进处、对台合作处、新闻网络处、品牌运营处、信息调研处、综合协调处、会议组织处、宣传推介处、会务保障处等部门(图4.1)。

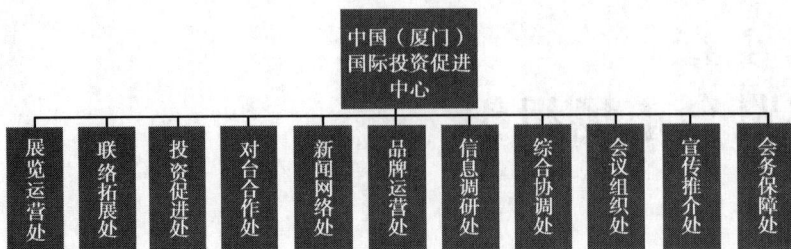

图4.1 厦门市会议与展览事务局组织机构示意图

涉及展览会市场组织的招商、招展、宣传推广的工作几乎涵盖除综合协调处、会务保障处等的全部部门。具体分工如下:

①展览运营处:招展组展。

②联络拓展处:对接国际经济组织、境内外投资促进机构和重要客商团体,做好政府交办展览会境内外客商联络渠道建设和拓展、境内外客商邀请、全球推介活动的统筹安排和组织、重要客商团组的会见安排与协调工作,以及客商关系管理系统日常管理和运营工作。

③投资促进处:展览会境内外投资商、采购商、项目方联络渠道的建设和拓展,并利用本局客商关系管理系统进行管理和维护;做好境内外投资商和采购商邀请、对接会的策划组织、业务统计和跟踪服务工作。

④对台合作处:台商邀请渠道建立、管理,推介书文稿编辑及展览会快报的信息收集、编撰工作。

⑤新闻网络处:宣传材料制作、对外推介口径统一、资料审核、新闻发布会和推介会组织、大会新闻中心日常运营、媒体接待和公关联络;展览会网站建设、信息审核、发布。

⑥品牌运营处:品牌合作资源整合、拓展和维护,广告经营组织和赞助回报管理,赞助物品洽谈和专用产品开发经营,会刊编印,以及协助做好城市气氛布置工作。

⑦信息调研处:展览会筹备动态信息的收集、编辑、印发工作;部分移动客户端政府交办展览会专题板块的维护工作。

二、投洽会的客商联络拓展工作

作为政府主导型展览会和区域招商引资的平台,"9·8"投洽会目前以团组客商为主,因此展览会招商招展工作的主要责任在联络拓展处。这个部门的工作可以管窥"9·8"投洽会的市场组织工作情况。

(一)通过省市优势渠道,协同开展招商招展工作

1.邀请函先行

每年2月向中国118个驻外使领馆经商处寄发宣传资料,商请经商处协助推动所在国经贸主要部门、全国性商协会及相关经济开发区的邀请工作,同时由福建省政府牵头,动员省内各涉外部门、各地市相关部门结合日常工作及招商引资需求合理开展客商邀请工作;并在6月提请各联络小组汇总邀请函的重要客商信息发送给省长、市长,再分别以福建省省长和厦门市市长名义向境内外1000余名重要嘉宾寄发邀请函和投洽会精品活动建议,有效带

动高端客商的邀请工作。

2. 推介会"攻关"

从 3 月至 6 月下旬,组委会先后到上海、广州、北京、香港、澳门等重点城市举办推介会,重点邀请官方投资促进机构、商协会、跨国公司与投资中介机构参会,巩固招商渠道,开拓新资源。

7 月初将大会总体活动安排编制成中、英文版电子邮件,向境内外共推送约 3 万个邮件,有效维护客商关系,沟通最新资讯。牵头组织精干推介对外小组赴联合国工发组织、世界贸易组织,以及瑞士、英国等 10 多个重点国家和地区进行宣传推介。

3. 高度重视企业邀请工作

通过商务部合作司、全国工商联、中国企业家协会、中国股权投资基金协会,以及福建省、厦门市相关经贸部门,多渠道、多层次地开展央企、国企、民企三维招商工作。依托中国外商投资企业协会与投资性公司工作委员会等机构切实组织一批跨国企业高管莅会。通过与全国性权威商协会合作举办全球并购大会、投融资租赁专题论坛等活动带动专业优质企业人士参会。

4. 全市都是"招商员"

进一步深化联络部工作机制,以侨台外事局等涉外机构共同组成的各个联络小组作为厦门市最为核心的客商邀请与接待团队。总联络组以厦门市委、市政府的名义下达客商邀请任务,各小组分工合作,优化资源,借助自身独特资源和渠道优势广开邀请,并策划举办友城论坛、华商峰会、世界商业领袖圆桌会议等活动。

(二)通过活动策划带动客商邀请,优化客商结构

活动(含会议)在展览会组织中既是展览会项目(产品)的组成部分,同时也是客商邀请的重要平台,也为客商筛选和质量把控提供了一个很好的"门槛"。"9·8"投洽会在长期举办过程中,聚力创新,确立了"大平台、精对接、细洽谈"的全新理念,把展览、会议、网络对接有效整合融通,将整个投洽会的主要活动纳入对接活动范畴,着力打造三位一体的高效专业服务平台,使之成为整合、盘活和引导重要客商资源的平台,更是招商招展平台。

1. 通过精心策划与运营,在投洽会期间形成了国际投资论坛、商务部主办论坛、投资性主题的专题系列论坛以及组委会机构和社会机构加盟论坛等四大类会议活动(不含新闻发布、领导会见、对接洽谈等)共有近百场会议论坛活动,共有来自 40 个国家和地区的 576 名嘉宾发表演讲,吸引听众 3.6 万人。

2. 对接(洽谈)是投洽会业务板块中重要的一环。第 20 届投洽会共推出有效投资项目 3 万个,共设计了 200 多场的主要活动(含专场对接、路演、机构对话省市长等),总撮合对接近 3.5 万次,线上线下,立体多元,盘整多方客商资源,把对接活动邀请函发送给目标客户。

3. 围绕"一带一路"、供给侧结构性改革、两岸经贸、国际产能、绿色生态、租赁投融资、并购服务、私募创投、产权交易、互联网金融、石墨烯应用、艺术投资、大健康产业等当前投资业界热门话题和主题内容,举办了 53 场投资热点专题论坛。尤其是投洽会与"一带一路"建设的完美融合与连接,为丝绸之路沿线国家和地区搭建了务实、高效的投资合作平台。大会共通过"一带一路"对接会、主宾国系列活动等,邀请了 30 多个"一带一路"沿线国家和地区参展参会。

4.携手联合国工发组织,聚焦发展中国家,特别是非洲国家的工业升级,举办系列活动,吸引来自非洲50个国家的代表参会。

5.通过举办传统的品牌活动,如跨国公司座谈会平台,切实组织了一批跨国公司高管莅会;闽商大会、境外地区投资环境说明会、两岸合作与发展论坛等活动,广泛邀请了目标受众。

(三)细化增值服务,提升投洽会专业办会水平

1.制订了一系列内容清晰的服务手册,包括主宾国手册、境外参展增值服务手册、会议服务收费细则、对接服务细则等,极大地方便了拟参会参展客商选择其参与的活动,明确了其享有的权益与服务内容,体现了展览会的专业服务水平。

2.为进一步夯实投洽会客商资源,提升投洽会的核心竞争力,促进客商的充分流动和多方共享,组委会着手建设了"客户关系管理系统",使之成为集中统一的数据中心,功能强大的客户呼叫中心,灵活多样的数据挖掘中心和个性化的客户自助服务中心。

(四)资源共享,产业对接,深度挖掘和对接客户资源

1.产业对接,点面结合

第19届投洽会总展览面积13.8万平方米,设置6 000个国际标准展位,比2017年增加近40%的展览面积,规模为历史之最,展览内容更加丰富,分设投资主题馆、产业招商馆和商品贸易馆,共设13个专业展区,大力推广行业招商,有2 000多家机构及企业参展。其中,投资主题馆包括投资中国展区、国际投资展区、中国开发区展区、中国对外投资合作展区、国际金融展区、人才资本项目展区;产业招商馆包括地产展区、葡萄酒及烈酒展区、品牌茶叶展区、大健康产业展区、艺术品收藏投资展区、果蔬产品展区、跨境电商展区;首次设立的商品贸易馆包括跨境电商精品展区、港澳台特色商品展区及其他国家和地区精品展区。

2.资源共享,深度挖掘

这重点体现在台商的招徕上。"9·8"投洽会的招商工作由"对台合作处"负责,由于先期投促中心还举办了厦门工博会暨台交会,组委会得以与台湾知名的六大商会在内的实力工商社团建立常态化联系。组委会首先收集了210多家台湾工商团体的信息,涵盖50多个行业门类,形成了相对完整的客商资源数据库。其次在长期互动中,能根据台湾客商的特点,制作个性化的邀请函,共邀得台湾86个组团参会,客商人数4 000余人。最后是在参会过程中做好精细化的服务工作,着力于促进投资,提升实效。

三、投洽会的宣传推介工作

大范围高频率的新闻报道、精准有效的传播推广,能迅速把投洽会打造为国内外的新闻热点和舆论焦点,是提升投洽会品牌影响力和形象的重要途径。投洽会的宣传推广活动,对大会的成功举办功不可没。

1.境内外众多媒体高度关注,聚焦投洽会

据不完全统计,第19届参与大会报道的境内外媒体共有300家,共计1 500多名记者,大会参会媒体对外发稿超过16 000篇(条)。

一是国际传播声势有所作为。在外交部的支持下,组织协调了20多家来自非洲、日本、

印度的主流媒体参与报道，而中国台湾、中国香港、美国、澳大利亚等参与转载的媒体达到40余家。同时纽约时代广场投入了投洽会的宣传片，营造了海外舆论氛围。

二是中央主流媒体齐力助阵。来自新华社、人民日报、中国日报、中新社等中央权威媒体派出记者近300人进行深度报道。这些媒体刊播稿件都在数十篇以上。

三是与央视深度合作，突显亮点。2014年以来，央视作为国际投资论坛的主办方之一，全面介入投洽会的宣传工作。从简单新闻报道到频道合作，深入栏目策划，投洽会在央视全媒体的曝光率得到了前所未有的提升。据统计，新闻频道、央视财经等全媒体（微博、微信、卡华端、手机聚合等）报道和专题，累计阅读量超过1 500万人次，转发评论超6万条。

四是创新模式，加大网络宣传报道。一方面，以资源置换等方式获得主流网络媒体2 570万元的广告宣传资源；另一方面，主要媒体和相关行业部门形成全媒体移动互联报道格局。如东南网刊发新闻530篇，图片近300张。

五是力拓新媒体宣传渠道。主要是通过微信服务平台；利用新浪、凤凰网等网络媒体在其手机客户端宣传；改善手机电子名片服务；加强投洽会的手机客户端应用，推出展览会、资讯、项目、推荐、圈子等，强化信息沟通与互动。

2.精细化新闻服务，营造传播良好环境

展览会作为供需双方的沟通平台，同时也是展览会品牌与公众之间的宣传枢纽。一般而言，展览会在传播中往往关注到了宣传内容和媒介的选择问题，但忽略了为媒体服务营造传播环境的问题。而投洽会对于宣传而言，注重细化服务内容，创新服务形式，提升服务水平的做法，是很值得我们关注和重视的。

一是挖掘新闻材料，提供精细的新闻背景资料。在会前组织专人针对重点和亮点活动进行分析，编制印刷采访资料，比如媒体宣传报道活动一览表、热点活动背景简介、重要嘉宾专访背景材料，为媒体记者提供多层次的新闻价值。

二是立体多元，强化新闻素材的编辑采写。成立采编队伍，使用视频、文字、照片等多元化的表达手段展示投洽会的各种活动，精心编写新闻通稿近百篇，供不同媒介新闻使用，并获得即时消息。

三是主动作为，细化媒体对接服务。完善新闻中心的硬件设备，提供细致的现场服务，创造采访氛围；并为相关媒体提供采访对接服务，根据对方需求，提供个性化服务；主动对接央视，做好录播和采访工作，深化合作关系。

四是积累资料，做好要客专访。历史资料档案是品牌累计和提升的重要手段，投洽会每一届都聘请专业摄影师、摄像师、新闻记者等20余人，对每个重要活动现场进行记录；同时在展览会期间，每次都会对嘉宾进行专访，并组织数十家境内外重要媒体参加，为展览会传播做好素材基础，也是品牌打造的重要基石。

3.立足技术创新，强化官网和系统建设

跟其他企业相同，网络为展览会树立市场形象、实现双向交流、开展在线交易、项目撮合提供了广阔的发展空间。投洽会在发展过程中，一直重视网站建设这一平台功能的建设。

（1）关注利益相关团体的主体需求。首先以参展需求为中心进行页面设计和栏目优化，并实现了组委会的自主更新，最大限度满足不同客商组团、主宾国（省）活动安排等需求；强化外文网站建设,与中国日报网建立常年合作,并组织人员每周采编不少于 5 篇的报道文章。大会期间,发布动态 60 余篇,新闻量百余篇,年翻译量在 6 万字以上;积极更新官网信息,从各个角度、各个领域收集新闻资讯,力争报道内容的全面性和层次的丰富性,打造信息发布与服务平台。从每年 8 月 15 日至 9 月 11 日,投洽会宣传处共编辑录入新闻 1 500 篇左右。

(2)有效引导并方便读者浏览。连续多年引入网站内容加速技术,使得官网境内访问速度提高了 1~3 倍,境外平均响应性能提高了 400%,提升了客户体验。在方便阅读和浏览方面,因为政府性展览会的缘故,重信息、轻决策需求还有待进一步提升。

(3)扩大网络宣传合作,提高网站黏度。扩大与成员单位招商网站的相互连接,在搜索引擎上做关键字搜索,大会期间,官方网站日访问量达到 6 万~8 万人次,提升了网站的知名度。

(4)最大限度地收集信息,建立"网上投洽会"。客户信息和行为的分析是展览会网络营销的根本,也是展览会运营的核心竞争力所在。投洽会不断结合开办多年累积的全球客户和渠道资源,于 2014 年建设全新的 CRM 系统,提高展览会的办会效率,并联合知名财经媒体和讯网特别推出全新版"网上投洽会"平台,为投融资各方提供常年网上对接、演示、洽谈活动服务,努力为用户打造一个全新的投融资生态圈。

(资料来源:中国国际投资贸易洽谈会官网)

当试图将你生产的"产品"或你所提供的"服务"——展览会项目和项目提供的"营销平台"销售出去时,你可以在各种创造性的方法中加以选择并加以应用。

市场组织包括买家组织与参展商组织(即平时说的招商和招展工作)两个方面,是展览会发展的两翼,两者相互吸引、相互影响。对于组展方而言,参展商是"真正的老板",而买家群体是展览业的灵魂群体。没有产业市场和社会市场就没有展览业。展览会组织者的工作就是让市场的供需双方走到一起,并为卓有成效的市场行为创造合适的条件。展览会项目的成功依赖于组织者能紧密地整合外部因素并有效地将它们结合进自己的服务内容。而展览会营销策划是保证展览会组织者的努力长期成功的关键要素,它是组展方进行参展商及观众招揽、赞助商招募的重要策略。

4.1　展览会的营销与招展

展览会营销通过不同的展览会营销组合使参展商、观众以及其他展览会相关利益团体认可展览会价值,同时传递客户满意度。

4.1.1　展览会营销

1)展览会营销的特殊性

展览会营销对于不同的经济实体有不同的判断角度:一是展览会作为一种营销活动被展览会公司所追求;二是展览会作为营销的一部分被参展商综合使用。本书以第一种视角,即展览会项目为满足组织而从事的营销活动。

(1)展览会营销对象的复杂性

按照美国市场营销协会(AMA)的定义:营销是指消费者创造、沟通和传达价值的组织职能和过程,通过管理客户关系来增加组织和利益相关团体的利益。展览会与其他市场组织相比,成功之处就在于在一定时间限制下通过组合当地的网络关系,并使之互动而实现展览会平台价值。因此,展览会营销的对象必然要整合处于展览会平台的不同层级(核心—次级—外围)的利益集团,构筑展览会平台生态圈,促进展览会的长期持续成功(图4.2)。

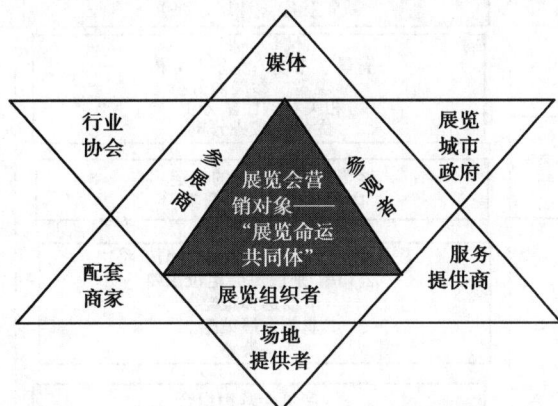

图4.2　展览会营销对象——展览会命运共同体示意图

(2)成功取决于双向定位的精准性

在图4.2中最里圈是主要的利益团体,或作为展览会组织者、或作为展览会的参与者,对展览会的定位和成功有着决定性的影响。他们构成展览会活动的"金三角"。一个展览会的成功取决于参展商和参观者需要的程度,只有两者的平衡才能保证展览会的成功。所以展览会营销和组织不得不建立双向定位。

(3)提供产品的无形性及对象的参与性

展览会组织者是服务的供应商,展览会提供产品的实质是"服务包"。服务的产权不可转让性、无形性、不可储存性、不可分性(生产与消费同步性)、异质性对服务营销带来的难点,给展览会营销带来了巨大挑战。对于展览会营销来说,一个不二法则就是必须不断加强和培养顾客之间的信任,以对顾客的忠诚换取顾客对展览会的忠诚。

(4)产品生产的间歇性提供

与其他产品或服务相比,展览会一个独一无二的特点是它有较长的间歇期(典型的是一年或两年,甚至 4~5 年)。这对保持展商和客户的忠诚提出了严重挑战。

(5)展览会受到特殊地理位置的局限

作为最外在的影响,要求参展商和参观者都要到达展览会所在地。

因此,一个展览会组织者只能通过正确地执行一个有效的营销计划来系统化应对营销的挑战。

2)展览会营销计划

对于展览会项目组织和运营来说,营销计划是项目运营计划中一个十分重要的组成部分。一般来说,展览会营销计划是一个以年度为基准的计划,着眼于展览会营销组合变量(产品、定价、分销、渠道、促销、人员、流程等)有关的决策,并考虑如何将计划加以实施(图4.3)。就时间跨度而言,展览会营销计划一般应着眼于新展览会项目前三年的策略。计划详略因年度远近而不同。

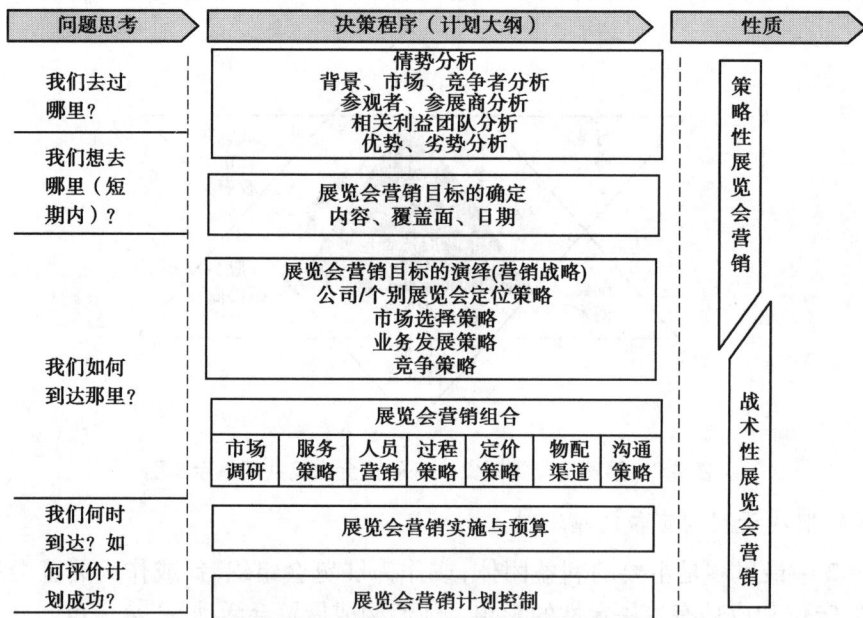

问题思考	决策程序(计划大纲)	性质
我们去过哪里?	**情势分析** 背景、市场、竞争者分析 参观者、参展商分析 相关利益团队分析 优势、劣势分析	策略性展览会营销
我们想去哪里(短期内)?	展览会营销目标的确定 内容、覆盖面、日期	
我们如何到达那里?	展览会营销目标的演绎(营销战略) 公司/个别展览会定位策略 市场选择策略 业务发展策略 竞争策略	战术性展览会营销
	展览会营销组合 市场调研　服务策略　人员营销　过程策略　定价策略　物配渠道　沟通策略	
我们何时到达?如何评价计划成功?	展览会营销实施与预算	
	展览会营销计划控制	

图 4.3　展览会营销计划纲要及决策过程

首先,有必要进行情势分析,即回答问题:我们曾经到过哪里? 这是展览会营销的起点,情势分析通过内部和外部信息的研究,系统化评估环境、参展商和参观者的需求,相关利益团体、同类展览会的竞争形势、组织的优劣势,对展览会市场进行细分并确定市场机会将帮助组展方确定客户(展商、观众)的特征,并有利于建议展览会营销的目的和目标。在实际分析中应用机会/风险分析、强弱分析和资源分析、过程分析、SWOT 分析等方法(这在第 3 章已经列举)。

其次,确定展览会营销目的和目标,即回答问题:我们想去哪里? 展览会组织者在确定现实特定的营销目的和目标时,需要满足以顾客为中心和确实有竞争性优势的要求。展览会组织必须在心理目标(如公司认知、形象、满意度和忠诚度的目标)和营销的经济性目标(市场份额、分布范围、获利能力、市场渗透、收入等)确定范围,并在内容、具体日期、覆盖面等方面为展览会组织和展览会项目形象确定指标性的具体要求,使其定量化、可测量并能控制,且这些目标应该代表保证展览会营销成功的关键部分。

第三,确定营销策略和行动计划,即回答问题:我们如何到达那里? 这是展览会组织者就展览会营销整体构成和定位及怎样对目标公众进行营销做出基本的战术决策,并从展览会营销组合变量的决策中做出反应。具体我们在下文中详细讨论。

最后,营销计划协调与实施。管理团队必须协调整个展览会营销的计划过程。实施工作是以正式的方式回答前面提到的三个问题。为此组办方要对营销的组织、实施的任务、营销战略预算负责,并细化营销审检,以提供系统化的决策。

4.1.2　展览会营销策略

展览会营销策略是指展览会组织者在评估环境、市场、目标客户的需求和自身条件基础上,预测市场规模和趋势,为在竞争的环境中适当地定位产品或服务而实施的有效行动方案。定位策略是确定所需资源来运营和营销展览会的关键。

1) 目标市场计划

展览会项目组织者根据企业项目资源、展览会产品或服务特点、市场需求特征、项目生命周期及市场竞争情况等对展览会营销的目标市场进行决策。市场细分主要包括客户群和地理位置上的目标市场。市场细分变量主要依据行业大小、参展需求、地理变量、人口变量、行为变量等因素而决定,进而选择目标市场的策略和品牌定位的策略(图 4.4)。

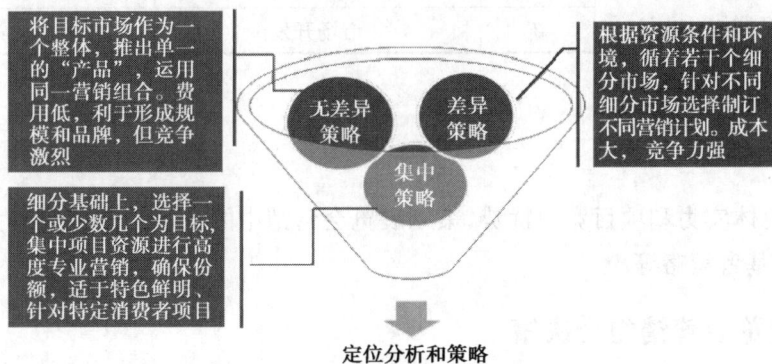

将目标市场作为一个整体,推出单一的"产品",运用同一营销组合。费用低,利于形成规模和品牌,但竞争激烈

根据资源条件和环境,循着若干个细分市场,针对不同细分市场选择制订不同营销计划。成本大,竞争力强

细分基础上,选择一个或少数几个为目标,集中项目资源进行高度专业营销,确保份额,适于特色鲜明,针对特定消费者项目

无差异策略　差异策略　集中策略

定位分析和策略

图 4.4　展览会营销的 STP 策略

2) 品牌定位策略

展览会定位应该从调查参展商和参观者这个核心目标群体怎样看待具体展览会开始,以便塑造展览会项目不同于竞争对手的鲜明形象。定位策略为展览会组织者提高服务质

量,制订价格、物流配送和传播策略提供基础。在定位之前,企业应该为一个展览会做出战略性的投资分析和定位分析,进而为展览会选择合适的策略:

①保持或强化当前定位。若展览会合乎客户需求,且清晰区别于竞争对手并符合未来发展趋势,那么就不需要做任何变化,甚至可以只强化当前的定位。

②适度调整,打造以客户理解为基础的展览理念。当客户潜在需求或新的市场需求出现时,可以尝试满足其服务的展览新理念。

③重新定位。当展览会不能满足目标群体的要求或没有区别于竞争对手的特色时,就需要重新定位。

④放弃即重新定位。即将启动的新项目或已经存在的展览会完全更新,已达到目标群体的要求。

3) 业务发展策略

战略业务单元(SBU)是企业的一部分,其产品或服务与其他业务单位有不同的外部市场。在实际工作中,人们将单个展览会活动作为一个SBU,或者将有相同客户群的多个展览活动合并为一个SBU。展览会组织者应该根据不同的市场和产品类型为展览会项目选择制订不同的经营发展战略,从而为展览会营销确定方向。

借助安索夫提出的市场矩阵,可以推导出展览会具体的策略:市场渗透、展览会开发、市场开发、多角化和市场巩固策略(表4.1)。

表4.1 展览会业务拓展矩阵

		展览会/服务产品	
		现有	新
市场	现有	市场巩固/渗透	展览会开发
(行业/目标群体/地区)	新	市场开发	多样化策略

4) 竞争策略

根据企业总体实力和项目竞争优势,策划展览会营销中的竞争策略主要有主导型、挑战者、追随者和利基者策略等。

4.1.3 展览会营销组合决策

一系列的营销活动,即展览会营销组合,使组展商确定了营销策略进入实战的过程。营销组合理论的前提在于"用有限数量的成分组合成无限数量的组合形式"。作为典型服务种类的展览会营销组合需要突破传统的4Ps组合态势,把人员管理决策和流程管理以及市场调查的信息功能整合进来(表4.2)。

表 4.2　展览会营销组合手段及策略

营销组合变量	定义及解决问题	关键决策	主要问题及风险	备注
市场调研	以信息的职能连接展览会组织者和展商、参展者及其他相关利益团体、公众和环境	市场、竞争对手和微观经济要素分析;方案性研究和潜在市场协同分析;基础设施和城市条件分析;规模和覆盖面分析;结构和定位分析等	调查不能代替决策;这一点往往被组织所忽略,因此调研结果应该是可诉求的、注重实效的、可靠的和及时的	市场调研既为营销决策提供战略性工具,又作为内部资料和评估依据,是成功实施营销计划的基本要素
产品决策	解决了展览会是什么的问题,具体包括:推销什么服务、对象是谁、何时何地、谁去推广、目标是什么	品类决策	根据筹办方形式、场地、目标群体、产品性质构建展览会分类	不仅要考虑有形特征,还要考虑无形因素。策略制订是为了精心建立具体的展览会品牌的主题
		展览会产品决策	一般用于展览会的准备阶段,即开发和改善"可推广、可度量、可销售的"会展产品,包括招展说明书、展位、广告、商业赞助、入场券等	
		服务决策	展览会进行的先决要素,指导不同需求提供信息、运输、人事、设计、餐饮和其他日常服务	
人员决策	为了建立、维持或改变对某些营销对象的态度和行为而进行的活动	做好内部营销和交互性营销	重点在于办展机构的工作人员和客户。具体而言,展览会组办方核心任务:提高竞争性差异、服务质量和生产率	展览会是具有"高接触度"性质的服务业,决定人员营销的重要性
定价决策	针对参展商和参观者的需求制订其"产品"或服务价格及展览会合同的细则、条件	质量形象、定价单、数量、折扣、支付条件、信用条款、支付期等	估价要考虑多因素,同时成本核算有难度,需求本身又难以预计	这是营销计划中最难的决策部分

续表

营销组合变量	定义及解决问题	关键决策	主要问题及风险	备注
渠道决策	怎样通过合适的通路向国内外提供展览会服务的问题	用不用渠道商、用什么类型的渠道商、使用多少数量的渠道商以及渠道商的管理	渠道商的选择、激励和渠道冲突问题	这是最具艺术性的展览会营销决策
传播决策	所有方便和影响目标群体的方法	媒体的选择;媒体预算、传播手段的确定(广告宣传、客户关系、网站、公关、人员推销、销售促进等)	传播的战略性安排和创意应得到重视;往往传播只是以信息告知型为主,忽视对展览会品牌个性和形象的挖掘;媒体投放计划往往被忽视,以至于费用和传播效果的评估流于形式	做好整合传播是关键
流程决策	制订流畅的、让顾客一目了然的服务流程,包括服务	展览会的运作策略、运作程序、手续、服务中器械化程度、工作人员的裁量权、顾客的参与程度、咨询服务的流动性、评估跟踪服务等	流程管理的好坏,直接影响服务的质量,从而影响企业竞争力	展览会的运作是系统性过程,由多方面配合协调而成

4.1.4　展览会营销方法选择

在确定展览会目标市场营销策略后,就需要根据展览会的实际情况对可能运用到的展览会营销技巧和方式进行选择。

1)联合营销

联合营销是指展览会的营销团队与行业协会、代理商、有关主管部门、场馆、新闻媒体等建立合作伙伴关系,制订共同的展览会项目营销规则,发挥各自优势,联合进行展览营销。运用联合营销方法时,需要对展览会的产品价格、宣传推广途径服务承诺、招展范围等方面制订统一规则,合作营销伙伴都应遵守这些规则。

2)关系营销

关系营销是组办方与参展商、参观者及中间商等利益相关团体建立和保持密切关系,并彼此交换和履行共同的承诺,实现展览会营销目标的方法。具体手段如图4.5所示。

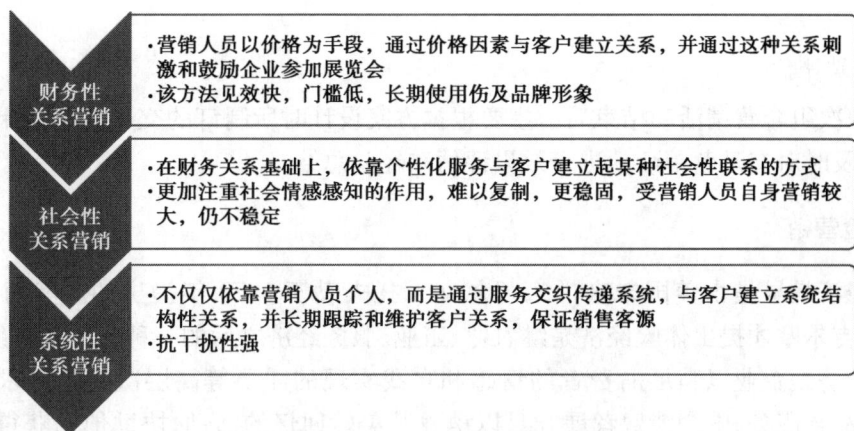

- 营销人员以价格为手段，通过价格因素与客户建立关系，并通过这种关系刺激和鼓励企业参加展览会
- 该方法见效快，门槛低，长期使用伤及品牌形象

财务性关系营销

- 在财务关系基础上，依靠个性化服务与客户建立起某种社会性联系的方式
- 更加注重社会情感感知的作用，难以复制，更稳固，受营销人员自身营销较大，仍不稳定

社会性关系营销

- 不仅仅依靠营销人员个人，而是通过服务交织传递系统，与客户建立系统结构性关系，并长期跟踪和维护客户关系，保证销售客源
- 抗干扰性强

系统性关系营销

图 4.5　关系营销的层次策略

关系营销具体实施主要做好以下三件事：①组织设计；②人力与信息资源的配置和共享；③文化整合。这是关系双方能否真正协调运作的关键，是处理营销关系的高级形式。

3）交叉营销

交叉营销是指展览会组织者借助客户关系管理（CRM），发现现有参展商、参观者及其他相关利益团体的多种需求并通过满足其需求而销售多种相关服务或产品的营销方式。这种营销方法最大的特点是充分利用现有资源，在两个具有相关用户需求特点的企业间开展交叉营销，能使各自的潜在用户数量明显增加而不需要额外的营销费用，同时，以交叉营销为基础建立起良好的合作关系对企业间的发展具有战略意义。交叉营销是展览会企业与其他行业的企业开展合作的重要内容，甚至是并购得以发生的基础。交叉营销的方法如下：

（1）寻找产品

目前有两种方法：业务灵感和数据挖掘，或者是业务灵感和数据挖掘结合起来，以确定合适的交叉销售产品。

（2）客户分析

客户定位主要是了解不同产品之间同时或前后发生的购买关系。通常来讲，如果具备客户的产品购买信息，就可以应用链接分析的方法来了解产品和产品之间的相关程度，从而确定交叉销售的对象。比如厦门茶叶博览会与佛事用品展同期举办，进行交叉营销就是居于客户对茶禅生活方式的追求及产品购买的一致性。

（3）筛选预测

对筛选出来的客户进行预测，可以选择全部的潜在客户进行交叉销售，也可以采用数据挖掘中分类的方法进行评分，或运用科学、有效的市场细分标准和市场细分方法对所有客户进行细分。在对各个细分市场的增长潜力、竞争程度、资源要求等方面进行科学评估的基础上选择出明确的目标客户群。

（4）确定合作伙伴

选择合作伙伴时，应多考虑对方的信誉和他们服务的顾客群，而不是他们实际提供的产品或服务。

（5）效果评估

在每一次组合营销活动结束后应主要根据方案设计时所制订的交叉营销效果评估的标准和方法，及时对交叉营销活动进行效果评估和经验总结。

4）体验营销

体验经济最早是由美国未来学家阿尔文·托夫勒于 1970 年提出的。然而直到 1998 年，派恩和吉尔摩才提出体验经济是继农业、工业、服务经济之后的一种新的经济发展模式。

体验经济是企业以满足消费者的情感和自我实现的需要等高层次精神需求为主要手段，借助商品与服务，围绕消费者展开足以诱发其美妙回忆的活动，协助他们获得难忘的体验，并通过这些活动及其体验实现经济价值。展览会要引起人们的关注与轰动，强化参展商与参观者的展览会经历非常重要。

展览会体验营销是以满足客户体验需求为目标，以展览会为平台，利用服务、气氛、感官、认知等多种体验要素，使目标客户融入情境之中以获得体验价值，促使组办方与参展商、参观者、媒体、协助方、服务方实现价值链的深层次对话，最终实现多方共赢的营销方式。

（1）展览会体验的营销层次

体验式展览会营销的核心在于为客户提供可参与创造并体验的"展剧"——即围绕展览会主题，通过视觉、听觉、触觉、嗅觉及联觉等综合感知，为与会客商创造难以忘怀的体验（表4.3）。

表4.3　展览会体验营销层次分析

展览会体验营销层次	载体	营销产物	持续性
情感体验	展位布局、展台设计、灯光、主色调、听觉识别	情感触动、品牌形象	稍纵即逝
思考体验	展品展示、主题展示、展览会相关活动、特殊气味识别、触觉途径	品牌联想	短暂
行动体验	展览会后勤及延伸服务、项目对接、关系撮合	客户行为乃至于生活方式	长期而深远

（2）展览会体验营销的策略与方法

展览会营销实质在于销售一个富有竞争力的体验产品，因此注重顾客的情感体验，强调与顾客互动，将顾客的消费过程视为一种整体体验，是展览会体验营销的不二之选。体验营销策略的实施方式是多种多样的，贯穿于展览会全过程。做好展览会营销体验，主要做法如下：

①创造可参与的体验项目；

②让体验主题化、个性化；

③提供沉浸式情境的表演舞台；

④以优质服务传递体验；

⑤用品牌凝聚体验；

⑥用立体传播营造体验氛围,塑造展览会印象；

⑦精准定位客户需求,提供融合娱乐、教育、审美等整体体验。

5)网络营销

网络营销是以互联网为媒介进行展览会产品营销的方法。互联网是一种功能强大的营销工具,兼具宣传推广、营销渠道、电子交易、适时服务以及市场信息收集与分析等多种功能。与此同时,作为一种跨时空的营销媒介,网络以便捷、廉价、互动的特点,得到广泛的认可。此外,它天生具有的一对一的营销能力,也符合直复营销和个性化消费的未来趋势,为展览会场景营销提供了前所未有的便利性。主要有以下方法和途径:

（1）电子邮件与即时通信工具的应用

通过电子邮件发送展览会邀请函及相关信息是最传统的网络营销方式之一。组展商根据客户数据库已有信息,针对性地向目标客户进行邮件营销,具有成本低、效率高且适应大规模的营销投放的优势。随着移动互联网的到来,微信公众平台、手机 App、微站等成长为最具发展潜力的网络营销渠道。利用移动互联的渠道,能及时、准确地推送展览会最新信息,抢占目标客户阅读时间,随时随地"跟踪"目标客户。

（2）展览会官方网站

建立展览会官方网站,能够为目标客户提供最真实、可靠、详尽的展览会信息。它能更全面地提供想象展示、提供各类展览会资料的下载以及在线咨询,是展览会策划尤其是展览会推广工作的一项重要内容(图 4.6)。

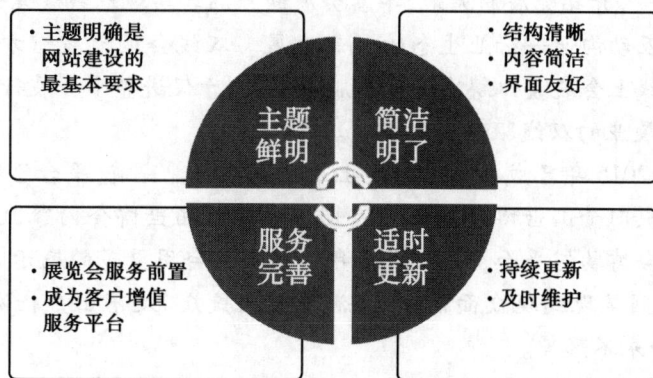

- 主题明确是
  网站建设的
  最基本要求

- 结构清晰
- 内容简洁
- 界面友好

主题鲜明　简洁明了

服务完善　适时更新

- 展览会服务前置
- 成为客户增值
  服务平台

- 持续更新
- 及时维护

图 4.6　网站建设原则

（3）专业网站广告

主要有两种形式:一是展览会项目在行业专业网站或公共网站上开辟专门主页投放展

览会信息;二是展览会项目企业与行业专业网站互联进行营销。如果把 WWW 主页比喻为专业刊物的话,这种形式相当于普通的报纸和杂志。组展机构必须选择合适的平台,在实际工作中,可以选择专业销售网、行业目录网、新闻网或报纸杂志的电子版等,一切依具体的营销目的而定。

(4)虚拟展览会

虚拟展览会也称网上展览会,盖根·穆勒从功能性角度对此进行定义。他认为虚拟展览会是供应商、经销商及顾客利用网络,虚拟地"集中"在展览会平台上,观众通过在线访问虚拟展厅及展位,收集产品信息;参展商及观众通过文字、图片及声音等多媒体环境进行互动交流。

目前行业中正进行多样化的模式探讨,正向着数字化、智能化、智慧化的沉浸性方向发展。目前比较常见的有:电子商务—网络展览模式,如阿里巴巴、环球资源、中国制造网等 B2B 电子商务平台公司;实体展览—电子商务模式,如国际礼品、工艺品展推出实体展览+网上展览会+B2B 行业交易频道;以行业展览为依托的网络展览会模式,即"行业展览—行业资源—行业网站"模式,以阿拉丁照明网为标志等。

【案例拓展】

双线会展

上海后博信息科技有限公司成立于 2014 年 12 月,公司开发的"掌上世博"项目是上海后世博研究中心全国唯一授权的线上世博会展示平台,首创了"双线会展"模式和"数字展览会"展览展示系统,目的是打造第一个互联网上的"国际会展中心"数字展览会 SaaS 系统平台。

双线会展也称数字展会,就是利用"互联网+"创新传统会展业发展模式,实现线下+线上会展的"双线融合",开拓会展新天地,丰富会展新产品。实现双线聚焦—品牌宣传—展销一体—用户体验—互动沟通—行业生态的创新发展。双线会展为展馆方、举办方、参展商、展装方和观众提供线上会展整体解决方案和服务,有利于促进整个会展行业打造"二维会展空间",创新中国会展业的双线驱动发展模式。

"掌上世博"于 2015 年已成功举办了线上米兰世博会。目前,平台已经收录了包括伦敦世博会、巴黎世博会、旧金山世博会以及上海世博会等往届世博会内容,已初步打造成互联网上的数字化世博会博物馆平台,并把 2020 年迪拜世博会用更多的展示方式把更丰富的世博会内容通过互联网呈现到观众面前,从而满足国内民众"足不出户畅游世博会"的愿望。掌上世博,让世博会永不落幕。

4.1.5　展商组织

谁都知道,参展商是展览会的真正"老板"。正确处理与参展商的关系是展览会组织者的生存之道。招展的目的就是邀请到合适的企业(包括行业协会、专业媒体等相关机构)来参加展览会,从而实现对行业价值的传递。

1)招展方案的编制

招展方案是为展览会尤其是展位营销而制订的具体执行的方案,它是展览会招展工作的整体规划和部署,是展览会策划诸多方案中的核心方案之一。主要内容如图 4.7 所示。

行业信息分析	• 宏观上分析展会题材所在行业分布的特点、产业发展情况、该产业的企业结构及分布情况
潜在参展商分析	• 收集目标参展商的信息并建立参展商数据库,分析龙头企业的生产和营销情况及参展需求,并分析潜在参展商实力
展区展位划分	• 按照展品类别、会展场馆特征划分展区和展位,并决定特装和普装的具体位置,附上展区和展位划分平面图
招展价格制订	• 展会价格包括门票、展位价格及其他广告服务价格,应根据承办和供求并结合实际情况进行灵活定价,制订相应的价格促销策略
招商函的制订发送	• 制作并向目标参展商发送招展函,介绍展览会的有关情况,引起其参展兴趣
招展分工	• 对展会的招展工作分工作出安排,包括招展单位分工安排、本单位内招展人员及分工安排、招展地区分工安排等
招展渠道及代理	• 对展会招展渠道进行决策,尤其是对招展代理选择、制订和管理等作出安排,对代理商招展的地区范围与权限等作出规定
招展手段（即传播策略)	• 对配合展会招展所做的各种招展宣传推广活动作出规划和安排
招展预算	• 编制为了招展工作顺利进行所需要的费用预算
招展进度计划	• 制订展览会招展工作的进度计划,保障展会在开幕前完成招展任务,并实施各种客户的跟踪服务

图 4.7　招展方案的主要内容

2)招展策划与准备

(1)建立目标参展商数据库

衡量一个展览会成功与否,有两个重要的数据:参展商的连续参展率和观众的连续观展率。广泛收集目标参展商的信息,建立一个完整而实用的目标参展商数据库,是展览会招展的基础,也是进行展览会规模预测和制订展览会招展方案的基础。

①界定参展商基本条件,识别目标参展商。

所谓目标参展商就是办展机构根据市场细分认为可能会来参加展览会的企业和其他单位。目标参展商是展览会招揽展出者的目标范围,展览会组织者在招展前应根据展览会题材的相关范围,明确指定参展商的条件:如根据展览会目标、任务和性质,限制参展者专业或行业属性、规定参展商的地区属性和审核展商的法定性等。

②收集和分析目标参展商信息。展览会组织者应收集参展商的主要信息,包括企业名称、地址、联系电话、传真、电子邮箱和网址、联系人、主要负责人等基本信息,还要收集产品名录、目标市场、企业规模、发展阶段、产展历史等,以此宏观性地把握这些信息,为制订招展计划做准备。收集目标参展商的主要渠道:

- 行业企业名录；
- 商会和行业协会；
- 政府主管部门；
- 同类展览会及其会刊；
- 外国驻华机构；
- 专业杂志和网站；
- 电话黄页；
- 向专业公司购买；
- 组织客户答谢会；
- 客户的信息咨询与参展申请；
- 与其他公司交换名单。

③确定目标参展商和重点参展商。分析需要按照一定标准(地区、规模、经营范围或企业定位等)对收集的目标参展商进行比较分析,确定目标参展商和重点参展商,特别关注行业品牌企业和重点参展商,逐步提高参展商的层次,注重参展者声誉,提升展览会的专业性和品牌影响力。

④建立目标参展商数据库。根据一定的信息分类标准,把收集的目标参展商信息经过整理后存入目标参展商数据库。其实,参展商数据库是逐步建立、不断优化完善、不断更新的。一个数据庞大、分类科学、真实可靠、信息丰富、方便利用的参展商数据库,是展览会组织者极度重要的核心资产,是展览会宣传联络参展商的主要依据,为以后招展提供了有力的保障。

(2)展览会场地规划

科学合理的展览会场地规划,既是展览会主办方规划、统筹能力的一种展现,也是对展览会产品自身营销力和推广力的考验,成为一道专业性、实操性极强的硬课题。主要涉及:正确估算有效面积(一般用可展出总面积的50%作为场地规划的依据);展区和展位划分;展位结构设计;绘制场地平面图。

①划分展区。在展览会项目中,展览会最主要的产品是展区和展位。展区和展位的划分是展览会产品定价的基础性准备工作,一般按照展品类别和场馆特征进行划分。展区和展位划分因受到场地条件限制,但又事关展览会整体效果,并影响到组展方、参展商、观众及服务商在展期间的活动,可谓"牵一发而动全局",必须注意统筹兼顾,因地制宜。其基本原则见图4.8。

展位划分的办法主要有:按照展品类型分区、按照参展商国家(地区)分区、按展位类型分区、按照企业类型分区。最常用的是按照展位类型分区。

②设计展位结构及配置。展位是参展企业展示产品或服务的地域空间范围,是展览活动的基本空间单位。不同题材和类型的展览会,对于展位规格、样式、基本配置都不尽相同。因此需要设计好标准展位、特装展位、非标准展位、净场地展位等不同类型展位的比例结构和配置。

③绘制展位编号及平面图。划分好展区和展位以后,要按一定的比例将它绘制成展览

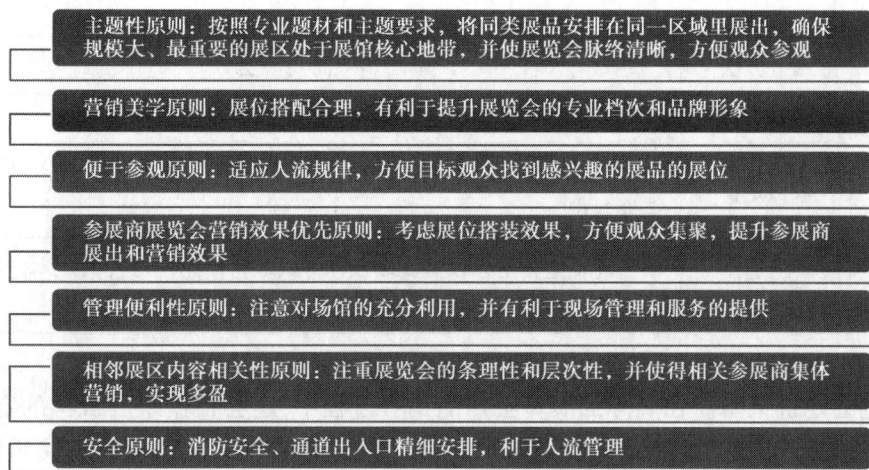

主题性原则：按照专业题材和主题要求，将同类展品安排在同一区域里展出，确保规模大、最重要的展区处于展馆核心地带，并使展览会脉络清晰，方便观众参观

营销美学原则：展位搭配合理，有利于提升展览会的专业档次和品牌形象

便于参观原则：适应人流规律，方便目标观众找到感兴趣的展品的展位

参展商展览会营销效果优先原则：考虑展位搭装效果，方便观众集聚，提升参展商展出和营销效果

管理便利性原则：注意对场馆的充分利用，并有利于现场管理和服务的提供

相邻展区内容相关性原则：注重展览会的条理性和层次性，并使得相关参展商集体营销，实现多盈

安全原则：消防安全、通道出入口精细安排，利于人流管理

图 4.8　展区展位划分的原则

会展位平面图,并在图上标明各展区和展位的具体位置、名称、展馆各出入口、楼梯、现场服务点等,以便参展商在选择展位时能更好地作出选择。展位编号由展馆或展厅的编号、楼层号、通道号和展位顺序号组成。通常以入口处为基点,按照从前向后、从左到右的顺序编号。展位平面图是展览会招展时需要经常使用的主要资料之一,在绘制时一定要准确、细致,图标和线条要清楚,使人一目了然。

（3）展览会定价策略

从组展商的主要收入来源来看,展览会产品定价主要包含展位价格、广告价格、赞助价格和入场券价格。其中最核心的是展位价格。

①展览会产品定价方法。展览会组织者在充分考虑顾客、成本和竞争的基础上,制订合理的展览会产品价格,这对展览会营销工作和展览会的经济效益有着重要的影响（表4.4）。

表 4.4　展览会产品定价制订方法

定价方法	细分方法	简要说明
成本导向定价法	成本加成法	展览会产品的价格由成品成本加某一标准比例构成
	目标利润定价法	制订价格以保证展览会项目达到预期的目标利润 $$展览会定价 = \frac{展览会固定成本 + 预售面积总变动成本 + 目标利润}{展览会预售面积}$$
需求导向定价法	心理定价法	依据顾客的消费心理和承受能力来制订产品价格
	价值定价法	以参展商对展览会项目的认可程度和感觉价值进行定价,强调展览会定位、配套服务以及参展商能获得的利益
	关系定价法	以参展商的所有预期利益为定价基础,并对参展商在一段时间内能给企业带来的潜在利润进行评估

续表

定价方法	细分方法	简要说明
竞争导向定价法	随行就市法	根据本题材展览会或本地区展览会的一般价格水准来定价
	渗透定价	完全不考虑办展成本利润,短时间内进入新市场或者扩大市场占有率的定价方式
	投标法	在一些展览会主办权需要以投标方式取得使用。可视为成本定价法的一种变形

②展览会定价策略。在实际的展览会产品销售过程中,还会根据组展机构的定价目标、展览会自身的品牌影响力、展览会发展阶段、价格需求弹性和行业竞争状况,灵活地使用各种价格促销手段,形成多元化的定价策略。具体定价策略见图4.9。

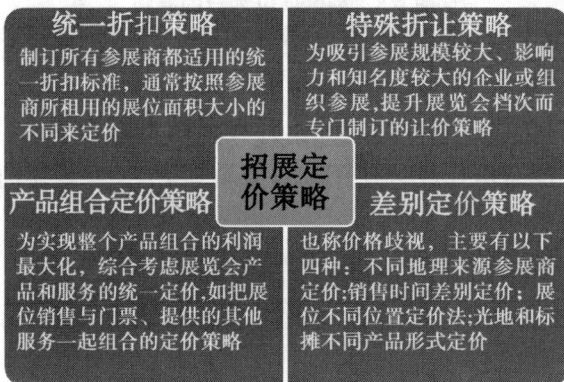

统一折扣策略
制订所有参展商都适用的统一折扣标准,通常按照参展商所租用的展位面积大小的不同来定价

特殊折让策略
为吸引参展规模较大、影响力和知名度较大的企业或组织参展,提升展览会档次而专门制订的让价策略

招展定价策略

产品组合定价策略
为实现整个产品组合的利润最大化,综合考虑展览会产品和服务的统一定价,如把展位销售与门票、提供的其他服务一起组合的定价策略

差别定价策略
也称价格歧视,主要有以下四种:不同地理来源参展商定价;销售时间差别定价;展位不同位置定价;光地和标摊不同产品形式定价

图 4.9　展览会产品的定价策略

③执行招展价格时应注意的问题。

- 严格执行既定的价格政策(遇到特殊情况灵活调整);
- 享受的折扣、折让标准清晰;
- 加强对招商代理价格和促销价格的管理;
- 切忌在后期低价倾销展位;
- 严格控制差别定价和特别折扣的适用范围。

(4)招展函编制

招展函是组展商用来说明展览会情况及用来招徕目标参展商参展的文书。其主要作用是向目标参展商陈述展览会价值,是进行展位营销的核心资料之一,也是目标参展商最初了解展览会情况的主要信息来源。

①内容。在实际工作中,招展函与参展手册往往合二为一,其主要内容如图4.10所示。

公开邀请信	展览会基本情况	市场状况	招商和宣传推广计划	参展办法	各种图案
☐组委会或组展方的邀请信	☐展览会名称和Logo ☐举办时间和地点 ☐办展机构 ☐办展起因和目标 ☐办展特色 ☐展品范围 ☐价格	☐行业状况 ☐地区市场状况	☐招商计划 ☐宣传推广计划 ☐相关活动计划 ☐服务项目	☐如何办理参展手续 ☐付款方式 ☐参展申请表 ☐联系方式	☐场地场馆图 ☐周边交通图 ☐展位展区划分图 ☐住宿展会图

图 4.10 招展函的内容结构

②设计要点。组办方如要设计一份完整、精美且具有营销意义的展览会招展函,除了内容完备、形式新颖、重点突出、方便携带之外,具体设计上要注意以下要点,如图 4.11 所示。

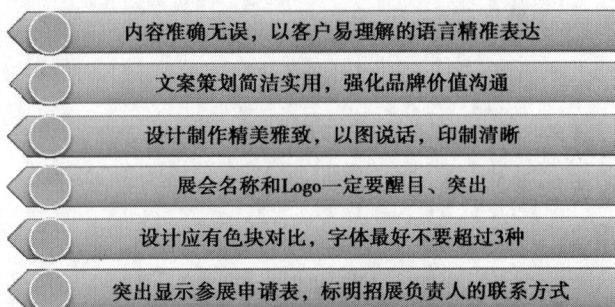

内容准确无误,以客户易理解的语言精准表达

文案策划简洁实用,强化品牌价值沟通

设计制作精美雅致,以图说话,印制清晰

展会名称和Logo一定要醒目、突出

设计应有色块对比,字体最好不要超过3种

突出显示参展申请表,标明招展负责人的联系方式

图 4.11 展览会招展函的设计要点

【案例拓展】

某展览会参展说明书(即参展手册的结构)

一、展览会基本情况

1.主办单位名称

2.展览会名称

3.展览会时间地点

4.联系方式

二、展览会定位与特色

1.主办单位简介

2.市场目标与定位

3.参展商简介

4.产品与服务简介

5.展览会的特色

三、展览会展务说明

1.展览会场地

2.进场布展时间和完成时间

3.开幕时间

4.开展时间

5.何时接受展位预定

6.展位分配方式

四、参展商报名

1.告知参展商报名日期

2.现场报名日期

3.参展商报名程序

4.每个展位限定服务人数

五、参展商食宿安排

六、展位规格说明

1.标准展位

2.特装展位

七、展商指定承包商

1.承包商名称及联系方式

2.承包商服务范围

3.参展手册寄发

八、运输和安保

九、其他可提供服务

十、展馆说明、展位平面图

1.展馆地址

2.展区平面布置图

十一、展览会价格与收费

1.收费标准

2.支付定金

3.收费截止日期

4.取消参展与退款规则

十二、责任和保险

1.拒绝责任

2.保险

(5)招展渠道决策

展览会营销和招展渠道决策的中心环节就是确定招到目标参展商的最佳途径。要不要使用中间商？使用多少中间商？使用什么类型的中间商？中间商如何选择和管理？这些问题就成为渠道决策的基本因素。

①营销渠道长度决策。按照展览会产品从组展商到参展商之间经历环节的多少,展览会营销渠道可以分为直接营销渠道和间接营销渠道。

• 直接营销渠道也称直销,是指展览会项目营销团队直接将展览会产品销售给潜在参展商,而不经历任何中间环节的销售渠道。渠道形式包括电话销售、人员推销、展览会现场推广、直邮营销、网络销售等。具有成本低、营销因素易于控制、反应快速、信息沟通充分,可规避风险等优点。

• 间接营销渠道也称分销,是指组展商通过中间商辅助将展览会产品销售给终端客户的销售渠道,可以缩短信息通路,降低交易成本,突破自身资源限制,控制成本和难度也随着渠道级数(长度)而递增。间接渠道的形式主要有合作制和代理制。

②中间商种类决策。按照参与展览会分销主体的类别不同,展览会营销渠道可以分为合作制与代理制。合作制是指在展览会举办过程中与以合作单位、赞助单位、协办单位、支持单位等名义出现的政府部门、行业协会、媒体等机构建立合作关系,整合项目资源、共享营销网络、实现优势互补,从而达到展览会产品营销的目的。代理制是选择合适的展览会代理商,签订代理合同,支付佣金,由中间商进行产品销售的营销渠道。

③营销渠道宽度及密度决策。营销渠道宽度是指通过组展方在特定区域内利用两家或以上的中间商进行招展。密度则是指在同一层次中间商使用的数量。在实际工作中,展览会代理形成如图 4.12 所示的四种形式。

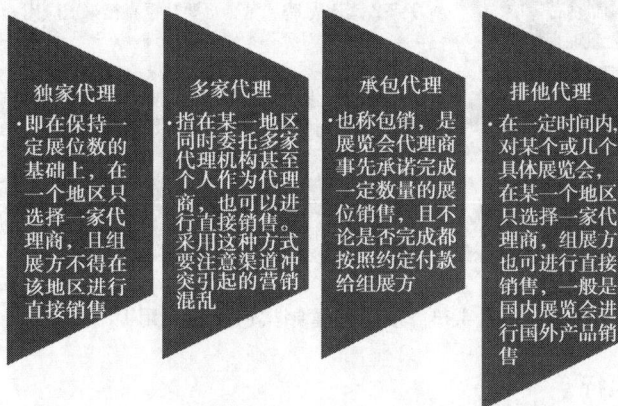

图 4.12　展览会招展代理形式

④代理商管理。展览会招展代理是组展商借助外部力量进行招展业务的一种有效手段。在确定招展代理类型之后,要对代理商进行选择和聘用管理,明确其权利与责任,并对代理佣金水平、招展范围进行规定。

代理商的选择是展览会营销过程中的一个关键性环节。代理商的素质高低决定了代理业务能否顺利进行,同时也是代理商是否配合整体招展目标的关键。

【延伸阅读】

展览会营销渠道的特点和策略分析

展览会是一种商业活动,是最早也是最成熟的共享性平台,因此组织展览会的首要目的在于期望通过为参展商以及观众提供交流交易和关系连接的平台而从中获益。展览会作为服务产品,是由一系列要素构成的综合性产品——主要包括展位、广告、商业赞助和入场券等。因此,展览会营销从渠道上有别于其他的产品和服务营销渠道。

1.由于展览会的目标客户相对集中,从渠道长度来看,展览会销售以组展商面对参展商的直接销售为主。当然,对于大量涉及海外业务的组展商来说,基于语言、文化以及社会关系网络的需要,对海外代理商有较高的依赖性之外,一般在一个特定区域的代理商层级不会超过两级。

2.因展览会目标受众专业领域集中,且以机构客户为主,从渠道宽度来看,在同一区域以"独家代理"的窄渠道为主。

3.为规避经营风险,展览会在与中间商的销售合作中,以代理业务为主。

4.为动员多方的资源,展览会销售通常采取"隐性代理"和"显性代理"相结合的综合渠道。

为此,在现实经营中,展览会营销渠道经常出现长度、宽度及密度不够,无法满足展览会营销目标要求的问题。因此,做好渠道策略的分析尤为重要。具体要点如图4.13所示。

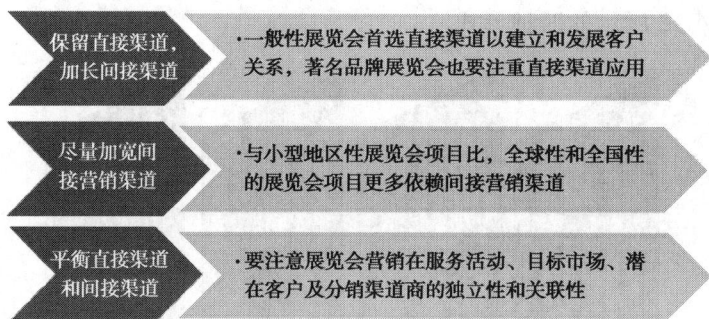

保留直接渠道,加长间接渠道	·一般性展览会首选直接渠道以建立和发展客户关系,著名品牌展览会也要注重直接渠道应用
尽量加宽间接营销渠道	·与小型地区性展览会项目比,全球性和全国性的展览会项目更多依赖间接营销渠道
平衡直接渠道和间接渠道	·要注意展览会营销在服务活动、目标市场、潜在客户及分销渠道商的独立性和关联性

图4.13　展览会营销渠道策略应用①

3)招展实施与执行

(1)招展

招展洽谈其实就是一个推销的过程。招展的流程包括收集潜在客户名单、研究潜在客户、联络潜在客户、接近客户、评估客户需求、约谈客户、处理异议、达成交易。其主要手段是人员推销、电话和信函,均属于直接营销的重要手段。

(2)招展管理

①招展分工。

展位的招展单位一般不止一个。各单位招展工作混乱和招展地区出现交叉,或者因为招展渠道设计的问题引起渠道成员之间的冲突,都是招展工作中的大忌。招展涉及三个层

---

① 刘大可.会展营销教程[M].北京:高等教育出版社,2006:95-96;李敏.会展会议活动项目管理手册[M].北京:中国电力出版社,2015:91-92.

面的内容：一是各个办展机构之间的分工；二是各个招展代理之间的分工安排；三是组展方内部招展人员及其分工安排。

②招展预算。

招展预算是在各项招展工作安排就绪的基础上，对招展过程中可能需要的相关费用支出做出的总体筹划。在编制招展预算时，一个重要的基础性工作就是明确各项工作的责任范围，做好成本效益分析。然后本着节约、有效、细致、合理的原则，确保每一笔费用都用在刀刃上。

③展位分配。

展位分配的常用原则如表4.5所示。

表 4.5　展位分配的常用原则

原则	优点	缺点
以产品为标准	方便专业观众等找到目标产品	对于有些行业来说，参展商不易明确其分类
大客户至上	大客户愿意在展览会上花费尽可能多的资金	不能激励那些处于较差展位上的公司投入更多的资金
老客户优先	能回报忠诚顾客	参加老牌展览会的新展商没有获得好展位的机会
先来先得	便于利用人口学的方法	先到参展商的展台也许并不能供主办方来吸引专业观众
混合布置	便于展览会组织者控制现场人员的流向	如果参展商不喜欢所分配的展位，便很容易责怪组织者的管理水平

（3）招展组团管理

招展组团是招展的扫尾工作，是指选择并组织招揽到的参展商集体参加展览会。

①招展组团。

发展招展组团单位，利用组团单位的积极性与资源优势来完成招展任务，是展览组织机构提高招展效率，保证展厅设计成功的重要环节。

招展组团工作具有重要作用：

- 提高展览会的影响力，加快信息的有效快速传递；
- 充分利用各方资源，实现优势互补，加快资源整合；
- 最大限度挖掘新客户，壮大参展队伍。

因此，展览会特别是政府主导型展览会，如广交会、华交会、昆交会、高交会等展览会多采用此法。展览会组团是按照行政区域来进行的，其责任单位是行政区域内与贸易厅局、行业协会或国际组织相关的展览会组织机构。

招展组团单位的基本构成：

- 当地行业协会；
- 主办单位的分支机构；

- 行业性权威机构；
- 展览会组织机构；
- 海外的专业性国际展览代理机构等。

②组团管理。

组办方进行组团管理主要以召开各种形式的会议来协调参展商之间及展览会企业的关系。其作用包括：组织机构通过召开会议来传达招展工作的主要精神；布置具体的招展工作，明确任务；鼓舞士气，培养归属感与集体感，加强各组团单位间的互助合作精神；检查招展工作落实情况；发现招展活动中的问题，互通信息，相互学习。主要形式有筹备会、检查会、动员会等。

- 筹备会。是为展览会的筹备工作而召开的会议，国内展览会通常是在展览会开幕前三个月召开。会议的目的是介绍招展工作筹备情况；布置工作，明确责任；指导招展单位按时按质完成筹备工作；培养集体感和协作观念；同时也为展厅设计组织机构的招展工作征集意见与建议。会议通常由组委会最高领导主持，项目经理或协调人主讲。展览会组织机构的展品运输、宣传联络、设计施工、行政后勤的具体负责人参加会议并就各部分工作提出要求。同时还应邀请招展组团单位的高层负责人和具体协调人参加会议。

- 检查会。这是检查招展筹备的工作会议。可以视招展进度情况定期或不定期地举行。检查会议有两种形式：a.招展工作检查会，通过会议检查各组团单位招展进度情况，根据各组团单位招展进度的差异情况，动态协调展位的分配数与组展比例；b.组团展前工作检查会，在展览会开幕前1~2个星期召开，主要检查展台施工、展品运输、展台布置等工作及人员行程、住宿、膳食、市内交通等安排。

- 动员会。这项会议通常在开幕前一天召开，展览会组办人员必须全体出席。会议要求参加组团的参展商服从组团单位的统一指挥，进一步严明纪律，鼓舞士气，出台组团和管理办法。要求参展工作人员具有高度的责任心和荣誉感，建立良好的展台环境与秩序，提高工作效率。

4.2 展览会整合营销传播与观众组织

参展商和观众是展览会腾飞的两翼，是成功举办展览会的两个核心，缺一不可。同时，在展览会的大平台上，参展商与观众相互影响、相互促进，是难以割裂的两个群体。所以参展商和观众的组织须统筹规划与实施。

如何确保展览会有足够数量和质量的观众到会参观及采购，并提高展览会的知名度，是展览会招商和宣传推广要考虑的重点问题。

4.2.1 展览会整合营销传播

展览会营销传播也称展览会促销，是展览会组办单位根据不同目标市场和展览会不同生命周期的特点,通过人员和非人员的方式,与潜在顾客进行信息沟通,引发并刺激顾客的购买欲望,使其产生购买行为的活动和过程。促销的本质是一种沟通。展览会营销传播任务的核心在于招展、招商和建立展览会品牌形象,同时要协助业务代表和代理们顺利展开工作,并指导内部员工正确对待业务。

1)基于展览会品牌的整合传播

整合营销传播是 20 世纪 80 年代提出来的,是指将与企业进行市场营销有关的一切传播活动一元化的过程。其核心思想是以整合企业所有资源为手段,再造企业的生产行为与市场行为,充分调动一切积极因素以实现企业统一的传播目标。整合营销传播重在整合,即传播对象、内容以及传播手段的选择与组合。这种理念非常适合展览会营销传播和观众组织工作。

展览会组织和运营根本目的在于建立展览会的品牌资产,实现展览会的持续经营。因此,展览会的营销与传播应该基于展览会品牌与目标顾客之间的互动、感知和认同过程。整合营销传播的概念和传播方式的应用必须在总体传播策略目标要求下,结合展览会的品牌定位进行系统的规划和安排。同时,在不同时期对品牌全部传播行为的安排,也必须依据展览会品牌定位的传播逻辑。这样的传播策略我们视为基于展览会品牌的整合营销策略。

在具体执行过程中,基于展览会定位为主导的传播策略要求在执行效果监控上达到"同一种声音(传播概念的聚焦)、同一种表情(品牌形象识别的一致)、同一个动作(传播方式的协同)"的整合传播效果。

2)展览会整合传播方式的选择

整合营销传播与其说是一种理论,不如说是一种实践体系。这个实践体系以企业外部的产品、客户和渠道为结构要素,试图打通展览会与客户及相关利益团体之间每一种可能的通道,以达到展览会与客户之间的多种连接(表 4.6)。

表 4.6　不同类型传播方式对比

序号	类型	界定	传播作用	操作方式和工具
1	大众媒体传播	通过大众传播媒介与公众联系的沟通桥梁,建立展览会品牌的宣传通路	引起关注、刺激兴趣、扩大认知	电视、报纸、电台、户外、杂志直邮等印刷品广告
2	活动事件传播	通过公关传播、事件营销、促进销售快速扩大知名度和美誉度,促进实际购买	刺激参与、增加体验、建立信任、刺激行动	公关活动传播、事件营销、促销活动等
3	接触点体验传播	在客户与展览会产品、服务、价格、渠道等接触界面上,设计展览会价值体验方式和体验内容,形成体验通道中的价值感知和感受	增加体验、直接感知、建立信任、提升满意	展览会和目标客户接触面:展览会现场服务、人员、展览会过程、价格、渠道商形象

续表

序号	类型	界定	传播作用	操作方式和工具
4	新媒体传播	创新传播通道,以新兴互动的传播新媒介、分众传播、精准传达,塑造展览会品牌形象	增加体验、刺激互动、强化关系	网络互动广告、个人信息终端、流媒体广告、小众和分众广告媒体等

3)展览会传播决策的步骤

展览会传播决策的步骤如图 4.14 所示。

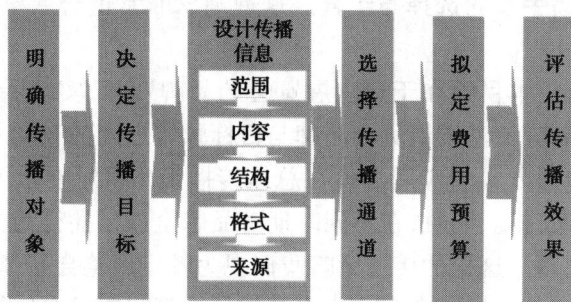

图 4.14 展览会传播决策的步骤

(1)明确传播对象(即目标受众)

营销传播人员首先要对其目标受众了然于胸。一般展览会营销人员会根据项目的类别和特性确定传播的对象。因为目标受众在以下几个方面对传播决策有极大的影响:说什么、怎么说、何时说、何地说以及由谁来说。

传播学的二级传播理论(大众传播是通过人际传播而发挥作用的)告诉我们,传播过程中存在意见领袖或守门人,会对信息传递产生干扰。在目标受众确定的过程中,展览会公司要凭借个人特定活动来调整与扩讯人①的沟通,强化对其管理,提高他们对展览会的忠诚,以加强关系网络的发展(图 4.15)。

(2)决定传播目标

明确目标,而且力求尽可能地实现目标至关重要。决定展览会营销传播目标首先要明确展览会传播推广的任务及其排序。不同展览会,不同生命周期展览会传播的任务在招商、招展、建立展览会品牌形象、协助业务代表和代理开展工作及指导内部员工如何看待客户等五大任务是不尽相同的。其次,营销传播人员必须确定目标受众寻求的反应,需要了解目标群体目前对参与展览会处于何种态度,以及需要引导到什么阶段。这个可以参照达格玛(DAGMAR)消费购买决策模型(知晓—了解—喜欢—偏好—信任—行动)设计信息传播活动。最后,针对展览会的不同时期选择设定不同的目标。如展览会前期往往是招展优先,到

---

① 扩讯人是传播大量从其他个人或机构所获取的信息的个人或机构,使信息多重扩增。

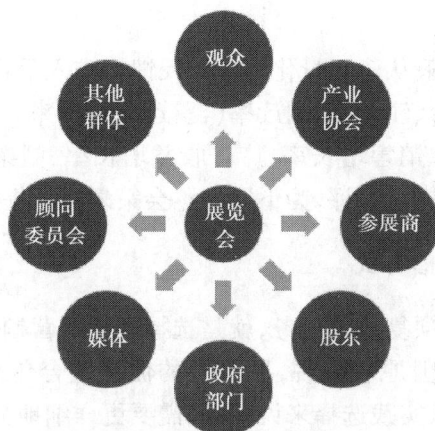

图 4.15　展览会扩讯人的目标群体

后期则会侧重招商。

（3）设计传播信息

确定展览会传播的信息，重在发掘贴切达意、实效、有底蕴的创意，从理想的角度，营销传播的信息应该得到注意、保持兴趣、引发欲望和获取行动。信息设计务必考虑以下因素：

①信息来源（谁来说）。信息来源是建立信息可信度的主要因素。可信度对有效传播至关重要。建立信任度主要可以通过：一是权威人士或可靠的首要公众的推介；二是使用与展览会特质密切相关的名人或受欢迎的人士代言；三是确保信息的亲和力。

②信息内容（说什么）。决定信息的内容，旨在提升信息的吸引力，对于展览会传播来说，这是通过传播诉求、主题、构思或独特的销售主张（USP）来实现的。从诉求的策略来说，主要有功能诉求（或称理性诉求）、情感诉求、道义诉求、名人传播、幽默化策略等方式。

③信息结构与格式（如何说）。如何说是传播的创意表现。结构涉及提出结论、单面和双面论证以及表达的次序；格式则是信心形象化、精美化并符合营销美学的表达形式。这来源于设计者对文字、图形与色彩、音乐和声音效果的技巧性把握。其好坏高低取决于设计者对展览会及品牌的理解程度，也取决于对各类媒体特征的认识程度。

（4）选择传播渠道

如何将展览会信息有效地传达给目标对象，并进行有效推介，是营销传播的关键环节。大致而言，展览会传播渠道可以分为两大类：人员传播渠道和非人员传播渠道。人员传播渠道可以分为提倡者、专家和社会渠道，而非人员传播渠道主要包括媒体、气氛和事件。每一种渠道各有特色，要善于选择和利用。

（5）拟定费用预算

营销传播费用与展览会的整体效果与效益有直接关系，采用不同的传播方式，费用有很大的差别。规划时不仅要考虑费用的多少，还要考虑支出的总体水平与额度。实际操作中，可以按照不同的渠道分别制订、编制分级预算，然后汇总。从经验来看，新办展览会一般投入占收入的 20%～35%；而举办多届的展览会，一般则会控制在总收入的 10%～20%。

（6）评估传播效果

营销传播的效果评估一般从建立量化标准和反馈标准入手进行综合评估。其中量化标准主要从传播效果，如接受率、注意率、阅读率（泛读率、精读率）、记忆率等入手，同时也兼顾展位等产品销售效果，如展位销售增长率、广告收益增长率、门票收入增长率等。评估的目的在于对展览会的综合效益进行测评，为下届展览会策划运营提供指导。

4）展览会促销组合与传播方式

展览会的营销传播是一项复杂的任务，就是选择合适的营销工具、最好的媒介和宣传媒体来向客户传递信息。从一般原理来说，展览会的促销组合包括：人员推销、营业推广、广告、公关宣传和直复营销。从实践选择来说，我们需要更详细地分析可用于展览会营销推广的各种要素，具体如表4.7所示。

表4.7　展览会营销推广方式

方式	媒体形式	实施内容及要点	特点
系统内部通告	通知	展览会的主办方、协办方、承办方、支持单位、赞助单位通过行政管理通知或内部刊物发消息	在合作关系密切的情况下，这是最具效率和效益性的传播方式。需要长期互动和紧密联系，同时也必须做好利益分配和公关战略管理
直接发函	信函	向目标参展商和观众发送招展书、邀请函及其他有关资料。成败取决于三要素：一是邮件名单——读者；二是展览会提供物——服务、条款、价格和身份；三是邮寄的创意——文稿、图标、格式、材质、邮资等级	这是展览会营销中最有力的沟通工具，宣传性价比高、针对性强、效率高、效果明显
个别邀请	电话、电子邮件	给目标参展商和观众直接打电话、发邮件，介绍展览会有关情况，力邀对方参加	是最具个性化的大众营销传播工具，是一种增强直邮和关注销售队伍工作状态的理想方法。回复率高、灵活性强、成本较高
商业性宣传	即广告，大众传媒（广播电视、专业报刊等）、网络、周边媒体、自媒体	以付费方式购买媒体向特定潜在客户传递信息的促销方式。要做好调查和计划，尤其是媒体投放计划，主题、文案、口号和表现都要有创意并符合顾客的需求，以强化对广告的关注度和响应力	在面向大量潜在顾客时最有效益。能为展览会营造一种氛围，以便于通过其他方式推广登记。相对来说费用较高，且评估销售效果难度加大，创意要求较大

续表

方式	媒体形式	实施内容及要点	特点
新闻发布会	新闻媒体	通过新闻媒体发布新闻性质的消息,一般在展览会筹备和开幕前后举办	新闻议题设置是关键,注意新闻发布内容要具有新闻亮点和价值
软性新闻传播	大众传媒、专业媒体	在不同媒体上刊登展览的报道、评论、特写、消息及相关的图片	是一种隐形的软广告,可信度高,较容易为目标受众所接受
重点邀请	小型会议	邀请行业协会、重点企业及重要公众参加,向与会者进行详细介绍	也称推介会,目标指向高,且能提高媒体关注度。缺点在于执行成本大、要求高,邀请目标客户的难度大
同类展览会推广	国内外同类展览会	在国内外同类展览会上宣传推广	同类展览会的品牌影响力是选择前提。可与客户直接沟通,易建立关系,进而引起注意。竞争性大,推广成本也较大
在线宣传	互联网、移动互联网	通过自建网站或在网络媒体上发放招展书、邀请函等。操作要点:一是引导用户使用你的网站;二是使用电子邮件和自媒体技术;三是鼓励在线登记	已经成为一种核心战略。费用较低、覆盖面广、互动性强。缺点是信息量大,具有决定性的目标客户接触网络的概率较小
展览会相关活动	展览会自身	展览会期间举办配套活动,如专题研讨会、表演、比赛、重点客商联谊会等。"让产品自身会说话"成为关键	使展览会内容更具内涵、形式更丰富,为客户提供更多特色服务,满足客户要求
公关活动	新闻媒体,自办媒体(内刊自媒体推送等)	为扩大展览会的影响、吸引更多的参展商及观众而针对目标观众、媒体等受众的沟通活动。是一项系统的人际交流,要周密安排。主要包括宣传性、交际性和服务性公关活动	是营销工具中成本最低的一种。可以有意识地吸引特定的目标市场,同时具有"事件营销"的性质,易于吸引客户的注意力,达到比广告、促销更好的宣传推广效果
组织机构推广	组织机构的内部渠道及其宣传网络	通过行业协会、商会、国际组织、外国驻华机构和政府主管部门等渠道进行宣传推广	需要与这些机构建立广泛的合作和关系资源,同时在合作过程中会存在利润分配问题
人员推销	业务代表	上门拜访,进行一对一的人际交流活动。是展览会营销工作的重点。做好销售管理是关键	是最有效也是费用最高的方式。针对性强,人情味足,能获得客户的即刻反应,并有最好的服务效果

续表

方式	媒体形式	实施内容及要点	特点
营业推广	自媒体、通信媒体	为补充和加强促销信息,鼓励客户交易或行动的多种付费活动:如展出、观展赠票、赠品、奖金、差价、增值服务、竞赛、宣传册等	提供"特别的优惠",对于参与者来说能直接刺激其行动(参展、观展等)。尺度把握要精准,不然就没有效果或者造就不公平,对展览会品牌和长期运营有影响

5)成功的展览会营销传播

在移动互联网时代,展览会传播具有信息的聚合性、受众的目标性、媒体的多元性和操作的系统性等特征,成功的展览会营销需以"整合"为最高指导原则,实现传播的实效性。

(1)注重"战略导向性"

展览会自身也是参展商的媒体平台,这往往让展览会营销传播者忽视展览会营销传播设计需要系统的战略为导向。在展览会营销传播中重要的战略决策要考虑以下四个方向:一是面向总体市场的战略或者细分市场的战略,这决定了传播推广的开展方法及其与市场战略的配合;二是满足基本需求和满足选择需求的战略,这决定了传播需求的劝说方式和重点;三是应用推进需求和拖拉需求的战略,这决定了传播各种手段之间配合与媒介选择;四是功能性广告还是形象(企业)广告的战略,这决定了展览会传播活动为整体营销发挥作用的层次和发挥作用的持续时间。

(2)强调"战术连续性"

指所有通过不同营销传播工具在不同媒体传播的信息要彼此关联呼应。传播的要素、内容、形象、认知、格调、个性要整合,创意要素要连续,并具有时间的持续性。

同时,展览会传播手段可以无限宽广,传播工具的创新和组合也是关键。通过创新而拥有广泛多样的传播工具的同时,关键在于组合相关工具,思考怎样最能协助展览会组办方达成传播目标,塑造强有力的武器。

(3)强调因竞争情境制宜

市场竞争是动态发展的,展览会营销传播在短期内也要因应竞争形势的变化,而制订不同的竞争应对策略。做到因时、因地、因产品种类、因产品生命周期、因企业实力、因市场地位、因媒介不同、因顾客不同、因竞争对手不同等而考虑的计划决策制宜,"悬权而动",争取市场竞争的主动。

(4)必须管控传播的"品牌承诺"

展览会核心利益在于为供需双方搭建沟通、交易平台。为此提供实效贴心服务就是展览会的核心产品和价值。显眼夸张的营销会加快劣质产品和服务的"死亡"。因此,传播中务必"只承诺能提供的"。"先是说得好听,后是做得好看"应成为展览会营销传播者的一个重要法则。

（5）强化创意和实效性

为展览会宣传寻找贴切达意又有文化内涵的传播主题，并找到有震撼性且与客户心智联系紧密的创意表现，实现展览会产品和品牌的营销实际效果，永远是展览会营销传播的准则，也是根本的途径。

4.2.2　观众组织

1）区别对待招商与营销传播

（1）观众与招商再认识

目标观众，主要是指专业观众和有效观众。

专业观众在实践中也称专业买家或者贸易观众，是指从事展览会上所展示产品的设计、开发、生产、销售和提供相关服务的观众，包括参展商的潜在客户。专业观众是相对于普通观众而言。后者是指除了专业观众的其他观众，他们的观展目的与专业观众截然不同。

值得注意的是专业观众与普通观众的概念并不等同于有效观众和无效观众。有效观众是符合展览会参展商所期望的，能够有效参与展览会现场洽谈或交流的，具有现场成交潜力的观众；反之，则为无效观众。

招商就是展览会组办方通过各种途径邀请观众参加展览会。广义地说，招商也包括展览赞助商为展览会提供各种赞助，以增加展览会的经济效益。

我们之前强调过展览业的灵魂人物是市场的"买家群体"。没有产业市场和社会市场就没有展览业，这是常识也是共识。参展商参加展览会并不是奔着组办方而来，而是奔着买家群体而来，当买家全体意兴阑珊或消失或转移，参展商也会随之消失或迁移。这是展览业中必须强调的基本观念。

然而，现实中许多组织者至今仍倾全力组织参展商而忽略买家群体的组织，这是造成展览会流于形式或参展商集体投诉的根本原因。一个没有观众的展览会只能是"展"而不是"展览"，没有"览"的展览会是不完整的，效果就达不到预期了。为展览会招揽专业买家，尤其是专业观众是展览会组办机构的责任，而让展览商和专业买家"会"聚沟通，也是最有效的组织方法。

（2）展览会营销传播与招商

展览会招商与展览会营销传播关系密切，相互促进，相互补充，招商的过程往往也是间接对展览会进行宣传推广的过程，共同为展览会的成功举办服务。在展览会筹备阶段的很多操作中，往往很难将它们彻底分开。因此，在展览会实际策划中，人们往往将它们结合起来统筹规划，分步实施。不过，展览会整合营销传播和展览会招商还是分属不同的两个范畴，在策划其各自的方案和具体实施时不能混为一谈。展览会营销传播和招商工作的区别如表4.8所示。

表 4.8　展览会营销传播和招商工作的区别

内容	展览会营销传播	展览会招商工作
任务	为整个展览会服务,有五大任务,招商只是其中之一	任务单一,就是吸引更多的有效观众到会参观
实施步骤	系统性强,具体实施要根据实际需要,分阶段、分步骤、有计划地实施,并且各个阶段的重点目标有差别	阶段性较多,具体实施中始终围绕吸引更多观众到会这一中心任务
实施渠道	主要借助大众传播媒介	有更多的手段,总体来说展览会传播渠道基本适用招商工作,反之不然

2) 观众的组织程序

与招徕参展商一样,观众组织尤其是专业观众是一个展览会生存和发展的根本,失去了有效观众来源就失去了一个展览会的存在价值。

(1) 目标观众信息的收集

展览会组织者努力使有效观众在到会观众的总量中保持一定的比例,一般不能低于30%。当然无效观众能增加展览会人气,活跃气氛,扩大参展商传播效应和知名度。收集目标观众群体的基本信息,建立目标观众数据库,是招商的基础性工作。观众信息收集途径见图4.16。

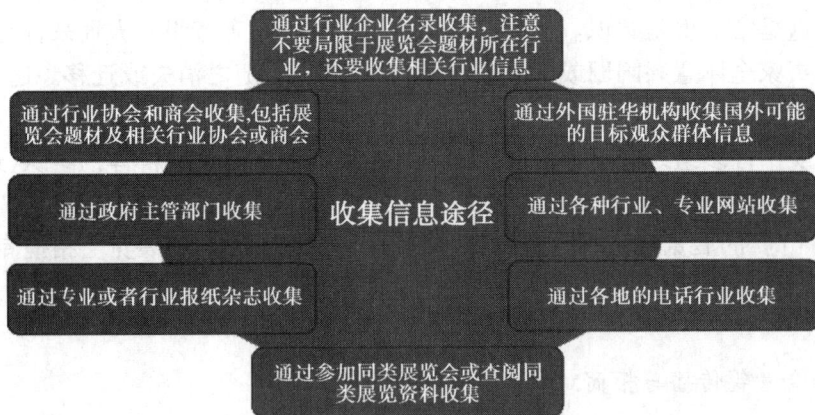

图 4.16　展览会目标观众信息收集途径

(2) 观众的定位分析

通过观众数据库,充分了解专业观众的背景信息,并进行定位分析,找出参会可能性最大的观众类别。专业观众的定位分析可以从地域、年龄、学历、兴趣、行业、消费习惯等不同方面进行,要与展览会主题和具体内容相匹配。

在很多展览会的招展材料中,主办单位都会附带上几届观众尤其是专业观众的分析图表,有利于参展商了解本届展览会的观众结构及观展目的等情况,增强展览会的吸引力。

（3）观众的联络与沟通

观众的联络与沟通主要是通过展览会通讯来完成的。展览会通讯也称展览会快讯,是根据展览会的实际需要编写的,也是用来向展览会的目标客户通报展览会有关情况的一种宣传资料。它通常是本小册子,或者是一份小小的报纸,以直接邮寄或电子邮件的方式及时邮寄给目标客户(展览会的目标参展商和目标观众)。

展览会通讯的编制,在展览会营销及传播过程中,占有重要的地位和作用:①及时准确地与目标客户沟通,是组展方维护目标客户关系的重要载体;②利于全方位、多角度地展示展览会工作,建立展览会的品牌形象;③拓展传播渠道,定向深度与目标客户沟通,是招商和招展的有力武器;④可以为目标客户提供信息服务,提升展览会整体服务水平。

为达到展览会通讯的作用和效果,可随着展览会筹备工作的推进,分期编制。在展览会筹备初期,着重宣传展览会的举办背景、产业发展的动态等能促进展览会招展有关信息的流通;在展览会筹备中期,着重接受展览会招展情况、品牌参展企业的基本情况等;在筹备的中后期,向招商信息转移,包括展览会期各项活动介绍,品牌买家情况等;在展览会后,可对展览会举办情况进行回顾、总结,并预告下一届展览会等。

展览会通讯必须包含较为实用和较为丰富的内容,更全面、多角度、更具灵活性地向目标客户展现展览会的形象。展览会在内容上必须要能促使目标客户拿到通讯时"愿意看""能够看",并且看后能对其参(观)展决策产生影响。编制展览会通讯时要注意:一是内容具有知识性、时尚性、趣味性和实用性;二是外观精美,富有个性;三是内容短小精悍,信息真实可靠。

（4）观众的邀请

展览会组织实施过程其实是展览会主办机构各种资源充分挖掘、利用以及资源重组的过程。利用整合每种可能方式,并精准有效地传达给目标客户,是客商邀请的不二法则。

专业观众参与展览会的目的简单而纯粹,带有一定的业务动机。定向邀请是提升展览会观众有效性的重要方式(表4.9)。

表 4.9　专业观众的邀请形式及实施要点

邀请方式	实施要点	特点	备注
媒体发布展览会信息	展览会开幕前50~60天	信息容量大、保存时间长、可深度宣传	利于提高展览会的行业影响力
路牌广告与张贴画	贯穿于整个过程中	成本较高,有一定的区域性,南方用得多	贯穿于展览会组织实施的整个过程
互联网发送邀请函	开幕前一个月左右,一周发送一次	成本低、时效高、覆盖面广	注意不可夸大其效果
内部通告	合理安排时间、突出重点,分层次多次刊载	充分利用行业协会内部刊物和媒体,精准投放	

续表

邀请方式	实施要点	特点	备注
电话与传真	若独立使用,在展览会开幕前50~60天	能与目标客户直接沟通,获得及时反馈	往往作为邮寄邀请函之后的一种资料补充形式,实现对重点客户追踪邀请
邮寄/派送邀请函、请柬和入场券	开幕前20天左右	成本较高、精准度也高	除定向邀请外,常在同类展览会或人群聚集地区派发,为中小展览会企业使用
收集短信邀请	在开幕式前10天左右,内容要简洁明了	多以提示性质通知呈现	内容短小明确
新媒体邀请	多在开幕式一个月内使用,尤其在临近时提示	展示生动形象、成本较低、速度快、覆盖面广	一种新兴、更高效、方便的观众邀请渠道
通过参展商邀请	招商招展一体化进程	对象精准有效、成本较低,有效提升观众质量	充分发动参展商的能动性

对于普通观众而言,更加强调宣传渠道的覆盖面和社会影响力。所以在邀请上更多倚重以下方式:一是大众媒体和周边媒体;二是发送展览会门票;三是网络信函邀请;同时通过展览会同期的一些活动宣传来吸引注意力并参与。

(5)观众的现场服务与管理

展览会现场服务与管理也是观众组织的重要部分。

由于招商工作不像招展工作那样能给展览会组织者直接创造效益,所以在实践过程中,受重视程度也相对较低,为专业观众或大买家提供个性化的服务也较少。因此,展览会组织者要将真正为观众服务作为提升展览会核心竞争力的战略性任务。最大限度地满足观众和参展商的需求,为观众提供个性化服务,并把服务的各个细节落到实处,让观众真正感受到服务的便捷性与人性化。

(6)展览会后的跟踪服务

从观众组织的角度来分析,展览会后工作主要包括感谢及答谢活动、展览会总结及媒体跟踪、发布下一届展览会信息、发放意见调查表、更新观众客户数据等。

3)招商方案的编制

招商方案是指导展览会工作人员进行观众邀请的具体行动方案。招展方案的编制是以专业观众为主导,同时兼顾普通观众的需求进行合理编制。

(1)制订招商方案的依据

首先收集展览会项目招商的依据,保证展览会招商的方案符合项目的具体情况(图4.17)。

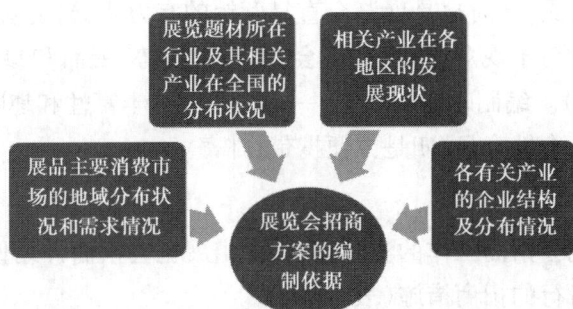

图 4.17　展览会项目招商方案的编制依据

（2）展览会招商分工

主要涉及两个方面：包括对各办展单位之间的招商分工进行安排，对本单位内部招商人员及招商工作进行安排，对各招商地区的分工进行安排等。

①各办展机构分工。应共同遵守招商原则，做好对各单位招展地区或行业及重点目标观众的划分、对招商费用的预算和支付办法的规定、对重点目标观众的邀请和接待安排等，由项目组织主要负责，协调各单位的招商工作。

②团队内的招商分工。主要确定招商人员的名单，明确各招商人员负责的地区范围和重点目标市场，制订各个招商人员信息沟通和工作协调的办法，并对重点目标观众制订统一的接待安排计划。

（3）展览会通讯和观众邀请函的编印和发送计划

展览会通讯和观众邀请函是展览会招商和宣传推广的有力工具。观众邀请函是根据展览会实际情况编写，用来进行展览会招商的一种宣传单张。展览会邀请函主要用于邀请专业观众到会参观，在展览会开幕前一个月向目标观众邮寄，国外观众应至少提前 3 个月邮寄。

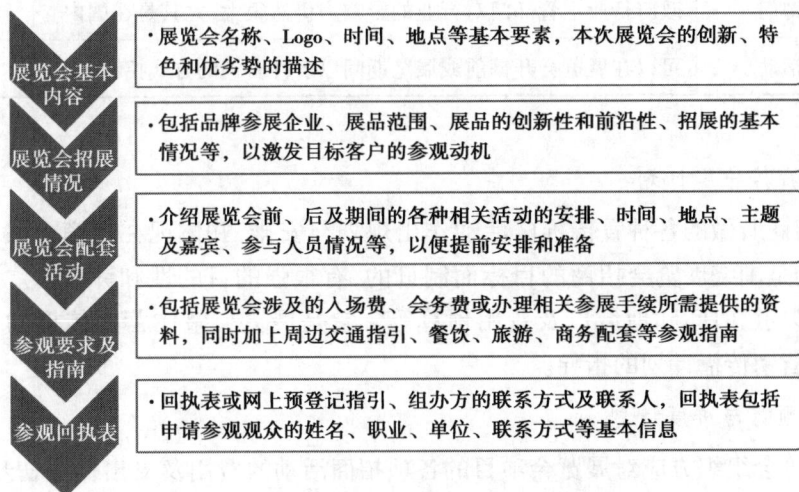

图 4.18　展览会观众邀请函的编制内容

作为招商的重要工具,同时也是展览会直复营销的有力武器,观众邀请函比起展览会通讯更简洁、更集中,因此对于观众而言,展览会的特点、优势、展品和参展企业介绍是他们最想了解的信息(图4.18)。编制时应该注意:一是内容具有丰富性和趣味性;二是信息实用可靠;三是设计美观大方,个性十足;四是方便携带、邮寄。

(4)招商渠道与措施

组织者应根据展览会招商工作的实际需要,提出展览会招商计划使用的各种渠道,并针对不同招商渠道制订可行的招商措施(表4.10)。

表4.10　展览会的招商渠道

渠道	描述
专业媒体	主要针对专业观众,可以合作招商也可以打广告宣传
大众媒体	主要针对普通观众,临近展览会开幕时使用
行业协会和商会	针对专业观众,是展览会理想的合作招商伙伴
国内外同类展览会	观众的范围也基本相同,是一个理想的招商场所
参展商客户关系	充分利用参展商的客户关系,使其都带自己的客户群前来
网络招商	传递信息迅速便利,联系广泛
国内外办展机构	与这些机构合作招商,能很好地实现优势互补
国际组织	与他们合作往往能很好地带动国外观众到会参观
招商代理	与办展单位紧密合作专门进行展览会招商的单位
外国驻华机构	与他们合作能较好地带动国外观众到会参观
政府有关部门	政府行业主管部门对行业的影响力仍然很大,尤其是在国内
举办相关活动	可以在展览会开幕前或展览期间以事件营销的方式招商

(5)招商宣传推广计划

对配合招商所做的各种宣传推广活动作出规划与安排,并体现在招商方案中。展览会招商宣传活动是围绕展览会招商的目标而制订的,有很强的目的性和针对性。主要是做好传播的策略、渠道、时间和地域以及费用预算等。它是展览会整体营销传播的一项重要内容,接受整体营销传播计划的指导。

(6)招商预算与进度计划

最后,展览会组织方应对展览会项目的各项招商活动的费用及支出作出初步预算,以便及时合理地安排招商所需资源。招商预算的编制在做好成本效益分析的基础上,要遵循实事求是、统筹安排、合理利用、细致节约的原则,确保费用支出的合理性。

同时,组办方还要对各项招商活动的进度进行计划,安排招商工作日程,以便管理控制。在使用上可以用甘特图法,也可以采用进度计划表进行招商管理(表 4.11)。

表 4.11　展览会招商进度计划

时间	招商措施	传播推广计划	负责人	计划达到的招商效果

展览会招商方案编制完毕后,交由主管领导审批,批准后发放各部门及单位,作为展览会招商工作的执行依据。

4.3　展览会广告销售与赞助招徕

广告和赞助是展览会的重要收入之一。展览会广告和赞助本质上都是展览会组织方与企事业单位之间以"等价交换"为中心,通过购买和投资获得回报的营销传播手段,但两者的实现形式有很大的区别。

4.3.1　展览会广告销售

展览会自身就是参展企业和客商的营销媒介。如何挖掘展览会的宣传促销平台并为参展商等目标客户提供广告宣传服务,是展览会营销人员的重要工作。组展商通过设计商业广告平台,为客户提供广告宣传服务,所获得收入既是组展商的重要收入之一,也能提高展览会活动的热烈程度,增加展览会的吸引力和影响力。

1)展览会广告的形式

展览会拥有巨大的广告空间。对于主办方来说,最为关键的是要结合展览会的特点挖掘和选择适当的广告形式,并出售给合适的目标客户(参展商、相关媒体、协会、专业买家等)。

对于广告资源策划,首先应该从场馆资源入手,了解展览会期间可提供的广告形式有哪些,场馆内外可供广告宣传的场地和材料有哪些,可以分别采取不同的形式。具体资源开发见表 4.12。

表4.12　展览会广告资源开发

展览会广告资源分类	主要表现形式	决策要点
印刷品广告	会刊广告、观众邀请函、门票广告、参展商指南页面、参观指南页面广告、导览图、工作证、参展商证、嘉宾证等证件广告、资料袋广告等	确定哪些物料可以印刷、规格如何、形式怎样、印刷数量多少
悬挂张贴广告	包括横幅、条幅、彩旗、灯杆旗、喷画、气球、广场上的气球拱门、太阳伞、灯箱、飞艇、三脚架等	广告的摆放位置,数量多少,广告规格有多大
现场视频广告	厅内的电视、场馆内的大屏幕、新闻中心等	每天可播放的次数、频率、时间、主要的目标观众
网站及电子广告	包括展览会场馆网站、组展商的官方网站、组展商的微信微博等自媒体、其他移动互联电子媒体广告等	信息的一致性,并及时更新
其他广告	创新展览会现场提供物和资料广告	

会刊广告是国内展览会组织者开发相对成熟的一种广告形式。在广告资源确定后,要根据国家有关的广告管理条例及其实施细则的要求,对各种广告进行合理合法的发布。一般情况下,户外广告由展览会城市所在地的工商、城建、环保、公安、消防等部门制订规划,工商行政机关负责监督实施。场馆广告要符合消防安全的同时,依据展馆要求进行。

2) 展览会广告价格

展览会的广告因为其场域限制和时间的短期性,价格差异较大,定价策略较为复杂,决策弹性相对较大。总体来说,展览会广告的价格既取决于受众的多少,也取决于这些受众是否能够满足广告商的要求。

(1) 展览会自身因素

一般来说,展览会期间的价格主要取决于展览会自身的影响力,具体包括展览会规模、参展商以及观众的质量、数量和市场地位、展览会的类型等。

(2) 展馆和举办地的因素

不同展馆的规模、美誉度和展馆所在地的经济水平很大程度上制约了展览会的定价水平。

(3) 广告资源因素

展览会价格还取决于具体的宣传平台在展览会前前后后接触目标受众的多少,以及被媒体"曝光"的机会。某种媒介能够帮助广告商接触到的高质量的目标客户越多,广告商愿意支付的广告费用就越多;反之亦然。展览会中,不同广告媒体的宣传效果不同,决定了在展览会的广告宣传方案中,不同宣传平台对应着不同的价格。

展览会广告定价因其制作成本较低不适合使用成本定价法,又因为发布时间短且在发布期间往往没有竞争对手而不适合使用竞争定价法。所以,一般使用需求定价法,即在参展商调研的基础上,根据市场需求状况和参展商对广告价值的理解,确定其价格。

4.3.2　展览会赞助招徕

寻找赞助商是展览会收入的一种有效来源,尤其对于政府主导型展览会和公益性展览会,有时是主要的经济来源。

1) 赞助再理解

展览会赞助是指企事业单位用现金或者实物支付给展览会活动,以求获得该活动所蕴含的潜在的商业利益作为回报的行为(图 4.19)。现代商业赞助开始于 1861 年,是玛丽勒本板球俱乐部第一赛季获得商人施皮尔斯和庞德的赞助。商业赞助成为现代大型活动的重要支持力量。

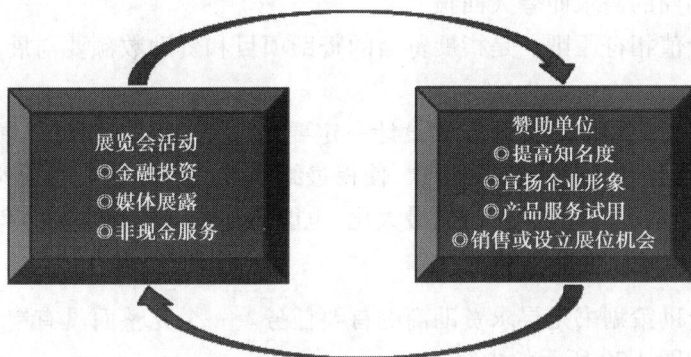

图 4.19　展览会与赞助单位之间的交换关系示意图

理解赞助内涵应该把握以下四个要点:

①赞助是赞助商与组织者之间的商业交易或投资行为,具有明确的商业目的。尽管学术界对赞助的定义各有差异,但其核心内涵基本达成一致:赞助是对某种事件的投资,通过购买、利用与事件活动的联系来达到特定的传播和营销目标。赞助不是捐赠,这是组展商必须清楚也不可混淆之处。展览会组织者在寻找赞助商之前,一定要考虑展览会能给赞助商带来什么样的商业回报,并以此作为沟通的基础。

②赞助是赞助商的市场营销行为,企业赞助展览会是未来利用展览会的综合性平台获得更为理想的宣传机会。作为营销传播手段,赞助与广告、公关、事件营销一起成为企业综合营销战略的有机组成部分,赞助知名展览会为赞助企业提升品牌知名度和销售力,是其内在动机。展览会赞助销售必须从赞助商的营销动机出发,为他们提供明确的营销传播计划和方案。

③赞助是展览会项目产品的有机组成部分,是展览会组织者的重要销售标的和主要来源之一。作为一种传播可控性较强的营销沟通工具,展览会组织者应该通过多种回报方式的设计和多样化的赞助形式,为赞助企业提供能最大限度发挥自身优势的方案。

④赞助商回报具有间接性和长期性。作为营销传播工具,赞助效果难以被直接衡量,而且不管是传播效果、销售效果还是社会效果都具有滞后性特征,因此需要以长远目光来评价赞助商。

2) 赞助方案的设计

(1)展览会赞助方案设计原则

赞助方案是否科学、是否引起潜在赞助商的兴趣,是决定赞助销售工作能否取得成功的"产品基础"。

①赞助商利益导向原则。营销之所以区别于销售的根本就在于是否以"消费者为中心",即是否站在买者的需求考虑卖者的行为。赞助方案能否满足赞助商的需求,是决定赞助商是否会赞助展览会的重要因素,并为销售人员的销售工作奠定基础。

②务实与可操作原则。即赞助方案一定要从展览会运营方能够控制的资源条件出发,不能为了迎合赞助商的需求而夸大回报。

③与展览会价值相符原则。是指展览会的赞助项目和赞助数额要与展览会自身的规模和影响力相适应。

④赞助产品多元化原则。赞助方案设计一定要借助展览会举办过程中的不同平台,把赞助项目设计成不同的类别和不同的层次,使得最终的赞助产品是一个系列,而不是一种产品。这样既利于实现展览会赞助价值的最大化,也能满足不同类型的赞助商的需求。

(2)展览会赞助方案设计

制订展览会赞助策划书是寻求赞助商的首要任务。一个完整而具有销售力的展览会赞助方案主要包括如图 4.20 所示的内容。

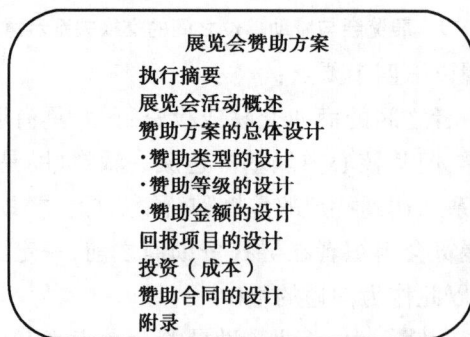

展览会赞助方案
执行摘要
展览会活动概述
赞助方案的总体设计
·赞助类型的设计
·赞助等级的设计
·赞助金额的设计
回报项目的设计
投资(成本)
赞助合同的设计
附录

图 4.20 展览会赞助方案主要内容

赞助活动的终极目标应当是赞助单位、受赞助者和社会三方同时受益,赞助政策的制订,赞助方向的选择,均应以此作为指南。一般来说,展览会运营方必须在个性化赞助方案的基础上,针对潜在赞助商的投资回报率,制订合适的价格。主要做好以下几个方面:

①赞助类型设计。赞助的类型多种多样,展览会运营机构应根据展览会和目标赞助商的具体情况而定,使得赞助产品形成"系列"(表 4.13)。赞助的类型选择得当与否会对赞助的效果产生直接影响。

表 4.13　主要展览会赞助类型

标准	类型	释义	应用
赞助形式	现金赞助	赞助商以现金或支票等单纯的资金形式为展览会提供赞助	现实中,现金赞助商是展览会赞助的主要形式,而以服务形式提供赞助的企业较少
	实物赞助	赞助商以实物形式为展览会提供赞助	
	服务赞助	赞助商以某种服务的形式提供赞助	
赞助商数量	独家赞助	展览会只接纳一家企业提供的赞助	多家赞助是主导方式。对小型赞助商相对不利
	多家赞助	展览会同时接纳多家企业共同为其提供的赞助	
赞助内容	单项赞助	只对展览会某个部分或某项活动提供赞助	视具体谈判情况而定
	多项赞助	同一赞助商为一次展览会提供两项或两项以上的赞助内容	

②赞助等级设计。通常根据赞助力度的不同,将赞助商划分为不同的级别,不同展览会给出不同的名称。如白金、黄金、白银、资讯伙伴、供货商和经济发展赞助商,有的简单划分为一级、二级和普通赞助商等。不论什么名称,重要的是要详细地描述赞助商的具体权益。

③赞助金额设计。赞助金额的确定既要以展览会的影响力为基础,又要考虑到目标赞助商的承受能力。确定展览会的合理赞助金额通常是件困难的工作,对于展览会运营方来说,也是个巨大的挑战。所以,需要展览会组织方对展览会的价值有客观认识,尤其要对目标客户对于展览会价值认知与评价有正确的认识,并详尽地了解潜在赞助商的支付能力。

④回报项目的设计。能否设计出具有吸引力又相对合理的回报方案,是决定能否找到赞助商的关键环节之一。一个成功的赞助回报方案应满足以下条件:

- 内容重点在于强调为企业收益,而不是强调活动的特点;
- 注重赞助者的需求,而不是被赞助者的需求;
- 根据企业类型量身定制;
- 列出知名的赞助类联合者组成名单,并且让有保证的媒体新闻报道成为赞助回报的一部分;
- 层次分明,详细明确,可操作,使每一赞助商的付出与回报相对应。

⑤赞助合同的设计。赞助合同是约束组展商和赞助商行为和保障各自权益的法律文书。在构思赞助协议书时,要首先站在赞助商的角度考虑问题,同时应请教法律顾问,用合同形式确定双方的权利和义务关系。一份典型的赞助协议包括几个关键部分:概述——展览会活动、主承办方以及受益者;展览会活动历史与现状;名称、日期、地点、参与者;展商和观众的人口特征;赞助产品或服务以及独家赞助权约定;双方承担的责任;双方在财务上的义务;支付条款;风险管理;商标(标识)特许权;终止日期;签署人;签署日期;赞助商可以获

得的利益;赞助费;不包括在赞助费用中的主要费用;总结;目标市场(展商及专业观众);受益者;公司的权利和义务。

3)商业赞助筹集

(1)进行赞助条件和市场调研

为获取商业赞助,项目管理人员首先应进行获取赞助的调研,内容包括项目是否需要赞助,需要多少赞助;能否给赞助商提供商业回报,条件是否充足;商业赞助是否与展览会本身相关,企业是否拥有寻求赞助的必要资源等。

同时,要对整个潜在赞助商市场有一个全面的了解,其中最重要的是弄清楚:"谁适合"和"谁可能"成为展览会赞助商。赞助商调查一般通过目标企业分析、重点企业访谈和目标赞助商问卷调查三种方式来完成。

(2)目标赞助商选择

选择适合本展览会项目的目标赞助商旨在作为营销工作的重点攻关对象。赞助商标准如图 4.21 所示。

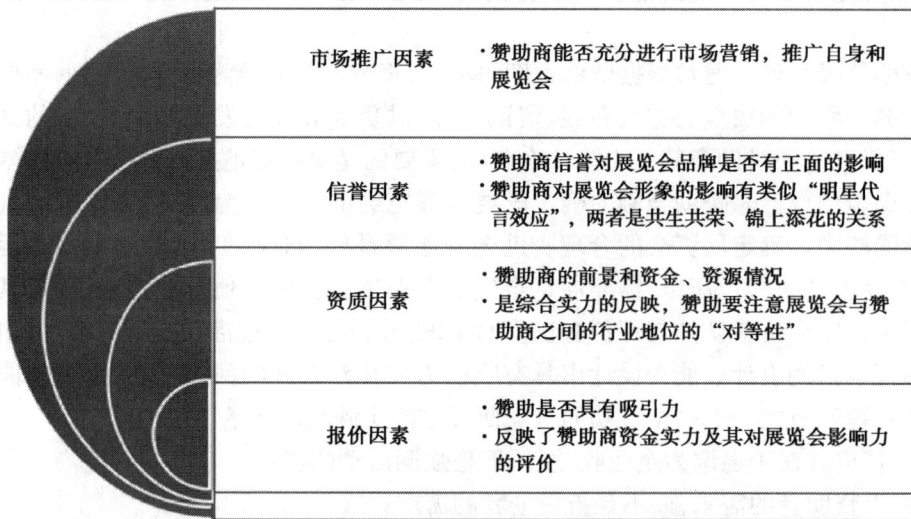

市场推广因素	·赞助商能否充分进行市场营销,推广自身和展览会
信誉因素	·赞助商信誉对展览会品牌是否有正面的影响 ·赞助商对展览会形象的影响有类似"明星代言效应",两者是共生共荣、锦上添花的关系
资质因素	·赞助商的前景和资金、资源情况 ·是综合实力的反映,赞助要注意展览会与赞助商之间的行业地位的"对等性"
报价因素	·赞助是否具有吸引力 ·反映了赞助商资金实力及其对展览会影响力的评价

图 4.21 展览会目标赞助商的选择标准

(3)开发项目赞助商

开发项目赞助商主要有两种方式:一是社会公开方式;二是内部定向方式。

①社会公开方式。展览会主办方公开有关赞助的各种信息,寻找并选择赞助商。这种方式具有不确定性,前期准备时间较长。一般影响力大、准备时间充裕的展览会项目倾向于采用社会公开方式。实施要点见图 4.22。

②内部定向方式。展览会主办机构有针对性地选择赞助人进行销售,一般选择与展览会有密切关系的公司、行业的龙头企业,具有一定的资金实力。

展览会销售人员可以通过商会、行会、银行等组织对赞助商进行资格确认,查询赞助商

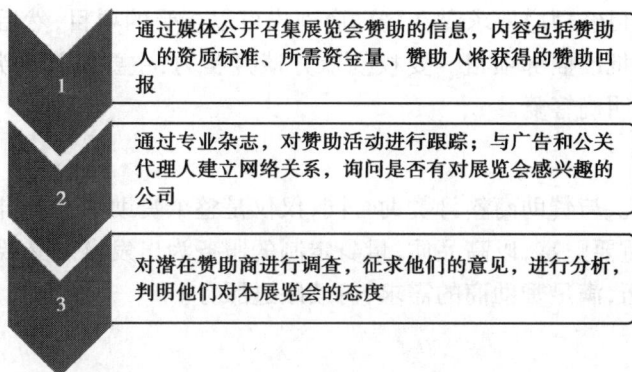

图 4.22　社会公开方式召集赞助商的实施要点

的财务状况,审核营销成果和计划,进而判断其是否具有为展览会提供赞助的可能性,对潜在赞助商的未来市场营销进行预测。

(4)推销展览会赞助方案和赞助项目建议书

确定目标赞助商之后,展览会营销人员必须为目标客户量身定制赞助方案——项目建议书,其内容要与商业赞助商提出的需求、期望、总体目标和具体目标相一致(图 4.23)。然后连同展览会赞助方案一同直邮或带给目标赞助商的相关决策人员,并适时跟进调查和销售。

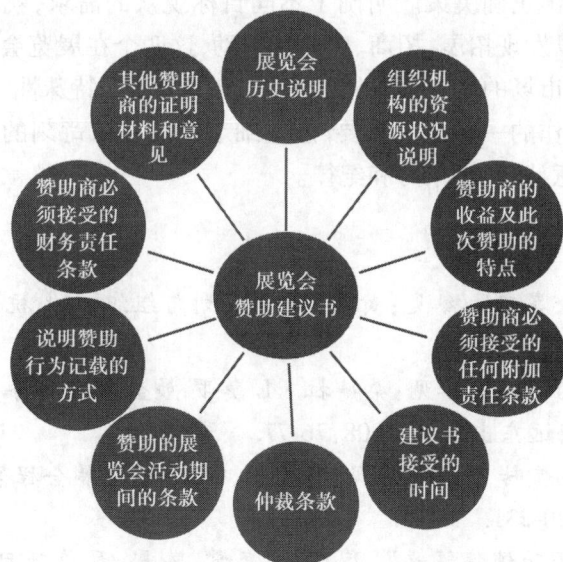

图 4.23　赞助建议书的主要内容

(5)谈判确定赞助事宜

对有意向的赞助商,展览会营销人员应当积极争取一次当面沟通的机会。在谈判前,要对赞助商期望的回报进行分析,确定赞助商的诚意,如果赞助商提出要求的话,还能提供哪些额外的要素,列出无法做出让步和妥协的项目。

谈判开始后,项目经理应要求潜在赞助商列出可以接受的项目,然后对这些项目进行捆绑,让赞助商确认并批准捆绑项目。要权衡双方谈判实力,主要掌握谈判主动权,善意利用技巧,确保赞助商的明确答复。

(6)为赞助商服务

对于组展商来说,与赞助商签订赞助合同,仅仅是整个赞助活动的开始。组展商务必把赞助商视为企业的重要财富,以高品质、量身定制的服务为出发点。必要时考虑为赞助销售成立一支专门的队伍,满足赞助商的需求,持续跟进服务。

本章小结

展览会营销的一切就是创造展览会的市场。如今市场营销早已不仅是一种功能,它还是商业运作的模式。一方面,展览会为组办方和参展商在同一时间、同一地点组合并展示营销要素提供场所;另一方面,展览会本身就是一个独立的、完整的营销媒介。市场组织要求一个展览会经理必须全面地考虑问题,既要考虑到不同目标市场主体(专业买家、参展商、一般观众及特殊群体)的动机与需求,又要了解竞争对手如何向每个客户群体推销,并作出反应。

营销的基础就是作出正确决策。明确了不同目标观众的需求,就可以展开全面的营销计划。这样,我们就可以发现招展、招商、广告和赞助,这四个在展览会营销中最重要的工作其实是归属于不同目标市场的展览会营销的工作,有其自己的特殊性。

营销是众多管理工作的一项至关重要、注重细节并且要求苛刻的工作。要在展览会营销上取得成功,必须注意计划、想象力和纪律。

【延伸阅读】

1."展览会目标观众界定",参见:黄彬.展览策划与组织[M].杭州:浙江大学出版社,2013:120.

2."创新增值服务的供给",参见:桑德拉·L.莫罗.展会管理实务:会展艺术[M].武邦涛,等译.2版.上海:上海远东出版社,2008:76-77.

3."专业观众的定向宣传日程",参见:程爱学,徐文锋.会展全程策划宝典[M].北京:北京大学出版社,2008:230-231.

4."展览会广告与赞助销售策略",参见:王春雷,陈震.展览项目管理:从调研到评估[M].北京:中国旅游出版社,2012:197-198.

5."一种利用赞助的战略方法:寻求投资回报",参见:伊恩·约曼,马丁·罗伯逊,简·艾黎-凯特,等.节庆活动的组织管理与营销[M].吴恒,孙小珂,金鑫译.沈阳:辽宁科学技术出版社,2005:195-202.

复习思考题

【知识链接】

1.展览会营销的特殊性表现在哪些方面？

2.你是如何理解展览会命运共同体这一概念的？

3.展览会营销组合手段有哪些？

4.招展管理的工作流程与主要技巧是什么？

5.如何组织展览会观众？

6.整合营销传播理论如何在展览会中应用？

7.设计展览会赞助方案应该遵循哪些原则？

8.展览会赞助方案通常包含哪些内容？

9.如何才能把赞助项目成功地销售给赞助商？

【思考再三】

1.展览会招展和招商方案的区别在哪里？为什么？

2.以"9·8"投洽会的赞助方案或者选择你所在城市中最具代表性展览会的广告宣传方案,请思考:组展商挖掘了哪些宣传平台？这些宣传平台为什么会定出不同的价格？

3.寻找一个实际中的赞助案例,利用你所学的知识对其成败之处进行简要点评。

【走进实践】

1.请为某个首次在你所在城市举办的国际环保消费品展览会草拟一份简单的招展书和招商书。

2.关注并评估自己所在城市的一个展览会的新媒体营销,提出改进方案。

第5章
展览会的筹办

【本章导读】

1. 了解展览会筹办过程中涉及的主要工作;
2. 理解展览会场馆选择的主要影响因素;
3. 了解展览会后勤工作的主要内容;
4. 掌握如何推荐和确定展览会的各种服务商;
5. 掌握展览会的相关配套活动的主要类型、原则及作用;
6. 理解展览会各种配套活动的组织。

现在很多人仍然在使用"扔在墙上看看能否粘住"的理论。打印一份计划书,然后看看有没有人购买展位。如果有的话,你可以创办展览会了。这种几乎过于简单化的做法是干不好这一行的。

——唐娜·桑德福,《博览会》杂志发行人

【开篇案例】

第十七届台交会的筹备工作

一、总体目标

(一)突出对台特色。继续秉承"密切两岸经贸交流,促进两岸共同发展"的办会宗旨,努力把台交会打造成"两岸机电产业共同开拓全球市场的平台""两岸高科技机电产品研发和展示的平台""两岸机电产业对接和合作的平台"。

(二)突出全国性。继续加强与各地机电办合作,积极邀请国内外知名机电企业参展,同时积极邀请专业客商莅会参观采购,努力把台交会打造为中国机电交易交流的展示平台。

(三)突出国际性。继续加大对境外专业买家和国际著名机电设备企业的邀请力度,根据台交会展商结构和福建产业优势,有针对性地开展境外买家邀请工作,努力把台交会打造成中国最重要的机电产品进出口平台。

二、展览会基本要素

1.展览会名称：第十七届海峡两岸机械电子商品交易会暨厦门对台进出口商品交易会（简称"台交会"）

2.展览会时间、地点：2013 年 4 月 12 日（星期五）—2013 年 4 月 15 日（星期一）、厦门国际会展中心

3.展览会规模：80 000 平方米

4.展览会主题：××××

5.展览会机构

特别授权：中华人民共和国商务部

指导机构：中华人民共和国科技部、国务院台湾事务办公室、国家机电办、国家质量检录检验检疫局、福建省人民政府

主办单位：中国机电产品进出口商会、台湾区电机电子工业同业公会、厦门市人民政府

协办单位：海峡两岸经贸交流协会、中国对外承包工程商会、台中世界贸易中心、台湾区车辆工业同业公会、中华整厂发展协会

承办单位：厦门市会议展览事务局

支持媒体：厦门铁广传媒、东安玩、中国智能化网、广交会传媒、中国制造网、汽车电子电器、元器件快递、模具产业、机床制造产业、国际机械工业商情、亚洲流体网、中国供应商网、电子生产设备、三通网、模具制造工业、国际机械信息网、中企动力、塑胶工业网、机床商情、聚风塑料、针对大众媒体及门户网站等。

三、展览会内容规划

（一）展览规划和展示内容

台交会期间同期举办第五届中国（厦门）国际工程机械暨建材机械展览会（简称"工程展"）、2013 中国（厦门）节能照明展览会（简称"光电展"）、公共安全技术及消防产品展览会（简称"安防展"）以及台湾名优特商品展览会。

（二）主要配套活动

1.论坛研讨会

（1）海峡两岸经贸论坛

（2）第三届新浪微博营销大会

（3）第六届海峡两岸平板显示产业合作论坛

2.项目对接会

（1）海峡两岸投资贸易对接会

（2）精品项目路演

（3）光电产品采购对接会

四、组展工作

共启用厦门国际会展中心三个展馆，规划展位 3 700 个，总展面积 8 万平方米，共设有 7

个展区,包括机床设备展区、橡塑包装机械展区、仪器仪表暨工控展区、工模具、泵阀及材料展区、节能照明展区、安防设备展区和工程机械展区,同期举办台湾商品展。

1.机电展组展情况

展区设在会展中心1号馆、3号馆。展位规划2 550个,其中台湾地区和台资企业展位约450个,同比增加120个展位,增幅36%。

2.工程机械展组展情况

规划900个展位,完成700个展位。

3.台湾名优特商品展组展情况

展区设在会展中心2号馆L厅,展位数200个,同比增加130个,涨幅186%。由台湾电电公会、台北市进出口公会、台中世贸、高雄世贸负责组织。

五、客商邀请及宣传推介工作

(一)专业客商邀请情况

向境内外客商寄发了20万份邀请函,并在近期向专业客商发送1万份展品预览。预计本届台交会将有超过3.8万个境内外专业客商参会。

(二)宣传推介情况(略)

六、配套活动筹划工作

(一)项目对接会

主要有海峡两岸投资贸易对接会(100家企业);精品项目路演投融资对接会(20家企业);光电产品采购对接会(预计200场次)。

(二)论坛研讨会

主要有海峡两岸经贸论坛;微博营销大会等3场营销业界峰会;中国(厦门)平板显示产业论坛等系列机电专业论坛,共计14场。

(三)其他重要活动

1.组委会新闻发布会

拟于4月11日15:30—16:30举办新闻发布会,向新闻媒体宣传本届台交会的情况。

2.台交会餐叙会

拟于4月11日18:30—19:45,地点在会展中心五楼多功能厅。

3.台交会开幕式

拟于4月12日上午9:00在会展中心1号馆西大堂举行,规模近2 000人。

4.两岸贸易中心揭牌暨入驻签约仪式

邀请部、省、市领导出席,定于4月12日15:00—16:00,地点在厦门国际航运中心D区商务楼门口。

七、后期工作重点与安排

1.以组委会和厦门市政府名义发文邀请商务部、科技部、国台办、国家质量监督检验检疫总局、省政府及省直对口单位,请市相关单位主动跟进衔接。

2.收集汇总境内外重要嘉宾及团组参会信息,并安排活动行程。

3.进一步跟踪落实、修改完善市领导活动总表。

4.抓紧完成工程机械展和安防展的组展收尾工作。

5.进一步推进落实各项配套活动的组织工作。

6.完成公共布展招标,并完善工作方案。

八、保障事项

1.市委宣传部:参会媒体记者组织管理和宣传报道活动。

2.市公安局:会展中心安保工作,场馆安全排查工作及大会安全保障工作。

3.市建设局:城市气氛布置工作。

4.市接待办:落实重要活动的境内参会重要嘉宾信息并做好接待安排。

5.市卫生局:酒店及餐饮场所的食品卫生安全检查及大会医疗保障工作。

6.会展中心:做好展馆服务及重大活动配合工作。

7.市科技局、经发局、市政园林局等单位:组织专业观众和一般观众。

筹办是集中力量把展览会组织成实体的物流供应。筹办实际操作大约从展览会开幕前一年(前一个周期)开始,规划的各个方面都放到一起并且真正开始投入运作。

筹办是一项艰巨的工作,如果对路会带来巨大的收益。展览会筹办工作是任务导向型的。它实际上始于为展览会创造理念,下一步就是寻找一个合适的地址,进而把策划中的各项任务进行细化、组织和实施,进而为展览会建立一个稳固的框架——场所、承包人、合作伙伴、节目制作、住宿和交通等相互依赖的要素(图 5.1)。

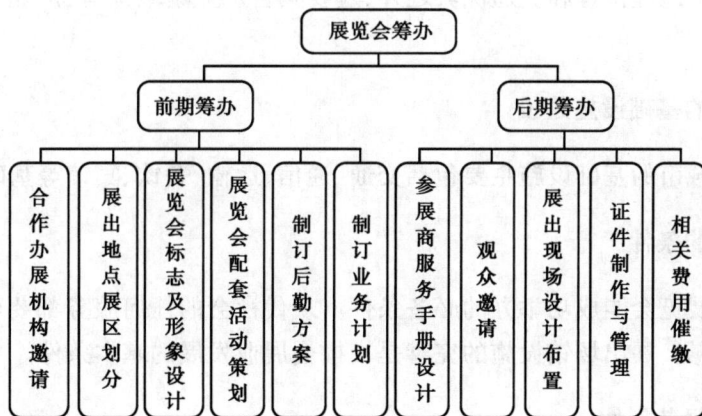

图 5.1 展览会筹办的主要工作

这个阶段的工作最为繁杂、紧张,是个耗时费力的活儿。许多工作经常会交织在一起,同时与展览会的营销与传播工作也无法截然分开,如广告设计、赞助设计。

其中邀请和确定展览会举办的过程是一个资源整合的过程。同时,展览会作为一种服务产品,是由一系列要素构成的综合性"服务包",筹办过程另一个核心工作就是对展览会产品和服务进行设计①,构建展览会的整体性框架。

展区划分、标志设计、业务计划、观众邀请、广告设计、赞助设计等或分属战略规划、营销设计等,现场设计、证件制作等或不是组办方的根本任务或属于更细致的现场工作,将在以后的相关环节中讨论。

5.1 展览会场地选择与设备设施

对于一个被提上议程的展览会而言,前期规划和一个重要的任务就是选择较好的展览会地址,它必须适应或者超过展览会活动的需要。经理人员往往在展览会实际举办日期的创意之初就作出关于选址的决策,由此明确展览会对于地址的要求以及了解当地设施提供的条件。

5.1.1 展览会举办城市的选择

在展览会活动的组织实施过程中,有一些会展企业往往是结合自己所在城市或地区会展业的发展状况来策划展览会项目,也有一些会展企业会先策划展览会项目,然后再确定展览会的举办城市。在选择展览会的展出城市时,一般需要考虑以下几个方面的因素:

1)区位优势

区位优势除了地理位置和交通优势之外,还要具备产业集聚优势、产业服务优势以及信息传播优势。

2)举办城市的基础设施建设

展览会举办城市的基础设施主要包括交通、通信、运输、餐饮、宾馆等基础条件。

3)展出场馆的条件

展出场馆是展览会能成功举办的必备条件。现代社会的任何服务都要建立在一定设施的基础上,由此可见,展出场馆设施的完善是支撑会展业发展的基本条件。

4)综合配套服务条件

大家知道,会展业发展的同时会带动多个相关行业的发展,这就说明需要多个行业的参与,并为其提供服务,如交通、通信、运输、餐饮、宾馆、广告、旅游等行业。

---

① 刘大可认为,展览会的产品和服务主要包括展位设计、广告设计、赞助设计、门票设计、特殊活动设计、服务设计。

5）产业集群因素

一个城市或地区的产业结构、地方产业特色的支撑与关联度，以及高度发达的制造业是一个展览会品牌发展的坚实基础。

6）市场条件

展览会是市场经济发展到一定阶段的必然产物，所以说，展览会品牌发展需要有一定的市场条件为支撑。这里的市场条件主要是指市场规模的大小和市场辐射能力的强弱，这也是一个展览会品牌发展的市场基础。

7）社会环境

会展业是一个综合性非常强的行业，它涉及城市的方方面面。

8）法制环境

法制环境主要是指展览会举办地对会展业发展与管理方面的法律、法规及相关政策和展览会所涉及行业的法规与政策等。

9）人文环境

展览会品牌的发展同样需要一个和谐的人文环境。当然人文环境是由多个方面构成的，这里主要是指与展览会品牌发展相关联的几个方面，如气候条件、旅游资源、人们的消费意识与能力等。

5.1.2　展览会展出场馆的选择

展览会展出场所是构成展览会的四大要素之一。根据展览会性质选择合适的展出场所类型是展览会决策内容之一。展览会场馆规模的大小和软硬件条件的好坏也是一个城市或地区会展业发展必不可少的要素。展馆的选择对参展商及买家的信心起到关键的作用，是展览会组织方成功举办展览会的重要因素之一。为了保证展览会的正常展出，提高展览会的展出效果，组办机构在确定展览会举办场馆时应考虑如下因素：

1）展出场馆的形象

近几年，我国各大中城市都相继建成了新的会展中心。这为办展机构举办各种类型的展览会提供了必要条件，也大大改善了展览会的展出环境，对那些大型展览会或具有发展潜力的展览会创造了更大的发展空间，从而也增强了参展企业参加展览会的信心。如果一个大型的名牌展览会在一个陈旧的展馆内展出，由于其内部结构不合理和设备陈旧等原因，展览会的展出规模不仅要受到限制，展览会的整体展出效果也会大打折扣。

2）展馆的性质

展览会举办机构在选择场馆时要根据展览会的题材来决定展出场馆。不同题材的展览会对展出场馆的要求也不同。如举办机械设备题材的展览会,对场馆地面承重、展厅的高度、入口和门的宽度及高度都有一定的要求;还有一些题材的展览会需要展出场馆提供工业用电、水、气、光纤设备等。即使是同一个会展中心,不同展厅的承重能力也不尽相同,所以在举办展览会时不仅要选择展出场馆,还要选择适合的展厅。

3）展馆的规模

展览会举办机构选择展出场馆要结合展览会的规模和定位来选择适合自己的场馆,切不可一味地追求豪华和形象,一定要考虑到场馆的适宜性。一般来说,新建的会展中心规模较大、设施新,展出效果会比较好,而一些比较老的场馆规模较小,设备也没有新建场馆的新。如果要举办的展览会规模不是很大,而是消费性质的展览会,就应该选择在规模较小的展馆内举办。其主要原因是消费性展览会的参展企业一般对展出场馆的要求不是很高,且入场观众的来源也不尽相同。所以,选择场馆时一定要考虑场馆的适宜性。

4）展馆服务

会展业是一个服务性很强的行业。组办机构要想提高展览会的整体服务水平,仅靠自身的能力是远远不够的,更需要展览会各服务机构的相互支持与配合,场馆经营机构就是不可缺的一部分。展出场馆的服务是提高展览会服务质量很重要的一个方面。场馆方面如果在展出期间服务不周到、不热情或者不配合组办机构的工作,就会给组办机构的工作带来不便或麻烦,导致参展企业抱怨,甚至会挫伤参展企业对下届展览会参展的积极性,也会给展览会的服务质量造成不良影响。所以说场馆经营机构服务质量的高低也是办展机构决定展出场馆时不得不考虑的一个重要因素。

5）展馆的收费价格

一般来说,新建成的展馆租金会高一些,而那些相对陈旧的展馆租金会低一些,这只是相对而言,并不是绝对的。但作为展览会组织者,尤其是那些完全市场化运作的展览会组办机构,对展出场馆的收费标准也是需要考虑的一个因素。这里需要提醒的是,组办机构在衡量场馆之间的收费标准时,仅仅比较标准展位的价格是远远不够的,应该将他们的各种收费项目综合考虑,最后获得一个合理的价格。除了展位租金外,有些展馆还会收取电费、空调费、超时加班费、对国内和国外参展商实行不同的收费标准等;企业参展进行展位装修、特装展位搭建或展品搬运时,有些展馆规定参展企业必须聘用展馆指定的搭建商或运输公司,否则就不给予配合或制造麻烦;更有甚者,有些展馆禁止参展人员携带任何食物及饮品进馆,必须付出高价在馆内购买。在展览会期间进行设备租赁本来是为参展企业服务的一项内容,合理收取费用也是可以理解的,可是在有些展馆这些服务就变味了。例如,在有的展馆租用挂衣服用的铁丝网锈迹斑斑,其租金却要 120 元,是市场价格的 2 倍;有的企业需要一个电源盒,其租金要 100 元,企业自己买来一个同样的,电工就是不让使用,其理由是为了展览会展出现场的安全,这些现象都会直接影响到展览会的整体服务质量。

6) 展馆的交通

展出场馆周边交通的便捷性也是办展机构要考虑的一个因素,这要根据展览会的性质而定。如果是贸易性的专业展览会,主要考虑车辆出入是否方便,停车是否便捷;如果是消费性展览会,除了要考虑车辆出入和停车是否方便外,还要考虑普通市民的可达性,这主要包括公交车线路的数量、车站离展馆的距离、地铁是否可以直接到达等。

7) 展馆内的实施与设备

主要包括场内的供水供电、冷热调控、安防保卫、商务服务、租赁服务、卫生保洁等。

选择一个展出场馆时还应考虑以下几点:场地周边设施的功能、场馆的配套空间、场馆的停车位、场馆的安检与应急系统、提供的餐饮服务、媒体的关注度等。

总之,展览会主办方如何选择一个合适的展览场所,需要从多方面因素来考量和权衡,要根据展示规模、场地需求情况、财务预算分析、参展群体、观展群体的方便性等条件来寻找适合具体项目展示的场所。

5.1.3　展览会选址过程

展览会选址是否适合对整个活动成功与否具有关键作用。在一个不合适的地方,即使是选用最完美的设备也会带来无法弥补的损失。具体到某一个展览会的筹备和组织实施工作而言,办展机构必须在展览会的策划初期就要考虑展览会的举办地点,有的甚至要提前3~5 年。这就意味着选址必须仔细考虑能够影响某项展览会活动的开展,进而影响最终需要的场地空间的所有要素。必须强调的是,展览会各种资料印刷之前必须和场馆经营部门正式签订场地租赁合同,否则展览会的展出场地就很难得到保证。

一场展览会活动的成功一定程度上取决于整个团队成员的合作,所以有必要从三个不同的视角来看待选址问题,这就是展览会经济的角度、服务总承包商的角度和配套会议项目经理的角度。三者都有不同的需求,在选址过程中关注不同的因素。因此,最佳的会址选择是能够基本满足三方的需求而整体不打折。

对于展览会项目经理而言,选择考虑的关键因素有以下几点:

①对观展者的营销因素。包括展览会目的、地理位置、人口统计因素、观展者需求分析、竞争情况、交通可进入性以及附加服务等。

②基础设施需求。包括展厅(总面积、限制高度、底板载重能力、障碍物、出入口、货物装卸区、仓库、通风系统、水电气设备设施、通信系统、可用的展览会服务、规章和限制等)、公共

服务区域(洗手间、餐饮服务区、附加服务)、行政区(物业规定、工人、保险要求、执照要求)等。

③展览会效益。

④会址的实地考察。建议考察三次,一次与场地代表一起,第二次私下暗访,第三次在展览会正式举办前一个月,确定没有变化。

对于服务承包商来说,除了关注设施的物理属性,即可利用空间和服务的实际操作性,还需同时关注工人的情况。

会议经理则主要关心培训和会议项目的顺利开展。

【专题拓展】

选择展览会场地应考虑的因素

场馆是一个展览会项目得以成功实施的重要媒介,其相关的配套服务与服务模式,也是一个展览会是否能按照预定目标完成的重要指标。在选择场馆时,尽量进行科学客观的调查取证,同时需要与过往的同行交流相关场馆的各方面情况。展览会选址是一个十分耗时的过程,需要对细节的关注、详细的计划和团队的合作,无论是选择一个专业的展览场所还是一个酒店或户外场地,都应该根据项目要涉及的各种因素进行观测总结,同时要进行多次相关约定与服务标准模式的交流。

表 5.1　展览场地及设施选择问题检核表

地区因素	环境因素	设备因素
• 费用(成本)与便利性 • 是否邻近机场 • 是否靠近地铁口 • 轿车或出租车是否足够 • 是否有充分的提车空间 • 如果需要,接送交通工具是否充足、费用情况如何	• 当地有何旅游观光点 • 有无大型购物中心或特色购物点 • 有多少休闲娱乐厅 • 天气状况如何 • 环境是否良好 • 展览周边供应厂家的经验设备是否足够,如视听器材、展览、服务公司 • 餐厅、饮食条件如何 • 当地治安状况如何 • 社区经济状况如何 • 外界对当地的评价 • 过去展览举行情况如何 • 当地展览局或旅游局支持与服务情况如何	• 展览是否整洁吸引人 • 保安人员与服务人员是否友好,做事效率如何 • 报到处是否容易找到 • 接待处的人力是否足够 • 是否有柜台服务 • 是否能立即回复有关电话询问,快速转送留言 • 是否有保险箱 • 是否有礼品店 • 客人的服务水平如何 • 是否有足够房间供工作人员使用 • 是否有能力处理高峰时段的人流 • 询问处是否全天候有人值班 • 是否有足够的电梯

舒适整洁的住房	展(会)场空间	展览空间
• 家具是否完好 • 走道是否整洁,包括清洁人员是否尽快清理通道、烟灰 • 有多少可以使用,如果有早来晚走的与会者如何处理 • 房间类型,如高楼房和低楼层、海景和山景房的数量 • 是否有现代卫浴设备 • 是否有充足的光线 • 是否有足够的衣橱空间和衣架 • 是否有烟雾警示器 • 火灾逃生资料是否清楚 • 是否有冰箱和小酒吧 • 冰箱里是否有冰块和饮料 • 是否有电梯服务 • 标准房与豪华房的大小如何 • 是否有特别楼层提供专业服务 • 豪华房套房的数量与形式,客厅、卧室的尺寸和睡床类型 • 订房的程序和方法 • 展览会房价与一般房价 • 何时能够提供确定的展览会房价 • 是否需要保证数量与订金 • 入住与退房的时间 • 什么时间取消已预订的房间 • 付款方式 • 接受几种信用卡? 能否使用微信或支付宝支付? • 万一取消订房,退款方式如何?	• 展厅尺寸(面积) • 当展厅做不同安排时,其容量如何 • 隔音设备是否良好 • 电源开关、冷暖气控制是否单独分开 • 是否有良好的音响系统 • 固定设备,如黑板、银幕和家具 • 障碍物,如圆柱 • 相同性质的会议室是否在同一层楼或分布在不同楼层 • 房间和公用电话是否方便 • 后座的人是否可以看到银幕 • 天花板有多高 • 是否有装饰灯架 • 装饰的镜子是否会反光 • 是否有窗帘遮住窗户管线 • 电源控制位置是否合理 • 火灾逃生口 • 公共区域是否整洁 • 洗手间数量、位置,是否干净 • 衣帽间的数量、位置 • 其他服务:有足够空间放置家具和器材、光线良好、很容易让参展者找到、足够的电源插座、安全性好 • 设备,如桌子、椅子舒适,舞台高度相同,讲台类型,讲台有灯光,还有黑板和布告栏、指示架、背景板、显示屏的类型大小、废纸篓和垃圾桶、照明灯与辅助灯设备、灯光控制盘、报到台、麦克风、同传翻译设备等	• 有多少卸货点,距离展区多远 • 是否有货运接收区 • 展厅与餐厅、洗手间、电话的距离 • 最大的地面承载量 • 是否需要用特别的装潢来增加场地外观 • 是否有充分时间进出场 • 空气压缩机、供水、排水系统、电力、煤气、电话插座等设施和设备 • 警卫区 • 防火逃生口 • 灯光是否需要加强 • 场地是否接近中心区 • 是否靠近救护站 • 存放打包箱的地区和方式

续表

餐饮服务		
公共区	• 清洁情况与外观 • 备菜区是否干净 • 在最忙时段是否有足够人力 • 工作人员的态度 • 有效快速的服务 • 各式菜单 • 价格范围 • 预定的方式 • 是否可能增加食物放置区作为早餐或简单午餐场地	大型展览	• 费用（成本） • 创意性 • 质量与服务 • 多样菜单 • 税和小费 • 特制菜单，提供主题宴会，以及独特的菜点、素食和节食者的食物 • 餐桌布置，舞池、宴会桌的尺寸 • 酒吧机制服务时段 • 调酒师费用和最低计费小时 • 出纳人员费用 • 点心价格等

5.2 展览会后勤方案设计与服务商选择

展览会后勤工作是举办展览会不可或缺的组成部分。兵马未动,粮草先行。后勤工作是展览会筹备过程中需要事先安排的工作,具有不言而喻的重要性,其质量的高低直接影响到展览会主办方与参展商、观众的合作关系。

5.2.1 展览会后勤方案

1) 展览会后勤与展览会服务

展览会是个系统工程。一个展览会的成功举办离不开组展商、参展商、场地方、观众和各类配套服务的协调配合。展览会配套服务既包括展位搭建、展品运输、清洁、安保、礼仪、翻译、租赁、广告等专业服务,也包括餐饮、观光、酒店、交通、运输等相关配套服务。按照目前业界的一般界定,招展、招商、宣传推广和展览会现场等是展览会的"一线工作"。展览会展位承建、展品运输、餐饮、旅游与酒店等是展览会的"后勤工作"。

后勤工作的实质就是展览会服务的设计及展览会服务供应的选择,同时也是对展览会延伸产品——增值服务的设计。没有成功的后勤就没有成功的展览会。展览会后勤工作为筹备展览会的"一线工作"提供了有力支持,在提高展览会的服务水平、使展览会能够成功和顺利地举行、使组展工作更富有专业性等方面起着重要作用。

展览会服务是具有无形特征但却能给参展商和观众及相关利益团体带来某种利益和满足感的、可供有偿转让的一种或者是一系列活动。它贯穿于展览会始终,尽管在展览会的展览和活动现场体现得最为集中和明显,但对于展览会运营方则必须在展览会筹办时就能建构展览会服务的战略及策略体系,并建立服务质量保证体系。这是一个展览会区别于其他展览会的重要手段,也是展览会取得竞争优势的重要武器。

2) 展览会后勤工作的内容

一个展览会的始终,从立项、招展、办展到展览会结束,都要求有良好的服务。从"以人为本"的角度,展览会的后勤服务基本可以分为两个部分:一是以商务活动为主要服务目标的展览会商务后勤,二是以为客户提供便利的展览会生活后勤。当然有些内容并不是完全分开的(表5.2)。

表 5.2　展览会后勤服务分类表

类别	细类	描述
商务后勤	选择展览及活动场地	选择合适的举办地点和展览馆
	办理报批手续	办理消防、安保、工商管理等各种手续
	各种文件的编印	编印展览会各种对内和对外使用的文件
	展品及物料运输	将展品及展材运到展览会,提供报关服务
	广告宣传	网站设计维护、派送宣传品,提供各种形式的广告
	展位设计搭建	展区规划、展位(台)设计、安装、搭建、撤展等
	信息咨询	提供商务或生活信息的调研和咨询服务
	礼仪秘书类	文案写作、礼仪引导、资料分发、报到签到、翻译等
	设备租赁	提供光电声等设备租赁安装调试服务
	展览会清洁	为展览会及各有关公共区域保持清洁
	展览会安保	为展览会与会人员提供一般安全保障
	邮寄与快递	提供信件、物品的邮寄和快递服务
	接待服务	为 VIP 客户和有需要者提供专业的接待服务
生活后勤	交通	为有需要者提供赴展览会有关的交通服务或信息
	餐饮	为有需要者提供餐饮服务或有关信息
	观光考察	为有需要者提供商务考察或文化休闲旅游服务
	酒店接待	为有需要的与会人员预订酒店或提供相关的信息
	医疗	一旦与会人员的身体不适即可提供医疗帮助
	保险	为与会人员投保有关险别以防发生意外事故
	银行	提供货币兑换、汇款和收款等银行服务
	休闲娱乐	文艺表演、休闲体育、娱乐电影等活动

3）展览会后勤工作外包

众所周知,展览业是一个涉及近千个环节,需要多个专业环节协助才得以完成的产业链条。组展方不可能全方面地提供大部分具有复杂性和技术上具有特异性的服务。因此,展览会与相关展览活动给予服务的关联产业在寻找各自利益最大化的过程中,将相关度高、辅助性强的企业纳入展览会活动中来,相互之间逐渐构成一种互相依托的长期战略协作关系。随着展览会服务水平的提高和技术上的专业化,展览会服务外包成为企业办展的发展趋势和必然选择。越来越多的办展机构倾向于将主要的精力放在策划、组织和运营展览会的工作上,越来越多地将展览会的一些非核心的后勤和服务工作外包给专业公司运作。

展览会后勤和服务工作外包能给展览会管理和组织工作带来很多好处。例如,做好服务外包可以削减展览会企业的办展成本;做好服务外包能够增强展览会企业的服务品质;做好服务外包可以使得展览会管理工作得到更好的保障等。因此,运用服务外包可以实现优势互补,优化展览会服务质量,提高展览会专业化服务水平。服务外包的商业模式,是展览会专业化的天然选项和必然结果。展览会外包的后勤与服务,往往是展览会非核心的部分,但往往要配以更严格的监管,后者只是将其中的某些环节外包,这样才不至于使展览会核心的后勤和服务工作有失控的可能。

4）后勤服务策划流程

展览会服务是展览会经营的一个重要方面,自然就必须对其服务进行规划,即分析展览会的服务环境,选择细分市场,进而确定展览会的服务战略。具体流程见图5.2。

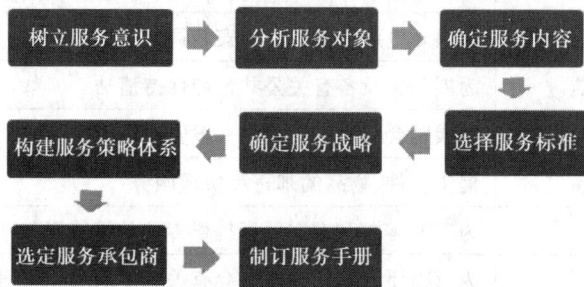

图 5.2 展览会服务策划流程

（1）树立服务意识

展览会服务在展览会产业链中处于核心重要的位置,决定了整个展览会工作的成败。组办机构只有站在战略的高度认识服务管理的重要性并进行规划,才能为企业赢得先机。展览会活动的举办要牢固树立服务的宗旨,明确如何做好服务,这是展览会成功的基础和前提。

组办机构要树立服务意识,按照市场化、商业化、专业化的要求进行服务运作。成功领导和运作一个展览会组织,不仅需要遵循以顾客为中心,全员参与过程与方法管理的系统方法,持续改进决策方法与质量管理原则,而且需要把这些质量管理原则创造性地运用到展览会服务管理的具体实践中。

组办机构要树立服务意识,必须实现服务流程的规范化、标准化,建立完善的展览会服务体系。展览会组织可能比其他组织更注重管理和质量。展览会服务管理的一个要点就是找出服务系统运转的因素并加以具体化。组办方不仅自身需要做好优质服务工作,而且要善于把外部资源很好地组织起来,整合展览会服务、服务供应过程以及展览会服务提供等各个要素,建立一个完善的展览会服务系统。

(2)分析服务对象

展览会组织方应该根据服务对象的特点来选定服务的内容。

①对参展商的服务。参展商是展览会主体要素之一,也是展览会服务的主要对象。能否邀请到质量高的参展商参展是展览会成功的关键。一般来说,对参展商的服务包括:提供行业发展信息、提供贸易成交信息、通报展览会进展情况、展示策划服务、展品运输、展位搭建、展览现场服务、商旅服务等。其中,邀请一定数量和质量的观众(尤其是专业观众)莅临展览会是展览会提供给参展商最重要的服务。

②对观众的服务。观众是展览会的核心要素之一。对于专业观众的服务主要有:通报展览会进展情况、通报展览会展品信息、提供行业发展信息、提供产品信息、展览现场服务、展览会商旅服务等。其中,招揽到一定数量和质量的参展商尤其是口碑好的参展商是展览会提供给专业观众最好的服务。

③其他方面的服务。展览会还有以下服务对象:如新闻媒体、行业主管部门、国际组织、国外驻华机构、行业协会等。这些服务包罗万象,其中最主要的是信息服务。

需要指出的是,潜在参展商和观众也是展览会的服务对象。因此相关展览会的进程情况、展览会展品信息、行业发展信息、产品信息等信息服务也应及时向他们提供。

(3)确定服务内容

展览会组织方应该根据展览会不同的阶段确定展览会不同的服务内容。展览会服务是一种高接触性的服务活动,在很多时候,客户往往必须参与到服务的流程中才能享受到该服务,因此展览会服务必须树立全程服务的思想。

展览会服务内容的选择可以根据"三二二"服务流程细分法[①],细化服务节点,确定服务内容。按照展览会工作的不同阶段,可以将展览会服务的流程划分为三个阶段以及 50 个工作环节。

展览会组织者不仅要重视展中服务,对展前服务及展后服务也应重视,而不应只是被动提供展前服务,对展后服务很不重视或根本没有什么展后服务。

---

① "三二二"服务流程细分法就是按照服务流程从服务步骤—服务内容—服务措施三个不同程式对服务活动进行细分,为服务提供可接触的节点,构成一个完整的服务体系。

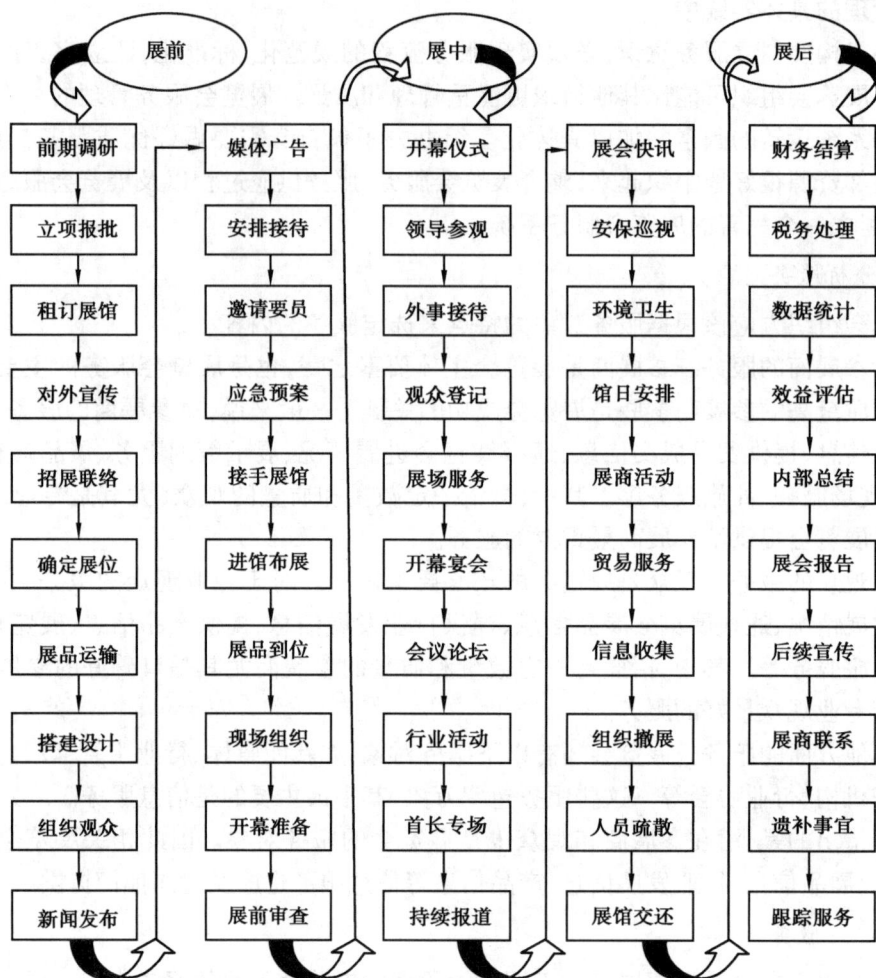

图 5.3　展览会服务流程图①

(4)选择服务标准

展览会组办方应根据自身特点选择服务的标准(图 5.4)。

承诺服务	标准化服务	个性化服务	专业服务
·展览会事先对自己拟向客户提供的服务方式和服务质量做出承诺,然后严格按照承诺向客户提供服务	·展览会对自己向客户提供的各种服务制订统一的标准,然后严格按照标准向客户提供规范的标准化服务	·展览会根据各个客户的不同需求,对不同客户提供适合其需求的有差别的服务	·展览会根据展览行业实际需要,由经过培训的专业员工以专业的手段和方式为客户提供各种服务

图 5.4　展览会服务不同的服务标准

---

① 许传宏.会展服务管理[M].北京:北京大学出版社,2010:35.

（5）确定服务战略

如果说品牌是客户的认知,那么战略就是将服务提供给客户的过程。这项过程中的信息传递要依靠正确的服务战略来完成,服务战略的目的是获取竞争优势。实现这个目的大致经过就是如图 5.5 所示的三个阶段。

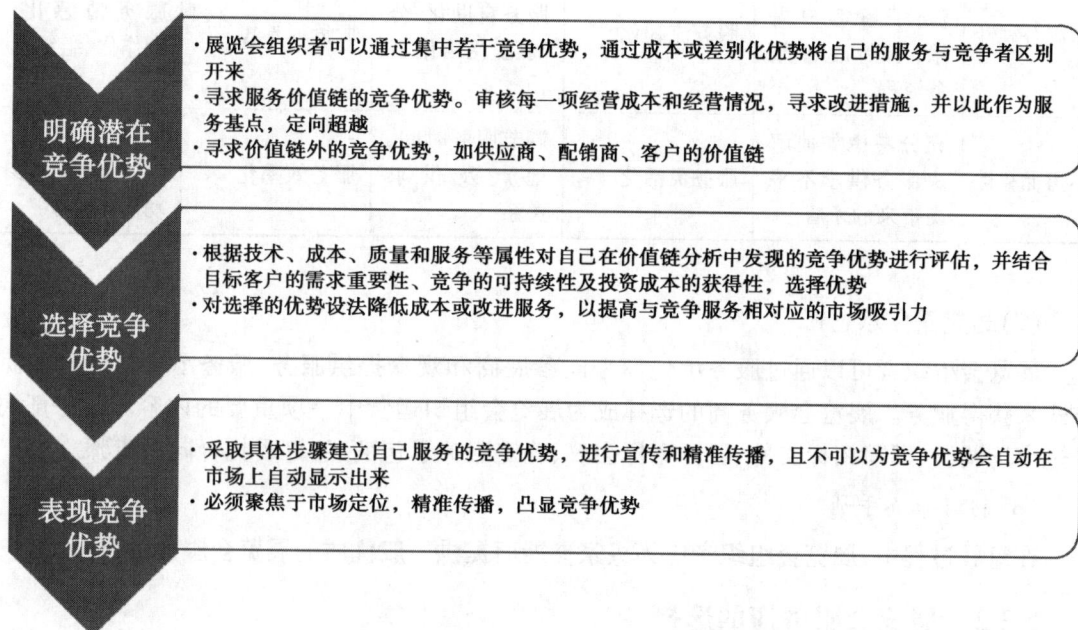

明确潜在竞争优势
- 展览会组织者可以通过集中若干竞争优势,通过成本或差别化优势将自己的服务与竞争者区别开来
- 寻求服务价值链的竞争优势。审核每一项经营成本和经营情况,寻求改进措施,并以此作为服务基点,定向超越
- 寻求价值链外的竞争优势,如供应商、配销商、客户的价值链

选择竞争优势
- 根据技术、成本、质量和服务等属性对自己在价值链分析中发现的竞争优势进行评估,并结合目标客户的需求重要性、竞争的可持续性及投资成本的获得性,选择优势
- 对选择的优势设法降低成本或改进服务,以提高与竞争服务相对应的市场吸引力

表现竞争优势
- 采取具体步骤建立自己服务的竞争优势,进行宣传和精准传播,且不可以为竞争优势会自动在市场上自动显示出来
- 必须聚焦于市场定位,精准传播,凸显竞争优势

图 5.5　展览会服务战略的确定

（6）构建服务策略体系

在展览会服务战略的指导下,从展览会的服务特性出发,创新展览会服务办法,构建展览会服务及后勤的整体策略体系(表 5.3)。

表 5.3　展览会服务策略体系构建思路

展览会服务的特性	展览会应对思路	避短策略		扬长策略	
		对策	措施	对策	措施
无形性	让无形服务有形化,让客户实实在在感受到服务的存在	服务有形化	服务承诺化、品牌化、展示化、便利化	服务专业化	服务技巧化、知识化、技能化、国际化
差异性	保持服务品质、力求始终如一、并维持高水平	服务规范化	服务理念化、标准化、系统化	服务个性化	服务多样化、特色化、差异化

续表

展览会服务的特性	展览会应对思路	避短策略		扬长策略	
		对策	措施	对策	措施
不可分割性	经常与客户交流,了解客户需求,不断改善服务流程	服务流程化	服务自助化、分离化、网络化	服务关系化	服务情感化、合作化、组织化
不可储存性	充分考虑如何解决服务供求不平衡带来的矛盾	服务灵活化	调节服务时间、地点及供求关系	服务效率化	服务便捷化、一条龙化、多功能化

(7)选定服务承包商

展览会组织者可以通过服务承包商来向参展商和观众提供服务,服务承包商通过投标方式来获得业务。展览会服务商的选择成为展览会组织运营中一项重要的内容。它一般可经过市场调研、撰写招标文件、召开竞标会议、确定服务承包商、签订委托合同等步骤。

(8)制订服务手册

在组展过程中,展览会组织者应为买家参展商提供一般优质的展览会服务手册。

5.2.2 展览会服务商的选择

展览会服务商的工作效果和服务水平会极大地影响到参展商和观众对展览会的看法和认知。通常情况下,参展商和观众会将展览会服务商的工作看成是展览会组织工作的有机组成部分,将他们所提供的服务看成是展览会本身所提供的服务,将展览会服务商的工作失误当成是展览会的失误,将展览会服务商工作的成功归功于展览会的成功。因此,一定要重视对展览会服务商的选择和管理工作。

1)展览会服务商概述

(1)展览会服务商的定义

展览会服务是由多个行业、多个部门通过共同努力与配合来共同完成的,其实,展览会活动组织机构从中起到了组织、管理与协调的作用。所以说,展览会业是一个产业带动性和产业关联性很强的产业。展览会服务承包商(ESC),就是接受展览会活动组织机构的委托,为展览会活动和参展商提供产品或服务的企业或个人。他们所提供的产品或服务——展厅层以及内部所有相关物,能够为展览会创造良好的具体环境。

(2)展览会服务商的类型与作用

①从承包形式来分。美国会展服务承包商协会(ESCA)从承包的形式,将展览会服务商分为三类:

a.展览会服务总承包商。展览会组织者通过签订协议或招标等形式将需要外包的业务委托给一家企业,这家企业就称作会展总承包商(GEC),也称综合服务承包商(GSC)。在展览会活动中,这种情况较为少见,因为展览会活动涉及多个行业,一家企业很难独自承担。而展览会组织者往往会根据需要外包的业务分类,把需要外包的业务分别承包给几家专业公司,以保证服务质量。

b.展览会服务分包商。从严格意义上来说,展览会服务分包商不与展览会组织者直接发生业务关系,而是受会展总承包商的委托在某一方面或几个方面为展览会活动提供服务。

c.合伙人。综合承包商或专业承包商的供应商。

②从服务的内容来分。我们从后勤服务的基本功能、内容可以将展览会服务商分为如表5.4所示的几种类型。

表 5.4　展览会服务商种类

序号	种类	作用(功能)
1	场地租赁企业	为展览会活动提供场地租赁服务
2	活动策划企业	提供展览会活动的整体策划服务,并提供展览会活动的整体策划方案
3	会展工程公司	从事中心展台、特装展位等工程的设计与搭建工作
4	广告商	从事展览会活动广告的设计、制作与发布服务
5	餐饮服务企业	负责展览会活动现场的餐饮服务
6	展品运输代理	提供展品的运输、搬运、存储及报关等服务
7	庆典公司	提供展览会活动及开幕式现场气氛烘托方面的服务,包括烘托物的提供、设置、看管与维护等事宜
8	旅行社	为展览会活动参与者提供商务或观光旅游方面的服务,包括旅游线路的制订、车辆和导游配备、餐饮和住宿的安排等
9	保安公司	负责展览会活动现场的秩序维护和展品安全等方面的工作
10	清洁公司	负责展览会活动现场的清洁卫生工作
11	接待酒店	负责提供展览会活动参与人员住宿等方面的服务

2)展览会服务商的选择标准

在展览会活动的组织实施过程中,展览会服务商是不可缺少的组成部分。在这当中,不同机构扮演着不同角色,起着各自的作用,这些机构构成一个有机整体,共同为展览会活动提供服务,任何一个机构出现问题都会对服务质量产生不良影响。选择服务商应遵循以下原则:

(1)公平性原则

展览会活动组织机构在选择服务商时,首先应选择有资质、专业对口、信誉好和服务意识较强的企业作为自己展览会活动的服务商。不论采取招标还是其他形式,都要公开和透明,接受社会和媒体的监督,以保证其公平性,这样有利于展览会活动组织机构对服务商进行管理,也有利于保证和提高展览会活动服务的质量。

(2)稳定性原则

稳定性就是展览会活动组织机构与那些讲信誉、重质量的服务商建立一种长期的合作关系。通过以前的合作,相互之间有了一定的了解,建立了一定的信任和默契,对这样的服务商切不可因为人员的变动或其他原因随意更换。否则,将会严重影响服务质量,也不利于展览会品牌的建设与发展。

(3)经济性原则

在市场经济条件下,消费者选择产品既要价廉物美,也要物有所值。展览会活动组织者也要本着这一原则选择服务商,服务商提供的服务既要优质高效,也要价格适中。这样才能让展览会活动参与者花费较低的成本,获得满意的活动参与过程,并取得较高的满意度。

(4)质量优先原则

在会展市场竞争日趋激烈的情况下,展览会组织者会利用一切手段提高服务质量来留住客户,增强客户的忠诚度。因此,选择服务商必须坚持服务质量优先的原则。只有选择优质的服务商,并与其建立长期稳定的合作关系,展览会活动的整体服务才能优质高效,才能令客户满意。

3)选择展览会服务商的步骤

展览会组办方对展览会服务提供商的开拓是不断提升展览会质量的因素之一,主要步骤如图 5.6 所示。

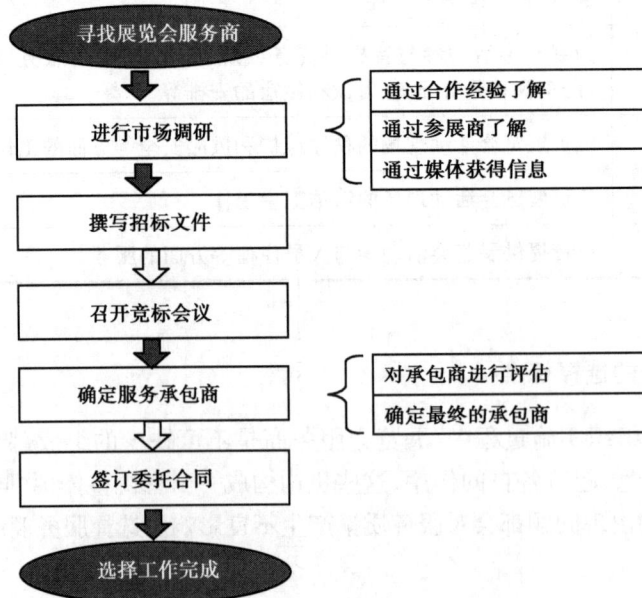

图 5.6　展览会服务商的选择流程

（1）服务商的信息收集

展览会组织者会根据展览会活动的特点与需求，有目的、有重点地进行服务商信息的收集工作。服务商信息收集的内容主要包括服务商名称、联系人、联系方式、主要业务范围、以前做过的服务项目及其效果、信誉状况、企业专业人才与经济实力以及业内评价等信息。这些信息是确定服务商的基础条件，也将起着重要的作用。同时也展开对供应商市场的竞争分析。

（2）拟订潜在服务商名单

在掌握服务商的信息以后，展览会组织者会根据展览会活动对服务商所需要的条件，选取那些稳定性好、资源可靠、工艺能力强以及综合实力强的服务商，并把名单列出，以便进一步联系与落实。

（3）对潜在服务商进行评估

对潜在服务商进行评估首先要确定评估标准，按照统一的评估标准，对已列出服务商的业务范围、以前做过的服务项目及其效果、信誉状况、专业人才、经济实力以及业内评价等进行全面的评估，形成报告，按信用等级依次排列，为进一步联系及洽谈做准备。评估内容如图 5.7 所示。

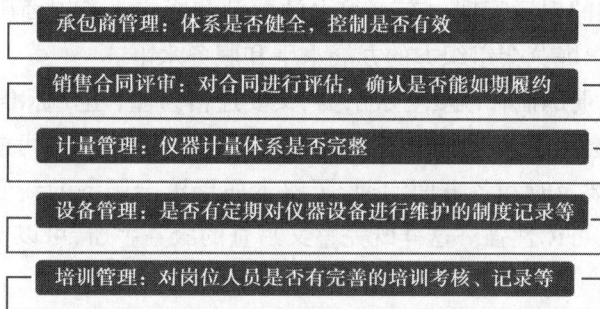

承包商管理：体系是否健全，控制是否有效

销售合同评审：对合同进行评估，确认是否能如期履约

计量管理：仪器计量体系是否完整

设备管理：是否有定期对仪器设备进行维护的制度记录等

培训管理：对岗位人员是否有完善的培训考核、记录等

图 5.7　潜在供应商评估的主要内容

（4）询价与报价

询价就是展览会活动组织者向潜在服务商询问服务产品的价格或向其他组织者打听相关服务产品的价格。其目的是从询价中获得最准确的价格信息，以便准确控制投资额、节省投资以及降低成本。而报价是指展览会服务商根据展览会组织者的要求和自己的成本、利润和市场竞争力等因素，向展览会活动组织者报出的价格。

（5）进行谈判

展览会活动组织者在收集到上述展览会服务商的信息之后，就可以有计划、有重点地与对方联系，确定谈判的时间、地点、参与谈判的人员以及洽谈的主要事项等。在谈判之前，要充分了解谈判对手，做到知己知彼，百战不殆。在商务谈判中这一点尤为重要，对对手的了解越多，越能把握谈判的主动权。另外，还要准备多套谈判方案，通过沟通、协商、妥协、合作等各种方式，取得令人满意的谈判结果。

（6）确定服务商

经过与符合条件的服务商洽谈,并进行综合分析和评价之后,就可以最终确定服务商了。对最终确定的服务商,双方要正式签订协议,进一步明确各自的权利与义务。合作协议一旦签订,双方就要严格按照协议的有关条款,为展览会活动提供服务。对于那些信誉好,业务能力强的服务商,展览会组织者要与其建立长期稳定的合作关系,这样有利于展览会服务质量的提高,也有利于增强展览会的影响力和竞争力。

5.2.3 编制参展商服务手册

参展商服务手册也称参展指南,是将展览会筹备、开幕以及参展商参加展览会时应该注意的其他问题汇编成册,以方便参展商进行参展准备的一种小册子。编制参展商服务手册是展览会筹备过程中一项基础性工作,对参展企业按照展览会组办方的要求进行筹划和参展具有一定的指导意义和参考价值。

1）编制参展商服务手册的基本原则

参展商服务手册主要是方便和指引参展商顺利进行筹展、布展、展览和撤展等服务的资料,对展览会运营机构的现场管理也有着很大的帮助和影响。参展商服务手册编制的水平从某种程度上可以看出展览会组织方的办展水平和服务水平。

为此,这本服务手册的制作既要有吸引力,又要通俗易懂,还要标准规范。首先,不要把手册的读者当成展览会高手,要把他们想象成初入行的新人,把一切可能想到的问题和解决方案都写进去;其次,要及时和各方面沟通,了解本届展览会服务的新变化;最后,展览会服务手册要有查询功能,可读性强。这样既完整又易查的服务手册,可以节省展览会工作人员和参展商的时间。

2）参展商服务手册的主要内容

参展商服务手册不仅是帮助参展商参展的纲领性文件,也是办展单位对展览会布展、展览和撤展等各环节进行有效管理的指导性文件。其主要内容如下:

（1）前言

前言主要对参展商参加展览会表示欢迎,说明本手册的编制原则和目的,说明展览会举办城市的自然情况;上届展览会的基本情况;提醒参展企业在筹展、展览和撤展等环节自觉遵守本手册的相关规定等。一般简短亲切,言简意赅。

（2）展览场地（馆）的基本情况

展出场馆的基本信息主要包括:展馆的具体地理位置,主要指展出展馆在展览会举办城市的具体位置、到展馆可以乘坐的主要交通工具和交通路线、各指定接待酒店在该城市的具体位置以及从各指定酒店到展馆的主要交通工具与线路等;展馆的基本信息,主要是标明展馆各种服务设施所在的位置、展览场地基本情况介绍等;展出现场平面图,主要是说明展区和展位区分的详细情况、展馆内部通道和出入口、展览场地的基本技术数据,如地面承重、馆内通风条件、货运电梯容积容量、展馆室内空间高度、展馆入口高度和宽度、展馆的水电供应状况等。上述信息要尽可能地详细、准确,这些信息对参展人员准确地找到展馆和自己的展位,进行展位搭建和布展起着很大的帮助。

(3) 展览会基本信息

展览会基本信息包括展览会名称、举办地点、展出时间、办展机构、制订搭建商、指定运输代理、指定接待酒店等。对于办展时间,要具体列明布展时间、开幕时间、专业观众和普通观众开放时间、撤展时间、布展与撤展加班时间等,对以上时间尽量精确到小时或分钟;对于组办机构,要具体列明主办单位、承办单位、支持单位和协办单位等;另外,还要具体列明各组办机构、搭建商、运输代理、旅游代理、接待酒店等的详细联系地址、电话、传真和联系人、网址和电子邮箱等,以便参展商在需要的时候方便与各有关单位联系。

(4) 展览会规则

展览会规则主要是展览会组织机构要求参展商和观众参加展览会时所必须遵守的规章制度。如展品进馆与撤馆的规定;车辆出入规定;各种证件申办程序和使用规定;展品销售规定;展出现场保安和保险规定;展位清洁与物品储藏规定;水、电、气现场使用注意事项;消防规定;知识产权保护规定;展品演示注意事项等。上述规定所有与会人员必须遵守,并对现场管理和现场秩序的维护起着十分重要的作用。

(5) 布展与撤展规定

布展与撤展规定主要是对参展企业在布展期间展位搭建和布置以及在撤展期间展位拆除和展品撤离展馆的有关要求。在布展规定中,对标准展位的要求相对简单,只是要求参展企业不要损坏展览设施,展品不得摆放在自己展位以外的位置以及用水、用电的规定等;而特装展位,对其使用材料、搭建的牢固性、动火作业、电线和水管的铺设以及消防安全等都要做出详细的规定。撤展规定对标准展位的企业主要是要求他们按规定的时间撤展、清除自己展位内的废弃物、及时归还临时租赁的设备;而特装展位的企业除了遵守标准展位的相关规定外,还要对其展位高度和撤除时间做出明确规定。另外,在布展与撤展规定中,不论是标准展位还是特装展位,损坏展览设施都要做出明确的处罚规定。布展与撤展规定要详细、明确,这对参展企业安全搭设展位、顺利布展和撤展都有很大的帮助。

(6) 展品运输信息

展品运输信息主要是向参展商介绍将展品、展具等物品运抵展出现场的相关信息与要求,主要包括海外运输、国内运输、运输方式和线路、货物交运和文件提交期限、收费标准、包装、海关报关、货物回运等。对每一个环节都要做出具体说明,供参展企业选择。

(7) 旅游信息

旅游信息主要是组办机构从参展人员和观众的角度出发,向他们介绍展览会举办城市及周边地区交通、住宿、餐饮、娱乐、购物和旅游等方面的信息。这些信息主要包括:接待酒店的星级、价格、地址、联系电话、传真、联系人以及与展馆的距离等;主要购物场所和具有地方特色餐饮场所的具体地址与联系方式等;旅游信息主要是简要介绍旅游景点情况和具体位置以及主要娱乐场所的地理位置及联络方式等。这些信息主要是满足参展人员和观众在展览会举办城市逗留期间进行商务考察、观光休闲旅游和日常生活的需要。

（8）入境签证信息

入境签证信息主要是对海外参展人员和观众而言的。如果举办的是国际性的展览会,这项内容必不可少。除了说明入境签证所需要提交的材料和时间以及展览主办机构能够提供哪些帮助等信息外,如有可能,可列出我国驻相关国家大使馆或领事馆的地址和电话等信息,以便他们就近办理签证。如果展览会举办城市有外国的大使馆、领事馆以及贸易促进机构的办事处,也应将这类信息逐一列出,以便海外参展人员和观众在展览会举办地逗留期间遇到困难时寻求帮助。

（9）相关表格

各种表格是参展企业和观众向组办机构反馈信息的主要形式。参展商服务手册的表格主要有特装展位搭建申请表、贵宾买家服务表、相关证件和邀请卡申请表、研讨会和技术交流会申请表、刊登会刊广告申请表以及聘请临时服务人员申请表等。各种表格可以与参展商服务手册的其他内容一并印刷成册,在展览会开幕前适当的时间寄给参展商或观众,也可以将其内容发布在展览会的门户网站供相关人员浏览和下载,相关人员填写表格后还可以通过网络将其发回各活动的组办方。

5.3 展览会配套活动的组织

展览会相关活动的组织是在展出期间举办的各种展览会辅助活动,较常见的配套活动有论坛、新产品推介会、技术交流会、研讨会、比赛、娱乐活动和各种表演等。这些活动使展览会的贸易、展示、信息与发布功能更加完善,成为整个展览会的有机组成部分。一般组办机构都要积极安排和协调举办配套活动的相关工作,从各个方面、各个层次丰富展览会的内容,使展览会真正成为参展商及观众营销、交流、推广、展示的场所。

5.3.1 展览会配套活动概述

展览会的配套活动也称特别活动,是组办方或参展商为实现特定的组织目标,围绕某一主题所开展的专题性传播活动。展览会的相关活动类型多样、层出不穷,活动的目的也各有侧重,但无论什么形式的活动,始终都要围绕亮点来展开:一是活动的目的;二是活动的创意。

1）配套活动原则

在展览会期间举办的各种会议和活动与展览会之间应该存在某种内在的联系,不能脱离展览会而存在,更不能为举办活动而举办活动。具体要遵循如图 5.8 所示的基本原则。

图 5.8　展览会配套活动的举办原则

2) 展览会配套活动的形式和功能

展览会配套活动目的不同,活动的形式丰富多彩,它们可以和展览会在同一个地方举办,也可以在不同地方举办。一般,前者为多,这样更有利于它们与展览会之间的互动,有利于彼此资源共享。展览会配套活动的主要分类如表 5.5 所示。

表 5.5　展览会配套活动的主要分类

类型	表现形式	功能/作用
专题会议策划	专业研讨会(论坛)、技术交流会、行业协会、产品发布会、产品推介会、投资洽谈会、演讲、讲座	沟通信息、加强交流、联络感情、扩大影响、提高信誉、促进成交、树立形象
竞技活动策划	比赛、专题竞赛、颁奖	活跃现场气氛、扩大影响力、吸引潜在观众、吸引企业参展
娱乐庆典活动	表演、联谊喜庆、典礼仪式、明星/公众人物见面	活跃现场气氛、扩大影响力、吸引潜在观众、加强信息沟通
公关招待活动	招待会、座谈会、宴会、茶话会、酒会、参观游览、对外开放	活跃现场气氛、扩大影响力、吸引潜在观众、扩大交际范围、融洽客户关系
功能性活动	项目对接会、招投标、买家卖家配对	提高展览会成交和信息功能、关系链接、项目撮合

5.3.2　论坛或峰会

现在几乎所有展览会都在展出期间举办展览会涉及产业的论坛或者行业峰会,取而代之以前的行业会议或技术交流会。展览会和论坛成为会展经济的两翼。尽管论坛的名称各异,而且功能定位有所不同,但论坛涉及的过程基本一致(图 5.9)。

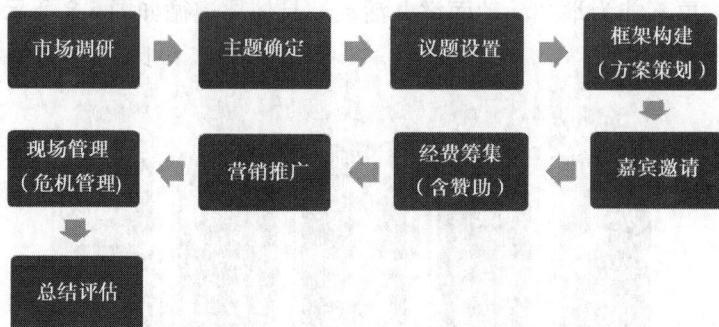

图 5.9　会议策划与组织流程图

1) 主题的确定

在展览会期间举办论坛,论坛的主题一定要与展览会的主题紧密相连。如果论坛组织得好可以进一步浓缩和提升展览会的主题,可以增强展览会的功能,有助于提高展览会的层次和水平,也有利于扩大展览会的影响力。另外,论坛的作用还要通过对相关产业的发展趋势、热点、难点以及人们关心的问题进行探讨,帮助业内企业做出准确的决策,并且能引导相关产业的发展。主题准确的论坛与展览会是相互补充、相互促进和相互提高的,两者融为不可分割的一个整体,缺一不可。会议的主题是会议的灵魂,一个有创意的主题要满足以下特征:前瞻性、概括性、相关性和时尚性,并能对目标参与者产生强大的号召力和吸引力。

那么,在展览会期间如何准确把握论坛的主题呢?作为论坛的组织者必须对相关产业的现状有详细的了解,并对相关产业的未来发展能做出准确的预测。要做到这一点,需要虚心征求行业管理部门、业内专家与学者的意见和建议,认真听取业内企业所关心的问题和企业在发展中遇到的难题。从相关产业的现在和未来出发,总结和提炼出论坛的主题,提炼出的论坛主题既要有现实性、实用性和针对性,还要有超前性。

2) 论坛的组织框架与嘉宾的邀请

(1) 论坛的组织框架

策划高水平的论坛是一件非常复杂又细致烦琐的工作,它要求组织方建立严密、高效、相互协作的组织机构,制订周密详尽的流程计划。一般来说,论坛组织架构要注意以下三方面:一是成立筹备委员会,负责建立论坛的整体框架,做好组织的前期准备工作。二是组建组织委员会,负责整个论坛的组织安排,保证论坛能够顺利进行。一些高级别论坛的组织框架通常由指导委员会、组织委员会和顾问委员会三部分构成。组委会一般还要设立秘书组、组织组和会务组,形成一个整体,各司其职,确保论坛的顺利进行。三是成立评审委员会。从论坛的组织框架就可以看出论坛级别的高低,是否具有行业的权威性。

(2) 论坛嘉宾的邀请

邀请合适的嘉宾出席论坛或在论坛上演讲和论坛的组织架构一样,对论坛的成功举办至关重要。从某种程度上决定着论坛的层次和水平，也可以判断该论坛的权威性和影响力，对邀请演讲嘉宾更是如此。通常情况下，对国外的演讲嘉宾至少要提前 6 个月发出邀请，而对国内的演讲嘉宾也至少要提前 2~3 个月，并协助做好相应的准备工作。对于重要的演讲嘉宾，还应做专门的接待计划，如签证、预订机票、安排演讲人及其随从人员的住宿、餐饮、交通等接待工作。

3) 构建论坛框架和日程安排

构建论坛框架即出台展览会论坛的策划方案。其主要内容包括：论坛概况，如名称、时间、地点和规模等；论坛主题及议题设置；论坛的议程和举办形式；目标听众；演讲嘉宾的遴选和邀请；相关物料和资料的准备；论坛的营销招揽；安排接待计划；场地布置；现场茶歇、调查等相关活动安排；危机管理方案；论坛总结和评估；论坛赞助和预算等。

会议的召开方式对会议成功举办也有较大影响，会议要根据其主题和议题，会议的主讲人以及听众的特点来确定究竟采用何种方式召开。从观众的参与程度看，一般有开放式、半开放式和封闭式三种，如图 5.10 所示。

开放式	半开放式	封闭式
不设主讲人，与会人员就议题自由讨论	设置主讲人和主持人，主要由主讲人演讲，与会人员有互动时间	会议全部由主讲人演讲，参会人员没有机会互动
比较自由，但议题难以集中	研讨问题能深入，但听众发言机会较少	集中议题，但没有听众参与机会

图 5.10　会议举办形式对比

而日程安排是论坛框架构建之后更为详尽的计划。从论坛框架总体来看，论坛的时间不宜安排过长，一般以 1~2 天为宜，具体的时间要以论坛内容的多少而定。论坛的日程安排主要包括时间、地点、主题或议题、主讲人姓名、职务及演讲的题目等。在时间安排上，除了日期之外，还要具体到几点几分，这样便于与会人员详细地了解会议的内容，一目了然。

4) 论坛的宣传推广与赞助

（1）论坛的宣传推广

论坛的宣传推广是论坛组织工作必不可少的一部分，其主要目的是招揽听众，让更多的人参与其中，增加论坛和展览会的影响力。目前，论坛宣传的主要方式有在报刊上刊发消息或广告、电话或传真推广、直接邮寄资料和网络推广等。不论采取哪种方式推广，宣传的内容都大致相同，其宣传资料的内容主要包括：论坛的时间、地点、主题、演讲嘉宾的基本情况、简要介绍、参会人员需要缴纳的费用与办理的手续以及举办机构的联络办法等。展览会期间论坛的宣传推广计划也是展览会整体宣传推广计划的一部分,往往和展览会招商招展融合在一起进行宣传。

（2）论坛的经费与赞助

高水平的论坛不仅给展览会增加新亮点,增强展览会的影响力和权威性,还会给组织机构创造可观的经济收入。不过论坛举办需要一定费用,主办方需要事先做好预算,对各项费用支出做到心里有底,并安排资金使会议成功召开。召开会议经费有三种主要解决办法:一是设立专门会议筹备资金;二是向与会人员收取会务费用;三是寻求企业赞助。

论坛的经济收入来源主要有两个方面:一是门票收入;二是冠名权赞助。冠名权赞助又分独家冠名权赞助和多家冠名权赞助。独家冠名权赞助具有排他性,就是不允许有第二家赞助单位出现;而多家冠名权赞助则没有排他性,可以有多家单位赞助,但会有先后顺序排列问题,一般按双方达成协议日期的先后来排序。赞助的方式也不尽相同,有的提供资金,有的提供会议场地与设备,也有的提供与会人员的礼品、午餐或晚宴等。具体的赞助方式和赞助数量的多少主要以组织机构与赞助商相互协商而定。

5）论坛的现场管理与会后工作

论坛现场管理的工作主要包括:会场布置;设备安装、调试;现场注册;现场协调与服务;危机及紧急状况处理等。参与现场管理的工作人员要有强烈的责任心和时间观念,并且要有较强的组织与协调能力,对自己的工作要认真负责,耐心倾听与会人员提出的意见和建议,及时帮助与会人员解决他们遇到的困难和问题,这样才能保证论坛的顺利进行。

论坛结束后,工作人员首先要及时进行现场和会后跟踪调查,尽可能多地搜集与会人员对论坛的各种意见与建议,为把下一届论坛办得更好和提高服务质量提供依据。另外,论坛结束后要及时以适当的形式来感谢演讲嘉宾、与会者,以加深论坛组织者与演讲嘉宾、与会人员之间的情感联络,为下届论坛的组织工作打下一个良好的基础。最后,就是论坛组织机构内部也要认真全面地进行总结,在总结出成功经验的同时,也要总结出不足之处,以便把下届论坛做得更好、更具影响力。

5.3.3 开/闭幕酒会

开/闭幕酒会是展览会的一项重要公关活动,可以很好地促进组办机构与参展商、行业领导和其他有关方面的关系。

在展览会开幕当天中午或晚上,办展机构一般会举行开幕酒会,用来招待出席开幕式的领导、嘉宾和参展商代表。对于举行开幕酒会,办展机构要事先安排好酒会举办地点、时间、酒会的方式、出席酒会的人员范围、酒会的标准等。

一般来说,出席酒会的人员包括出席开幕式的领导和嘉宾、办展机构的领导和代表、行业协会和商会的领导、参展商代表、行业主管部门官员、新闻媒体、工商管理部门的代表、有关外国驻华机构代表等。办展机构要事先通知他们有关酒会的情况,并对他们发出正式邀请,派专人跟踪落实他们的到会情况。

酒会的标准可以根据展览会的预算来具体安排,并根据该预算做好酒会的具体安排。酒会地点最好安排在离展馆不远的酒店里举行。根据展览会的实际需求选择酒店的档次,要考虑酒店的接待能力、便利程度及安全问题。开幕酒会的方式可以采用自助餐的形式,也可以采用圆桌中餐的形式。由主办机构领导致简短欢迎词,并安排其他有关领导发表简短讲话。闭幕酒会则是宣告展览会举办成功和顺利结束,可参照开幕式酒会程序进行。举办闭幕酒会的展览会已不多见了。

5.3.4　技术交流会、研讨会

技术交流会、研讨会是根据展览会所涉及的行业特点而进行行业内的技术交流和探讨,有着强大的信息传播功能,可加深客户之间的了解,从而扩展客户之间的生意往来,对提高展览会功能具有一定的好处。

5.3.5　新产品发布会

产品发布会也称产品推介会,是参展企业将自己的产品投放市场经常采用的一种产品推广活动。由于展览会的特殊作用,许多参展企业都会在展览会展出现场组织这一活动,以提高自己产品的知名度。其实,在展览会期间举办的绝大部分产品发布会都是由展览会组织者和产品发布者共同完成的,并且产品发布者承担着主要工作,展览会组织机构根据其要求完成各项工作,处在配合与协助的地位。在通常情况下,办展机构主要负责发布会场地的租赁与布置;设备的租赁和调试;现场的管理、服务与协调等。至于发布会的内容和形式则由产品发布单位负责,关于发布会听众的组织常常由双方共同负责。

5.3.6　竞赛

竞赛也是在展览会期间经常举办的一项活动。展览会题材的不同,策划竞赛的内容和方式也不一样。如服装服饰题材的展览会,通常会策划时装模特大赛、未来流行趋势和流行色发布会、设计师作品发布会等;美食或食品题材的展览会,时常会策划厨艺大赛;在一些文化题材的展览会上,也常常会策划一些少儿绘画大赛或摄影大赛等。在策划这些活动时,既要考虑到它的权威性和代表性,也要考虑到公众的可参与性。

5.3.7　表演

在展览会展出期间,策划相应的表演活动主要是为了活跃展览会现场的气氛。表演通常可以分为三种:一是文艺性表演活动;二是程序性表演活动(如开/闭幕式);三是营销性表演活动。例如:服装服饰类的展览会往往会策划时装表演;在展览会的开幕式现场会策划钢琴或小提琴等乐器表演以及一些具有地方特色的大众性表演活动;在机械设备题材的展览会上,参展企业通常会开动自己的设备进行现场演示;在服装和首饰题材的展览会上,参展企业会聘请一定数量的模特穿着参展企业的服装,或戴着参展企业的首饰在自己的展位上进行表演。这些表演活动主要是参展企业为了活跃自己展位的气氛,吸引更多的观众而组织的,对于展览会组织者而言,只是负责管理与协调有关事宜,为其提供相应的服务,但不参与这类活动的策划、组织与实施,也不是我们要讲述的重点。

5.3.8 文艺晚会

从目前情况来看,一些大型展览会,尤其是政府主导型展览会,往往会在展览会期间举办文艺晚会,而那些市场化运作的展览会举办文艺晚会的则比较少。主要原因是举办一台文艺晚会涉及多个部门,需要投入一定的财力,且具有一定的风险。当然如果文艺晚会组织得好,其影响力可能会大于展览会本身。如大连服装节在初始几届每年都举办开幕式文艺晚会,它不仅加快了大连服装节品牌的形成与传播,还进一步促进了国内外对大连的认识和了解,进一步促进了大连与海内外的合作与交流。其实,大连市政府已把服装节和文艺晚会纳入城市整体经营的一个不可缺少的组成部分。所以,一个展览会举办机构单独组织一台文艺晚会具有一定的难度,也很少有企业去冒这个风险。

【案例再现】

中国厦门国际石材展 2017 配套活动及日程安排

中国厦门国际石材展览会享有“全球规模最大最专业石材展览会”的行业美誉,一年一展,是全球石材行业企业和广大专业采购商的首选商贸平台。第 17 届石材展规模达到 18 万平方米,标准展位 9 300 个,汇聚全球 57 个国家和地区的逾 2 000 家企业参展,吸引来自全球 148 个国家和地区的 15 万位专业采购商参观。新冠疫情前的 2019 年,国际展商占比达 30.85%。作为全球石材业发展的风向标,从 2010 年起,石材展组委会精心打造的“世界石材大会系列活动”功不可没。石材大会共有五大板块——全球建筑大师论坛、石材设计论坛、首发在厦门、行业交流专场、石讲堂等,见表 5.6。放眼“石”事,“会”聚商机。如今世界石材大会系列活动也成为石材行业最顶尖、最权威、最完整的交流平台。2021 年 5 月,第 21 届石材展如期举办,展览会面积达 16.2 万平方米,吸引参展商 1 100 家。同期举办了全球建筑大师论坛、厦门人居设计生活节、石无限产品设计展、世界石材大会、厦门发布的 2021 全球新品展示、云上厦门石材展等活动,产、学、研紧密衔接,加强行业纵深的同时进行跨界延展,对外释放多元声音。

表 5.6 2017 世界石材大会日程

3月5日				
	活动名称	主办单位	时间	地点
行业交流专场	第三届中国石材矿业联盟大会 ☆需提前预约	主办单位: 中华全国工商业联合会石材商会 协办单位: 中国厦门国际石材展组委会 承办单位: 石盟会组委会	14:00-17:00	国际会议厅

续表

3 月 6 日

活动名称	演讲人		主题	主办单位	时间/地点
				主办单位：	
	张永和 先生			厦门市规划委员会；厦门市建设局；厦门日报社	
全球建筑大师论坛	非常建筑创始人、主持建筑师			中国厦门国际石材展览会组委会	9:00-11:30
第八届全球建筑大师论坛	同济大学教授，MIT 建筑系前主任、实践教授		建筑实践与当代文化		
☆需提前预约门票	2002 哈佛大学设计研究院丹下健三教授教席			协办单位：	国际会议厅
	普利兹克建筑奖评选委员会评委			厦门大学建筑与土木工程学院	
				厦门市城市规划协会；厦门勘察设计协会	

活动名称	国家	主推产品		发布公司	时间	地点
	意大利	High Performance CNC Machine		Officine Marchetti Spa		
	意大利	大师加工中心		精特玛刻中国		
首发在厦门	中国	大理石静压智能排锯		先驰（无锡）数控装备有限公司		
—2017 机械科技推介	意大利	GMM 石材加工中心		意大利 Gmm（格姆）集团	14:00-15:00	401 会议室
	中国	生物质能源石材烘干系统		上海坚睿实业有限公司		
	中国	多绳金刚石串珠锯		泉州市利器金刚石工具有限公司		

活动名称	国家	主推产品	品种	发布公司	时间	地点
	瑞士	Rorschacher	砂岩	Bärlocher Steinbruch &		
首发在厦门		San Bernardino	花岗岩	Steinhauerei AG		
	柬埔寨	柬埔寨黑	花岗岩	柬埔寨元景矿业有限公司		
		越南红钻	花岗岩			
	加拿大	Canadian Marble	大理石	Callache Stone Quarries Inc.		
首发在厦门		羌玉白	汉白玉		15:00-17:00	401 会议室
—2017 全球新矿发布	中国	金龙玉	大理石	陕西羌玉矿业有限公司		
		冷翡翠	大理石			
	中国	梦幻青玉	大理石	新疆超然矿业有限公司		
	中国	皇家灰麻	花岗岩	厦门静岳石业有限公司		
	中国	黄金蜘蛛	大理石	汉中汇隆建材科技有限公司		
		巴西银狐	花岗岩			
	斯里兰卡	Chinese Bianco Antico	花岗岩	Seylon Industries (Pvt) Ltd.		
		未命名	大理石			
	中国	未命名	花岗石	中珂石材有限公司		

续表

	讲座主题	国家	演讲人	主讲单位	时间	地点
石讲堂	可持续性天然石材 *	美国	Daniel Wood	Lurvey Landscape Supply	14:00-15:00	402 会议室
			Jim Hieb	MIA+BSI: The Natural Stone Institute		
	美国石材业务指南：规格公差 *	美国	Charles Muehlbauer	MIA+BSI: The Natural Stone Institute	15:15-16:15	402 会议室
			David Castellucci	Kenneth Castellucci & Associates		
			David Castellucci	Kenneth Castellucci & Associates		
			GK Naquin	Stone Interiors		
	专题讨论会：商业安装 *	美国	Herwig Callewier	Beltrami	16:30-17:30	402 会议室
			Buddy Ontra	Ontra Stone		
			Jim Hieb	MIA+BSI: The Natural Stone Institute		

3 月 7 日

	活动名称	国家	主题	演讲人	主讲单位	主办单位	时间/地点
行业交流专场	石材营销革命：情感效益	德国	人造石来势汹汹，天然石如何应对?	Prof. Dr. Gerd Merke	Euroroc	主办单位：Stone-Ideas.com 中国厦门国际石材展组委会	10:00-12:00 观海厅
		希腊	如果石头会说话	Magda Konstantinidou	Stone Group International		
		美国	红酒与石——自然之选，天作之合	Allyson Humphries	MS International		

	活动名称		主办单位	时间	地点
	西南国际生态石材交易博览中心项目全球招商新闻发布会		厦门石材商品运营中心有限公司	10:00-11:30	306 会议室

	活动名称	国家	主题	演讲人	主讲单位	主办单位	时间/地点
石材设计论坛	天然石材产品设计	土耳其	复古构造：现代建筑设计中的石砖	Gökhan Karakuş	Emedya Design	主办单位：Stone-Ideas.com 中国厦门国际石材展组委会	14:00-16:00 观海厅
		意大利	变石材「废料」为宝	Moreno Ratti	独立设计师		
		德国	天然石材家居用品创意	Peter Becker	Stone-Ideas.com		
		中国	创新与落地——石业品牌升级的「不止于美」	朱亮	品牌营销专家，石材业老业新生带头人		

	讲座主题	国家	演讲人	主讲单位	时间	地点
石讲堂	石材外墙覆盖和饰面粘合系统 *	美国	Charles Muehlbauer	MIA+BSI: The Natural Stone Institute	10:00-11:00	401 会议室
	新兴市场	印度	K. Vikram Rastogi	Stone Technology Centre Group of Companies	10:00-11:00	402 会议室
	天然石材推介 *	美国	Herwig Callewier	Beltrami	11:15-12:15	401 会议室
			Duane Naquin	Stone Interiors		
			Daniel Wood	Lurvey Landscape Supply		
			Jim Hieb	MIA+BSI: The Natural Stone Institute		

续表

	讲座主题	国家	演讲人	主讲单位	时间	地点
	2016 年中国石材进出口数据发布及解析	中国	侯建华	《石材》杂志社	11:15-12:15	402 会议室
	美国石材业务指南 *	美国	David Castellucci	Kenneth Castellucci & Associates	14:00-15:00	401 会议室
			Evan Cohen	Quality Marble & Granite		
			Duane Naquin	Stone Interiors		
			Jim Hieb	MIA+BSI: The Natural Stone Institute		
	天然和人造石材的褪色现象	澳大利亚	Hans-Dieter Hensel	Hensel Geosciences	14:00-15:00	402 会议室
	天然铺路石演变——适应 21 世纪交通体系的路面方案	德国	Markus Balke	Balke & Partner LLC	15:15-16:15	401 会议室
	如何做好区域石材产业规划	中国	苏桂军	中国建筑材料工业规划研究院	15:15-16:15	402 会议室
	正确认识 ASTM 标准和美国工程用石检测 *	美国	Charles Muehlbauer	MIA+BSI: The Natural Stone Institute	16:30-17:30	401 会议室
			YJ Zhang	Indiana Limestone Company		

3 月 8 日

	国家		活动名称		演讲人	时间	地点
石材设计论坛	美国		「匠」与「材」——雕塑家 Darrel Petit 的矿山合作之道		Darrell Petit	14:00-15:00	401 会议室

	讲座主题	国家	演讲人	主讲单位	时间	地点
	饰面石材矿山开采技术	中国	廖原时	中华全国工商业联合会石材业商会矿山委员会	10:00-11:00	401 会议室
	有机人造合成石的污染、治理与防护	中国	侯建华	《石材》杂志社	10:00-11:00	402 会议室
	露天和地下开采的工程系统和安全	中国	林玉华	中华全国工商业联合会石材业商会矿山委员会	11:15-12:15	401 会议室
	金刚石锯片在石材切割中如何做到组合更多、更薄、更大	中国	张云才	湖北省制锯工程研究中心	11:15-12:15	402 会议室
石讲堂	石材粉末前沿应用：3D 打印及特殊表面处理	意大利	Filippo Gobbin	Desamanera srl	14:00-15:00	402 会议室
	仿生技术在石材防护上的应用	中国	郭亚堂	厦门英卓越企业咨询管理有限公司	15:15-16:15	401 会议室
	规格石材开采——矿主面临挑战	意大利	Marco Cosi	AlpiConsult Stones	15:15-16:15	402 会议室
		德国	Markus Balke	Balke & Partner LLC		
	天然石材可持续性开采：欧盟标准和市场优势	德国	Maria Zemann-Manikowska	公平石材	16:30-17:30	401 会议室
	石材预处理	意大利	Eng. Denis Tessaro	FILA INDUSTRIA CHIMICA	16:30-17:30	402 会议室
			Enrico Perazzini			

注：* 由美国大理石协会（MIA+BSI）主讲，美国《Stone World》杂志支持。

本章小结

展览会筹办是集中力量把展览会组织成实体的物流供应。如果把招展、招商、宣传推广以及展览会现场等视为展览会的"一线工作",那么展览会选址、展览会展位承建、展品运输、旅游与酒店服务、展览会配套活动细化等就可视为展览会的"后勤工作",也就是"展务工作"。展览会筹办实际上始于为会展创造理念,下一步就是寻找一个合适的地址,这是一个关键因素。再后就是展览会服务的设计及展览会服务供应的选择,以便为展览会的服务和商业提供一个合适且有竞争力的体系;而展览会配套活动则能够充分弥补现场展示的局限性,为展览会平台提供最大可能的增值设计。

但是无论如何,对于展览会的成功,在具体筹办过程中都要从目标客户的需求出发,结合展览会项目本身的特点,有针对性地制订相应的策略,与此同时,应适时重新审视规划(即战略、目的和目标等),从展览会整体定位的角度,统筹各方面工作的策划与开展,只有这样才能最终实现目标。

【延伸阅读】

1."会展服务承包商",参见:桑德拉·L.莫罗.展会管理实务:会展艺术[M].武邦涛,等译.2版.上海:上海远东出版社,2008:251-276.

2."服务承包商",参见:乔治·费尼奇.会展业导论[M].王春雷,译.重庆:重庆大学出版社,2018:116-131.

3."展览会相关活动策划",参见:王春雷,陈震.展览项目管理:从调研到评估[M].北京:中国旅游出版社,2012:113-129.

4."展览会其他项目的选择",参见:桑德拉·L.莫罗.展会管理实务:会展艺术[M].武邦涛,等译.2版.上海:上海远东出版社,2008:333-347.

复习思考题

【知识链接】

1.展览会筹办主要涉及哪些工作?

2.展览会后勤工作所包括的内容?

3.选择展馆通常需要考虑哪些因素?

4.简述展览会服务的策略。

5.展览会后勤服务商主要有哪些?

6.如何成功策划展览会举办期间的论坛?

7.简述配套活动的类型与原则。

【思考再三】

1.保证质量水平是服务质量管理的重要因素,在展览会中如何使用质量管理的相关理论进行管理。

2.菲利普·科特勒提出服务营销的7Ps(产品、价格、渠道、宣传、物理证据、人员、流程)理论,请分析其在展览会服务运营中应用的可能性。

3.简述展览会服务外包的可能性、发展路径及其策略。

【走进实践】

1.结合本章所学内容,选择本城市中某个展览会,为运营方编写一份参展商服务手册。

2.选择本城市中某个展览会的相关配套活动,进行调查并评析。在分析得失的基础上,为其进行相关配套活动的设计。

第6章
展览会现场组织

【本章导读】

1. 正确理解展览会现场管理的范围和实施对象；
2. 理解展览会现场管理工作的重要意义；
3. 掌握布展、专业服务及其他展览会服务的具体操作；
4. 了解展览会现场管理的主要内容。

展览会经理人必须对那些"不引人注目的"与服务相关工作作出计划,而这些工作是直接使与会者得益,但主办方的好处则是有限而间接的。

——桑德拉·L.莫罗

临时性现场是展览会项目的显著特征,完美而富有创意的现场呈现则是展览会组织团队的共同目标。

——会E人CEO 武君

【开篇案例】

以城市节日的名义向家政员致敬
——记第七届国际家政员工节开幕式

有这样一群可爱的人,她们早出晚归、不辞辛劳,穿梭于数以万计的家庭中,用辛勤的双手为广大市民分担家务劳动,给千家万户送去幸福——她们是平凡的家政服务人员。据统计,2016年,全国家政服务业共有企业66万家,从业人员2 542万人。2021年,达到3 000万人。而在厦门共有家政公司超过500家,从业人员超过3万人。创立于2010年的专业家政服务平台——好慷在家,地处厦门,是国内领先的O2O家庭服务提供商,到2018年底在国内31个城市展开业务,共有员工12 000多名,年均服务全国400万个家庭,营收达9.4亿人民币。

2012年8月9日,好慷在家创始人李彬收到了一份特殊的请假申请。一个好慷保洁师的孩子,为实现"妈妈,我真想你能好好陪我玩一天"的小小心愿,不远1 000多公里,从老家赶到厦门亲自为妈妈请假。

由于不希望因为工作的负累让孩子的童年缺少陪伴而留下不可弥补的遗憾,好慷决定发起并从2013年举办"8·9"家政员工节①。每年的8月9日,好慷所有的员工都放假一天,带上家人和孩子,享受好慷为大家策划的美好旅程,让辛苦工作的家政人员在这一天享受到欢乐的家庭时光。随着好慷家政的发展和中国家政行业的变革,好慷家政员工节的影响日益扩大,"8·9"家政员工节也面临转型升级的重大问题。首先是节日的使命和宗旨的变革。不能仅仅是对员工弥补因工作负累而无法陪伴孩子和亲人而产生的缺憾这样一个简单的发声,而应该承担更大的使命。能为这个群体发声,让更多人关注到家政服务人员这个群体,让更多人看到他们的付出,让更多人看到整个家政行业的变革,进一步唤醒社会对家政行业的尊重与认可。其次是节日规模与形式的变革,如何实现从单城到多地,从国内到国际,从企业的节日变成全体家政行业从业者的节日。

为了更好地突显上述两点,也为了更好地实现好慷在家的社会价值,践行社会责任与义务,在多次的思维碰撞后,好慷在家"8·9"项目组委会慎重决定,从2018年开始加大对"8·9"家政员工节的投入,进行一个重大的全面性改革升级,全面提高其社会影响力。

2018年8月9日,第七届国际家政员工节在厦门市集美市民广场以国际示范全新亮相。本次活动由国家发展和改革委员会、厦门市发展和改革委员会和厦门市集美区政府指导,好慷(厦门)信息技术有限公司主办,厦门幕厚文化传播有限公司(MOHO共创)②承办。组办机构权威性、专业性全面升级。

主题提炼及演绎这一届国际家政员工节以"为每个人,更为每个家"为主题,整场活动由三大篇章和8个节目以及1 589架无人机与厦门歌舞剧院交响乐团组成的空陆表演编队串联而成。第一篇章《NEW CITY城市》向社会大众诠释了厦门是一个对劳动者非常尊重的城市,而好慷在线总部所在地——厦门集美享有"集天下之美"之称,素以嘉庚精神、华侨文化、闽南文化、学村文化的深刻人文底蕴而闻名于世。第二篇章《NEW HOME家园》,表达出家是我们心中最柔软的地方,是我们每个人为之努力而奋斗的地方,更表达了国际家政员工节的初心:是为了全体家政从业者而创造的节日,它属于这个行业的每一个人。第三篇章《NEW DREAM梦想》,好慷在家希望通过每一年做一点努力、一些行动,怀揣着一颗让家政行业更好的心,让所有家政从业者以坚实的脚步不断迈向未来。

舞美创意设计方面。自2012年开始,8月9日对于好慷和全体家政行业来说是特殊的一天,因此在舞美设计上运用了环绕式台面,并且舞台中间设置了"HOME"造型,这寓意着"好慷在家"与每一个家庭紧密相连,"O"造型形似"地球",具备颜值与功能的双重作用,这也象征着"好慷在家"向国际化迈进的新进程(图6.1)。

节目内容编排方面。此次活动总共设计八个节目,与三个篇章完美融合。以歌舞、诗歌、朗诵、合唱、杂技、交响乐等形式来呈现。开场为集美区特别创作的《绽放集美》歌舞展示集美风采;好慷员工与朱茵女士共同朗诵《如果》展现家政从业者的顽强精神;创意打击乐《好慷在家》将各种家政工具的创意搭配,为当晚带来了高潮。整场节目的编排和创意展示,

---

① 2019年,在中华人民共和国成立70周年之际,改为"86国际家政员工节",寓意8小时6天工作制。

② 幕厚公司即厦门大学百年庆晚会的策划执行机构。

图6.1　家连世界,好慷有爱

将厦门特色、好慷文化、现代艺术表现融合并呈现给大众。

无人机创意制造方面。家政行业的发展与科技创新有着密切的联系,无人机代表着科技与未来,因此在第三篇章《NEW DREAM 梦想》,晚会导演组设置了无人机创意表演(图6.2)。而在内容画面的设置上,从城市方向再到家政行业方向,运用了厦门的元素、集美嘉庚精神词汇、家政行业精神、好慷在家企业理念进行画面设置。例如,"颜值厦门"宣扬了厦门魅力,引起厦门民众的自豪感。"忠公、诚毅"传达了厦门大学、集美大学创始人嘉庚精神的传承。"我妈是女神"表达了对家政员工的致敬,"你不在家　好慷在家"的广告语传达了好慷的品牌理念。联动大气蓬勃的交响乐伴奏,为大众展现了一场科技与艺术跨界结合的家政员工节盛宴。

图6.2　1 589架无人机闪耀集美上空,致敬家政人员

内容传播方面。活动全程进行航拍+实地直播,在活动当天让全网网民都能看到现场实况,以视频的形式保留活动资料、沉淀集美区的发展资料,也是活动后期传播的重要素材。通过优质的活动照片及多个10秒的现场活动小视频快剪,占据了各大媒体的首页以及厦门当地群众的各大朋友圈,全国各地的广告人、群众自发的动态发布,瞬间刷爆厦门朋友圈及抖音热门视频。

第七届国际家政员工节在晚会效果呈现上,以家政员工自我展示、惊艳的无人机表演、好慷代言人朱茵的亮相以及"好慷利"公益基金消息的发布(图6.3),向世界展示了来自国内家政企业的独有风采。既体现了对家政人员的人文关怀,同时也展现了集美乃至厦门的综合素质与实力,体现了集美政府对嘉庚精神的传承,进一步推进了人文集美的发展,探索了新时代家政行政的职业化发展,并见证了服务经济的新升级。

图6.3 你们也是主角

[资料来源:由厦门幕厚文化传播有限公司(MOHO 共创)提供,
MOHO 共创联合创始人黄书贤采写]

成功的展览会除了拥有一定数量和质量的参展商和观众之外,还必须要具有优质的展览会服务和良好的展览会现场管理。展览会服务、展览会现场管理、展览会招展与展览会招商一起构成展览会组织工作最为核心的四个中心环节。展览会现场管理是对展览会举办期间各种工作的计划和管理,是展览会成功举办的重要保证。展览会服务贯穿展览会的始终,且在展览会现场最为集中和明显地展现出来。优质的展览会现场服务和良好的现场管理从多方面、多维度考量展览会组办方对展览会项目的现场把控及管理能力,是展览会取得竞争优势的重要环节。

6.1 展览会现场组织概述

6.1.1 展览会现场

1)展览会现场组织的概念

(1)展览会现场

现代管理学对现场的定义:是指企业为顾客设计、生产、销售产品和服务以及与顾客交流的地方。现场为企业创造出附加值，是企业活动最活跃的地方。

展览会现场是展览会及活动执行或实施展示、展出、展演以及展开各个环节的操作时段，地点以被主办方启用后的场馆为主，也包括其他相关涉及的场地。

（2）展览会现场组织（管理）

管理学中，现场管理是指用科学的管理制度、标准和方法对生产现场各生产要素，包括人（工人、管理人员、顾客）、机（设备、工具、工位器具）、料（原材料）、法（加工、检测方法）、环（环境）、信（信息）等进行合理有效的计划、组织、协调、控制和检测，使其处于良好的结合状态，达到优质、高效、低耗、均衡、安全、文明生产的目的。

从广义上来说，展览会现场管理是展览会组办方对展览会现场实施的总体组织与管理，展览现场时间包括了从布展到开展，直至撤展结束所耗的时间。

从狭义上来说，展览会现场管理是在进场布展的第一天到展览结束这段时间内，展览会组办方对包括参展商、搭建商、运输商等各类服务商在内的各实施单位在现场按原有计划进行有序的组织、协调、监督和控制，以及其对参展商、观众在现场发生的一切需求所进行的协调、服务和管理。

由于现场管理集中在这个特定的时间段，并且是一个不长的时间段，所以各种事务显得集中、众多和烦琐。但也因为如此，现场组织管理倍显重要，是一次展览会成功举办必不可少的部分。

2）展览会现场管理的执行者、执行范围和实施对象

（1）展览会现场管理的执行者

展览会现场管理急需要一个总的指挥，一般都是由展览会主办方派出。展览会组织者可以设立专门的现场营运部门，并指派专人负责实施现场管理，此类人通常称为"营运经理"或"营运主任"；也有的直接由项目经理负责。由营运经理带领一个团队来共同完成展览会现场复杂、烦琐的各项国内工作。这个团队可以称为营运组。营运经理还要负责与公司内部的其他部门、公司外部的合作单位协调、沟通，可谓是展览会现场的关键人物。

（2）展览会现场的执行范围

①从时间上看，局限于一个特定的时段，从进场布展到最后展览结束，不包括前期调研、立项、策划方案、招展招商等前期准备，也不包括展览会结束后的跟进服务等。具体时序上，又可以根据展览会进度的推进，分为布展阶段、展中阶段和撤展阶段，不同阶段展览会现场的服务与管理的内容和重点不同，针对服务的对象也有所差异（表6.1）。这个期间的现场组织，以开幕前一天的下午到晚上的布展、开幕日当天上午的开幕式和展览最后的撤展工作最为关键。这个时段的工作若顺利完成，可以说，现场管理的工作就完成了一大半。

表 6.1　展览会现场组织范围

管理阶段	主要管理对象	管理内容
布展阶段	参展商和展位搭建的施工人员	参展商报到的程序控制;主场搭建商共同做好场馆现场总体布置;展台搭建和材料运输的统筹工作等
展中阶段	参展商、观众以及其他展览会参与者	开幕式组织管理;参展商及观众现场行为管理;面向媒体做好新闻中心管理;及时处理知识产权纠纷;做好各类展览会活动管理工作;向各参展单位及个人提供综合服务
撤展阶段	参展商及相关撤展施工人员	展品放行及相关物流服务运输;安保人员合作,确保现场展位拆除及展品离场的人员及财务安全

②从空间上看,局限于一个特定的区域,它应该是展览会方案的各个环节得以实施所要占用的空间,包括场馆等相关涉及的场所。不同形式展览会的环节和活动对空间使用要求不同,人流聚合状态也会不同,需要不同的管理方式。

③从内容上看,展览会现场管理由人、物、场所三个要素构成,贯穿于任何系统的目标及信息要素(图 6.4)。一般来说,展览会现场管理可以从外围环境管理和展览会环节管理两个方面入手。做好展览会现场管理应该是从一个整体的管理角度出发,对现场的各种元素进行有机结合,并根据变化的情况进行必要调整和合理配置。

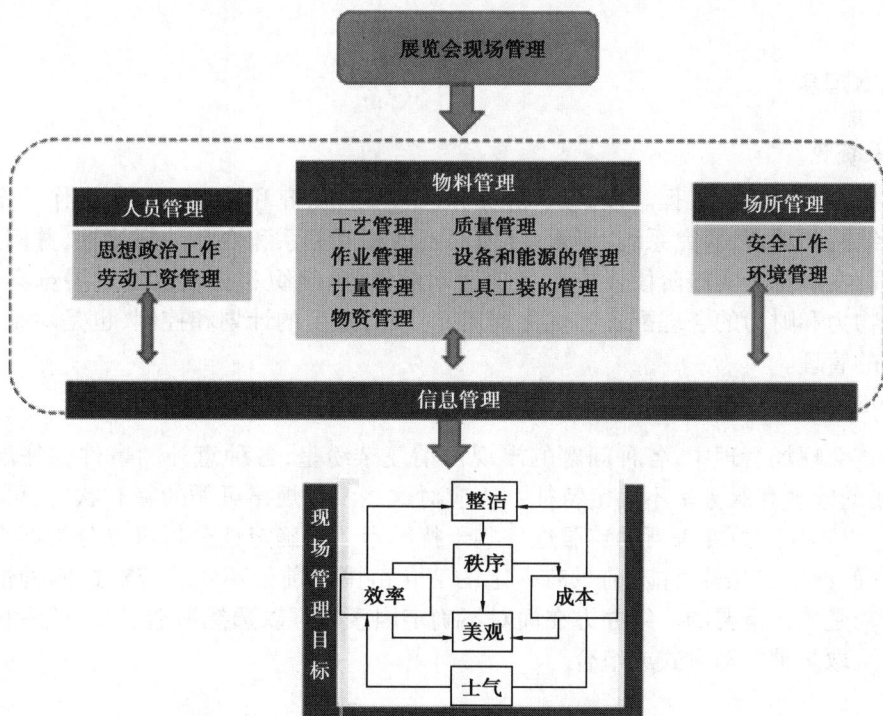

图 6.4　展览会现场组织管理系统及内容

（3）展览会现场管理的实施对象

根据展览会相关利益方的构成,展览会组办方在管理过程中需要面对方方面面的部门。主要可以分为:

①参展商。对于组办方而言,现场管理最重要的是为参展商服务。主要处理的事务有:布展及撤展管理、展具租赁、展商接待、展商行为管理、参展商投诉处理、知识产权保护等。

②观众。观众分为专业观众和非专业观众。观众是参展商的上帝,所以对观众的服务与管理是组展商的基本任务。主要包括开幕式管理、观众入场登记、观众投诉以及展览会现场管理等。

③服务方管理。是指组办方对服务方的现场服务过程进行的管理和监督,包括筹撤展期间展品搬运、仓储及运输服务管理;筹撤展施工管理;展览会期间安保管理;保洁管理以及各参展人员相关餐饮、住宿、交通、通信管理等。

④媒体管理。媒体是展览会的"喉舌",往往影响着行业以及社会公众对于展览会的印象。媒体服务管理的重要性不言而喻,主要需做好媒体入场管理、现场采访管理以及展览会相关新闻信息管理等。

⑤协助方管理。展览会协助方一般在展览会期间会对展览会合作成果进行现场考察,因此需要精心服务和组织。

6.1.2 展览会现场管理的理念和原则

展览会现场组织有非常强的实践性,可能出现的问题千头万绪,在实践中要做到有章可循。

1) 基本理念

（1）系统论

展览会是一项系统工程。根据系统论的观点,要把研究和处理的对象当作一个系统,分析系统的结构和功能,研究系统、要素、环境三者的相互关系和变动的规律性,并以优化的观点看问题。在展览会实施阶段性中对各项活动的计划、组织和控制以及对展览会资源如场地、人力、物力和财力的合理配置和优化调用,对项目进度的计划和控制,也是对整个展览会工程系统的管理。

（2）不确定管理

在展览会现场管理中,各种问题的出现可谓复杂纷呈,各种意外的事件往往层出不穷,因此,现场的管理和服务呈不确定特征。要应对这些没有规律可循的临时状态,可参照不确定性理论,以不变应万变来帮助克服这一些干扰因素。不确定性分析可以分为四个层次:前景清晰明确、前景有几种可能、前景有一定的变化范围和前景不明。应对这四种情况,战略态度和行动是非常重要的。组办方在面对不确定因素时可以选择塑造、适应或者保存实力,而且可以采取多种行动方式或组合。

2)基本原则

(1)服务优先原则

展览会服务是一个展览会区别于其他展览会的重要手段,也是展览会取得竞争优势的重要武器。展览会运营方可能比其他组织更注重管理的质量。服务是一种社会交往的过程,管理是一种指导社会交往的能力。服务是行动、过程和表现。因此,在采取合理的服务策略的同时,必须保证服务质量,这是展览会服务的康庄大道。

(2)精密分析原则

德国军事家克劳塞维茨说,精密分析最重要的就是分析每一件事物直到其基本因素,直到无可争论的真理为止。从某种程度上来说,展览会现场的组织管理实际上是一个"挑剔"问题的过程。因此,展览会现场组织首先要找出可能出现的问题并做到穷极分析。在现场管理体系中,可以设定各种各样详尽的检查表、进度表、预定单据等图表,随时进行审核和确认。这将会最大限度地保证现场管理少犯错误。

(3)关键点控制原则

努力在不确定因素里找到尽量确定的因素,确保在一些决定性节点上不出差错。这就是说,要找到保证目标成功的关键因素,并利用它们影响和掌控全局。在组织展览会上,展馆的条件是不变的,就是努力保证自身的服务质量到位。

(4)应急预案原则

这里的关键是要将整个现场的工作当作一个系统来处理,从整个展览会成功的全局出发,处理好关键节点工作,以确保全局的成功。展览会举办一定要有充分的预案准备和备用支援服务人员,以防不测。

(5)多重(方)核查原则

由于展览会工作的复杂性和综合性,对于重点工作,可以实行双重核查制度,如会刊、现场赠阅的宣传资料的文字工作等。

(6)责任到人原则

展览会活动的现场性极强,特别是展览会服务生产及使用的同时性要求展览会现场每一个环节都不容有失。因此,展览会组织者要对展览会各细分项目尽量指定专人在专门的时间负责专项工作,以简化组织结构,明确分工,分清职责,责任到人。

6.2 布展阶段的组织管理

当展览会招展和招商工作已经接近尾声、展览会开幕日期临近时,展览会就要在所租用的展览场地迎接展商进场布展。所谓布展,对于参展商而言,参展商需凭合同及其他有关证明到展出现场报到,付清各种款项,领取相关证件,办理入场手续之后,在办展机构规定的时间内对资质的展位进行搭建、布展和将展品陈列在展位上等展位布置工作;而对于组办单位来说,布展就是对展览现场环境进行规划、对现场公共区域进行布置和对参展商、搭建商、运输商等有关工作进行全面协调与管理,为正式开幕做好准备的筹备阶段。

6.2.1　展览会开展工作

展览会布展一般在展览会开幕式前几天举行,时间长短依展览会的不同规模、展览会题材和展品的复杂程度而定。一般展览会布展期间在 1~4 天,规模越大,时间越长,如汽车或大型机械展可能需要一个星期的布展时间,消费品展览会通常只要 1~2 天的时间。展览会开展的主要工作如表 6.2 所示。

表 6.2　展览会开展的主要工作

阶段	工作项目	工作描述
布展前准备	有关报批(备)手续的办理	到工商、消防、公安、海关、知识产权管理及政府有关部门报批或备案,并办理手续(对于有特殊需要的大型国际性展览会,还应邀请这些部门现场办公)
	与指定搭建商、运输代理沟通协调	共同讨论现场布置和展位搭建的创意、意见和建议,及时解决展品运输中出现的问题,避免现场布展格调的不同或展品迟迟未到等现象
	安排餐饮、旅行等服务商	预先安排展览会现场的各项服务设施,其中餐饮服务在搭建展台期间便可向参展商提供
	争取其他支持	争取卫生、银行、交通、通信、知识产权等相关部门的支持,如对需要办理外地车辆通行证提供方便并协助办理
正式布展	展馆及现场布置	根据各参展企业租用展位的数量、面积和位置等情况,划分展位范围,提供展位平面图;同时制作参展企业的楣板并安装;做好公共区域的布置和氛围的设计,并铺设地毯等工作
	展商报到和进场	参展商凭合同或参展申请回执等有效证明到现场报到,办理有关入场手续,领取相关证件
	展位搭建的协调	负责标准展位的搭建;协助解决参展企业随时遇见的问题或困难并协调展位搭建中出现冲突;注意协调展馆与参展商在场地、用电以及参展商将展品运抵现场出现的开馆时间、地面负荷限制等矛盾
	现场施工管理和验收	派出专人管理各搭建商的现场施工活动,避免出现秩序混乱和安全隐患
	现场保洁	按照"谁搭建、谁负责保洁"的原则分工,监督现场清洁和布展垃圾的处理
	消防与安全检查	所有展位搭建完毕,主办机构应陪同消防和安全部门对所有展位进行全面系统的检查,彻底清除展览会现场可能出现的安全隐患
	组织相关部门现场办公为展商服务	邀请如海关、安全保卫、场馆以及各个展览会服务机构进驻现场,为参展企业提供及时高效的服务。通常情况下,组织方负责从开馆到闭馆这段时间内的展品安全
	接待媒体	安排专人负责媒体接待工作
预展	正式开展前进行预展	政府相关部门领导和办展机构负责人亲临展览会现场做展出前的最后检查,如果发现问题,设法做最后的补救和调整

实际上,无论之前做了多少准备工作,开展前一天始终都会是现场最为忙碌的一天。许多预留的问题必须在这一天得到落实和解决,并且达到预期的效果。因此,运营组在开展前一天(即展商布展的最后一天)必须分工明确、分头落实各个管理事项。在开展前一天必须仔细确认大会的各项指示牌是否放置在准确的位置、图样是否清晰、指示方位是否正确。这些指示牌包括观众登记的系列指示牌(售票处、专业观众登记处、非专业观众登记处、换证处等)、展区分布图(或称展位图)、大会服务的各类指示图(主办、搭建、运输、餐饮等)、会议安排表和会议地点指示牌等。

6.1.2　布展前的准备工作

展览会布展前的准备工作如图 6.5 所示。

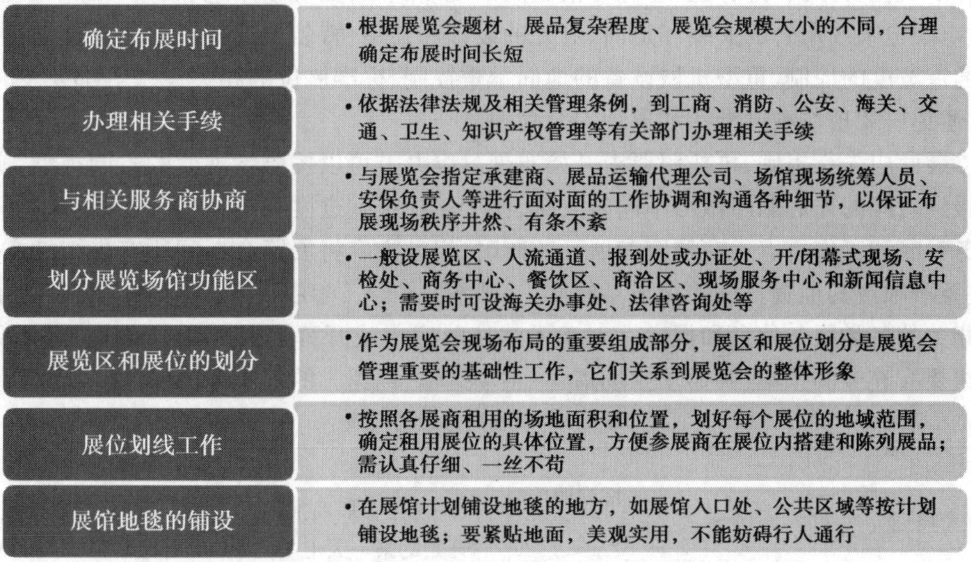

确定布展时间	• 根据展览会题材、展品复杂程度、展览会规模大小的不同,合理确定布展时间长短
办理相关手续	• 依据法律法规及相关管理条例,到工商、消防、公安、海关、交通、卫生、知识产权管理等有关部门办理相关手续
与相关服务商协商	• 与展览会指定承建商、展品运输代理公司、场馆现场统筹人员、安保负责人等进行面对面的工作协调和沟通各种细节,以保证布展现场秩序井然、有条不紊
划分展览场馆功能区	• 一般设展览区、人流通道、报到处或办证处、开/闭幕式现场、安检处、商务中心、餐饮区、商洽区、现场服务中心和新闻信息中心;需要时可设海关办事处、法律咨询处等
展览区和展位的划分	• 作为展览会现场布局的重要组成部分,展区和展位划分是展览会管理重要的基础性工作,它们关系到展览会的整体形象
展位划线工作	• 按照各展商租用的场地面积和位置,划好每个展位的地域范围,确定租用展位的具体位置,方便参展商在展位内搭建和陈列展品;需认真仔细、一丝不苟
展馆地毯的铺设	• 在展馆计划铺设地毯的地方,如展馆入口处、公共区域等按计划铺设地毯;要紧贴地面,美观实用,不能妨碍行人通行

图 6.5　展览会布展前的准备工作

6.2.3　展位布展及展品运输管理

在布展期间,组办方主要管理对象是主场搭建商和主场运输商的工作,监督和协调他们相互之间的配合,以保证布展的顺利。

1)主场搭建商管理

主场搭建商通常是由展览会组织机构指定,为参展商展位搭建现场服务的企业。组办方在选择主场搭建商时慎之又慎,因为展览会现场布置的一半由主场搭建商负责。其主要工作有标准展位的搭建、相关功能区域的搭建、动力设施的预定和安装等,同时需要确认现场货物运输的大致情况并与大会物流商紧密配合。

在展商报到以前,主办方应督促主场搭建商(承建商)做好两项工作:一是按图纸做好展台区域的地线划分工作、标明展台号;二是按照图纸搭好现场服务办公场所,提前安排各单位人员、各种资料和器材到位。

2)展位搭建协调工作

除了一些特装展位由参展商自己搭建外,标准展位的搭建则是由办展机构负责。

（1）监督与协调

不管是标准展位还是特装展位,组展商都要监督承建商按照展览会的要求搭建。对于展位搭建中出现的各种问题,组展商要及时协调处理,并有针对性地提供相关服务,注意科学且艺术性地协调搭建过程中出现的各种矛盾和冲突。

（2）现场施工和管理

办展机构要派出专门人员管理各搭建商的现场施工,如现场用电、用火、噪声、展位高度控制、电线电缆或水管的安装和走向、灯光的设计和使用、特装展位材料的防火性能、展位之间的通道宽度的控制、重型机械设备的地面承重控制、标准展位的相关设备等都要及时进行查验,避免施工现场秩序混乱和出现安全隐患。

参展商应先行报到,再按照要求开始布展。组办方可以按照参展商的不同类型,实现对参展报到时间的先后顺序做出不同的安排,便于掌控报到进度和统计,并按照不同时间段明确服务对象和工作重点。在领取参展证的同时,组办方应将展览会期间所有告知性文件、通知、注意事项或其他资料一并交与参展商,一般统一归入《参展商手册》,协助参展商了解展览会相关的各类服务信息和规定。对于无法按时完成或开幕当天匆匆赶到的展商,现场运营小组要有充分的预案,并要求主场搭建、主场运输、场馆方的工作人员到位进行协助。

表6.3　参展商报道时间表

参展商类型　报到顺序		早到 （一般指参展商报到 开始的第一天上午）	晚到 （一般指参展商报到 开始的第一天下午）
按展位类型	特装展台的参展商		
	标准展台的参展商		
按展品类型	有大型展品的参展商		
	无大型展品的参展商		

注:表中的早到、晚到还可以细化为更具体的时间。

（3）展位核对与验收

在展位搭建过程中,组展商还要认真检查展位的楣板制作与安装。这些楣板上标有参展商的单位名称和展位号,有的还有参展商的 Logo 或展品的商标,这些内容关系到参展商的切身利益,需要倍加重视;在参展商布置结束后、闭馆之前的一项重要工作就是全场过道地毯铺设和全场的保洁工作,这对提升大会形象十分重要;所有展位布置完毕后,办展机构还要陪同消防和安全部门对所有展位进行一次全面系统的检查,保障展出及活动现场符合消防和安全的要求,彻底清除展出现场可能存在的安全隐患。

3）展览会物流管理

展览会物流是指为满足参展商展示的特殊需要，将展品、展架、展具、布展用品和道具、维修工具、宣传资料和招待用品等特殊商品及时准确地从参展商所在地（国）转移到展览会举办地，并在展览会结束后再将展品从举办地运回的过程，包括展览会前后的展品仓储、包装、国内运输、进出口报关和清关、国际运输、布展期间的装卸、搬运以及在此过程中的信息流动。展览会物流服务商服务水平的高低是关系到展览会能否成功的重要因素之一。

展览会物流十分复杂又专业，一般交由专业的物流公司来负责，组办方负责联络、监督和协调工作。

（1）展览会物流代理的总体要求

物流业是一个操作规范严格、专业技巧要求很高的行业，行业外人员很难把握其工作和服务的流程。为此国际展览运输协会认为展览会运输代理商的工作主要依赖于三个方面的有效管理，即联络、海关手续和搬运操作。同时他们对报关代理的海关报关工作要求主要有六个方面：联络、展前客户联系、单证办理及通知、最佳运输，现场支持和展后处理。

（2）流程管理要求

展览会物流管理服务于展览会所有需要，能否有助于展览会的顺利进行，是衡量展览会物流管理水平的最终标准。为此，对展览会物流服务的要求可以用一句话来表达：即对所需的展览会相关物品按照指定的时间送达展览会现场，展览会物流的最基本目标就是以最低的成本、最安全的方式向用户提供满意的展览会物流服务。

概括而言，展品运输的基本程序可以分为如图 6.6 所示的四个阶段。

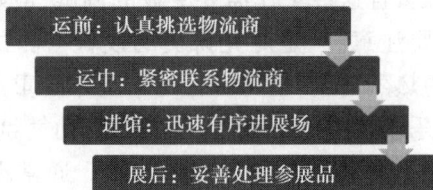

运前：认真挑选物流商

运中：紧密联系物流商

进馆：迅速有序进展场

展后：妥善处理参展品

图 6.6 展品运输的主要阶段

（3）现场管理

一般主场运输商（承运商）受组办方委托全权负责展品的货运代理和现场物流实施，组办方的现场管理人员对其进行监督和协调。安全第一是展品运输管理的关键，另外还必须注意以下两点：

①督促其严格根据在展前制订的物流计划分区域实施展品的就位工作。展览会运营方的现场管理人员根据进馆物流计划掌控进馆的时间进度，协调运输、搭建、展商之间的工作。如预留出主场运输商的货运出入口；督促主场搭建商预留出主要的货运通道暂不搭建；下调参展商自运展品的临时出入口等。

②展品包装箱的堆放管理。这个工作往往会成为现场管理的盲区。组办方有必要在进馆前就指定空箱堆放的区域（可以分为主场运输商区域、参展商自运区域），由监督主场运输

商对所有空箱堆放进行统一管理。除注意整齐和派专人看管外,还应该注重美观和防潮。

6.2.4　展览会现场环境布置

展览会需要布置的现场环境一般是指展览会的公共区域。现场环境布置好,可以为展览会开幕和观众到会参观做好充分的准备。

1)开幕式现场

开幕式现场布置要庄严隆重,气氛要营造得符合展览会定位的需要。

①需要布置好开幕背板、门楼或展览会横幅,并在背板上写上展览会名称,开放时间,展览会的主办、承办、支持单位等组办单位的名称等。

②主席台。开幕式主席台没有统一的规格,大小要以展览会规格、现场空间大小、出席嘉宾人数而定。按照我国风俗和习惯,铺设红地毯是对嘉宾的尊重。

③广告牌。如果有单位祝贺展览会开幕或有企业做现场广告,还要在现场布置好空飘气球或其他广告牌等。

④配套活动场地。若展览会开幕现场有表演,还要按照表演的需要布置好表演的场地。

⑤相关设备进驻和测试。如投影仪、投影幕、笔记本电脑、扩音设备、字幕机、同步翻译机、剪刀、托盘、彩带等。设备的选择需要与开幕式的风格一致,同时也受到展览会规模的影响。展览会工作人员一定要亲临现场对设备进行调试,使之处于最佳效果。

⑥气氛的烘托。为了把开幕式组织得更成功,展览会组织者会采取各种手段来增加开幕式现场的热烈气氛,强化与会嘉宾的现场体验。具体采取哪种方式来烘托,以开幕式的地点和办展机构的经济能力而定,且这些工作需要专业的调试,最好是邀请专业人士来协助处理较为合适。在气氛营造时要注意:一是灯光舞美的设置与测试。良好的灯光安排不但可以产生集聚效果,带动会场的热烈情绪,也可以让每个程序的重点人物觉得受到尊重。二是背景音乐的挑选和测试。音乐既具有舒缓情绪,也具有带动气氛的力量。不同的场合、不同的程序,音乐使用也不同。三是活动手段和形式的选择。通常现场气氛营造还通过摆设鲜花、悬挂条幅、设立拱门、升空气球、无人机表演、聘请乐队或锣鼓队、放礼炮、放鸽子或组织相关表演活动的方式进行(图6.7)。

2)展馆序幕大厅

一般要布置好展览会简介牌,展馆、展区和展位分布平面图、各个服务网点分布图、各参展企业及其展位编号一览表及名录牌、展区参观路线指示牌,展览会宣传推广报道牌、展览会相关活动告示牌、入场通道设置图等。序幕大厅的布置要与整个展览会的气氛相协调,要醒目,容易辨认。

3)各展区公共区域环境

在展览会各展区里,除参展商的展位以外,组展商还要布置以下内容:各展馆(展区)的主要展览内容提示牌、参观路线指示牌、本展区服务网点提示牌、至其他展馆(展区)的路线

图 6.7　广州财富论坛欢迎酒会上 1 180 架无人机表演

提示牌、本展区参展商及其展位编号一览表等。上述内容要布置在展馆（展区）比较显眼或观众容易迷路的地方,这样更有利于观众参观。

4)嘉宾的休息室或会客室

很多展览会在展馆适当的区域开辟一定的空间作为展览会嘉宾的休息室或会客室。这里除配备一些茶水、咖啡和小点心等外,还可放一些关于展览会的介绍资料。如果有必要,还可以为该休息室或会客厅配备专门的服务人员或者翻译。

5)展览会一条龙服务点

为了方便参展商现场租赁各种展具和申请额外的用水、用电,展览会可以在展馆适当的区域设立展览会布展"一条龙服务点",集中处理参展商布展及展览期间租赁展具和申请额外用水用电等各种事务。

6)联络咨询服务中心

为方便参展商和观众,可在展馆序幕大厅、展馆的主通道或其他便利的地方设立联络咨询服务中心,安排专门的人员在该中心负责接待和联系客户,现场处理和回答客户的有关问题。如果展览会规模较大,除此之外,还可以在其他合适的地方再设立一些联络咨询服务点,为客户服务。咨询台是组办机构向参展人员和观众提供服务的主要窗口,同时可以对展览会起到宣传推广的作用。其设计应该充分体现展览会的主题,色彩要与展览会主色调一致。

7)观众登记处和入场通道布置

为方便观众登记和入场参观,展览会要以人为本,精心设计和布置观众登记处和入场通道。

8) 展览会相关活动现场布置

会议、比赛、表演和演示等展览会相关活动是展览会的重要组成部分,展览会环境布置也包括对其举办环境的布置。

上述的布置连同媒体接待的新闻中心布置必须在开幕式前完成。因为展览会一旦开幕,观众就将入场参观,如果展览会现场的各种布置在观众进场后还未完成,那势必会严重影响展览会的现场秩序和展览会的整体形象,影响观众的参观和参展商的展出效果,对展览会发展不利。

6.2.5 展位证件与门票管理

为了便于展览会现场的有效管理,组办机构一般会对各种入场人员实行证件管理,只有持有展览会认可证件的人员才能进入展馆。实行证件管理目的在于维持展览会现场的良好秩序,保证展览会的安全和参展商取得较好的展出效果,同时也是展览会数据统计和信息收集的需要。证件和门票是展览会广告不容忽视的开发资源,也可作为参展者留作纪念和收藏的作用。门票是一种广义的展览会证件,展览会出售门票,有些是为了限制非专业观众进场参观,有些是为了增加展览会的收入。

1) 证件种类

展览会的证件是辨别展览会人员工作类型的主要标识,也是进入展览会展出场所的唯一有效凭证。展览会性质和定位不同,展览会的类别也不尽相同。具体如表 6.4 所示。

表 6.4 展览会主要证件及使用范围

证件名称	使用范围	有效限期
工作证	展览会工作人员	布展、展出、撤展期间
布(撤)展证	参展单位布(撤)展人员	布(撤)展期间
施工证	展位搭建施工人员	布展与撤展期间
参展证	参展单位工作人员	展出期间
专业观众证	专业人士	展出期间
记者(媒体)证	新闻媒体记者	布展、展出、撤展期间
开幕式请柬	参加开幕式的嘉宾	开幕当日
贵宾(VIP)证	办展机构邀请的贵宾	布展、展出、撤展期间
嘉宾证	办展机构邀请的嘉宾	布展、展出、撤展期间
安全保卫证	展览会安全保卫人员	布展、展出、撤展期间
海外观众证	海外观众	展出期间

续表

证件名称	使用范围	有效限期
通用入场证	专业观众、普通观众	展出期间
当日入场券	专业观众、普通观众	入场券票面标注日期内
通用车辆通行证	一般为小型车辆	布展、展出、撤展期间
布展车辆通行证	一般为大型车辆	布展期间
撤展车辆通行证	一般为大型车辆	撤展期间

2）证件设计制作

一般情况下，展览会证件包括以下内容：展览会名称、展览会标志、展出时间、证件名称、持证人姓名及照片、证件编号或条形码及持证须知或注意事项等。

证件的制作水平从一定程度上能反映出一个展览会的规格和档次，同时也能体现出展览会组织机构的策划能力与审美观。设计要点如图 6.8 所示。

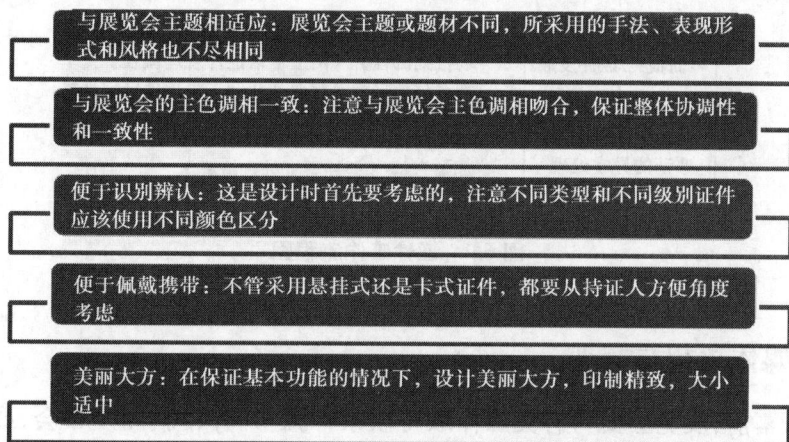

与展览会主题相适应：展览会主题或题材不同，所采用的手法、表现形式和风格也不尽相同

与展览会的主色调相一致：注意与展览会主色调相吻合，保证整体协调性和一致性

便于识别辨认：这是设计时首先要考虑的，注意不同类型和不同级别证件应该使用不同颜色区分

便于佩戴携带：不管采用悬挂式还是卡式证件，都要从持证人方便角度考虑

美丽大方：在保证基本功能的情况下，设计美丽大方，印制精致，大小适中

图 6.8　展览会证件设计要点

3）证件管理

展览会各种证件是供展览会有关人员在展览会不同阶段佩戴、出示和使用的书面凭证。

参展商和组办机构工作人员通常比观众早半小时进场，进行接待准备，展览会一般要求所有进馆人员都必须将有关证件佩戴在胸前，并自觉配合展览会保安人员的查验。所有的证件不得转借、变卖、涂改和一证多用。证件一经制作，不予更换姓名和单位等信息。办展机构还应根据实际情况适当控制展馆里的人流量。有些展览会对普通观众开放并出售参观门票，而专业观众凭专业观众证进馆参观；还有一些展览会对所有观众都出售门票，观众凭门票进馆参观。如果展览会需要出售门票，要事先与当地税务部门取得联系，在取得税务部门的同意后方可印制和出售。证件管理流程和要点见图6.9。

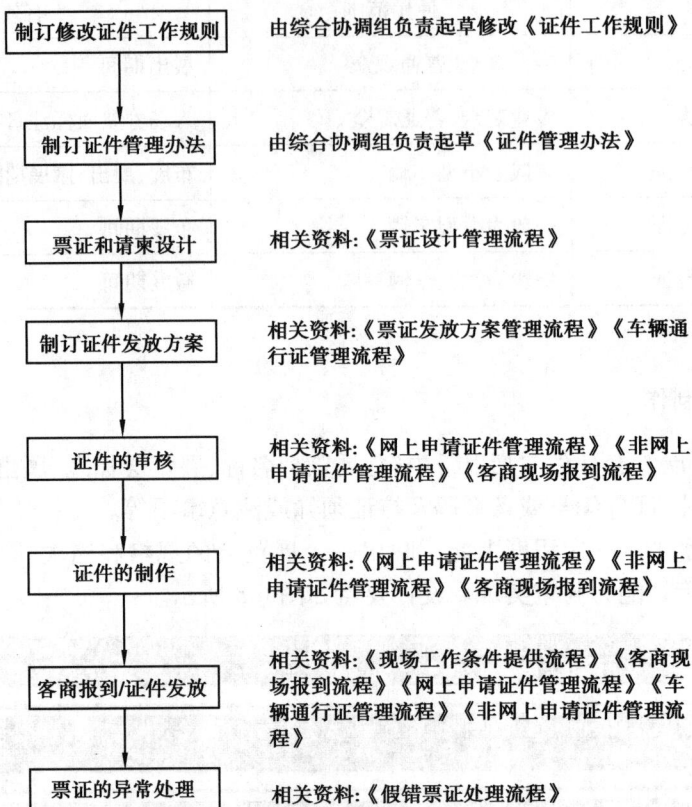

制订修改证件工作规则	由综合协调组负责起草修改《证件工作规则》
制订证件管理办法	由综合协调组负责起草《证件管理办法》
票证和请柬设计	相关资料:《票证设计管理流程》
制订证件发放方案	相关资料:《票证发放方案管理流程》《车辆通行证管理流程》
证件的审核	相关资料:《网上申请证件管理流程》《非网上申请证件管理流程》《客商现场报到流程》
证件的制作	相关资料:《网上申请证件管理流程》《非网上申请证件管理流程》《客商现场报到流程》
客商报到/证件发放	相关资料:《现场工作条件提供流程》《客商现场报到流程》《网上申请证件管理流程》《车辆通行证管理流程》《非网上申请证件管理流程》
票证的异常处理	相关资料:《假错票证处理流程》

图 6.9　证件工作流程图
资料来源:中国国际投资贸易洽谈会会务部

6.2.6　媒体接待与管理

展览会开幕前,展览会要与有关媒体取得联系,为召开开幕新闻发布会,或者邀请媒体记者对展览会开幕现场和展览现场进行采访和新闻报道做准备。

1)新闻发布会

新闻发布会是展览会常用的宣传推广方式,也是展览会与新闻界加强联系的有效办法。展览会从开始筹备到最后开幕,这期间可以组织多次新闻发布会。比如在展览会筹备之初、在展览会招展工作基本结束时、在展览会开幕前、在展览会闭幕时都是召开新闻发布会的绝佳时机。在此时召开新闻发布会,对展览会具有较大的促进作用。

在展览会开幕前,绝大多数展览会都会召开新闻发布会,向外通报展览会的特点、参展商的特点和构成、展览会的招商情况、展品范围、贵宾要求等内容。在展览会开幕前的新闻发布会是十分重要的发布会,很多展览会主办方都会精心组织,广泛邀请记者与会。

2) 新闻中心设置

一般来说,国内 1 万平方米以上的展览会都会在现场适当的地方开辟一定的区域作为展览会的新闻中心或新闻办公室供各媒体和记者使用。在新闻中心里,除了要配备电脑、传真机、写字台、纸笔等供记者写稿、发稿用的必要设施之外,还要配备供休息小憩的茶水、咖啡及小点心等。在新闻中心内,还可以摆放一些有关展览会的介绍资料,如展览会的办展背景、行业概况、展览会特点、相关活动安排计划以及展览会的相关数据等,以便记者在写新闻报道时参考。新闻中心一般只供媒体的有关人员使用,其他人员除非被邀请,否则不准进入。

3) 媒体接待管理细节

新闻是展览会组织公关事务中运用最广和最有效的手段,是建立组织形象的最基本工具。每次接待处理是否得当、合作是否成功,都会或多或少、或好或坏地影响到以后展览会组办方与新闻界的关系。因此,展览会组织方对新闻界的采访活动都应该认真对待并尽可能地加以利用(图 6.10)。

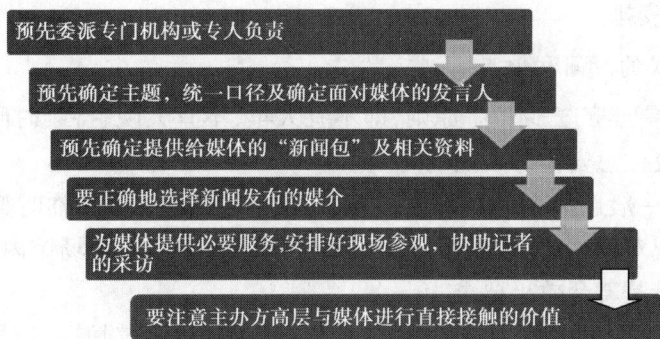

图 6.10　展览会组织方处理媒体关系的基本要点

预先委派专门机构或专人负责

预先确定主题,统一口径及确定面对媒体的发言人

预先确定提供给媒体的"新闻包"及相关资料

要正确地选择新闻发布的媒介

为媒体提供必要服务,安排好现场参观,协助记者的采访

要注意主办方高层与媒体进行直接接触的价值

6.3　展中组织管理

展览会现场工作一般由三部分组成:展览会开幕管理、展览会专业观众登记管理和展览会现场工作管理。展览会开幕组织是展览会现场工作的第一阶段,是对展览会开幕工作的筹划、准备、控制与协调。展览会开幕之后,进入展览会现场工作阶段,这是展览会最重要和最关键的阶段,展览会前期的所有组办工作都是为了这个时期的工作能否顺利进行,这个阶段的工作直接决定了展览会举办的成功与否。

6.3.1　开幕式

展览会开幕式是指办展机构用一种隆重的仪式向社会各界宣布展览会正式开幕,是重要的公关工作之一,也是展出期间的一项较为重要的活动内容。开幕式效果的好坏直接影响到参展商和观众对展览会的第一印象。开幕式涉及的层面很多,事务也很复杂,需要办展机构事先进行周密的部署和仔细的筹划。

1) 开幕式的准备工作

(1) 确定开幕式主题

开幕式主题的确定与展览会定位息息相关,对于连续举办的展览会,其主题需要具有一定的继承性和发展性。一个良好的开幕式主题不但能够高度概括展览会定位、品牌价值,同时也为开幕式的活动流程、发言稿、表演活动等相关策划奠定基本格调。

(2) 确定出席的主要嘉宾

尽管不同类型的展览会开幕式的参加人员会有所不同,但一般来说,参会人员多为政府官员、行业专家、相关行业协会代表、工商界名流、新闻界人士、外交使节、参展商代表等。组展方需要根据出席开幕式的嘉宾名单,做好相关签到及接待工作。同时对嘉宾坐席、剪彩嘉宾名单等进行事先安排。

(3) 确定开幕式的时间和地点

时间的确定需要遵守"三不宜"原则,即不宜太早、不宜太晚、持续时间不宜过长。如果安排表演活动,需要注意安排好表演的时间。

开幕式地点则一般选择在场馆前的广场或场馆内临时搭建的临时舞台。若在室外进行,要考虑天气情况对仪式的影响,做好相关备选执行方案。若在场馆内举行,则要考虑场馆内光源影响,尤其是舞台效果要求。

在确定时间和地点时,办展机构要充分考虑当地当时的天气情况,若恰逢高温或雨雪天气,应通知嘉宾、媒体记者等做好相关准备。

(4) 撰写讲话稿和新闻通信稿

展览会开幕式讲话稿和新闻通稿是主办机构对外宣布展览会正式开幕的"宣言",而新闻通稿还是各新闻媒体报道展览会的主要依据和参考资料。新闻通稿写得好与不好将直接关系到媒体和记者对展览会的印象,也会影响到媒体和记者对展览会进行报道的积极性,所以组办机构要认真准备。新闻通稿的主要要求:一是定位要准确,充分反映展览会重点;二是需要体现展览会的新闻亮点,通过醒目而方便阅读的方式向媒体记者呈现展览会新闻亮点;三是内容需要包含对展览会情况进行系统而全面的介绍。

(5) 展览会资料准备

对于前来参加开幕式的嘉宾,组办方一般需要为其准备展览会资料袋,包括展览会基本情况介绍、展览会会刊、展览会相关活动安排、展览会参观指南和展览会纪念品等,使与会嘉宾对展览会有更加全面的了解。为方便媒体记者对展览会进行报道,开幕期间往往还为其提供"新闻袋",除了以上资料外,还提供展览会开幕时新闻通信稿、展览会背景介绍、展览会相关数据等。

（6）开幕式的场地及会场布置

开幕式现场布置需要庄严隆重，同时符合展览会的基本形象和定位，并凸显展览会特色。现场需要做好签到处布置，同时开辟休息室或会客厅供与会嘉宾使用，此外，还要根据当地有关规定通知相关部门安排好停车、引导、保卫、消防等工作，避免造成现场混乱。

（7）表演、烟花燃放等专项活动

一般来说，这些活动应交给专业公司进行安排，既可以提高工作效率，也能取得较好效果。

2）展览会开幕式规划与程序

开幕式的规划与执行是整个活动的灵魂，也是决定整个活动成败的关键。虽然时间不长，但需要考虑的层面与关注的细节却是最为精细的。成功的开幕式基本上取决于三个部分的妥善规划与执行：事先的规划、切实的执行、灵活的应变。

（1）事先资源盘点与预算规划

任何大型活动的主/承办方都希望开幕式能盛大召开，吸引注意，并且发挥影响力。这种理想的实践需要各种资源的配合才能落实。资源盘点的清单如图 6.11 所示。

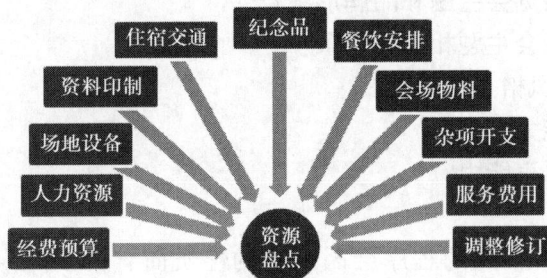

图 6.11　开幕式资源盘点项目清单

（2）细节规划及流程设置

预算和规划确定之后，承办方就应该根据主/承办双方的共识，针对开幕式的工作进行各项细节规划。细节规划要点和执行要素主要有：

①议程安排。开幕式的议程安排是指导整个活动的蓝本。议程安排规划的问题如表6.5 所示。

表 6.5　议程安排审核问题清单

序号	事项	规划问题清单
1	嘉宾介绍	需要介绍哪些？顺序如何？如何介绍？
2	嘉宾发言	哪些嘉宾需要发言？顺序、主题是什么？是否需要准备讲稿？是否需要翻译？
3	专题演讲	是否安排？由谁讲？题目为何？时间多长？
4	现场演示	是否安排？展示什么？如何展示？时间多长？由谁解说？

续表

序号	事项	规划问题清单
5	娱乐节目	是否安排？什么节目？如何表演？如何介绍？由谁介绍？需要哪些设备？需要哪些人员？
6	抽奖活动	是否安排？抽哪些奖？由谁抽奖？如何颁奖？由谁主持？
7	举杯祝贺	是否需要？由谁发起？
8	颁奖活动	是否需要？由谁颁奖？谁要受奖？奖杯、奖座、证书由谁准备？
9	闭幕式的议程安排可根据开幕式的安排加以修改	

②人员配备。开幕式举行时间虽然不长,但基本上需要有前台人员、后台人员和现场人员等作为常设人员,以保证开幕式顺利进行,达成预期效果。其中后台人员对各种设备的操控必须熟稔于心,专业性要求很高。同时为应对突发事件,还需要准备应变人员,以备不时之需。

③司仪/主持人遴选。一个出色的司仪/主持人,对于整个开幕式表现起画龙点睛之效,让整个流程行云流水,令人难忘。主持人/司仪的遴选要点如下:

- 仪表是否适合展览会主题和品牌形象?
- 是否具有与展览会主题相关的背景?
- 态度是否开朗,风格是否幽默?
- 是否具备应变能力?
- 是否具备多种语言能力?
- 报酬如何?

④流程设置。每个开幕式的程序会因活动的性质而有所不同,不过大体程序相当(图6.12)。

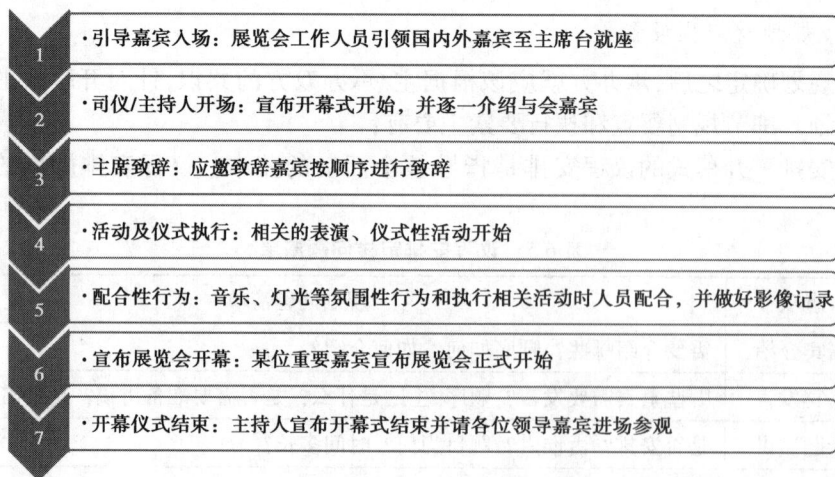

1 · 引导嘉宾入场:展览会工作人员引领国内外嘉宾至主席台就座

2 · 司仪/主持人开场:宣布开幕式开始,并逐一介绍与会嘉宾

3 · 主席致辞:应邀致辞嘉宾按顺序进行致辞

4 · 活动及仪式执行:相关的表演、仪式性活动开始

5 · 配合性行为:音乐、灯光等氛围性行为和执行相关活动时人员配合,并做好影像记录

6 · 宣布展览会开幕:某位重要嘉宾宣布展览会正式开始

7 · 开幕仪式结束:主持人宣布开幕结束并请各位领导嘉宾进场参观

图6.12　展览会开幕式流程示意图

（3）应变措施

所谓"计划赶不上变化"，再缜密的计划也往往会因为一些不可预期的因素或突发状况发生，而无法按照既定的程序顺利进行。因此，灵活多样的应变措施就显得尤为重要。一般来说，可能出现的突发与意外情况包括嘉宾的脱稿演出、参与者发生健康问题、会场秩序和安全维护出现问题等。

3）开幕式现场组织管理

（1）开幕式现场检查

这里主要是指对开幕式现场布置和相关设备的最后检查以及工作。在开幕式开始前，组办机构工作人员一定要按照开幕式的原定设计方案，对各种设备及参与人员进行详细的检查，确保开幕式的顺利进行。在开幕式开始前，还要根据邀请嘉宾人数的多少和级别，做好贵宾室的安排，供参加开幕式的贵宾休息之用。贵宾室的数量要以参加开幕式贵宾人数而定，对高级别的贵宾或领导人要单独安排一间贵宾室，在贵宾室内，组办机构要安排一定数量的服务人员分别负责贵宾签到、题词、戴胸花或贵宾签、送茶水和热毛巾等服务工作。另外，还要做好贵宾的迎接与引导工作。在开幕式现场，组办机构要做好车辆停放、安全、保卫、消防以及开幕式现场气氛烘托等工作，营造出与展览会定位相适应的热烈而隆重的气氛。

（2）现场组织安排

开幕式因为涉及范围广，对安全保卫与其他活动参与人员的安排和管理等工作尤显重要。随着仪式的推进，应重点关注以下事项：

①领导和嘉宾的接待和引导。对于重点嘉宾，需要安排专门的外联人员在展览会接待处进行嘉宾签到及引导工作。

②引导参展商和观众。

③做好现场秩序维护。开幕式现场人流密集，同时聚集大量重要嘉宾，组织者需要联合安保人员做好现场秩序维护及重点嘉宾安保工作。

④控制突发事件。开幕式负责人要根据活动进度，把握各环节时间点，及时灵活协调解决各种突发情况。

（3）媒体接待与管理

"媒体是一种只能搞好不能搞坏的重要关系"。展览会的影响力与媒体的参与报道直接相关。组办机构可以引导不同的媒体从不同的方面对展览会进行连续或跟踪报道，以提高展览会的社会知名度和扩大展览会的影响力。同时应该为新闻媒体报道提供方便，除了提供定位得当、全面系统的新闻通稿外，可以附上展览会背景资料、与会嘉宾介绍、相关活动日程以及相关图片等，以提高展览会新闻的全面性和吸引力。

6.3.2　参展商现场管理

展览会现场是组办方维护客户关系，加强客户沟通的重要机会。

1）接待服务管理

展览会报到是组办方与参展商接触的首要环节，是组办方对参展商进行现场服务的"第一印象工程"，一定要引起组办方各现场工作人员的重视。报到工作中应该注意以下几个重点：

（1）报到地点的选择

参展商报到一般在展馆、合作接待酒店和展览会组办方办公场所等地点进行。大部分展览会报到地点在展览会现场，一般设置在展馆出入口或主通道附近，并注明"参展客商接待处"或"主场承建商服务处"等字样，便于寻找。

（2）接待工作内容及流程

针对不同时间报到的参展商应做好接待和处理的程序、服务对象和工作重点。入场前，应将报到时间和地点清晰地告诉参展商；在报到现场，应核对参展商身份，发放参展证，并把相关事项和文件连同参展商服务手册一并交予。为避免信息沟通不畅、信息不对称而引起麻烦，组办方负责展位销售、财务以及现场协调人员应共同参与报到工作。

（3）工作服务规范

热情、周到、细致的报到接待服务是良好的开端。

2）租赁服务管理

为了向参展商提供更为贴心、细致的展览会服务，方便企业参展，帮助参展商提升展位整体展示效果，展览会组织者应该为展览会现场提供相关的设备、设施的租赁安装调试服务，或与主场承建商合作并共同提供服务。这些相关设施设备包括展具、花卉绿植、音频会议、投影仪、电器等。

3）现场广告管理

展览会现场是组办方履行参展商宣传展示承诺的重要场所。展览会现场的参展商广告宣传是参展商吸引观众眼球，提升自身品牌影响力的重要渠道，广告载体开发和广告位设置是主办单位获取收入的重要来源。因此，展览会组织者要落实现场广告宣传载体和广告位的具体情况，制订明确统一的广告政策，做到对所有参展商一视同仁。对于广告中错误的参展商信息需要及时排查更正，以免影响参展商的广告效果。

4）参展商行为管理

对参展商行为的管理主要依据参展合同和参展商服务手册的有关规定来进行，如对参展商展出时的表演、演示及可能产生的噪声进行管理等，以维护大多数参展商的利益，保证展览会的顺利进行。

5）现场联络与服务

展览期间，所有参展商都亲临展览会。展览会组织方在展前向参展商提供包括展览会介绍、展馆地址、展馆及其周边交通平面图、周边餐饮、住宿设施等指引资料,为参展商提供便利的信息服务。在展览会期间,更会抓住机会,亲自到各参展商的展位拜访参展商,或者邀请参展商座谈,与他们联络感情,了解他们的需求,征求他们对展览会的意见和改进建议,在现场解决参展商各类困难和问题,并及时为他们提供各种服务。

6)参展商投诉处理

展览会参展商众多且需求千差万别,加上展览会工作千头万绪,现场难免会出现各种各样的问题,甚至引起参展商的不满。组织者一定要认真接待和积极处理各种投诉,做好每一个细节。

7)知识产权保护工作

展览会既是企业进行最新产品及技术展示、行业信息分享与交流的平台,同时也是侵犯知识产权行为的滋生地。组展方一方面要保护参展商的合法知识产权;另一方面要对违反知识产权相关法规的参展商进行处理。对此,组展方可以做好以下工作:在展览会现场显眼处张贴知识产权保护公告;设立专门的律师咨询和办公室为参展商及观众提供知识产权保护咨询;对于展览会出现的各类知识产权纠纷,及时联络展览会举办地知识产权管理部门进行协调解决等。

6.3.3　针对观众的管理与服务

专业观众是展览会的重要资源之一,组办机构一般对专业观众到会情况都极为重视,并安排专门的程序对到会的专业观众进行注册登记和现场服务。

1)登记注册管理

登记的实质就是精确地收集和记录那些参展个人的统计资料及其他方面基本信息的过程。尤其对专业观众登记并做好数据统计是展出现场管理的重要环节。首先就是维护展览会入口处的良好秩序,确保每一位观众都能通畅、便捷地进入展览会现场。其次是展览会观众数据库重要的信息来源,对组办方建立营销数据库改善客户关系管理和调整宣传推广策略具有重要的作用。另外,观众信息是评价展览会品质的主要依据。

登记管理的主要规则如下:

①观众注册和登记处应有显著标志,便于观众及时找到并办理现场注册手续。注册可以分为网上登记和现场登记两种。网上预先注册要明确说明到现场后该以何种方式来确认(核对)。必须指出的是,展前登记是整个展览会是否成功的晴雨表,对展前的登记反应将提供关于组织方的营销努力是否成功以及通过提供某些项目来满足观展者需求的尝试是否有效的关键信息。直接现场注册则需要在现场有明确标注,安排专人指引、咨询和维持秩序。

②现场登记要求计划周详且关注细节。首先是确定现场登记区布局和布置。一般由组展方与综合服务商、登记代理商、场馆服务代表共同决定。然后用设计图纸来放映相关设施:柜台、展台、设备、电力电缆、电话线、排队位置、手册及封套等的存放。一旦现场登记区

已经规划到位,就要把注意力转向现场登记流程中可能出现的问题。为避免排队拥挤,要有足够登记台和填表台,尽可能采用新兴智能技术,并尽可能与引导检索系统、电子信息中心、产品定位器等统一起来。媒体记者和贵宾应有专门入口、登记台和接待室。

③若展览会只对专业人士开放,必须在招展手册、登记表和入口处明确注明。并提前告知观众,必须出示自己的身份证明,如名片、驾驶执照、营业执照、公司介绍信、生产税号等。同时告诫登记和保安人员只允许专业人士入场,不得例外。观众在参观时必须佩带相关证件。

④观众登记信息的及时收集。为确保观众登记的信息确实有效,工作人员必须确认所有观众填写表格的所有内容(一人一表),在多数场合仅仅索要名片是不够的。

一张好的登记表格是登记系统成功的关键。这张表格应当设计得简单易填,而且能正确地搜集到展览会组织方所需的人员统计信息,从而为其营销战略的制订以及满足参展商和观展者的需求奠定基础。观众登记表一般包括三个方面的内容:一是观众基本信息,如观众单位性质、参观人员职位以及联系方式等;二是关于展览会情况的相关调查,包括参观目的、感兴趣的产品及技术、获取展览会信息的渠道、观众在产品购买中的角色等;三是观众的联系方式等。登记表格设计应该醒目、有诱惑力,填表说明要清晰明了,问题设计要合理,力求简单,并与展前登记的保持一致性。

⑤注重数据统计分析及管理。当天登记的数据应在闭馆前送到组办方现场办公室,并录入电脑。在电脑中设定相应的统计程序可以帮助最后统计分析,更可为每日现场发布展览会信息的宣传刊物提供数据。同时要记住,登记流程本身是一个很重要的研究工具,应予以充分利用,制订准确的观展者和参展商文档。通过这些动态数据库的建立就可以制订长期的规划,并进行数据挖掘以调整并完善展览会的营销策略与计划。另外,还应注意数据的经常更新,以真实反映展览会的最新情况以及整个行业的行情。

2) 办理证件

专业观众完成观众登记手续后,就可以在观众登记处办理专业观众证件,凭证进出展馆。

3) 检查门票

检查观众的门票是展览会组织者进行统计的需要,也是保证展览会现场安全的基本要求。其基本程序是:当观众从入口进场时,工作人员将要求其出示证件或磁卡,并使用检票工具对证件进行扫描,以此在门禁系统中记录持证人已经进入展馆;当离开的观众重新入馆时,应再次进行门检,以进行验证。如今人脸识别、智能证票系统极大地简化了相关程序。

4) 展览会参观指南的编制和发放

办展机构一般要准备以下几种资料:参观指南、观众登记表、相关证件、门票、会刊等资料,主要向专业观众、媒体记者以及与会参观的嘉宾发放。

为方便观众参观展览会,组办方通常会编印展览会参观指南。好的参观指南犹如展览会的指南针,指引观众更便捷地参加展览会,并指引某一参展企业的具体位置,同时也大大减轻了组办方现场咨询服务工作的压力。

参观指南主要包括四个方面的内容:一是展览会的基本内容,包括展览会 Logo、名称、时间和地点、组办机构名称和展品范围等;二是展览会的简短介绍,主要包括展览会的规模、参展企业数量和来源、展品特点、展览会相关活动安排等;三是展区和展位,主要包括展览会的展区展位划分图、各展区的位置和范围、各参展企业名单及其展位号一览表、大的或知名的参展企业的名字及具体位置等;四是其他有关图表,主要包括展馆在该城市的位置、展馆周边交通指南、展馆内部交通图、展馆内各服务网点的分布图等。参观指南的编写一切都是从观众的需要出发,为了方便观众到会参观,因此,参观指南一定要编写得实用、简单明了、条理清楚、一目了然。

5) 会刊赠送或出售

展览会会刊是本届展览会所有参展商的有关信息的汇编。它作为展览会为参展商提供的一项宣传服务,是参展商进行企业及产品技术宣传展示和品牌塑造的重要方式,能够有效地弥补展览会现场参展商及目标观众信息不对称的缺陷。展览会组织者通过多种渠道将会刊进行扩散,主要采用两种方式:一是赠送,对象主要是行业协会、商会、外国驻华机构及所有参展商,也部分赠送给专业观众;二是定价出售,对象主要是专业观众。

展览会会刊一般要收录以下信息:单位名称、地址、联系人、联系方式(如电话、传真、电子邮件、网址、微信公众号等)、产品及技术介绍,产品主要面向的市场范围等,同时还会标明该参展商在本届展览会的展位号以便观众寻找。除此之外,还会附上展览会展区和展位划分平面图。某些品牌展览会的会刊因影响力大,还会在会刊上专门刊登企业或产品广告。

编印合理的会刊能够向观众更加全面地展示参展商的情况,将参展商及观众的对接从展览会现场延伸到展后,提高商务对接效率,其编印是一项十分细致和烦琐的工作。会刊的编印原则如图 6.13 所示。

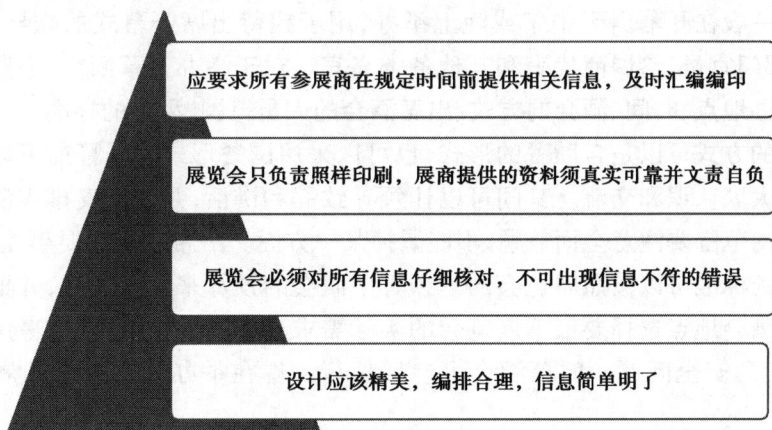

- 应要求所有参展商在规定时间前提供相关信息,及时汇编印
- 展览会只负责照样印刷,展商提供的资料须真实可靠并文责自负
- 展览会必须对所有信息仔细核对,不可出现信息不符的错误
- 设计应该精美,编排合理,信息简单明了

图 6.13　会刊的编印原则

6) 对观众的服务管理

对观众尤其是专业观众的服务,是衡量展览会质量的主要指标,也是观众认为展览会对其重视的重要标志(表6.6)。

表6.6　展览会对专业观众(含展商)的现场增值服务

1	现场咨询服务	可在现场单独设立接待台,为专业观众提供咨询服务、处理投诉等
2	商业撮合/项目对接服务	为参展商、专业观众与潜在商业伙伴确定现场洽谈的时间和地点
3	餐饮	餐饮服务根据展览会组织者与场馆签订的协议而定,可以通过餐饮服务商或推荐场馆及周边餐饮设施
4	休息	这是展览会组织者为参展商和买家的基本配套服务
5	娱乐旅游	可以通过指定旅游代理商或参展商赞助两种方式完成

6.3.4　其他现场组织管理

1) 配套活动组织管理

展览会期间,组办方及参展商往往会同期举办一些如论坛、峰会、新闻发布会、开幕酒会、颁奖、竞赛、表演等活动,这就要求展览会组织能够及时进行协调管理工作,避免混乱。组办方需要在活动前对活动时间、场地布置、活动流程等做详细的策划与安排。活动现场需要安排专人对活动流程进行把控,及时做好疏导、秩序维护等工作。

①开(闭)幕式酒会。这是展览会的一项重要公关活动,可以很好起到促进或改善组办机构与参展商、行业领导、媒体及相关利益团体关系的作用。

开幕酒会一般在开幕当天中午或晚上举办,用于招待出席开幕式的领导、行业协会代表、行业主管部门官员、参展商代表和其他各类嘉宾。对于举办开幕酒会,展览会要事前安排好酒会的举办地点、时间、酒会的方式、出席酒会的人员范围、酒会的标准。

开幕酒会的方式可以是自助餐的形式,也可以采用围餐形式。开幕前可以安排一个小型鸡尾酒会供大家认识和交流。其间可以让领导致辞和讲话,并适当安排表演活动活跃气氛。出席人员的范围要注意全面兼顾,不能漏掉某一方面。出席总人数要事先统计好,并提前通知。酒会的标准可以按照展览会的总预算中酒会的预算来具体安排,并根据预算做好酒会的安排。酒会地点选择要根据展览会的实际需求选择酒店档次,同时考虑酒店的接待能力、便利程度和安全问题。闭幕酒会可参照执行。现在举办闭幕酒会的展览会已经不多了。

②各类展览会现场会议。主办方实际上是现场会议服务的总承包商,负责将参展商的要求同具体提供单位(如广告公司、场馆方、餐饮公司等)协调和落实。在会议开展后,由运营组中的专人负责每天和各个会议主持方(多为参展商)确认、移交、结算,并在现场应对可

能发生的临时问题。

2）安全组织管理

展览会现场安全保卫工作的重要性不言自明。主要对象是搭建商、运输商和全体展览会参与者。由于展览会在短时间内集聚大量人流，如车展、动漫展等人流特别密集的展览会，以及孕婴童产品展、老年产品展等参观人群为特殊群体的展览会，需要展览会组织者做好周密严谨的安全管理规划。现场安全主要涉及三个方面：消防安全、人身安全和展品安全。因此，展览会的安全保卫工作主要是防止可疑人员进出展览会现场，消除各种安全隐患，保护参展商和观众的人身安全，防止展品丢失和被盗，做好展览会的消防安全保护，防止展台记录及其他秘密资料或情报被非法窃取或合法套取，协调参展商处理一些安全保卫方面的工作。展览会安全管理工作要注意以下事项：

①成立专门的安全部门。组展商应至少于展览会举办前一个月与消防、卫生、公安及场馆方保卫部门主动联系，成立专门的安保部门，并科学部署安保力量。在具体工作中本着全面部署、重点加强、留有机动的原则，既不浪费人力，也能发挥效能。

②制订科学的安保方案，并突出实战演练。强化分析预测，对安排工作进行具体计划和设想，并组织实战演练，强化参展部门之间的磨合。

③强化关键环节控制。如展品安全涉及四个阶段：进场布展、展出参观、闭馆和撤馆，其中进场布展和撤展期间是最关键的阶段。参展商必须遵守展览会的一系列安全规定，并严格按规定办事。

3）保洁组织管理

展览现场的保洁分别由场馆方、主场搭建商和特装搭建商分工负责。其中场地公共区域的清洁工作由场馆方负责，如通道、厕所、餐厅灯。展台内的清洁工作按"谁搭建、谁负责"的原则来分工。若搭建商在布展前向场馆方交纳了清洁押金，则在清理完毕后可到场馆方设置的现场服务台或其他相关管理部门进行确认并领还清洁押金。

4）现场交通与物流管理

对现场物流和交通的控制是展览会活动全面控制的至关重要的部分。事实上，交通也属于物流的范畴，只不过这里的"交通"主要指现场的交通工具、停车场及线路的规划，如展品运输车辆、巴士（往返于地铁或机场与场馆之间）、出租车、参会人员的自驾车、停车场等。2015 年 5 月 15 日至 18 日，中国国际医疗器械博览会（CMEF）系列展在新开张的上海国家会展中心（即"四叶草"）举办。可容纳 40 万人的四叶草却暴露了严重的问题，展览会期间最大日客流达 18 万人次，引起道路拥堵的连锁反应，让上海西半边的交通陷入瘫痪。通信阻塞，酒店爆满，餐饮崩溃，平时只要 300 多元的如家，瞬间提价 3 倍，高达 900 多元。首日闭馆的参展厂商表示，一个半小时在车库里只移动了一个篮球场的距离，现场地铁上不去，出租车打不着，车挤车，人挤人。"一个展览会搞瘫半座城"，成为全国的关注焦点，至今影响还在。

展览会现场的物流管理十分烦琐,哪怕看似简单的停车场事务,也要充分考虑到展品运输司机、贵宾、参展商和专业观众的不同需求。

对于大型展览会活动而言,现场交通与物流管理的负责人至少应该掌握:一份相关联系人名单;场馆地图;展品抵达场馆的时间;现场交通规划草图;紧急情况应对计划;现场联络点,包括安全员和志愿者的联系方式。

5)新闻管理

展览会经常采用的新闻公关活动是举行记者招待会、编发系列新闻稿、专题采访报道、召开新闻发布会、邀请媒体记者参观、安排专家学者专访等。展览会开幕后,可以适时邀请记者参观和采访展台,如有重要活动或贵宾参加,还可以安排记者专访,继续提供新闻稿。

6)现场人流管理

展览会场内人流一般由流向、流量和流速三因素组成。人流是场地因素之一,也是设计需要考虑的因素之一。为此,组织者应该了解人流规律,并适当进行控制管理,以便达到特定的商业交流目的,使参观者按照展出者的意图参观展台。

(1)人流规律

①自然环境形成。在入口、出口处人流的流向比较明确,在主道、服务区域等处人流流量比较适中。就展台而言,富丽堂皇的大展台、有操作表演的展台、散发纪念品的展台人流比较多。

②自然习惯形成。在随意走动的人群中会有一种现象,就是人随人。人群由有目的的和无目的的个体组成,有目的的人走某个方向,往往会带动一大帮人。另外一种习惯是几个人围观往往会招来一大堆人。还有一种习惯是人们往往避开空旷的地方而选择走边道,尤其是人流量少的时候更是如此。

③自然心理形成。有一种潜意识现象称为心理适应,观众进入展览会后往往先走上一段路,感到适应环境后再开始细看展。观察更细的研究称大约在第一个走道一半的地方,也就是第 5 个展台之后,观众才开始选择观看展台。但是也有研究与此相反,称观众通常对靠近入口的展台花费时间最多。

④自然本能形成。据观察,在北半球,人们进入一个大厅后,大多数人会自然地向左转,然后沿顺时针方向走。据称这是地球顺时针方向绕太阳旋转等自然倾向使然。

(2)控制原则

关于流向,要争取让观众看遍展览会,看到每一件展品。关于流量,一般认为一个展览最佳的观众容量为通道净面积每平方米每小时一人。考虑到目前参展商的展台大部分是开放式的,所以这一容量是比较理想的商业交流环境。关于流速,主要要求在于通畅、避免堵塞。针对观众开放的消费品展览会拥有大量的观众,要考虑大流量和比较快的流速;针对零售商的展览会的观众流量相对小一些,流速也会慢些,因为观众即客户可能要进行简短的生意洽谈;针对批发商、进口商的展览会,观众流量相对最小,流速最慢,因为观众(就是客户)

可能要进行比较长时间的贸易洽谈。

（3）控制方法

展览会组织者（设计人员）应根据展出目的，结合展品特征、展览会背景及展馆条件，通过巧妙的设计、周到的布局、明确的标志，直接、间接地引导人流。

①通过展示内容控制人流。展示内容安排有序，同一内容的展台按顺序排在一起，并排在同一边，以便人流比较有序；展示点安排均匀，吸引人的展品不要太集中，以便使人流比较稳定；在岔路口，在希望的人流方向安排能吸引人注意的展品、装饰，以引导人流方向；在出入口不要设置有趣的展台，以免人流堵塞。

②通过场地布局控制人流。利用封闭式、开放式设计，展台的自然布局，以及开敞面、入口、出口引导人流。

③通过设置道具控制人流。利用问询台、登记台以及其他展具的位置引导人流。

④通过指示标志控制人流。指示标志有场地示意图、路标、彩道、绳索等。

本章小结

所有的展览会活动都有现场。现场（临时性呈现）是展览会组织方的共同目标，而且现场组织是展览会计划的具体落实和办展水平的直接反映。良好的展览会现场组织质量和水平是展览会实现差异化发展的重要资本。展览会现场管理是一个系统工程，从布展接待、设计搭建、开幕设计与组织、展场服务与控制、展览会现场信息开发与管理、场馆设施与服务、展览器材与管理、现场突发事件管理、撤展组织与服务等都是必不可少的工作。

展览会现场管理工作事无巨细，庞杂且不可逆，稍有不慎，就可能诱发风险。它从多方面、多维度考量组办方对展览会项目的把控和管理能力。在实际运作中，展览会组织方还需要根据展览会活动的性质、目的、规模、预算等各种相关条件加以权衡取舍，才能为具体的展览会活动完成最适合、最完美、最具创意性的现场管理工作。

【延伸阅读】

1．"登记流程中组织方所需的重要信息"，参见：桑德拉·L.莫罗.展会管理实务：会展艺术［M］.武邦涛，等译.2 版.上海：上海远东出版社，2008：363-364，373-376.

2．"展务服务常见的问题"，参见：程爱学，徐文锋.会展全程策划宝典［M］.北京：北京大学出版社，2008：193-196.

3．陈国华.现场管理［M］.2 版.北京：北京大学出版社，2018.

复习思考题

【知识链接】

1.如何正确地认识展览会现场及其管理工作?

2.展览会现场管理的主要原则是什么?

3.展览会现场管理过程各个阶段都包含哪些主要工作内容?

4.展览会开幕式的组织筹划主要涉及哪些工作?

5.展览会人流的规律是什么? 控制人流的方法有哪些?

【思考再三】

1.展览会现场管理从一般性来划分可以分解为外围环境管理和展览会环节管理两个方面。本节我们更多关注于展览会环节管理。请思考,若从外围环境管理来说,可以包含哪些工作? 其管理要点何在?

2.参展商与观众的支持是展览会长期运作的根本保障。展商的展览会行为研究成为展览会参展商现场管理的基础。试用参展目的行为的不同,对展商进行分类并提出相应的管理策略。

【走进实践】

1.选择本城市中一个代表性展览会为其拟写现场观众登记方案,尤其是登记表的设计。

2.选择某个活动(展览会、会议、节庆、活动等),为其创意并设计一个详细的开幕方案。

第7章
展览会收尾与评估

【学习目标】

1.理解展览会后续工作的重要性;

2.了解展览会收尾的主要工作;

3.掌握展览会客户关系管理策划的主要内容及客户跟踪的目的;

4.了解展后评价工作的基本内容和步骤;

5.掌握展览会总结的主要内容和作用。

要赢得比赛,首先你必须完成比赛。同样,常常是到项目结束才能实现收益。

——英国皇家采购与供应学会(CIPS)

【开篇案例】

第十届××国际××展览会展后报告

一、展览会成果

1.展区一览

第十届×××展总面积达 50 000 平方米,陆上展区 20 000 平方米,水上展区 30 000 平方米。

(规划平面图略)

2.展览会数据

2017 年是展览会第十个年头。荣誉承载过去,开拓旨在未来,展览会不断推动游艇产业一年一个台阶走向繁荣,砥砺扬帆,一路见证游艇文化和大众消费市场的蓬勃发展。展会 4 天入场观众超过 25 000 人,较 2016 年增长了 40%,参与游艇帆船出海体验近千人,展会现场成交船艇 23 艘,均为钓鱼艇和帆船等亲民化的船。

本届展览会展出展品涵盖豪华游艇、钓鱼艇、帆船、快艇、摩托艇、发动机、通信导航、船用五金、船艇设计等各类游艇及其相关配套设施设备,并且配套展出名车、红酒、洋酒、高尔夫、航海用品等滨海生活相关产品,多家参展商携众艘现艇组团亮相。参展实船近百艘,并以亲民性极高的钓鱼艇、帆船等海上休闲竞技类船艇为主,使普通大众能够真正接触和感受海洋休闲生活的魅力。

（展览会合作品牌示意图略）

3.参展商风采

（布展参展商图片略）

4.展后调研

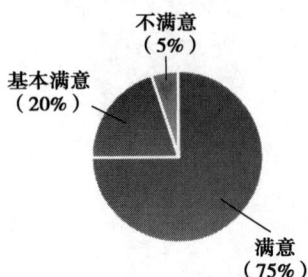

对展馆的整体布局的满意度

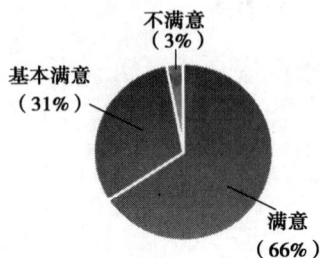

对展览会配套活动的满意度

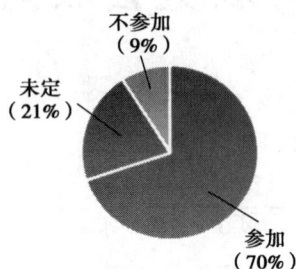

参展商是否参加下届展览会

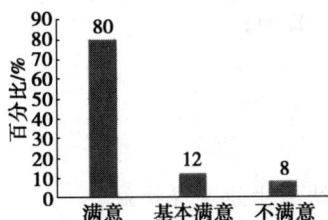

客商对展览会展馆秩序满意度

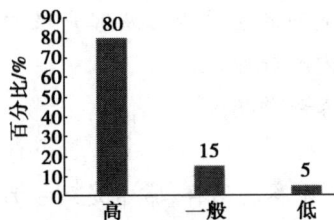

对展览会专业性评价

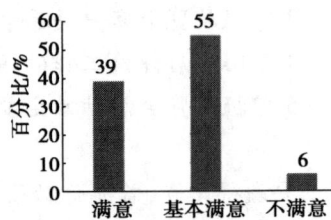

参展商对专业客商满意度

二、展会亮点

1.品类齐全,一站式满足需求

本届展会吸引来自意大利、澳大利亚、英国、法国、德国、美国、日本等20多个国家和地区的国际知名品牌参展,涵盖阿兹慕、法拉帝、博纳多、亚诺、汉斯、蓝高、卡福、蒙帝菲诺、巴伐利亚等进口知名游艇品牌。

2.深度合作,搭国际交流平台

本届展会进一步加深与神仙湾游艇展的合作,扩大澳大利亚展区规模,展示澳大利亚的游艇生活方式,并邀请悉尼游艇展创始人前来观展及指导,交流学习国外先进的办展经验。

同时举办中国俱乐部杯帆船挑战赛对抗赛,吸引外籍船员参与。

3.跨界融合,滨海生活新风尚

本届展会现场活动精彩纷呈,线上互动趣味十足,众多跨界活动将健康活力与滨海生活相融合。展览会活动覆盖全面,既向青少年一代传播航海文化,也向大众全面传递滨海生活的魅力。

（配套活动一览表略）

(1)海洋之歌·乐团专场音乐会

活动时间:××××年××月××日××时

主办方:××××

承办方:××××

以海为乐,倾听海洋的旋律。组委会联袂××乐团,赋予海洋以生命的通感,唤醒大众保护海洋、探索海洋的意识,奏响海洋之歌,奉上一场触碰灵魂的专场音乐会。

(2)××之夜——游艇产业发展交流会

游艇产业发展交流会是展览会携手中国××呈现的专业游艇产业交流平台,也是游艇企业共享商机的合作平台。本次交流会将汇聚企业高层、权威专家、财务精英、社会名流,打造一场高规格、专业化、国际性的游艇产业盛宴,共同推动游艇产业蓬勃发展。

(3)海洋能量瑜伽

瑜伽是一种达到身体、心灵与精神和谐统一的运动方式,而大海的广袤和其蕴含的能量,能让修习者感受天地万物的互动和共振,体验无边无际的宁静。在游艇上迎着海风,聆听海浪的浅吟低唱,在海洋中感受身心灵的合一。本届展会特邀专业瑜伽培训机构的明星老师和学员为现场观众带来赏心悦目的瑜伽表演和互动性极强的亲子瑜伽,从不同角度诠释滨海新生活的独特魅力。

(4)游艇模特大赛总决赛

游艇模特大赛作为××国际游艇展的重要配套活动之一,历年来都是游艇展上一道亮丽的风景线。它将"模特"与"游艇"两个焦点完美融合,通过展示参赛选手充满朝气、青春亮丽的形象,体现精致游艇生活的气质与魅力。在游艇与模特的相互映衬下,让游艇展成为培育游艇文化的良好平台。

(注:其他活动省略)

4.激情扬帆,畅享亲水嘉年华

丰富多彩的趣味巡游,浓郁的全民亲水氛围,通过大众互动方式,打造全民亲海的滨海嘉年华!

(1)趣味线上互动

亲民化是本届游艇展的主旋律。为响应海洋周打造"海洋城市嘉年华"的目标,本届展会进一步增加了市民及游客的参与度,大众可通过"趣味游艇挑战赛"、"郑和带你浪"线上手游及现场互动获取门票,降低大众观展门槛。本届展会引进现场梦幻海底虚拟现实(VR)体验游戏,微信免费打印照片,并结合线上手游推出滨海主题冰淇淋,真正打破游艇行业孤高印象,让更多人贴近感受滨海生活的独特魅力。

游戏名称	参与人数	参与次数	转发量
趣味游艇挑战赛	1 526	2 501	2 501
郑和带你浪	2 518	4 856	862

(2)亲民嘉年华

● 现场互动获取展会门票

● 微信免费打印照片

● 通过线上手游获取海盐味冰淇淋

● 微信朋友圈大范围推广

三、媒体报道

1.官方媒体(平面媒体部分摘选)

4个本土的报道版面截取图(略)。

2.官方媒体(电视媒体部分摘选)

4个本土电视媒体栏目的报道截图(略)。

3.媒体参展商(行业报道部分摘选)

列举了9个全程支持媒体的名称和Logo。

4.自媒体"海之蓝"公众号系列报道

列举了5篇推文名称和推送时间。

展览会项目最后的部分往往最有价值,在项目结束时会有越来越多的成果与经验。遗憾的是,目前我国的许多展览会组织者往往只关注展览会的前期和中期工作,忽略了展览会评估和后续服务的重要性。展览会后的工作是展览会项目不可替代的重要组成部分,展览会组织单位应该做好展览会后的策划与实际工作,以赢得更多展商的持续参展和相关利益团体的青睐。展览会后的工作主要包括四个方面:闭幕管理、展后撤出工作、客户跟踪、展后总结和评估。

7.1　展览会闭幕管理与展后撤出工作

7.1.1　展览会闭幕管理

闭幕式是指会议、展览会、赛事和庆典活动等结束时举行的正式仪式。展览会的后续组织管理基本上是从活动的闭幕式开始。由于展览会活动形式的多样,闭幕式的举行与规划方式也各不相同。

开幕式的意义在于宣告展览会活动的正式开始,闭幕式则是宣告展览会活动的正式结束。一般来说,开幕式突出的是庄严、隆重的氛围,闭幕式则多一些欢乐的气氛。这两种仪式的进行程序与工作要点基本相同,只是传达的信息与期望达到的目的有所不同。闭幕式的程序与相关条件和开幕式差不多,而且使用的设施基本相同,并且也由相同的人员进行操作。

近年来,为响应精简会风的号召,大部分展览会都简化甚至取消了闭幕式。

1)闭幕式的主要形式

闭幕式的作用是对展览会期间取得的一系列成果进行总结和发布,同时对参加展览会的参展商、观众、媒体以及其他利益相关方致谢,并对下一届展览会进行展望。因此闭幕式的形式多种多样,除了常规的以会议的方式,对展览会期间取得的成果进行汇总外,还有以下方式:①文艺节目表演;②嘉宾晚宴(酒会);③领导致辞;④颁发奖项等(图7.1)。

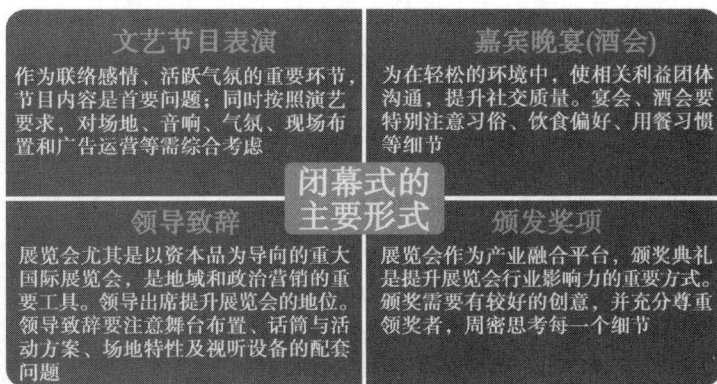

图 7.1　闭幕式的主要形式

2) 闭幕式的注意事项

(1) 闭幕式风格与方式

组办方要根据展览会的形式,在筹划之初就决定闭幕式的风格与方式。要确定闭幕式的开场形式是有声光的放映,还是只有简单的专题报告,其中是否要有背景音乐的暖场(开放式:现场交响乐、鼓乐团;封闭式:放背景音乐);是否为配合国际嘉宾的出席,进行传统仪式与节目表演;是否安排嘉宾晚宴,还是仅仅有领导致辞闭幕等要素进行考虑。

(2) 创造现场效果

营造气氛作为场景设计最为重要的环节,是组办方协同主创人员从中考虑,究竟希望创造出什么效果,传递何种情调。如主席出场的爆发力、千万彩带碎片从天而降、气球齐飞、烟花表演、和平鸽飞翔、无人机表演等。

(3) 交通安排

通常,闭幕式和晚宴都会由主办方派出专车,从指定地点接送与会嘉宾至晚宴会场入口处,再由迎宾人员接手送至嘉宾席的座位,会后提早等候嘉宾出场。对于无须安排专车的受邀人员,应在邀请函中注明抵达和离开会场的方式。

(4) 礼宾人员

礼宾人员是展览会为客户提供优质服务的重要保证。司仪、礼宾人员应该按照嘉宾的情况合理搭配,并做好培训工作,甚至针对重要嘉宾做好一对一的服务议案。

7.1.2　展后撤出工作

撤展阶段组织者主要服务对象为参展商及相关撤展施工人员。组办方需要做好展品放行及相关物流运输管理,与安保人员合作,确保现场展位的拆除及展品离场的人员及财务安全。

1) 撤展工作规划

（1）撤展工作主要内容

展览会结束后，展览会组织方需要对项目人员、设备、展品等撤出工作进行策划和管理，保证展后撤出的顺利进行（图 7.2）。

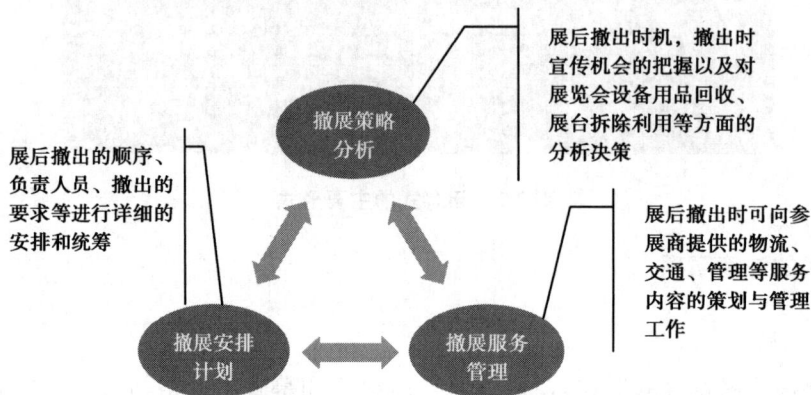

展后撤出的顺序、负责人员、撤出的要求等进行详细的安排和统筹

展后撤出时机，撤出时宣传机会的把握以及对展览会设备用品回收、展台拆除利用等方面的分析决策

展后撤出时可向参展商提供的物流、交通、管理等服务内容的策划与管理工作

撤展策略分析

撤展安排计划

撤展服务管理

图 7.2　展后撤出工作的主要内容

（2）撤展服务的工作内容

撤展不仅仅是拆除展台，还包括参展商的展品重新打包和转运离馆、组办方和参展商的场地清理、组办方和场馆方的场地检查等多项工作。组办方在撤展期间的主要工作内容及标准如表 7.1 所示。

表 7.1　撤展的主要服务工作

工作项目	工作内容	工作标准	具体描述
展品处理	展览会结束后，展品的处理方法有：出售、赠送、销毁或回应，必要时应提供协助	协助参展商妥善处理展品	要求参展商事先做好准备，回运时要注意包装箱的存放及领取问题
展具退还	参展商将所租用的展具予以归还，办理相关的费用缴纳、发票开具、押金退还等一系列手续	协助参展商顺利退还展具	协调好各方面的关系，帮助参展商及时将所租用的展具退还场馆相关部门或指定搭建商
展品出馆控制	各类物品出馆控制，以确保参展商展品及财务安全	严格执行出门证管理制度	参展商向组织方申请出门证，场馆保安人员检查放行
展位拆除	对于标准摊位或由参展商委托施工的展台，由指定搭建商负责拆除；特装展台由参展商负责	安全操作、恢复场地原貌	要正确预计工作量，留出足够的时间，避免因匆忙造成失误和损失；特别要注意人员和消防安全

续表

工作项目	工作内容	工作标准	具体描述
展场清洁	及时清除撤展产生的废弃物料	及时清除	关系到展览会形象的大事,要重点提醒可能造成大量垃圾的展位
安全管理	既包括参展商个人和展品安全,也包括其间整个展馆现场的安全	加强安全和消防保卫工作	定时巡逻,严格查检,及时消除各种安全隐患

（3）详细制订撤展工作计划

撤展工作计划应该在展览会开始之前制订好,并与相应的规定或条例一起提前向参展商公布,其主要内容包括撤展时间、车辆的进出路线、展品临时集货区、废弃板材及垃圾临时堆放点、撤展证件办理、展品统一搬运服务、租赁物品退还流程、押金退回方法等。在正式撤展前,主办方要及时提醒参展企业,了解他们的具体准备情况,及时发现准备违规撤展的行为并坚决劝阻,同时要认真处理好特殊问题。

2) 撤展管理

（1）撤展会议

撤展会议也称撤馆会议。一般在撤展前一天的上午召开,这样可以在当日下午就把有关情况以书面形式通知各个展商,以便安排第二天的撤展工作。

撤展会议是组办方在现场召开的重要会议之一,旨在商讨撤展的各个环节,明确各个单位的职责。所以应该最大范围包含展览会各个利益相关团体,可以包括组办方、主场搭建商、主场运输商、场馆方、安保公司、保洁公司、交警等。如有必要,还应邀请大展团的代表或以大型机械为展品的参展商一同出席会议。

撤展会议的主要议题是决定撤展的具体时间。在撤展会议上,要求主场搭建商、主场运输商拿出具体的撤展计划,特别是物流顺序和时间计划,这直接影响到撤展的秩序和安全等重要因素。

会议结束后,组办方要立即将撤展要求以书面形式发到各个展台,并要求参展商签收,把具体的撤展开始和结束时间、断电时间、开出门证的地点等具体通知参展商。同时,务必要告诫参展商不要私自提前撤展。

（2）撤展进行中的管理工作

撤展组织与布展一样,最重要的是要控制时间,进行时间管理（图 7.3）。为此主办方首先要将确切的起止时间准确地通知参展商,让参展商理解时间限制的不可变更性;其次,要加强现场管理,维持好现场的交通秩序,设法提高工作效率。撤展要求协调一致,在坚持撤展会议决定的大前提下,考虑适当灵活处理。要注意是否有需要当晚加班撤展的参展商,要检查展馆设施是否有损坏并及时处理。

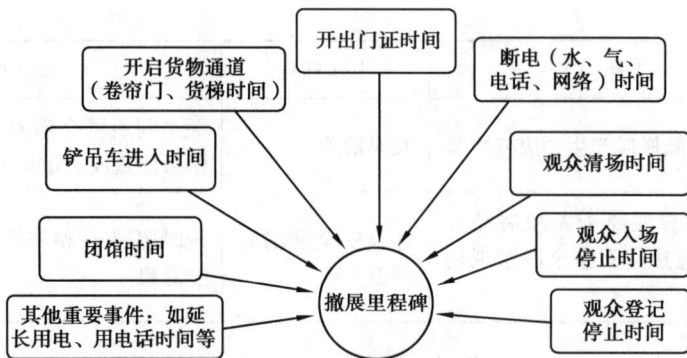

图 7.3　撤展里程碑

现场组织工作到位，工作流程设计合理，撤展就会顺利。合理的流程设计将会给撤展工作带来极大的便利，否则就可能出现秩序混乱、浪费时间、展商抱怨等现象。一般流程如图7.4 所示。

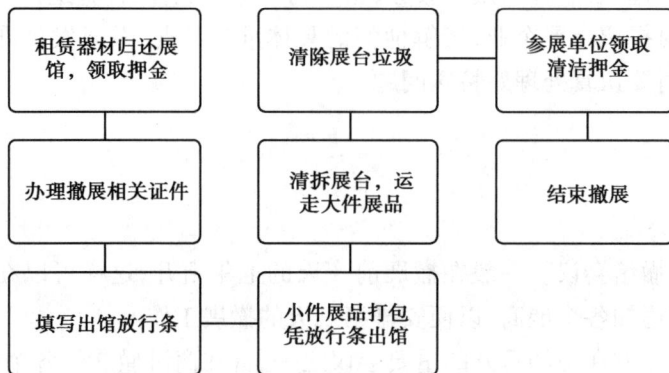

图 7.4　参展商撤展的一般流程

7.1.3　结算及整理等工作

1）费用结算

全场断电后，查看展馆的电表读数以便结账，核对并确认现场费用的清单，约定时间后当场结清费用。办展机构业务人员与场馆工作人员核对展览会租用面积、展位类别和各项服务收费，为展览会闭幕后的结算做准备。

2）整理物资

将组办方所有的现场资料和设备等整理后运输。

7.1.4　宣传报道

如果展览会达到预期的展出目标，展览会组织者往往会举办记者招待会或发新闻报道稿，以介绍展出成果、参展商和观众的收获为重点。将展览会回顾和总结性资料提供给新闻界，通过媒体广为宣传，进一步扩大展览会的影响。

7.2　展览会客户跟踪

由于展览会的特殊性,展览会组织机构对客户的跟踪应该贯穿于展览会组织和运营的全过程。这是客户关系管理①在展览会组织与运营中的集中体现。这里主要介绍展览会结束后一段时间内可能会跟踪服务的相关内容。

7.2.1　客户关系管理与客户追踪

客户是展览会最重要的资源,同时也是展览会持续发展的唯一依靠。客户关系管理应该贯穿于展览会的全过程之中。有计划、有组织地开展展后客户服务和后续管理工作有利于提高工作效益。有美国的调查表明,如果展后闭幕后继续进行与新客户的沟通和交流,展出的销售额可以增加 2/3。因此,美国著名展览专家艾伦·可诺派奇建议展出者将预算的 15%~20%用于后续宣传和后续工作,并在展览会筹备阶段就针对后续工作制订出计划。

展后客户关系管理是项目方对展览会结束后如何继续维护客户关系,促进良好长期合作进行安排,其主要步骤如图 7.5 所示。

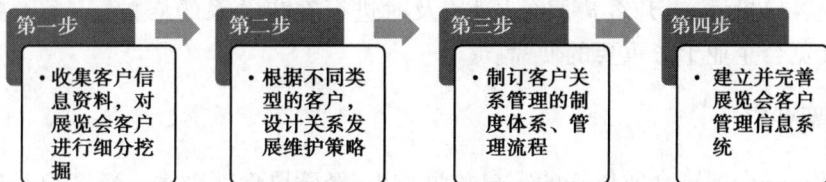

图 7.5　展览会客户关系管理策划的步骤

然而,目前我国会展行业中大多数组展商往往在每一次展览会闭幕之后,就立即投入下一届展览会的筹备阶段,普遍忽视展览会的后续工作的重要性。事实上,展览会工作是长期性的、周期性的,组办方与各个相关利益方(即客户)的互动关系是长久的。展览会现场短暂的面对面接触相当于"播种",为组办方建立客户关系提供平台,而展后长期的跟踪交流和持续服务才是耕耘客户关系的重要过程。

7.2.2　客户跟踪目的

展览会结束后的跟踪服务主要是针对参展商/客商进行的,其主要目的有以下四个:巩固客户对展览会的认知;树立展览会品牌形象;提升客户满意度;为下届展览会预热等。如何通过良好的沟通机制和完善的服务体系,使用什么样的方式与手段开发和留住客户,并不断增强客户的忠诚度,是展览会组织者运营和管理的中心议题。

---

① 客户是展览会和展览会运营机构最重要的资源,客户关系管理必须作为展览会运营的一个功能。本书因篇幅所限,暂不做更深的讨论。

1) 留住老客户

在市场经济的今天,留住一个老客户比挖掘一个新客户更难。一般来说,客户的发展过程为:潜在客户—新客户—满意的客户—留住的客户—老客户。失去一个老客户所受到的损失往往需要 8~9 个新客户来弥补,而 20% 重要的客户可能为你带来 80% 的收益。展览会结束不久,参展商和观众对展会的印象仍然存在于记忆中,如果此时展览会组织者能抓住机会,深入与客户发展关系就容易得多。记忆是印象的延续,印象是在展览会上留下的,记忆是在跟踪服务工作中加强的。跟踪服务做得越早,效果就越明显。如果在展览会闭幕后不迅速联系,目标客户就会失去在展览会上产生的热情,这也就意味着失去了这些客户。据美国专门研究参展商和观众记忆率变化的机构研究表明:参展商和观众在展览会闭幕后 5 周对展览会情况的记忆从 100% 迅速下降到约 60%,之后有所反弹,原因可能是展览会组织者的跟踪服务产生了作用。

2) 挽回流失的客户

在现有市场条件下,客户成为展览会组办方最重要的资源,也决定着企业的命运与前途。据统计,我国大部分展览会组织者平均每年的客户流失率高达 25%,因此如何留住客户、挽回流失客户,提高客户的忠诚度已经成为展览会品牌建设的关键。通过访问流失客户、正确处理客户投诉、提升客户服务质量、及时进行客户关系的修护,乃至于提高客户忠诚,也成为展览会企业十分重要的使命。

3) 开发新客户

一般来说,一个展览会所依托的客户数量越少,经营风险就越大。新客户是展览会发展的持续动力,因而每个展览会组织方都应该积极拓展客户群,并注重对小规模参展商的培育。新客户的开发过程就是一次完整的销售过程,基本流程如图 7.6 所示。

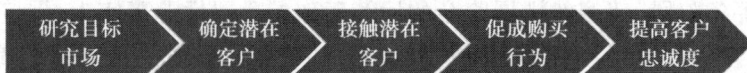

研究目标市场　→　确定潜在客户　→　接触潜在客户　→　促成购买行为　→　提高客户忠诚度

图 7.6　开发新客户基本流程

7.2.3　客户跟踪服务工作

后续工作作为展览会日常工作的有机组成部分,应该融合在展前、展中和展后全过程。抓住及时跟踪、后续跟进、客户反馈等核心节点,持续改进,完善服务水平,提高客户忠诚度。

一般情况下,后续工作由客户部、销售部、技术部等部门负责,其主要依据是展台记录。在展览会期间应建立完善的展台机制,以便在后续工作中派上用场。其主要工作内容如图 7.7 所示。

向客户邮寄展后总结报告并致谢	• 向目标客户及各相关利益团体邮寄展览会总结，并表示感谢 • 对重要客户可以登门致谢，甚至通过宴请方式表示谢意 • 展览会一个重要目的就是给展商及客户提供情感交流的场所，让他们喜欢展览会、喜欢活动，这是工作的出发点
更新展览会客户数据库	• 客户数据库是展览会成功举办的重要条件，也是办展机构的宝贵财产。成功的展览会往往是那些重视客户关系管理工作，能够及时根据客户作出改进的展览会 • 更新客户数据库。主要包括：参展商数据、观众数据，及对各种展览会配套服务商的资料更新。同时应重视动机、目的等深层次问题
媒体跟踪报道	• 展后总结性宣传不仅是将本届展览会的举办成果对社会和客户做一个交代，更为下一届展览会做舆论准备 • 一般在展览会结束的1~2天内刊发消息，对展览会进行全面回顾及总结。发布形式可以是通过大众媒体、门户网站、简报、自媒体或感谢信等，注意目的性不要太强，情感性要足
搜集意见与建议，发展和巩固客户关系	• 展览会是长期、动态的服务型产品，展后保持与客户的情感联络，并不断提高其满意度，赢得有价值的客户，是展览会运营的首要问题 • 对客户意见和建议的收集应全方位、多渠道，可发送展后调查表或征询表，既改进了展览会组织和运营工作，又展示了组织者对客户意见的重视
处理展览会可能遗留下来的问题	• 展览会闭幕后，办展机构要组织力量及时解决展后遗留下来的问题，不要将问题拖到下一届展览会，更不要让这些问题影响到下一届展览会的筹备工作
准备下一届展览会	• 展览会的组织和运营是一个循环的过程，本届展览会的开始就意味着下一届的工作开始。包括策划工作、制订展商和观众邀请方法、选出推广方案等 • 展览会策划与营销的创新，不因展览会是新创立还是举办多届而减弱

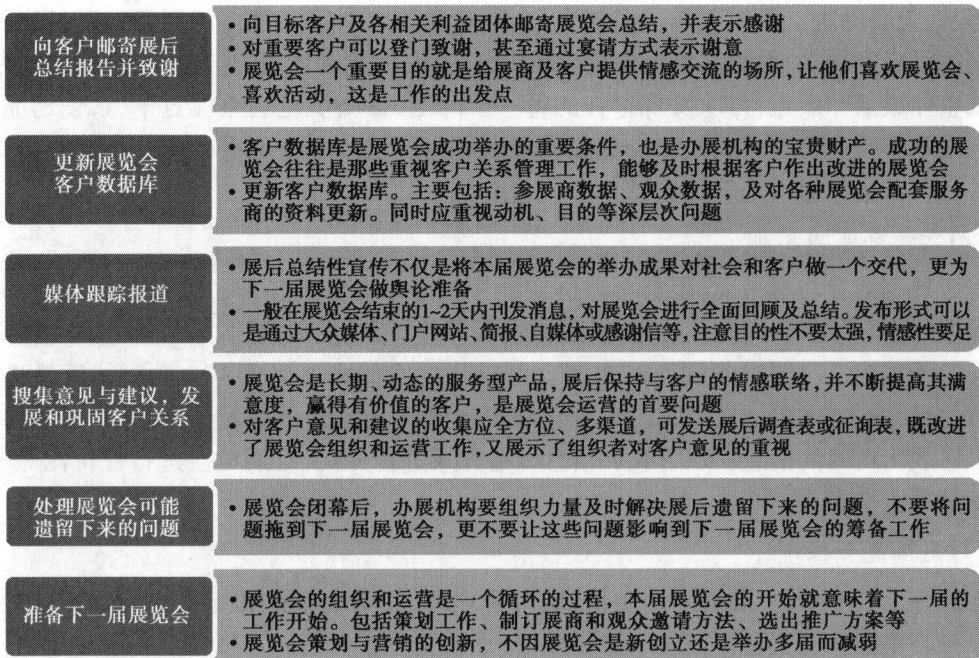

图 7.7　展览会展后客户追踪服务内容

7.3　展览会评估

评估过程也称展后分析，包括对规划和筹办的所有方面及效果进行系统的分析评价的过程，评估结果可以用来改善项目管理工作。客观科学的展览会评估可促进展览会不断进步，是培育品牌展览会的必经之路。展览会评估是展览会运营的重要环节，不可或缺。

7.3.1　展览会评估意义和特点

展览会项目评估是展览会项目评估人员对展览会项目工作及效果进行系统的分析评价的过程。

1）展览会评估的意义

以系统的观点加以考察，任何一个展览会管理系统都应该具备决策、设计、运转控制和检查评价四个子系统。显然，展览会评估属于检查评价子系统。在展览会组织管理过程中，其根本作用是通过对展览会决策、展览会策划、项目执行的信息反馈，对展览会管理的对象实施反馈控制。对客观科学的展览会发展和提升具有重要意义。

（1）对展览会组织者

对于展览会组织者而言，展览会评估有利于提高展览会项目管理水平，提高展览会质量,创建展览会品牌。具体工作内容如下:一是全面评价展览会计划的制订情况,发现展览会计划的优点和缺陷,及时调整展览会发展方向,提升展览会质量。二是全面总结和评估展览会的整体成效和效益,力求发现存在的每一个问题,提高展览会整体竞争力,创建品牌展览会。三是客观评价整体成效和扩散效应,展示项目优势,争取城市政府等外部支持,同时也为往后项目运作提供基础性支撑。

(2)对参展商和客商

对于展览会参与者来说,展览会评估有利于改进参会参展工作。通过对参展商和客商参会参展的实际效果和满意度进行全面的分析、评价,及时发现问题,采取措施,在参加下一届展会时予以改进。同时参展商和客商也可以从自身的角度对展览会的整体质量进行评估,通过参展成本、展出效果、成交额、观众和媒体的反映等多个层面进行评估,帮助参展商或观众对展出期间的信息获取方式和信息传播方式进行分析,对展览会进行性价比对比,选择合适的展览会参与。

(3)对展览会城市

在城市会展业中,主要有三个主体:城市管理者、展览会企业和行业协会。其中展览会企业是核心单元。展览会评估对于展会城市(展会管理者)而言,主要体现在两个层面:①展览会评估是行业主管机构实施宏观展览会行业管理的重要手段。展览会评估能及时发现业绩良好的展览会企业和具有品牌效应及可持续性的展览会项目,建立优胜劣汰的警示机制,规范市场秩序,保护会展经济和保障弱势群体的意义。②展览会评估是测算展览会对举办地辐射带动效应。展览会评估效果可以有效反映展会的政治、经济、文化价值,成为当地产业转型升级和城市品牌营销的平台效应的重要参考指标。

2)展览会评估的特点

评估研究是评价行动、方案或项目的一种正式客观的方法。展览会管理层可以利用评估研究获得反馈信息,以评估和控制展览会及组织采取的战略和战术。以下几点既是展览会评估的特点,也是基本原则。

(1)科学性

科学性是指研究人员必须通过科学的方法获取当前展览会决策中有效的、相关的、准确的、可靠的、有代表性的信息。孙子兵法曰:"经之以五,校之以计,而索其情。"在展览会评估中,要求评估专家在方案设计、定义问题、采集数据、分析数据等一系列过程中都必须严格遵守科学规律,尤其是科学运用抽样设计、数据收集和统计分析等方法。

(2)客观性

客观性是指展览会评估过程中,尊重客观事实,真实准确地反映客观情况,避免主观偏见或人为修改数据结果。我们自始至终都坚持强调客观的科学研究是准确性的保证。

(3)保密性

保密性主要体现在研究人员有责任对赞助方和参与者两个方面保密。客户的信任和受调查者愿意接受调研是展览会评估存在的前提。

(4)针对性

一次展览会评估是针对一个特定的展览会进行的,而且一次展览会评估需要作出具有针对性的分类评估,即展览会项目每一个方面要有专属于它的详细评估。

7.3.2 展会评估的内容

在展览会评估过程中,确定评估的内容是非常关键的步骤。展览会项目评估的内容覆盖面很广,评估人员应该根据项目的评估目的,紧密围绕展览会利益相关团体的利益和需求,选择展览会的评估内容,尽可能客观全面,并有所侧重。对此,王艳平、吴志才、王春雷等学者认为展览会评估包含:展览会基本信息评估、展览会效果评估、展览会价值评估和展览会管理评估等方面。刘大可则从展览会的整体产品要素出发,认为展览会评估包括核心要素评估(展品和展位、参展商、专业观众)、展览会形式要素评估(开幕式、研讨会、会刊、广告、特殊活动)及展览会附加要素评估(展览会代理服务、现场服务、网上展览、后续跟踪服务)。

本书从项目管理和 ISO 质量体系出发,认为展览会评估包括展览会工作评估、展览会质量评估和展览会效果评估。

1)展览会工作评估

展览会工作评估是指对整个展览会项目的管理工作涉及的质量、效率及成本效益进行评估,目的是通过对展览会实施过程的实际情况进行分析,了解展览会管理水平,利于改进工作。既可以采用定性方法评估,也可以采用定量方法评估,如图 7.8 所示。

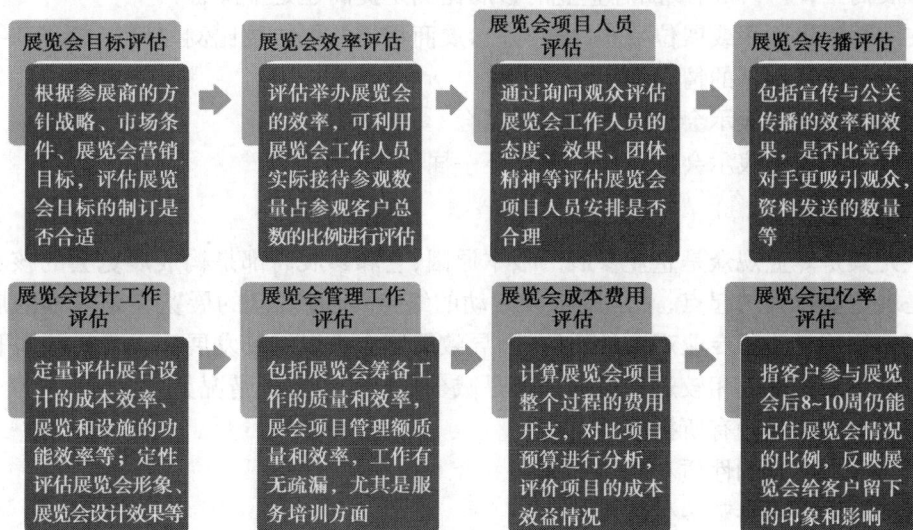

图 7.8 展览会工作评估的主要内容

其中展览会营销工作评估是展览会组织工作中一个重要内容。

2）展览会质量评估

主要考虑的是参展商企业和参观观众的质量情况及其满意度评估。通常采用定量指标进行评估，如图 7.9 所示。

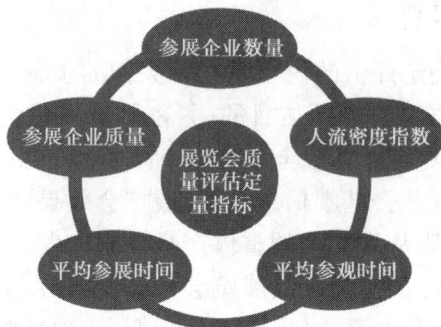

图 7.9　展览会质量评估常用的定量指标

（1）参展商评估

参展商租赁展位以及投放广告的费用是展览会最重要的收入来源，做好参展商的服务是展览会最重要的工作。因此在展览会评估中，参展商要素是必不可少的内容。首先足够多的展商介入是展览会得以运转的关键。其次，展商质量是保证展览会持续性和影响力的关键。调研主要问题如下：

①参展商中，行业龙头企业或骨干企业的比例是否有所提高？或参会的行业龙头企业或骨干企业在行业中所占的比例是否有所提高？

②参展商中，境外知名或品牌企业的参展比例是提高还是下降了？

③在实际展出面积或展位数中，境内外参展商租用的展位数比例如何？

④以上数据三年来的情况如何？

⑤有多少参展商表示会参加下一届展览会？

⑥有多少参展商表示会推荐他人参加下一届展览会？

（2）观众评估

观众尤其是专业观众是企业参展的根本原因，它和参展商都是构成展览会的核心要素。观众既是展览会行为的起点，又是展览会活动的终点，没有观众的展览会是失败的展览会。许多展览会往往忽略了专业观众的重要性，导致展览会难以持续发展。主要问题如下：

①境外观众的比例相较过去是增加还是减少了？三年来的情况如何？

②观众的规格是否有所提高？

③观众所在单位的性质和规模如何？

④每个观众平均参观多少天？

⑤专业观众中有多少表示会参加下一届展览会？

⑥有多少观众表示会推荐他人参加下一届展览会？

（3）客户满意度评估

用什么指标来测评客户的满意度是进行客户满意度调查的关键。主要问题如下：

①参(观)展的核心价值是什么? 如何评价?

②对展览品牌价值的具体要求是什么? 如何评价?

③展览相关服务应包括哪些内容? 达到什么水准? 如何评价?

④决定参(观)展的主要影响因素有哪些?

⑤哪些因素是影响刻画满意度的驱动因素? 哪些是影响客户满意度的激励因素?

评估客户满意度的目的是改善参展商和观众及相关利益团体对展览会和展览会服务的体验。展览会组织机构的资源有限,不可能在短期内有效解决影响客户满意度的所有问题,通常会针对相关问题划分轻重缓急,先重点解决那些影响重大的问题。对于客户满意度的调查可以分为总体满意度、组织工作满意度、配套服务工作满意度和其他工作(如展馆设施、城市环境等)满意度等,每一部分又可细分为各项指标。

3)展览会效果评估

展览会效果评估是展后评估的重要组成部分,也是展览会主办者最关注的内容。主要内容如图 7.10 所示。

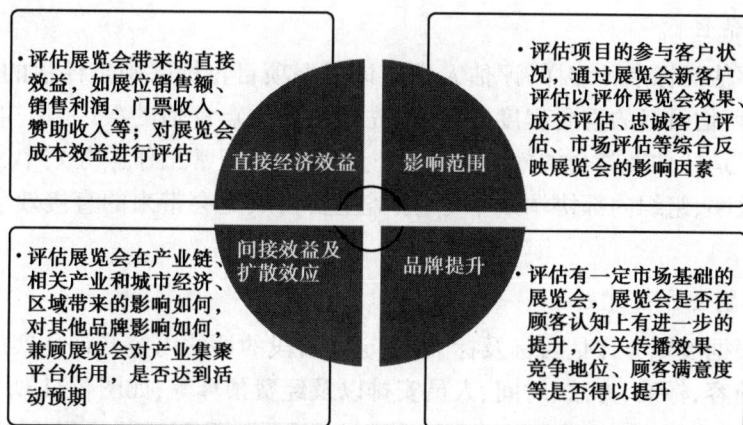

图 7.10　展览会效果评估内容模型

7.3.3　展览会评估过程

展览会评估贯穿于展览会的前、中、后期,是一个连续的过程。

1)制订展览会评估计划

(1)确定评估主体

展览会项目评估既可以由展览会项目的组织方进行,也可以由行业协会和展览会项目组织聘请或委托专业评估机构进行。从目前行业的实践情况来看,组办商自评和第三方评估并不能相互取代,两者各有优缺点(表 7.2)。

表 7.2　两种评估方式的优缺点比较

组办商自评		第三方评估	
优点	缺点	优点	缺点
沟通便利	增加工作负担	专业性强	沟通难
灵活性大	客观性较差	公信力强	费用高
费用低	专业性不足	减少工作负担	程序多

展览会应该使用哪一种评估方式,主要取决于展览会组织者对评估的要求、自身财力和人员实际情况。一般来说,处于起步阶段的展览会规模较小,工作简单,财力有限,组办商实施评估的内容较为简单,要求不高,可以考虑使用自评。对于大型的国际展览会而言,规模大,工作繁杂,人力资源稀缺,展览会评估涉及的内容多,要求高,专业性强,比较适合第三方评估。

(2)确定评估目标

展览会的评估目标多种多样,评估人员应该根据项目目标来确定评估的具体目标和主要内容,并依据评估目标的重要程度,排列优先评估或重点评估的次序。一般来说,展览会评估的主要目标是评估展览会的效率和效益。效率包括正常工作服务效率、处理紧急情况和突发事件的效率、组织内部协调效率等;效益主要指展览会带来的直接效益、间接效益及社会文化效益。

(3)制订展览会评估计划

评估人员根据展览会评估目标及标准,确定各阶段的评估内容及评估实施计划,包括评估目标、对象、内容、标准、方法、时间、人员安排以及经费预算等,如图 7.11 所示。

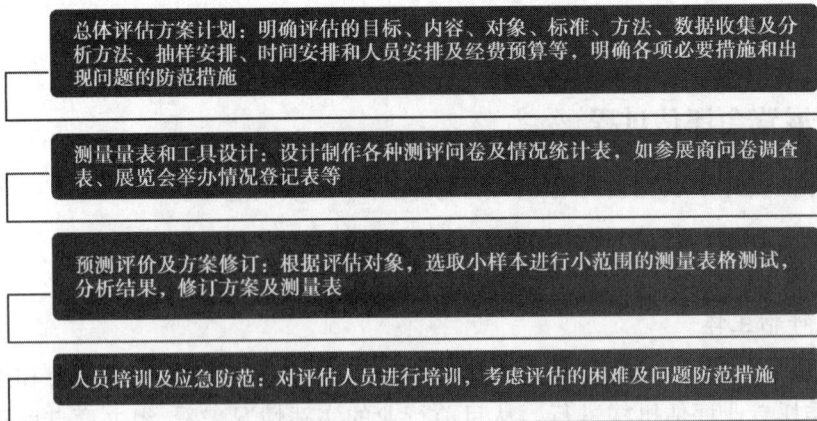

总体评估方案计划:明确评估的目标、内容、对象、标准、方法、数据收集及分析方法、抽样安排、时间安排和人员安排及经费预算等,明确各项必要措施和出现问题的防范措施

测量量表和工具设计:设计制作各种测评问卷及情况统计表,如参展商问卷调查表、展览会举办情况登记表等

预测评价及方案修订:根据评估对象,选取小样本进行小范围的测量表格测试,分析结果,修订方案及测量表

人员培训及应急防范:对评估人员进行培训,考虑评估的困难及问题防范措施

图 7.11　制订展览会评估方案的主要内容

2) 选择评估标准，建构评估指标

展览会评估人员应该根据展览会项目评估目标来确定展览会评估的指标体系和标准，并确定其权重和内在关系，从而对各指标进行评估或赋值，得出评估分值和结果。

展览会效果的评估标准包括展会整体成效、宣传效果、交易效果、财务效果、社会效益等。展览会评估标准的主次划分应该根据展览会性质、定位、主题、在城市和产业中的角色等确定。如贸易型展览会，注重展览会的效益。而展出目标是推销，就应该把成交额和建立新的客户关系作为主要评估标准。除了做到主次分明之外，评估标准还应该做到重点突出，客观协调。

展览会评估人员还需进一步细分评估指标，使得展览会评估标准规范化。这就是要求评估指标必须具体、客观、协调统一，各项指标具体明了、可操作性切合实际；同时，评估指标应可被量化，指标之间互不冲突，形成统一完整的指标体系，确保评估的科学性和完整性。展览会的评估体系包括完整的指标系统、权重系统和评估标准系统。

【走进实践】

表 7.3　某贸易型展览会的评估指标表

一级指标	二级指标	三级指标	权重	评分	得分
展览会项目的历史和影响	项目的届数	项目的届数			
	参展商代表性	参展商代表性			
展览会的主题	展览会主题是否明确	展览会主题是否明确			
	能否服务于地方经济	能否服务于地方经济			
展览会的规模	参展商数量	参展商总数			
		海外参展商比例			
	观众数量	观众总数			
		专业观众数量			
	展出规模	展出面积			
		展位数量			
展品的质量和品牌	展品质量	观众意见			
		媒体意见			
		专家意见			
	展品品牌	观众意见			
		媒体意见			
		专家意见			
广告宣传力度	广告投入数量	广告投入数量			
	广告投入金额	广告投入金额			

续表

一级指标	二级指标	三级指标	权重	评分	得分
参展商收益	直接交易金额	直接交易金额			
	签订交易意向金额	签订交易意向金额			
展览会项目收益	展位销售收入	展位销售收入			
	门票收入	门票收入			
	广告收入	广告收入			
	品牌资源置换价值	置换资源价值折算收入值			
展馆收益	展馆提供商收益	展馆提供商收益			
服务商收益	交通服务商收益	交通服务商收益			
	餐饮服务商收益	餐饮服务商收益			
	住宿服务商收益	住宿服务商收益			
	展陈搭建服务商收益	展陈搭建服务商收益			
	其他服务商收益	其他服务商收益			
展览会的组织与服务	展览会的组织水平	参展商意见			
		观众意见			
		媒体意见			
	展览会的服务水平	参展商意见			
		观众意见			
		媒体意见			
观众满意度	所有观众的满意度	所有观众的满意度			
	专业观众的满意度	专业观众的满意度			
新闻媒体报道	媒体报道的次数	媒体报道的次数			
	媒体报道的评价	媒体报道的评价			
合计					

资料来源:李敏.会展会议活动项目管理手册[M].北京:中国电力出版社,2015:314-315.

3) 展览会评估实施

展览会评估人员通过特定的方法收集一手资料和信息,及时进行数据的汇总整理,并由评估专家运用数学方法或定性评估的方法对数据进行分析解释,得出展览会评估结论。这是展览会评估的两个关键环节。全面搜集评估材料和数据是进行材料和数据统计分析的前提,材料和数据的统计分析是材料和数据收集工作的深化。

（1）收集数据

根据评估计划和人员分工情况,分别对评估所需的资料和信息进行调查、收集(图 7.12)。在调查和收集数据的过程中,应注意数据资料的及时性、可靠性、准确性和完整性。

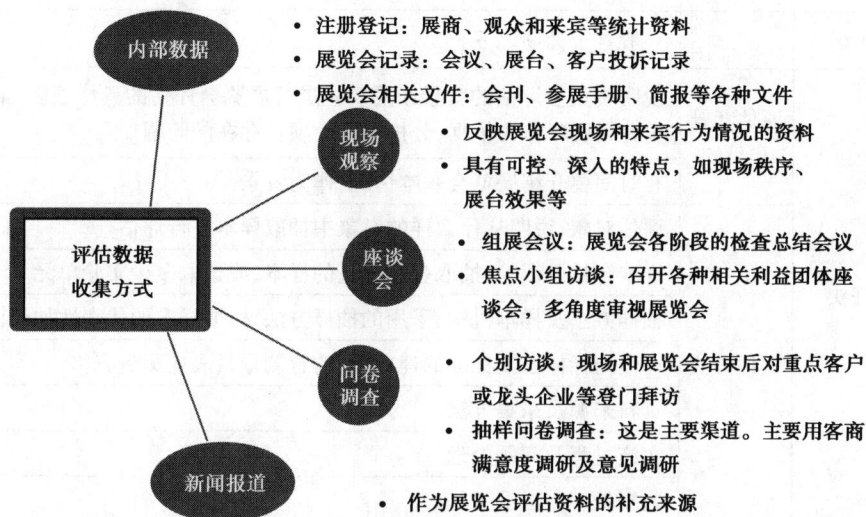

图 7.12　展览会评估数据收集方式

（2）统计分析

在对所获取资料进行加工整理的基础上,对展览会项目进行全面的分析和评估,初步得出评估对象的得分或等级(图 7.13)。

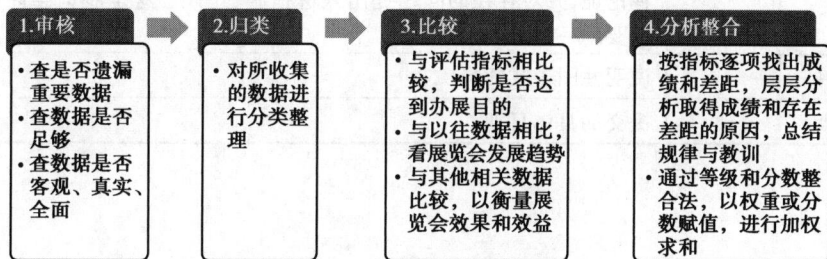

图 7.13　展会评估的统计分析流程

4) 编制评估报告

评估人员根据评估结果,编制评估报告,经主管领导审批后归档保存,作为改进展览会项目的依据。展览会评估报告可能因评估的具体内容和重点要求不同而有所差异,一般结构如表 7.4 所示。

表 7.4 展览会项目评估报告结构

序号	结构	内容要素	具体说明
1	标题		一般由展览会名称和"评估报告"组成
2	署名		一般置于标题之下
3	开头	评估背景和目的	说明展览会评估的背景或受委托进行展览会评估的具体原因,最好引用有关背景资料作为依据,分析展览会项目存在的问题
			有时简要介绍展览会基本情况,作为背景
		评估方法	评估对象,说明从什么样的对象中抽取样本进行评估
			样本容量及误差,抽取多少数量的样本,或选取多少实验单元
			抽样方法及样本机构,采用的抽样方法,抽取样本的代表性如何
			评估指标体系及标准的建立,并购置测量量表或测量表格
			资料来源及采集方法
			实施过程及问题处理
			数据处理方法及工具
	主体	评估结果	对评估的指标和结果加以说明和推论。评估结果所包含内容应当反映评估目的,并根据评估目的主次突出所反映的重点内容
	结尾	结论及建议	展览会的根本目的是促进展览会的可持续发展,所以评估的生命力正在于对项目评判性乃至于批判性的结论和解释。用简洁的语言作出结论,阐述评估解决了什么问题,有什么实际意义,必要时引用相关背景资料进行解释论证,并对存在的问题提出跟进措施、建议。这是展览会评估报告中最重要的一部分
4	附件		说明性图表或资料
5	日期		提交的具体日期

7.4 展览会工作总结

展览会工作总结是展览会组织者对刚刚结束的展览会作出系统的回顾、分析和评价,从中得出规律性的认识并用于指导今后工作的事务性文书。

7.4.1 展览会总结的性质和作用

展览会总结是组办方对外发布的总结性报告,主要目的是将展览会的概况、成果和评价提供给相关利益者作为参考,也是展览会进行后期宣传的方式之一。展览会总结与展览会评估既有联系也有区别。作为实施展览会管理的必要手段,它们都具有回顾、分析的性质。

不过,前者侧重于总结展览会管理和组织实施的具体做法、体会、经验和教训,提出改进的具体措施和下一步的工作方向,属于自我总结,运用定性和定量分析相结合。后者侧重于对展览会各项要素及其效益进行质和量的评估,既可自我评估,也可评估他人,较多地采用定性分析方法。

对展览会进行总结已成为业界惯例,其作用体现如下:

1) 总结经验教训

展览会工作的成功经验以及失败的教训对于进一步做好展览会工作具有十分重要的意义。回顾总结,尤其以书面形式记载下来,为展览会后续工作和持续运营提供了借鉴,提高了效率。

2) 相互学习交流

展览会工作总结还常常是展览会总结表彰大会的交流材料,可以起到相互学习、取长补短、促进共同发展的作用。

3) 汇报工作情况

向上级机关汇报工作、获取政府专项补贴时可以采用报告、简报和总结等书面形式。

4) 二度传播

展览会的总结报告可以作为后期展览会的宣传推广,也可以作为对外发布与重要客户沟通的重要文书,能为展览会在相关利益团体和社会工作中二度传播,强化展览会品牌形象,强化与展览会重要客户关系,提高忠诚度。

7.4.2 展览会总结的内容

一般来说,展览会总结包括以下主要内容:

1) 对展览会策划进行总结

包括展览会的举办时间、地点、展品范围、展览会规模、组办机构构成、展览会定位、展览会价格、人员分工、展览会品牌形象策划等。

2) 对展览会筹备工作进行总结

包括展览会工作的统筹、协调,各项筹备工作的安排和调整。

3) 对展览会招展工作进行总结

包括目标参展商数据库的建立与改进方法、展区和展位划分、展览会题材的增减、招展价格的合理性、招展函的编印、招展分工、招展代理、招展进度安排、招展宣传推广和招展策略等。

4）对观众组织和宣传传播工作进行总结

包括目标客商与观众数据库的建立与改进方法、观众邀请的分工、观众邀请函的编印、观众组织进度的安排、展览会的宣传推广和观众组织渠道的建立等。

5）对展览会服务进行总结

即对展前、展中和展后各环节的服务质量与提供方式等进行总结。

6）对展览会现场管理工作进行总结

对展览会的布展、开展以及撤展等现场管理工作进行总结。

7）对展览会的服务商进行总结

对展览会的总服务承包商、指定展位承建商、指定展品运输代理商、指定旅游代理商、指定清洁和保安公司、指定餐饮提供商等的工作进行总结。

8）对展览会的时间管理作出总结

对展览会的招商、招展、营销传播、展览会服务、筹展撤展以及展览会整体时间管理等工作进行总结。

9）对展览会的客户关系管理进行总结

包括对客户信息收集、数据库更新、投诉处理、现场服务等工作进行总结。

10）对展览会的各种相关活动进行评价

对展览会期间举办的各种会议、表演、比赛以及其他相关活动进行总结。

11）财务总结

对展览会的预算、成本、费用支出时间安排、收益、收款状况以及其他财务问题进行总结。

7.4.3　展览会总结的结构与写法

从内容角度,可以把展览会总结分为综合总结和专题总结。总体来说以综合总结居多。基本格式如表7.5所示。

表 7.5　展览会总结报告书的结构格式

结构	分类	主要内容	使用范围及写法	要求或举例
标题	文件式标题	一般由单位、时限、主题、文种构成	用于总结单位内部定期性的展览会组织和运营工作	厦门市会议与展览业协会2020年工作总结
		一般由总结对象(即展览会名称)和总结组成	通常用于一项具体展览会工作的专题报告	2021中国厦门国际投资贸易洽谈会总结报告
	文章式标题	标题概括主要内容或基本观点,不出现总结字样	用于在报纸、杂志上发表的总结	以人为本、贴近消费是海峡两岸汽车博览会品牌培育之路
	主副标题	分别以文章式标题和文件式标题作为正副标题	正题揭示观点或概括内容,副标题点明单位、时限、性质和总结种类	找准定位,加强规划,创建品牌——2020年×××展览会工作总结
署名		单位名称		
正文	开头	项目背景、依据和指导思想、基本情况		力求开宗明义、简洁明了
	主体	本届展览会的特点、组织工作的具体做法、效果和成绩	写法上有三种: ①纵向式结构:按照主体内容,从所做的工作—方法—成绩—经验—教训等逐层展开。也可把经验和问题糅在一起,夹叙夹议 ②按工作的时间阶段安排。适合工作周期长、阶段性强的展会 ③按工作项目安排	材料生动翔实,评价恰如其分,突出重点,兼顾全面,善于概括,写好每一段主旨
		经验和体会		
		存在问题和教训,或者进一步努力的方向		
	结尾	指出努力方向,提出改进意见和建议	归纳并呼应主题	表决心、信心,简短利索
落款或日期		在正文右下方写明定稿的具体日期		
附录	数据、资料	资料来源、数据统计的方法,重要品牌授权、支持函件及其他重要的佐证材料		

本章小结

展览会项目最后部分往往最有价值,在项目结束时会有越来越多的成果与经验。展览会的后续工作既是本届展览会的收尾工作,也是下届展会的开始。这是展览会组织工作中必不可少的环节。对于展会的组办方来说,需要强化展后的服务意识,同时也要掌握展览会总结和评估的基本方法。

有条不紊,高效率、高质量地完成展览会后续工作,做好总结,向相关团体致谢,更新客户数据库,维护和发展客户关系管理,客观、有技巧性地处理展览会遗留下来的问题,做好宣传和下一届的准备工作,这样才能从时间上延长展览会的效益,树立良好的品牌形象。同时客观科学地进行展览会的评估,可以促进展览会的不断改进,总结当前的展览会情况,又可以为下一届展览会的举办提供信息积累和经验借鉴。这是展览会运营的重要环节,也是培养品牌展览会的必经之路。

同时,由于会展行业的成员具有较强的协同效应,所以可以在主办方、组会方、参展商、观众、协助商、服务方和媒体的互动与协作下搭建大会展平台。展览会组织方进行展后评估、展会后续工作及后续跟踪服务时,除了面向参展商和观众外,还应该关注其他利益相关方的需求,增强其归属感,建立更加稳固的合作关系。

【延伸阅读】

1.朱虹.主题清晰 创意新颖 制作精良 国际视野:从北京奥运会开闭幕式看大型活动的组织运营[J].有线电视技术,2008,15(11):1-7.

2.王艳平.关于展会评估指标体系的初探[J].北方经贸,2010(11):51-52.

3.刘大可.会展项目管理[M].北京:中国人民大学出版社,2017:209-215.

复习思考题

【知识链接】

1.展览会收尾主要有哪些工作?其重要性如何?

2.怎样做好撤展期间的工作和管理?

3.展览会评估的主要过程是什么?

4.展览会评估的具体内容有哪些方面?

5.展览会评估中可使用的主要方法有哪些?

6.简述展览会总结报告的主要结构内容。其与展览会评估报告有什么联系和区别？与展览会调研报告又有何联系和区别？

【思考再三】

1.探讨展览会评估在各国的实践状态。尤其在当前中国展览会评估方面存在什么问题？

2.你认为展览会评估和总结的作用是什么？它们是否只具有回顾过去，总结成绩、经验和教训的作用？对于新展览会项目的营销和运营方自身的宣传，它们将起到什么作用？又如何使展览会评估和总结的作用得到充分的发挥？

【走进实践】

1.为一个展览会建立展览会效果评估的主要内容框架。

2.应用所学的知识，请对开篇展览会评估和总结报告进行评析？若你作为受托方，将会从哪些方面进行该展览会评估。

第8章
展览会风险管理

【学习目标】

1.了解风险的定义及风险管理的基本问题；

2.掌握展览会风险及其特点；

3.了解展览会风险管理的基本流程；

4.掌握展览会风险应对的策略和主要方法；

5.理解展览会危机的内涵；

6.了解展览会危机的类型和危机管理的基本程序；

7.掌握展览会的安全管理及其主要原则。

不确定的方式最不安全，而怀疑比绝望的伤害更大。

——约翰·德纳姆爵士

【开篇案例】

展会风险管理，爱你不容易

危机和风险始终存在于我们的生活中，但是危机出现的方式却一直在变。危机，往往以事故或危险事件而出现。展览会活动组织者，对于"禽流感"、"新冠疫情"、骗展、展商投诉、亏损、破产、商业窃密、新闻曝光、展台倒塌等说法，定不陌生。事实上，上述说法都是对展览会企业在经营活动中所面临危机的描述。危机的巨大破坏力，引起业者对有效危机管理的重要性认知。可以说，危机处理成为展会公共关系的首要课题，化解危机成为展览会组织方公关人员的重要职责。

安全事故频发，行业之殇

近年来，展台倒塌事件呈上升趋势。纵观展览行业发展初期，设计搭建水平远没有现今成熟，但展台倒塌事件少有发生。反倒是快速发展十几年的现今，展台倒塌事件层出不穷。2017年，多起展览会安全事故被披露，有的甚至致人受伤，引发业界和社会的广泛关注：

3月13日，上海慕尼黑电子展搭建期间的最后几个小时，某企业的展台发生倒塌；

3月16日,中国国际纺织面料展在上海开展的第二天,展台发生倒塌;

3月21日,中国国际地面材料及铺装技术展会在上海新国际博览中心拉开帷幕,展览会第二天,W5号馆一展台现场吊顶掉落,砸伤一名外国友人;

6月,哈尔滨中俄博览会伊春市展台在布展施工过程中展台倒塌,搭建方为广州一家所谓的"广交会搭建公司";

10月19日中午,中国国际玩具及教育设备展览会开幕第二天,现场发生展台倒塌事故,造成多人受伤;

10月22日中午12时许,武汉一会展中心农机展布展现场展架倒塌,所幸无人受伤。

随着中国会展经济的高速发展,展示工程成为整个会展产业链中不可缺少的一环,已日益显现出它的重要性。在人流量大、人群密集的展会现场,展台倒塌事故的发生,不仅可能造成人员伤亡、财产损失,也将直接影响参展商的品牌形象及参展效果,错失商机。

展台倒塌最基准的三要素:①设计超出预算,在制作及服务上平衡成本;②相互压价,利用破旧、重复利用的材料来搭建;③展台设计不成熟,结构不合理,头重脚轻,重心缺乏结实的支持。因此,展台倒塌问题,折射了劣质展台在展览行业的生存空间依然很大。这就说明展览会不仅是某个公司的职业操守或能力问题,而且考量着这个行业的质量和发展水平,甚至可以说是行业各方失责与纵容的结果。当会展行业快速发展,随之而来的竞争也越来越大,企业选择搭建商的机会增多,很多企业一味谋求成本控制,选择那些性价比低的展览公司来搭建展台,而展览公司为了承接订单,在制作与服务阶段减少成本,相互压价,利用破旧、重复使用的材料搭建舞台。展台设计与搭建是直接关系到展台安全的两个环节,对于一个展览会能否成功举办有着至关重要的作用。展览行业无序恶劣竞争,政策规范管理和制度的缺失,导致行业门槛太低、市场混乱,搭建过程缺乏标准衡量,加之现场监管不力,留下安全隐患,致使展台倒塌事件频频出现。

活动"奇葩事故"考验执行能力

当一个展览会把人群聚集在一起时,危机就随之发生"孕育"。活动场所的规模和位置,目的地其气候条件和形式,食物、水、饮料的质量与安全,人群的规模等,各种细微变量因素的累积往往产生难以意料的结果。以下,把近年来展览会及活动领域中出现的"影响范围较为广泛"的"事故"做了梳理:

1.停电的尴尬

2017年3月1日,《三生三世十里桃花》发布会现场突然停电了。有人说:"热炸了,热炸了。"活动停电,也不是个别事件。之前的某IT企业发布会,也是在毫无征兆的情况下突然停电了。相同的剧情,更有相同的结局。套路依旧:甲方愤怒地质问乙方,乙方质问酒店。酒店淡然而不屑地说:"找政府去!"甲方想了想,说:"算了,还是扣乙方的钱吧。"

2.不听话的董事长

2016年3月1日,vivo手机举行新品发布会。vivo创始人沈炜始终觉得这场发布会的创意不够,上不了头条。为了突出体现"行云流水"的顺畅感,特意选在水立方。就在发布会的最后环节,可能是忘了提前走位,也可能是走位太过风骚,忘了自己身处水立方,然后,他就落水了。他如愿地上了头条!

3.高空挂总裁

2016年4月11日下午,ivvi i3北京发布会上,开场充满了娱乐风,ivvi总裁张光强一袭"宋仲基式"军装与墨镜从会场"空降"舞台。经过彩排,确定没有问题。现场,当他从天而降,距离地面不到一米的时候,绳子居然不动了(准确地说是不够长了),无论如何也动不了。然后,他就在那里悬挂着,第一次真诚地呼喊着同事们的名字(图8.1)。

图8.1 ivvi i3发布会事故现场照

4.不听话的大屏幕

某国际品牌发布会,老板正在演讲。突然,一个大屏幕黑屏了,然后另一个也开始任性地玩起了Windows。于是,所有领导和观众,就这样看着大屏幕上一遍又一遍重启Windows。活动之后,据说项目负责人请了半个月病假。这半个月里,他始终在寻找这个大屏幕的库房所在地,并准备在里面安放一颗炸弹。

5.超女不听话

某颁奖盛典,承诺出场演唱的超女,同样承诺自带耳麦,不需要活动公司准备。但是,现场她真的只带了耳麦,没有后面的接收器(这两样基本是不分家的)。于是,这一大清早,多个AV公司的同事被叫醒,然后纷纷带着接收器从四面八方赶往会场,就希望有一个能赶上活动的时间。第一个接收器被送来时,来宾已经开始进场,不能彩排了,但是演出时间还是有的。但这个超女坚决拒绝演出。活动结束后,超女心中暗想:"太好了,今天没唱歌就把钱挣了。下回还用这招。"

6.神来之笔

某品牌的更名揭幕仪式。老板和嘉宾们一起在绚丽的灯光和激昂的乐曲中走上舞台,摄像机紧紧跟随,然后,老板潇洒地掀开红布。然而,牌匾上的名字是错的!连着大屏幕的摄像机却还一直在那里拍啊拍啊拍!

7. 那个球，累死了

某音响品牌发布会（多年前），所有的新品被放在一个半圆的启动球内。因为彩排的次数太多，所以这个球太累了。到正式的启动环节，这个球在转到一半的地方停下了。此刻，甲方疯狂地抓住乙方的衣领，大喊："你 TM 的让它转！让它转！！"乙方："它……累死了。"

8. 撞车了

国内两个知名手机品牌的产品发布会，在同一个酒店的同一天（2015 年 9 月）不期而遇。面子上的事，谁也不能示弱啊。于是双方分别增派人手，壮大声势。据说因为这件事，导致一个日本手机品牌宣布退出中国市场了。该总裁对内部人说：原来在中国做手机的都是黑社会啊，我们惹不起还躲不起吗？关键的问题是，之后类似的撞车不在少数。

9. 最后三句

某网络公司和政府联手举办大会。为了省成本，没有准备防雨措施。会议开始的时候，也没下雨。只是，一位领导讲话时间太长，没等说完的时候，就开始下雨了，之后变成雨夹雪。领导看着雨，想了想，说："下雨了，我就不多说了，最后再讲三句话……"于是，所有人在雨雪中又聆听了两个小时。

以上所列举的事故，其实是属于外生性的静态危机，因其是由自然灾害，偶发灾害，与各个相关利益团体合作等不可抗力因素造成的。这种危机也称输入性危机，往往让展览会活动提供商和组织者更加防不胜防，虽然往往不在自身职责范围之内。展览会危机有四个显著的特点，突发性、危害性、冲击性和潜伏性。展览会活动管理作为一个复杂的系统工程涉及大量人力物力及资源的调度和管理，不管前期的策划和筹备工作做得多么到位，在活动上演阶段都可能会有预料不到的突发事件，那么如何处理好突发事件将是活动能否成功举办的重要保障。一个突发事件的出现不仅将考验团队的应变能力，更将考验团队的协作能力和坚持不懈的精神，任何突发事件都是有办法化解的，靠什么化解？第一个是靠应变，第二个就是靠团队的一种合作和执着的精神，正所谓事在人为，任何突发事件我们都要去面对而不是回避。

展览会的实体安全开始于策划。为达到绝对程度的保护而安装的各种设施或开展类似人盯人的防守从经济考量的角度并不可行，从理论上分析也没有必要。危机事件的发生虽有其客观性、人力无法完全控制的一面，但多数的又是可以预见的，在一定程度上是可以避免的。正所谓"不可预见"仍然是"可以预见"。分析清楚危机可能发生在展览会的哪些环节以及具体的处理对策后，展览会组织者便可以制订出相应的预防计划和处理各种危机事件的反应计划方案或守则，以确保将所有可能的危机都考虑在内。然后，把这些计划方案和守则列入展览会的公关手册或安全手册之中，使得预防和处理危机的工作条例化和规范化。

没有绝对完美，只能无限接近

这些事故根本就是展览会活动行业的冰山一角。但是也能说明展览业是个高危行业，充满挑战，危机四伏，涉及如展览工程质量风险、展品运输风险、现场人员人身安全风险、财产安全风险等方面。

2017年1月4日上午,四川攀枝花市会展中心发生枪击事件,持枪者闯进会场,对正在开会的市委、市政府主要领导进行连续射击后逃窜,攀枝花市委书记、市长受伤。这次的枪击事件给业内人士提了一个醒,展览会现场的安保工作也一定不能忽视,更重要的是让业者必须把视野放宽,必须关注由于人口、政治、经济、技术、社会等动态性社会因素变动所造成的危机和风险。

通过研究过去和当前的趋势及相关因素做出明智的推测,防患于未然,以便在将来的危机事件中解决各种事情。当今"不连续的时代"(德鲁克语),全球化和技术变更促使展览会活动越来越国际化。由于没有人能够预知未来,加之各种宏观力量的变动和演化,使得威胁展览会活动安全的风险随时可能发生。

(1)技术因素导致的危机

技术以前所未有的速度改变着展览会的形态和形式,展览行业也比任何时候更加依赖计算机技术、通信技术和人工智能等技术和设备,因此信息技术系统故障、黑客攻击、污染、设备事故等,都给展览会活动带来不小麻烦。

(2)经济因素导致的危机

作为经济的晴雨表,展览会尤其商贸性展会是产业融合的重要平台,产业变迁、经济危机、公共事业停顿、自然灾害对经济影响等,都是展览会危机的重要来源。

(3)政治因素导致的危机

2017年8月20日下午,叙利亚正在举行大马士革国际博览会的场地遭到炮击,导致6人死亡,4人受伤。尽管进入博览会场需要经过4道安检,但也难挡火箭弹袭击。世界正在变得越来越政治化,各种展览会即使在偏僻的地区举办,也可能成为恐怖主义和政治暴力的目标。政权更替、政府危机、政党秩序、政策稳定性、法律变更等也影响着展览会持续发展。

(4)文化因素导致的危机

航空、国际商务等各方面的发展使得国际间的交流越来越多,展览会组织者将应对一个使用多种语言,文化更加多元的社会。在文化共融的同时,文化误解、文化冲突等事件日趋增多。

(5)社会因素导致的危机

由于现代社会对人们生活密切相关的自然和社会问题越来越关心。食物与饮水卫生安全、灯火管制与动力保障为主的能源问题、传染性疾病等备受关注的突发公共卫生事件、天气变化等自然条件、中毒、人为破坏等,都是参会人员关注的基本条件。

(6)人员因素导致的危机

由于展览会参与人员和其他社会人员造成的风险,如破坏设备、恶意破坏事件、医疗事故、计划失误等。2014年12月31日,上海黄浦区外滩发生群众拥挤踩踏事故,致35人遇难,48人受伤。其原因主要有三:一是人流朝两个方向对冲造成拥挤;二是有人不听现场指挥强行通过;三是有人从楼上撒下类似美元的代金券,引发骚乱。

为便于管理,展览会公关人员可以把危机的危害严重程度分为3~4个不同等级。在制订危机处理预案时,依据不同危机级别制订不同的应对计划,在应对措施、管理级别、反应速度、处理力度、资源调动等方面给予区别对待。当危机发生之时,科学冷静处理,把危机损失影响控制在最小范围内,并伺机做好复原工作,重塑展览会形象,化不利为有利。然而,世上没有绝对的完美,只能无限地接近完美!

由于展览活动在操作和运营过程中要和产业链条、社会经济、城市环境的诸多方面和各种力量发生联系,所以展览业对风险管理的需求远远超过其他行业。作为提供即时性产品的展览会活动,保证服务的质量只能靠事前充分准备和强大的应急预案来支撑,应急预案和紧急情况下应急团队的反应速度成为展览会管理中非常重要的组成部分。

8.1　定义展览会风险

8.1.1　风险及风险管理

1) 风险作为一种广泛的背景

乌尔里希·贝克认为现代社会是风险社会,风险成为一种现代性的重要形态和表征。

风险作为可能的危险状态,古今都存在。在现代社会,自然风险和技术风险是无法区分的,它们结合在一起。现代性的出发点是控制不确定性,但是现代性又产生了新的不确定性,很难找到不确定性产生的确定原因。作为一种"有组织的不负责任"及强大的不确定性特征,现代风险作为一种被感知到的社会现实(风险社会),作为一种成功的(宏大的)叙事方式(无论是管理式的、科学式的还是风险理论的),已经构成人们行动和思考的原始底色和基本背景。

对于企业组织和运营来说,风险管理迫在眉睫。据美国一家公司统计,一个典型的大型跨国企业有多达 11 000 种风险,其中能够应用现有手段管理控制的只有 2 600 种左右。也就是,所有其他75%的风险由公司或主要股东承担。企业迫切需要新的风险管理方法和技术。在此背景下,全面风险管理日益成熟和完善,推动了企业管理理论的一场新革命。今天,企业有效的风险管理已经不再是企业的自发行为,而成为企业经营的合规要求。

2) 风险及风险管理

(1) 风险定义和特点

对于风险的界定,站在不同的角度,就有不同的理解。早在 1921 年,美国经济学家奈特在其《风险、不确定性和利润》一书中,就为风险做了一个经典的定义:风险是可测定的不确定性,是指企业信息尽管不充分,但可以对未来可能出现的各种情况给定一个概率值。

风险一般被界定为:未来不确定性对企业实现其既定目标的影响,由风险因素、风险事件和风险损失等要素组成。风险的主要特点如图 8.2 所示。

客观性	·风险是客观存在的,不以人的意志为转移;风险可以降低其发生的概率和损失的程度,却无法彻底清除
不确定性	·这是风险的本质属性。对于特定主体来说,风险事件的发生是偶然的,是由风险事件的随机性决定的。发生与否、发生事件、怎样发生、损失程度等都不确定
损失性	·损害是风险发生的后果
可变性	·风险处于不断的运动变化之中,并在一定条件下转化 ·风险变化的主要是因为风险因素的变化引起的
可度量性	·风险是在特定时间和空间条件下的概念,凡是风险都与某种条件相联系
相对性	·不同的人对同样的客观风险作出不同判断和行动
双重性	·也称风险与收益的对等性,即风险给企业方带来损失的同时也能带来某种机会和收益

图 8.2　风险的主要特点

(2)风险管理

风险管理是指经济单位通过对风险的确定和评估,采用合理经济和技术手段对风险加以控制,以最小成本获得最大安全保障的一种管理活动。

风险管理过程就是风险管理所采用的程序,一般由若干个阶段组成,这些阶段对不同组织和个人的划分也是不一样的(图 8.3)。

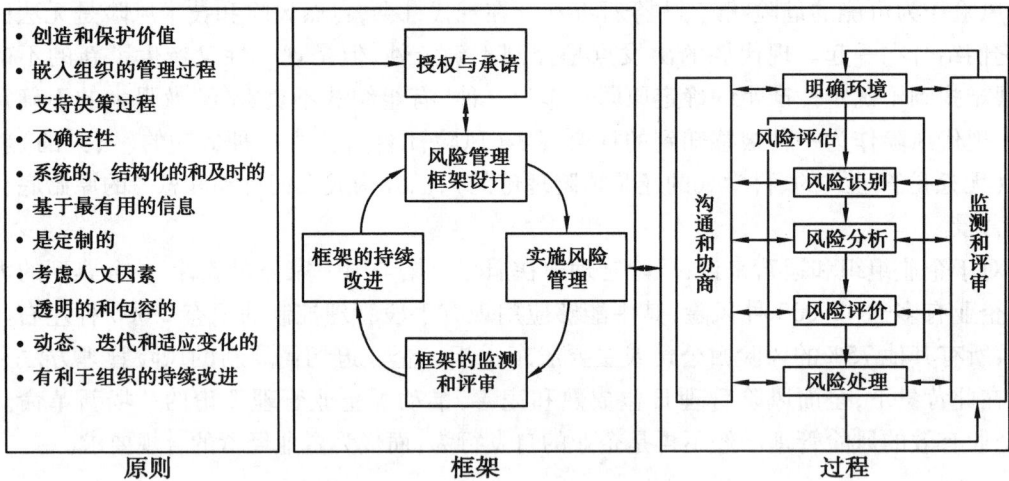

图 8.3　ISO31000:2009 风险管理原则、框架和过程关系图

COSO 是美国反虚假财务报告委员会下属的发起人委员会,并于 2004 年颁布了《企业风险管理——整合框架》(COSO-ERM)。COSO 将企业风险管理定义为:它是一个过程,受企业董事会、管理层和其他员工的影响,包括内部控制及其在战略和整个企业的应用,旨在为实现经营的效率和效果、财务报告的可靠性以及法规的遵循提供合理保证,并提出了一个从目标类别、构成要素或主体单元的角度的指导性的风险管理框架(图 8.4)。同时认为其本身是一个由企业董事会、管理层和其他员工共同参与的,应用于企业战略制订和企业内部各个层次与部门的,用于识别可能对企业造成潜在影响的事项,并在其风险偏好范围内进行多层面、流程化的企业风险管理过程,它为企业目标实现提供合理保证。

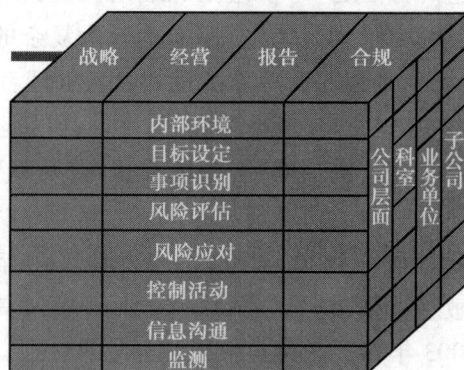

图 8.4　COSO 全面风险管理三维模型

风险管理如同品牌管理、企业战略、营销管理一样,是企业生存的重要生态环境,成为独立的管理领域和门类,风险管理过程必须"整合到组织的整体治理、战略和规划、管理、报告过程、方针、价值观和文化中"。而风险管理框架应嵌入到组织的整体战略以及运营方针和实践之中。

8.1.2　展览会风险及特点

1)展览会风险

风险是对正常状态的干扰,造成结果与目标的偏离。所谓展览会风险一是指活动过程中出现的风险,即在举办展览会活动过程中所出现的各种事件,使展览会活动正常状态受到影响,并可能给展览会造成一定代价;二是指展览会组织机构日常经营中所出现的各种导致企业偏离正常发展轨道的事件。

展览业牵涉面广,是一个非常敏感、容易受伤的行业。一个展览会必须考虑多种截然不同性质行业的风险规范与规避问题,展览会风险管理具有牵一发动全身的特征。而在我国,风险管理作为一种管理职能并没有融入会展企业管理之中,展览会经营基本上还是财务性控制的被动经营。对于展览会组织者来说一定要树立"风险无处不在,而危机也总是不期而至"的观念,并正视这样的现实。因此了解展览会可能面临的风险和危机,并建立系统的展览会风险和危机管理体系必不可少。

2)展览会风险特点

由于展览会的特殊性,展览会风险除了具有风险的一般特征之外,往往具有以下几个特点:

（1）敏感性强，易受多种因素影响

展览会涉及面之广，是它的特征之一。加上在准备时间上，较易受到举办地环境和宏观环境变化的影响。一场展览会就是一项系统工程，具有较为复杂的结构，使展览会组织者处于复杂的社会网络之中。一场展览会的成功除了策划者与管理者（主办、承办、协办、政府、行业协会等）之外，本行业内的场馆方、工程搭建、展陈设计、展品运输，行业外的酒店、广告、娱乐、旅游、餐饮，社会上的保安、海关、消防、工商以及传媒，及展览会的衣食父母——参展商、专业观众和社会大众等都是一个成功展览会的保证。因此，在筹办和举办过程中遇到的风险和遭到的危机可能性很大，而一旦某个环节出现风险事件，都会影响展览会的顺利进行。也就是说，展览会项目敏感性高，脆弱性强，其风险明显高于其他行业。

一个典型的案例就是 2003 年春天非典对中国展览业的打击。据中国展览馆协会统计，2003 年 1 月至 5 月，全国举办展览会的收入较上年同期减少 55%，利润减少 60% 以上。其中，北京展览业几乎受到腰斩式损失。据统计，北京展览馆取消了 18 个展会项目，占全年的 60%；北京农展馆取消了 20 多个，占全年数量的一半。仅仅 6 月北京地区就被迫取消了 79 个展览会（其中 34 个国际展）。而此次的新冠疫情对全球展览业的打击更是深重。

（2）扩散性强，社会影响面大

相较于其他企业活动，展览会的最大特点就是公众的集聚性，从每个展览会活动的参与人数角度来看，群集行为的风险度和危险性是不言而喻的。2017 年 7 月 27 日至 30 日举办的中国国际数码互动娱乐展览会（ChinaJoy）共有 14 万平方米的展出面积，短短 4 天累计入场人数达 34.27 万人次，其中，7 月 29 日单日入场人数高达 12.1 万人次。这么多的参加人数对于展览会组织者是个极大的挑战。由于人群具有较强的流动性，极大地增加了管理难度和风险，稍有不慎，就会产生危险。2022 年 3 月 11 日，在广交会馆举办的广州美博会因一例新冠疑似阳性的病例，导致 4.9 万余人被封在会场，引起广州暂停近期展览活动。

同时，由于展览会规模和社会影响力大，媒体关注度高，每一场展览会都是一个城市地区乃至世界的舆论中心。展览会现场的信息急速传播，风险事件经过媒体的议题设置和"放大"效应，对公众将产生巨大的负面影响。据 ChinaJoy 组委会统计，在 2017 年展会期间共有媒体记者 7 000 余人莅会，ChinaJoy 相关信息媒体曝光次数在 120 万次以上。所以就可以设想为何 2017 年奥斯卡颁奖晚会自闹乌龙事件——颁奖嘉宾宣布《爱乐之城》赢得最佳影片奖，该片制作人员和演员上台致谢时，却被告知《月光男孩》才是真正的获奖者，在第一时间就成为全球关注的焦点和共同话题。

此外，展览会对于相关产业具有较大的拉动作用，展览会风险的产生也不可避免地会波及这些行业，进而演变为"蝴蝶效应"①，对社会形成较大的负面影响，使行业和企业蒙受巨

---

① 蝴蝶效应：20 世纪 70 年代，美国一个名叫洛伦兹的气象学家在解释空气系统理论时说，亚马孙雨林一只蝴蝶翅膀偶尔振动，也许两周后就会引起美国得克萨斯州的一场龙卷风。蝴蝶效应是说在一个动力系统中，初始条件下微小的变化能带动整个系统的长期的巨大的连锁反应。有些小事可以糊涂，但有些小事如经系统放大，则对一个组织、一个国家来说是很重要的，就不能糊涂。

大损失。

（3）时间性强，回旋余地不大

展览会活动时间较短，大多在 2~7 天时间之内。风险事件发生时，决策时间有限，稍有犹豫和延误，负面影响将迅速扩散，而且展览会活动很快就将结束，如果留给参与者是风险的状态和印象，那么展览会组织机构欲亡羊补牢为时已晚。这对展览会企业的声誉和展览会项目的品牌价值造成巨大影响和损失。因此，展览会风险处理必须在充分准备的基础上，当机立断，分秒必争。

8.2　展览会风险管理

展览会风险管理在展览会组织和运营中有着非常重要的地位。展览会风险管理的实质就是风险识别、风险分析、风险应对、风险监控（图 8.5）。

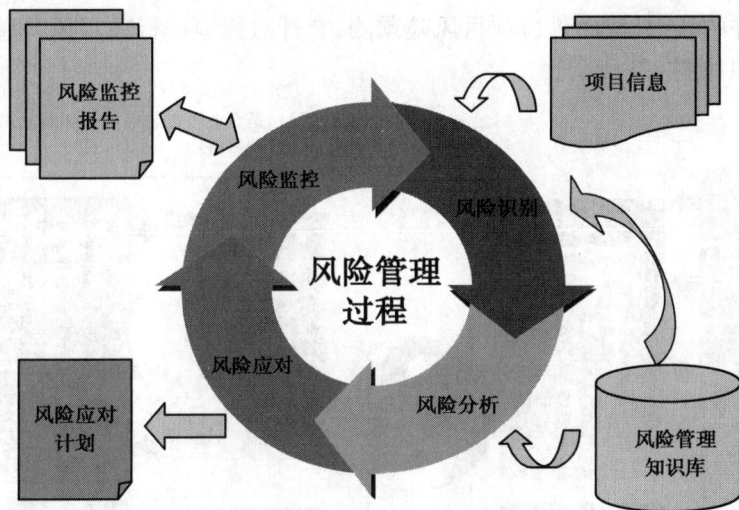

图 8.5　展览会风险管理模式

8.2.1　展览会风险识别预测

风险识别是通过识别风险源、影响范围、事件及其原因和潜在后果等，形成一个全面的风险列表。风险识别是风险管理的第一步，也是风险管理的基础。风险识别是用感知、判断或归类的方式对现实的和潜在的风险性质进行识别的过程。

其主要任务有二：一是感知风险；二是分析风险。感知风险是风险识别的基础，分析风险是风险识别的关键，风险识别流程见图 8.6。

进行风险评估	·在项目初期以及主要转折点或重要的项目变更发生功能时进行 ·这些变更往往指成本、进度、范围或人员方面的变更
系统识别风险	·主要用定性或定量的方式:如风险检查表、定期会、日常输入等方法
系统阐述风险	·通过文档编写风险程度和详细说明相关的风险背景来记录已知风险 ·相应的风险背景包括风险问题的何事、何时、何地、如何及原因
交流已知风险	·同时以口头和署名的方式交流已知风险

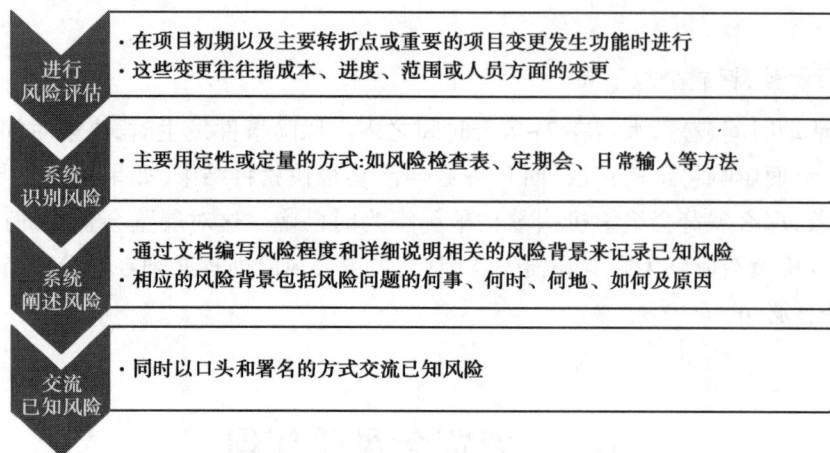

图 8.6　展览会风险识别的流程

1) 识别项目风险来源

展览会项目管理人员通过调查了解客观存在的各种风险,即是对风险来源进行识别,也就是对风险事件的认识,从而进行项目风险预测,有针对性地进行项目风险管理规划。展览会项目风险来源如图 8.7 所示。

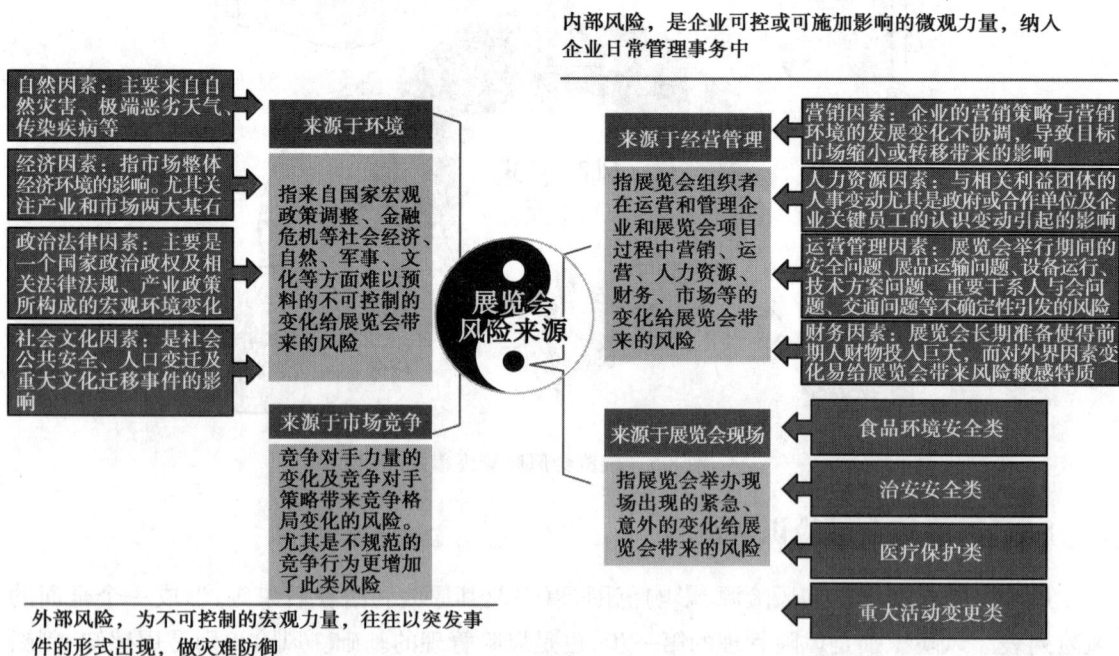

图 8.7　展览会风险来源

①来源于环境。主要包括自然、经济、政治法律、文化、社会、军事等宏观力量,往往以社会突发事件形式出现。

②来源于市场竞争。

③来源于运营管理。主要有营销、管理、人力资源、财务。

④来源于展览会现场。

2）实施风险因素预测

展览会活动管理人员根据识别的项目风险来源，采用风险预测的方法和技术，分析风险产生的原因和条件，以及风险所具有的性质，也就是预测风险因素。其主要方法有：

①基于证据的方法，如检查表发以及对历史数据的审查；

②系统性的团队方法，如现场调查法；

③归纳推理技术，例如危险与可操作性分析（HAZOP）；

④可以利用各种支持性的技术来提高风险识别工作的准确性和完整性。如头脑风暴法及德尔菲法等；

⑤风险列举法；

⑥核对表法；

⑦情境分析法。

8.2.2　展览会风险评估分析

风险分析是指项目管理人员在风险识别的基础上，通过对展览会所有的风险因素进行充分的系统评估与分析，确定项目风险可能发生的概率和影响程度。

具体是通过对所收集的大量详细的损失资料进行系统分析，运用定性和定量的概率论与数理统计方法：确定风险事件在一定时间内发生的可能性，即概率的大小；风险事件的正面或负面的后果及其严重程度；根据风险事件发生的概率及损失的严重程度估计总体损失的大小；针对不同风险及其风险源的相互关系以及风险的其他特性，还要考虑展览会项目及企业现有的管理措施及其效果和效率。

1）展览会项目风险定性分析

展览会分析人员根据展览会风险规划结果、风险识别结果及项目进展可以对发现项目风险进行定向分析，初步了解风险等级及揭示主要的风险。定性分析要点如图 8.8 所示。

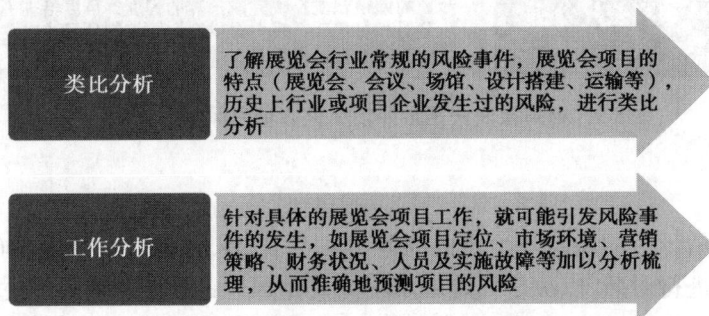

| 类比分析 | 了解展览会行业常规的风险事件，展览会项目的特点（展览会、会议、场馆、设计搭建、运输等），历史上行业或项目企业发生过的风险，进行类比分析 |

| 工作分析 | 针对具体的展览会项目工作，就可能引发风险事件的发生，如展览会项目定位、市场环境、营销策略、财务状况、人员及实施故障等加以分析梳理，从而准确地预测项目的风险 |

图 8.8　展览会项目风险定性分析要点

2）定量评估

展会项目风险的定量评估是针对已经确认的每种风险项目，根据威胁大小及发生概率进行评价，建立风险管理的优先顺序。

（1）决策树法

决策树法利用了概率论的原理，并且利用一种树形图作为分析工具。其基本原理是用决策点代表决策问题，用方案分支代表可供选择的方案，用概率分支代表方案可能出现的各种结果，经过对各种方案在各种结果条件下损益值的计算比较，为决策者提供决策依据。其步骤如下：

①绘制决策树图。按从左到右的顺序画决策树，此过程本身就是对决策问题的再分析过程。

②按从右到左的顺序计算各方案的期望值，并将结果写在相应方案节点上方。期望值的计算是从右到左沿着决策树的反方向进行计算的。

③对比各方案的期望值的大小，进行剪枝优选。在舍去备选方案枝上，用"="记号隔断。

（2）财务报表法

财务报表法就是根据展览会项目的财务资料，如经过审批的财务计划表、科目余额表、收支明细表、资产负债表、现金流量表、收益分配表等，来识别和分析项目每项财产和经营活动可能遭遇到的风险（图8.9）。

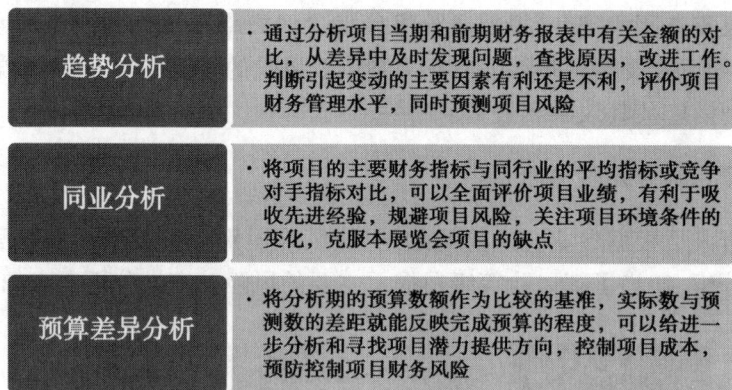

趋势分析	· 通过分析项目当期和前期财务报表中有关金额的对比，从差异中及时发现问题，查找原因，改进工作。判断引起变动的主要因素有利还是不利，评价项目财务管理水平，同时预测项目风险
同业分析	· 将项目的主要财务指标与同行业的平均指标或竞争对手指标对比，可以全面评价项目业绩，有利于吸收先进经验，规避项目风险，关注项目环境条件的变化，克服本展览会项目的缺点
预算差异分析	· 将分析期的预算数额作为比较的基准，实际数与预测数的差距就能反映完成预算的程度，可以给进一步分析和寻找项目潜力提供方向，控制项目成本，预防控制项目财务风险

图 8.9　财务报表法定量评估展览会项目风险的内容层次

3）风险评价

风险评价将估计后的风险与给定的风险准则对比，来决定风险严重性的过程。与组织确定的风险准则进行对照，以决定风险的水平并确定风险的优先顺序。经过风险评价，确定该风险是可承受还是需要处理，并对未来的行动进行决策。

常用的方法是基于"最低合理可行"（as low as reasonable practicable，ALARP）原则，把风险划分为三个等级段：

①A 段：无论活动能带来什么利益，风险等级都是无法容忍的，必须不惜一切代价进行风险处理；

②B 段：要考虑实施风险应对的成本与收益，并权衡机遇与潜在结果；

③C 段：风险等级微不足道，或者风险很小，无须采取风险处理措施。

应注意的是风险评价的结果应满足风险处理的需要，否则要做进一步分析。

8.2.3　展览会风险处理

风险处理是对风险识别和风险分析之后的风险问题采取行动或不采取行动，是风险管理过程的最后一个关键性阶段。其核心在于寻找最有效的途径去管理与控制风险。

1）风险应对计划过程

项目风险应对规划就是制定一个风险应对计划，通过相应的程序和技术来增强实现项目目标的机会和减少威胁。

风险应对规划一定要考虑风险的严重性。一般应对发生可能性较高的风险以及产生后果严重的风险进行风险应对计划（图 8.10）。对于不严重的风险或不会产生重要影响的风险制订风险应对计划不会产生多大效果。

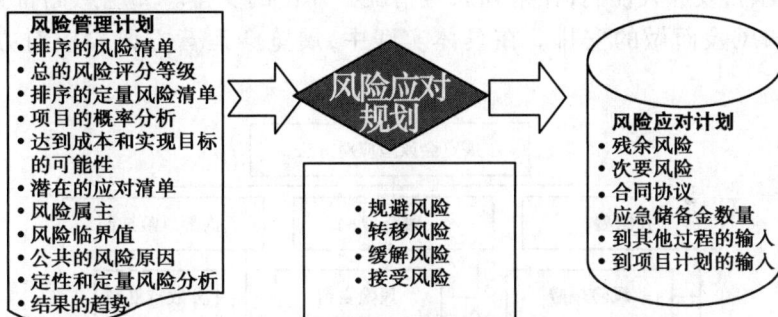

图 8.10　展览会风险应对计划过程

2）展览会风险应对策略与方法

这是在整个项目的过程中人们根据项目带来的威胁和机遇所能够采取的应对办法。

表 8.1　展览会项目的风险应对策略

应对策略	释义	应对方法举例
规避风险	指当展览会活动项目风险发生可能性极大，带来严重后果且无法转移时，通过部分项目变更或放弃项目来规避风险	● 部分项目变更：通过修改项目目标、范围、项目计划的方法来回避风险，如拒绝很可能不守信用的服务商或资质不够的搭建商业务往来 ● 放弃项目：放弃不确定很大，明显可能亏损的展览会项目

续表

应对策略	释义	应对方法举例
转移风险	将展览会风险或潜在损失与后果转移给其他组织或个人承担	• 购买保险、业务分包、租赁经营、免除责任协议等,也可用合资、合作等方式举办展览会活动项目
接受风险	项目团队不打算为处置某项风险而改变项目计划,或无法找到任何良策,或采取规避方法的费用大于风险事件造成的损失	• 主动接受:制订风险应急储备金 • 被动接受:不采取任何行动,风险发生时,相机处理
减少风险	控制项目风险因素,减少风险的发生;控制项目风险发生的概率和降低项目风险损害程度	• 进行充分调研和准确预测,对项目实施方案进行优选,及时与有关部门沟通获取政策信息 • 进行财务风险,可在财务上预先作出安排,提留项目风险准备金,以消除财务危机造成资金周转困难

准备预算储备金是展览会运营方在风险管控中通常性应对方法。一般包含两种:①管理储备金。由项目发起人控制,在未知风险情况下作出的安排。②应急储备金。由项目经理控制;为已知风险而做的安排。在具体实践中,展览会运营方风险应对方法如图 8.11 所示。

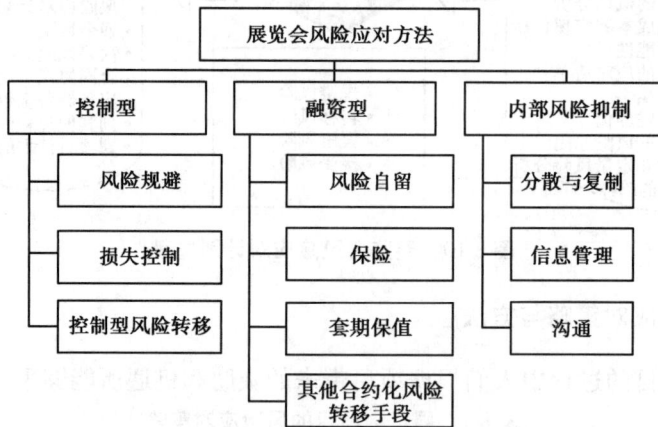

图 8.11　展览会风险应对方法

3)风险监控

风险管理效果评估是指识别、分析和规划新生风险,追踪已识别风险和"观察清单"中的风险,重新分析现有风险,检测应急计划的触发条件,检测残余风险,审查风险应对策略的实现并评估其效力的过程。这是一个"积极主动"的过程,风险会发生变化,新的风险会出现,旧的风险也会消失(图 8.12)。

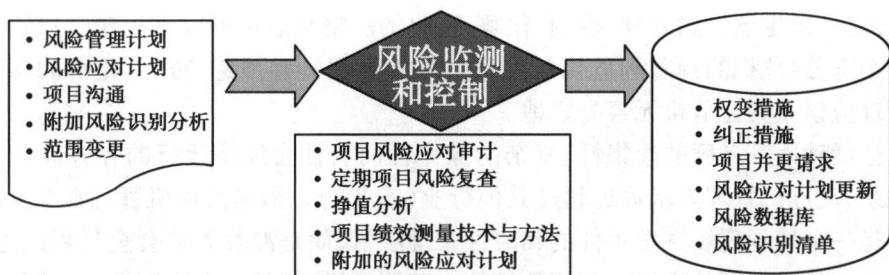

图 8.12　展览会风险监控过程

8.3　展览会危机管理

8.3.1　展览会危机管理概述

1) 危机与危机管理

危机是指突然发生的,可能严重影响和危及组织机构生存和发展的风险事件。对于危机,中国传统文化历来就有祸福相依的辩证思想。就汉语字面来看,本身就蕴含着"危"中有"机"的思想,危机处理得好是契机,也是转机。

从总体上看,危机事件具有以下几个特点:

①危机是一种对组织有严重危害性的事件;

②危机一般是一种突发性事件;

③危机大多带有明显的潜伏性;

④危机是一种冲击性很强的事件。

2) 展览会危机及表现类型

展览会危机是影响参展商、专业观众、媒体等利益相关团队对展览会的信心或扰乱展览会组织继续乃至于危及展览会举办地当公众正常生活秩序的非预期、紧急而扩散面广的事件。一个展览会无法确定危机一定会发生,更无法确定其发生的时间、地点、规模,更不用说测算其危害的大小、影响的深远和范围的广狭。因此危机事件的处理不但事关重大,而且具有相当大的难度。

在制订具体的展览会危机管理方案前,展览会组织者对展览会危机的来源及其表现类型应该有一定的了解。

3) 展览会危机管理

危机管理是指组织根据自身情况和外部环境,对可能发生危机的分析预测、监控预防干预规避,对已发生危机的处理、控制、化解、转化的一整套系统的管理机制。展览会危机管理包括两个部分:危机的预防和危机的处理。危机管理具有预警、防范、化解的功能。最好的危机管理应该做到让危机无容身之地。

展览会活动因其高度的聚集性、复杂的操作性而与社会经济运行的方方面面有着千丝万缕的联系,对危机管理要求远远超过其他行业(表8.2)。展览会危机管理在今天的社会中已经不再是一个处理现场突发事件的临时性管理项目,而是涉及展览会全过程的危机预防,已经上升到了战略管理的高度。正如桑德拉·莫罗所说:这是一个决定性的瞬间,是一个即将来临的重要情形。

表 8.2　展览会活动特征与危机管理工作的对应关系

展览会特征	对危机管理工作的对应关系
综合性与集聚性	艰巨性、复杂性,决定展览会危机管理的政府主体性
前沿性与科学性	提升展览会危机管理工作的汲取性,突出危机对具体展览会项目的生存决定性
国际性与文化性	增强展览会危机管理工作的严肃性和安全事故的破坏性
广泛性与传播性	社会传播双刃性,肯定了政府作为在展览会危机事故处理中的能效性

资料来源:刘松萍. 关于建立会展预警机制的若干思考[J].科技管理研究,2006,26(8):70.

8.3.2　展览会危机管理流程

1)危机管理的阶段

危机从其自身发展的过程来说,一般经历了四个阶段:突发期—扩散期—爆发期—衰退期。根据危机发展的一般规律以及危机管理的不同阶段,展览会危机管理可以划分为三个相对独立的阶段:

(1)预防阶段

预防是潜伏期危机管理最明智的策略。其主要工作有:一是确立危机意识,要居安思危;二是检视潜在危机,防微杜渐,避免危机。三是研拟防范措施,未雨绸缪,预先做好应对危机,分散危机风险的准备。

(2)处理阶段

处理就是控制住危机,解决问题,这是危机事件发生、扩散、爆发以至衰退期管理的中心任务。其主要工作为:一是在思想上要临危不惧;二是掌握正确信息,及时预警确认危机;三是要积极应变,迅速反应,立即行动,实时沟通;四是亡羊补牢,转危为安,控制危机,解决危机。

(3)善后阶段

善后即是使危机事件向有利、好的方向发展,是危机重建期管理的主要目标。善后管理主要措施有:一是评估总结,吸取教训,寻找机会;二是彻底整顿,重整旗鼓;三是主动沟通,推出新的计划、新举措,重建市场,重建形象。

2) 危机管理流程

每一次危机既包含了导致失败的根源,同时也可能蕴藏着引向成功的契机,善于扭转危机并捕捉潜在的机会才是危机管理的精髓。从项目管理的角度,展览会危机管理的主要流程如图 8.13 所示。

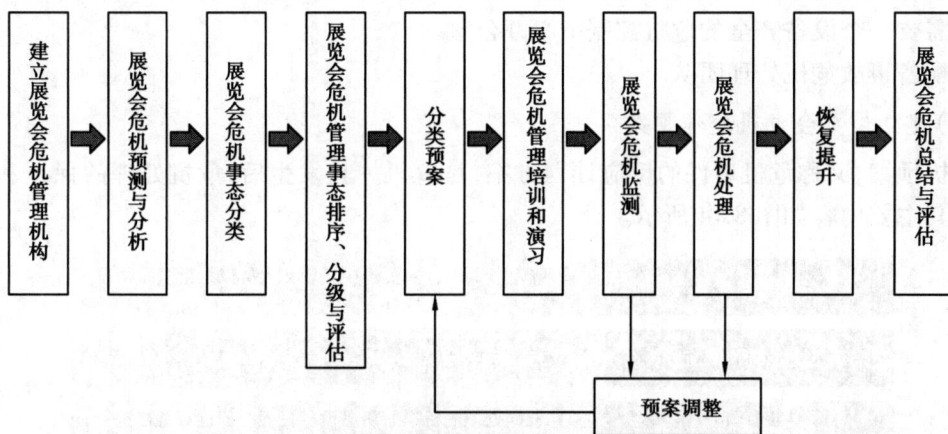

图 8.13　展览会危机管理流程

8.3.3　展览会危机管理

1) 展览会危机预防

平时的展览会危机预防,即危机的潜伏期,展览会危机管理的中心主要是:强化危机意识,把危机感放到组织的决策层次上来考虑,落实全员危机管理,采取更为积极的管理措施,未雨绸缪。

(1) 强化危机管理意识,落实全员危机管理

正所谓"冰冻三尺,非一日之寒",危机的发生有预兆性的信号。在危机管理中,日常预防要求组办方必须具备高度的风险意识。日常防范要求组办企业始终保持警惕,培养敏锐的洞察力。从推行危机管理的角度,一方面通过强化高层的危机意识,拟定相关政策、规章和措施,使之成为企业管理机制一部分;另一方面通过上情下达,传播沟通,把危机意识植入企业文化。这样就能真正落实全员危机管理。

(2) 建立危机管理状况审查制度

建立一套切实有效的危机管理状况审查制度,对及时发现危机,规避危机,减少危机损失具有重要的现实意义,它是组办方组织管理制度不可或缺的重要组成部分。组织危机审计的关键在于:一是组织内部管理机制是否与环境具有适应性;二是审查设计的问题是否全面,是否能覆盖到组织所有可能出现危机的各种问题和各个层面。

(3) 建立危机管理团队和组织机构

展览会危机管理机构的建立为危机管理提供组织保证和人力资源的支持。危机性质决

定了组办方危机管理机构组织原则一定要:精简实在,严密统一。在展览会危机管理团队组织建构中,需要考虑以下几个方面:

①合理配置展览会危机管理机构。一般应该由展览会组办方(主办和承办,甚至包括主管部门)的最高管理者、相关部门经理及公共关系顾问及法律顾问。

②组建有力的危机管理执行机构:危机处理小组。

③设立危机管理的"发言人制度",以一个声音统一对外发言。

④需要一个设备齐全的危机控制中心办公室。

⑤配备事故危机处理团队。

(4)建立展览会危机处理预案

危机预案,又称危机事件的反应计划方案,是危机一旦发生后,危机处理的保证和行动指南。其主要内容如图8.14所示。

展览会危机处理组织机构	· 确定负责人、人员构成、替补人员以及组织结构设计
展览会危机预测与分析	· 包括正确选择预测和分析方法,分析评价各种危机发生的可能性,可借鉴风险识别与分析的方法
展览会危机事态分类	· 根据处理危机事态所需要的资源相似性对危机进行分类,类别层级尽可能具体详细
展览会危机事态排序、分级和评估	· 建立各种危机事态处理的优先顺序,根据对展览会造成的影响、发生的频率、引起公众的关注度和管理难度,划分展览会危机等级,从而采取相应对策
分类预案	· 根据危机的类别,确定危机处理的目标以及所需的资金、资源和方式方法
展览会危机源的评估、预案演练	· 对预案自我检查、评估,并列入公关或安全手册 · 对员工进行危机知识和处理基本功培训演练

图8.14 展览会危机预案的主要内容

(5)建立危机处理保障体系

①资源保障体系。这也是展览会危机预案的重要内容。具体包括突发事件引起的财务危机的应对措施、客户数据库或其他重要信息的安全和泄密补救措施、关键岗位的人才储备机制等。

②支持网络。展览会组织方与相关利益团体之间的关系是良好还是糟糕,这将直接决定危机处理的成败,甚至决定危机事件的发生与否。等到危机事件发生的时候再去建立与各利益团体的关系,再去考虑与支持者、影响者、核心公众的功能关系维护,这种亡羊补牢的做法往往是不可取的。

③预警机制。展览会危机预警系统致力于从根本上防止危机的形成,是一种对展览会危机进行超前管理的系统。展览会危机预警机制由危机监控系统和危机评估系统组成。展览会组织方必须建立有效的危机监控报告系统和危机评估标准。

2)展览会危机处理

当危机确实发生后,处理的目的是尽可能地把损失和影响控制在最小的范围内。

（1）迅速组成展览会危机处理的组织机构

一般来讲，这个机构包含以下各种小组（中心）：调查组、联络组、处理组、报道组等，还应设立一个紧急事件控制中心，做好各种物资准备，建立值班制度，迅速奔赴事件现场。同时，决定是否聘请外部公关专家协助指导危机处理工作。应急小组应责任明确、分工清晰、人员到位，并在第一时间投入工作。

（2）尽快确定危机事件的新闻发言人，制定传播预案

新闻发言人一般由处理危机事件的最高负责人担任，其职责是全权向外界全面解释各种真相。

参与处理危机事件的各部门、信息情报部门及所有雇员应被告知，他们必须通过临时新闻中心向发言人提供各种有关的信息资料。

同时，立即执行紧急示警步骤。危机发生后，从组织内部的各层管理人员，一直到监工都应尽快得到组织危机应变总部的危机报告和如何对付危机的指示。其中，他们必须明确被告知除了有明确的授权之外，不可随便为组织代言。

启动危机事件处理新闻中心应准备好能方便采访的各种条件。

（3）弄清危机源，评估环境，防止发现交互作用

对危机反应来说，在接到危机预警或危机爆发消息的最初几个小时至关重要，在这段时间内如果措施得当，危机能很快阻止或控制，反之亦然。把握住了最初的几个小时，就把握了危机反应的主动权。

因此，危机事件的专案人员需要在短时间内完成展览会的识别与诱发因素调查。在全面收集危机各方面资料的基础上，认真分析，找到危机事件的现场信息、过程信息、损失信息、背景信息、影响信息、公众要求和消除危机的机会点等，形成危机事件调查报告，为处理危机提供基本依据。同时要避免危机源与其他环节发生交互作用使得危机蔓延。

（4）制订危机处理方案

危机处理组织机构应及时会同有关职能部门，尽心决策，针对不同公众和相关利益团体确定相应的对策，制定消除危机事件影响的工作方案。对策如何直接影响着危机处理方案的运作和效果。在危机应急方案中应该针对不同对象（内部员工、受害公众、媒体公众、政府公众和合作公众等）及不同危机类型采取相应的对策，具体策略如图 8.15 所示。

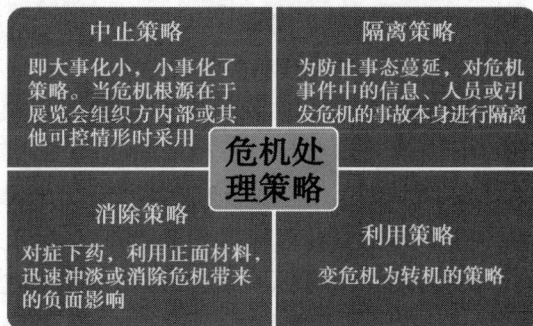

图 8.15　展览会危机处理策略

(5)实施危机排除行动

制定对策后,就要积极组织力量,实施初步既定的消除危机事件的活动方案。这是危机型公关工作的中心环节。应急处理小组应该根据实际情况,对行动做轻重缓急之分,要迅速查找出主要危机和关键因素,以集中力量使主要危机和关键环节得到控制,然后再妥善处理其他危机因素。实施过程汇总要把握:积极调查,争取主动;迅速反应,果断行动;协同合作,抓住重点。

在危机具体实施阶段,危机处理人员一定要记住危机管理实质上是一个传播工作。有效的传播是预防危机发生或迅速处理危机的关键。

【专题拓展】

危机沟通管理策略

公共关系学理论强调,信息沟通是危机管理的核心。如果没有有效的沟通,任何管理行为都不可能取得成功。展览会活动的组织是一个搭建平台、整合平台、共享平台的过程,组办方、参展商、观众、协助方、服务方、政府、媒体等多个利益群体,在这个平台中互动交流,通过关系网的建立与互动,进而形成平台生态圈。

危机事件发生后,在强大的社会舆论和可能产生的舆论压力面前,在新闻媒体和各类互动媒体、自媒体高度关注下,展览会组织方应该清醒地认识到,维护平台生态圈的平衡和形象,公开和坦诚不但是对付危机的最好政策,而且也是唯一可采取的政策。

1.严格恪守三"T"基本原则。一是以我为主提供情况(Tell your own tale);二是提供全部情况(Tell it all);三是尽快提供情况(Tell it fast)。这三个原则强调的是主动、全面、快速。只有"以我为主",才能牢牢把握"主动"权,掌握信息发布的节奏,增加信息的保真度,主导舆论,避免发生信息真空;只有"全面",不只报喜不报忧,真实坦诚才能给大众提供理性的分析判断基础;只有"快速",才能抓住人的眼球,在第一时间堵塞流言产生和传播的空间。

2.开诚布公讲述整个故事。如果你不这么做,别人也会这么做的,那么你就会失去控制,因为记者会转向于其他消息来源和外界专家来弥补故事里的空缺。对于新闻界,应该让他们知道真相。在这方面,不仅要为他们提供方便,而且还要协助他们工作,绝对不可对其进行控制和压制。这是危机传播自始至终所应持的媒介政策。

3.以"人"为中心。显示出展览会组织者对正在发生的事和受牵连、受影响的人的关注。同时对此进行解释,即为了解决问题组织正在和打算做什么。

4.公开危机计划,建立信息中心。公开准备好的应急计划,召集危机管理指导委员会,召请专家帮助分析和解释危机,开通传播的线路。把所有的询问告诉制订危机计划的发言人,发言人是事先挑选出来并加以培训作为危机计划准备的一个组成部分。通知接待员、总机接待员、秘书和其他人把所有不加他们自己的看法和意见的询问交给既定的发言人去回答。最重要的一点是必须确保信息中心必须是普遍接受的准确信息的来源,并充当危机事件中"单一声音"的反应。

5.重视谣言的研究和应对。当一个危机发生时,在工作中一些看起来似乎不重要而受到忽视的侧面,突然变得明显起来,必须给予紧迫的注意。否则就会流言四起,增添组织解决危机的困难,甚至成为解决危机的主要障碍。

6.随时待命。危机处理小组 24 小时随时处于待命状态。

7."7 不"法则。著名公关专家格劳迪娅·莱因哈特提出了危机传播的"7 不"法则:一是不要公开假设你不了解的事实;二是不要缩小问题或企图弱化某一严重问题;三是不要让故事像挤牙膏似的挤出来;四是不要让发布会侵犯他人隐私或因为任何原因指责别人的信息;五是不要说无可奉告的话或者发表以记者不得公开引用为前提的评论;六是不要在媒介或记者中间邀宠;七是不要试图利用媒介的注意与兴趣来推销组织、事业、产品或服务。

3)善后阶段

所有的展览会组织者都应该认识到,一个具体危机事件的结束,并不是危机管理全过程的结束,而是一个新阶段——危机善后工作的开始。

(1)评估总结

平息危机事件之后,一方面要注意从社会效应、经济效应、心理效应和形象效应诸方面,评估消除展览会危机有关措施的合理性和有效性,并实事求是地写出详尽的事故报告,为以后处理类似的危机事件提供参照性文献依据。另一方面,要认真分析展览会危机事件发生的深刻原因,切实改进工作,从根本上杜绝危机事件的发生。

(2)加速恢复工作

危机一旦得到控制或消除之后,展览会组办机构一般会成立一个危机恢复小组,专门负责危机的恢复工作,尽量将组办机构以及展览会的财物、工作流程和工作人员恢复到危机前的正常状态。

表 8.3　展览会危机恢复管理的主要任务

任务	形势	应对措施
保持展览会持续性	危机会给展览会带来严重打击,造成重大打击,甚至使组办方面临诉讼,直至展览会停办、取消	尽力恢复展览会正常进行,保持展览会的连续性
维持展览会生存,寻求新发展	危机造成的损失及所引起的连锁反应带来严重的财务和生存危机	整改不合理的业务流程,重新定位和策划,同时整合资源,使展览会度过危机,寻求新发展
重塑展览会品牌形象和声誉	危机给展览会的品牌形象和组办方的声誉带来严重损害	通过媒体传递、主动公开、危机公关等方式,维护展览会以及组办方的声誉和品牌形象
恢复信心,维护客户关系	危机对客户、社会和展览会内部人员信心打击大,谈虎色变式的阴影长期存在	及时与利益相关团体沟通,公开透明交代危机处理结果,消除心理影响,恢复信心

（3）发现危机中的机遇

在总结经验教训的基础上，要善于为从危机中发现新的生长点，并整合资源，或重新定位，提升展览会品质，从而真正地把"危"转化为"机"。

在进行危机恢复中，尤其要防止出现追究责任式的恢复工作。

8.4　展览会安全管理

展览会能否顺利进行，展览会安全起着决定性的作用，没有安全就没有展览会。如今各类大大小小的展览会都不同程度受到安全方面的困扰。如何解决展览会安全，确保参展商利益，也是展会组织者急需解决的问题。展览会安全管理也是展会组织管理的重要内容。

8.4.1　展览会安全管理的内涵

1）展览会安全

安全的内涵有以下四层含义：一是客人、员工两方面的生命、财产及企业财产的安全；二是客人的商业机密以及隐私的安全；三是企业内部的服务和经营活动秩序、公共场所秩序保持良好的安全状态；四是不存在导致客人、员工两个方面生命、财产及企业财产造成的各种潜在因素。

因此，展览会安全事件除了具有危机事件的主要特点之外，往往还具有突发性和公共性。这些事件的影响和涉及主体具有公共性，往往会成为公共热点，并造成公共损失、公共心理恐慌和社会秩序混乱。

2）展览会安全管理

展览会场馆和场所是一个公共场所，人员集聚，密度高，因此必须保障安全。加上展览会存放有大量财产、物资和资金，因此人、财、物、信息等安全成为展览会的基本需要。

所以，展览会安全管理主要是确保展览会场馆及相关活动场所的安全，是指为保障客人、员工的生命、财产而进行的一系列计划、组织、指挥、协调、控制等活动。

8.4.2　安全事件识别

在讨论安全管理之前，首先有必要来识别安全的相关事件，确定管理的目标，这样才能有的放矢，提高管理的效率，详见表8.4。

表 8.4　展览会安全事故识别及管理办法

类型	事故描述	管理办法
治安问题	盗窃	加强证件管理,加快身份核查和监控系统,展品只进不出,同时加强安保队伍建设和与公安部门的联系
	非法倒票	加强证件管理,强化电子和智能门禁系统开发与建设
	"展虫"侵扰①	布展和预展时强化展台清查,核对入场展商;展中加强现场巡查力度,对"展虫"采取劝离现场或展台封闭等其他措施
火灾事故	是第二个最为常见的人为灾害	需要在最初的策划或现场服务中将所有可能造成火灾威胁的注意事项(如禁烟标志、消防器材使用等)、紧急逃离方式、在发生危急时的急救措施告知每一个与会者;根据火情火势决定是否报警
医疗卫生	医疗事件在任何时候、任何地点都可能发生。而饮食和环境卫生也时常考验展览会组织者实施工作,食物中毒是最常见的人为灾难	事先做好各种准备,制订各种预防应急措施。国际展览管理协会(IAEM)要求,每个展览会都要有合格的员工在场处理紧急医疗事件。对于食品安全这一全球性问题,要给予足够重视,选择好供应商,并对其检查,采取前瞻性的防范措施。若出现可疑情况,必须收集证据,妥为保存,直至全面调查
工程事故	展览会布展、活动配套的相关工程因材料及施工质量而导致的安全隐患	展览会现场管理者不需懂得如何搭建安全的展览会设施,但必须明白哪些问题需要在最后安全检查中确认。同时要有一系列安全规定和标准,并设置专人检查工程和设备,杜绝有关工程的设计、材料、施工质量问题
暴力行为	范围很广,包括抢劫、袭击、对抗、示威、恐怖活动和暴乱	通晓所在区域的犯罪率和以前发生的犯罪种类是建立管理计划最好的开始。发生时积极与警察部队配合,尽快解决问题,并启动危机公关计划,稳定外界情绪,控制事态发展
自然因素	因自然灾害的不可抵抗力引发的财产和人身的危险	在选择城市、场馆时就应该充分考虑这些因素。一旦发生,城市相关部门和场馆方面有没有应对方案和设施十分重要。加强场地检查,并确保对所有警报装置都清楚
践踏事故	遇到火灾、枪击抢劫、恐怖袭击等突发事件导致人潮拥挤、离场无序造成的踩踏事故	内外兼治。内部除了在展馆设置医务室外,应该强化安全检查工作,确保通道通畅,工作人员及时疏导人群;对外向观众发放《展馆安全须知》手册和参展手册,提高人们的安全意识
相关政策类	主要来自:参展商和观众所要求的赔偿;与参展商、承包商和转承包商的契约性问题;劳动争议或纠纷,如罢工、怠工、工会管辖权争论;主讲演讲或娱乐活动的取消;歧视性政策等导致的危机事态	

从展览会的类型中,很明显,预测在展览会中将会发生什么几乎是不可能做到的。关键还是在于制订一个详尽的针对意外事件的计划,无论最后可能发生什么,这都是有利无害的。

① "展虫"是会展界中把游走在展会中营销团伙在展览现场兜售与所在展区主题不符商品的参展商或商贩。

8.4.3　展会安全管理的内容和办法

1)展会安全管理的主要原则

展览会作为汇集人流、物流、信息流等的公共平台,展览会安全问题与之相伴相随。一个展览会安全的好坏也是衡量成功与否的关键因素。但是举办展览会的目的性很强,经济效益的追求也让安全管理往往"说起来重要,做起来次要,忙起来不要"的状况,展览会组织者也往往埋头日常工作而把安全工作置之不理。主要原则如图8.16所示。

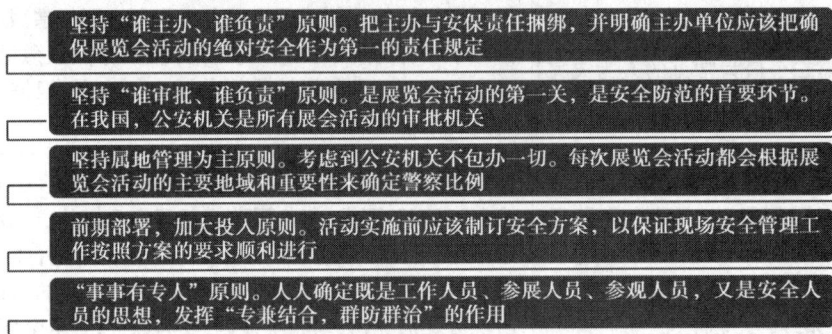

- 坚持"谁主办、谁负责"原则。把主办与安保责任捆绑,并明确主办单位应该把确保展览会活动的绝对安全作为第一的责任规定
- 坚持"谁审批、谁负责"原则。是展览会活动的第一关,是安全防范的首要环节。在我国,公安机关是所有展会活动的审批机关
- 坚持属地管理为主原则。考虑到公安机关不包办一切。每次展览会活动都会根据展览会活动的主要地域和重要性来确定警察比例
- 前期部署,加大投入原则。活动实施前应该制订安全方案,以保证现场安全管理工作按照方案的要求顺利进行
- "事事有专人"原则。人人确定既是工作人员、参展人员、参观人员,又是安全人员的思想,发挥"专兼结合,群防群治"的作用

图 8.16　展览会安全管理的主要原则

2)展览会安全管理内容和办法

安全管理涉及内容广泛,目标是消除危机事故产生的潜在因素或降低不可避免的事故产生的负面影响。安全管理要立足于展览会活动进行的全过程,展览会每一个环节都是管理的重点。

（1）场馆选择,安全谨慎

场馆是展览会活动的主要场所,涉及所有有关的安全问题。在选择场馆过程中,一定要进行安保检查。检查的主要内容有:工程质量是否存在问题;是否发生过火灾,存在什么隐患;场馆安全实施是否齐全;出入场馆的交通是否交通安全标准;是否有完善的安全管理制度和机制等。有必要对相应场馆从不同方面设置一系列指标进行评估,并得出相应安全系数。可以根据以下几点来评估:相关利益团体和支持者;犯罪率;劳工情况、纠纷;自然灾害。

（2）计划着手,居安思危

展览会活动实施前应该制订安全方案,以保证现场安全管理工作按照方案的要求顺利进行,保证展览会活动现场人、财、物的安全。一般来说,展览会安全计划主要包括:展览会人员安全计划、消防计划、施工安全计划、紧急事故处理计划等,工作方案的内容见图8.17。

（3）制订规制,强制执行

每个展览会都有自己的展示规章制度,来保护展览会管理方和观展者免受展览会内在风险的危害。这些制度一般会在参展商手册和展位销售合同中注明。不同展览会的种类、展出地点和性质,需要制订不同的展览会安全和意外事故预防准则。一般包括消防安全规

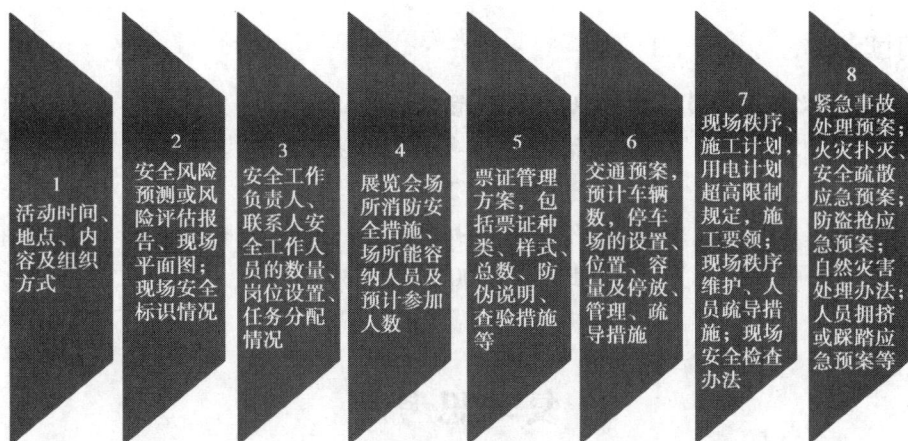

图 8.17　展会现场安全工作方案的内容

定、防盗安全规定、用电安全条例、展台建筑物搭建和运输条例、装饰材料使用安全条例、贵重物品安全管理条例、公共区域安全规定等一系列安全管理措施。通常这些规章制订的原则是展馆自身的特殊情况和参照依据相结合；标准展位和特装区别对待，并必须标明处理违章的方式与方法。而且这些制度应该在展览会策划前期订立销售合同并制订展示规章制度以及出售第一批展位之前制订完善，并且强制执行。

(4)完善机制，落实责任

首先，必须建立专门的安全管理机构。关键在于选好人，把好关，选择善于处理危机事故的人。

其次，强化机制建设。加强教育，打牢队伍基础；坚持岗位培训，提高业务素质；强化终端管理，树立良好形象；建立流动淘汰机制，全包内部纯洁。

第三，紧抓关键环节。包括关键部位、关键时刻和关键对象。

最后，要落实责任，强化训练。

本章小结

风险管理不是展览会策划和组织方要做的另一件事，它仅仅是展览会策划和运营的一部分。危机和风险始终存在我们的生活中，但是危机出现的方式却一直在变。由于展览会的筹备时间跨度长、涉及面广，较容易受到举办地环境变化以及宏观环境突发事件的影响。而展览会的筹备过程投入大，因此展览会组织运营方在进行展览会策划时，应该充分考虑展览会筹办和举办过程中各种可能出现的安全事故、风险乃至危机，认识展览会风险的特点及各类展览会风险类型，并制订相应的应对方案，对其进行有效的管理，使各种负面因素的影响降到最低，防微杜渐，确保展览会的顺利举行并持续发展。好的危机风险管理计划建立在四个概念之上：预防—控制—识别—报告。

【延伸阅读】

1.国际标准化组织 ISO 31000:2009 风险管理。

2."媒介一道工作指南",参见:格伦·布鲁姆,艾伦·森特,斯科特·卡特里普.有效的公共关系[M].明安香,译.北京:华夏出版社,2002:269-278.

3."预测灾难与危机",参见:格伦·布鲁姆,艾伦·森特,斯科特·卡特里普.有效的公共关系[M].明安香,译.北京:华夏出版社,2002:325-333.

复习思考题

【知识链接】

1.风险管理的含义是什么?风险管理的措施包括哪些?

2.展览会风险包括哪些?哪些展览会风险可以有效地避免、预防、抑制?

3.展览会一般会发生哪些危机?特点是什么?

4.危机反应和恢复计划包含哪些内容?

5.如何进行展览会危机预防?

6.展览会可能面临哪些安全事件?其管理原则是什么?

【思考再三】

1.依照开篇案例中的方法,梳理过去一年中媒体报道的展览会风险及危机事件,分析事故的原因,并为展览会行业如何规避风险提出应对措施。

2.思考政府主导型展览会和市场主导型展览会在风险上会有何不同?其管理特点有何差异?

【走进实践】

选择本城市过去 5 年内举办失败的 3 个展览会项目及目前最成功的 3 个展览会项目,对其主创人员进行采访,了解他们在展览会举办过程中面临的主要困难和风险,他们各自是如何应对的?并分析"风险管理是展览会的生命线"这一观点。

第9章
展览会合同管理与所有权保护

【学习目标】

1.掌握展会合同及合同管理功能；

2.理解展览会合同的内容条款要素；

3.掌握展览会合同的生命周期；

4.了解展览会项目合同管理的过程及主要工作；

5.掌握知识产权的基本概念和类别；

6.了解展览会和知识产权的关联；

7.了解展览会主办方和参展方知识产权工作主要内容。

对法的不知是不可原谅的！

——罗马法格言

相对于权宜之计而言，正确的事物才是更好更可信的判断。

——贺拉斯

【开篇案例】

展览会和知识产权的关联

大众耳熟能详的知识产权通常包括著名商标（例如"可口可乐"）、产品技术或设计上的创新（爱迪生发明灯泡）、音乐影像作品等。这些知识产权在商业上均依赖于知识产权及相关法律体系进行保护。展览会作为众多品牌、创新产品及服务汇集、交流、碰撞、竞争之地，也是知识产权保护的兵家必争之地。

展览会和知识产权之间的联系源远流长。19世纪时，由于当时国际知识产权保护体系尚未完善，发明人必须在各个国家分别申请发明专利后再公开自己的发明才能获得该国家的专利保护。此外，当时很多国家对外国人的工业产权没有提供保护，或者保护措施存在缺陷。由于这些原因，1873年奥地利匈牙利世界博览会邀请的很多发明人都不愿意展出其发明。为了保证世界博览会顺利进行,奥地利特意制订了法律,提供了对发明的临时性保护措施,并于同年组织了改革专利体系的国际会议。

一个有效公平的知识产权体系也是鼓励创新、刺激经济增长、创造就业机会的催化剂。随后,知识产权的重要性在《世界人权宣言》第 27 条、《保护工业产权巴黎公约》、《保护文学和艺术作品伯尔尼公约》和《与贸易有关的知识产权协定》(TRIPS 协议)等国际公约中得到确立。

通过该国际会议和后续在巴黎举行的多次相关国际会议的多方努力,1893 年 3 月 20 日,11 个国家在巴黎签署了《保护工业产权巴黎公约》——这是知识产权领域最重要、最基本的国际公约。截至 2022 年 3 月底,该公约共有 178 个成员国,最新的成员国包括 2022 年 2 月生效加入的基里巴斯和 2017 年加入的阿富汗。

图 9.1　1873 年维也纳世博会展出的法国机器

该公约确立了各国对外国国民、居民提供国民待遇的原则以及知识产权领域非常重要的国际优先权,使外国人可以放心地在国际展览会上展出、披露自己的发明,而不用担心是否会被非法抄袭,也有更多的时间在各国进行专利商标申请,为展览会行业的发展打下了坚实的法律基础。

1978 年以来,中国实现改革开放并逐步建立起包括商标法、专利法、著作权法和反不正当竞争法等一系列法律,初步形成知识产权体系。这些法律在 80、90 年代根据参加包括《保护工业产权巴黎公约》《与贸易有关的知识产权协议》(TRIPS)等国际公约的需要经历过进一步重大的修改。随即,1992 年当时的外经贸部发布了《关于在第 71 届广州交易会上进行商标检查的通知》。广交会查处出口商标侵权案件 200 余起,是当代中国展览会和知识产权较早的一次对接。

2006 年,商务部、国家工商总局、国家版权局、国家知识产权局审议通过了《展会知识产权保护办法》。各个省市也经常会制订展会知识产权的保护办法,通常会要求主办方与参展方在参展合同中约定双方知识产权保护的权利、义务和相关内容,并要求主办方为知识产权行政管理部门进驻展览会开展工作提供必要的便利条件。

2015 年,国务院颁布了《国务院关于进一步促进展览业改革发展的若干意见》(国发〔2015〕15 号),把"加快修订展会知识产权保护办法,强化展会知识产权保护工作"作为优化市场环境则重要举措而单独提出。支持和鼓励展览企业通过专利申请、商标注册等方式,开发利用展览会名称、标志、商誉等无形资产,提升对展览会知识产权的创造、运用和保护水平。扩大展览会知识产权基础资源共享范围,建立信息平台,服务展览会企业。

2016 年 3 月,经国务院同意,国务院知识产权战略实施工作部际联席会议制度建立。4 月,国家知识产权局着力构建知识产权大保护工作格局,加快形成知识产权保护的强大合力,推进开展海外展会知识产权快速维权援助工作。随后,厦门、上海、杭州等地都为展会知识产权订立了地方性法规。

目前我国知识产权相关法律法规主要包括:《专利法》《商标法》《反不正当竞争法》《著作权法》《植物新品种保护条例》《集成电路布图设计保护条例》《计算机软件保护条例》《特殊标志管理条例》《奥林匹克标志保护条例》《世界博览会标志保护条例》《信息网络传播权保护条例》《中华人民共和国知识产权海关保护条例》《国防专利条例》等。理所当然,这些法律条例对展览会组织和运营具有法律约束力。

由此可见,对于知识产权的保护不仅是成功吸引到众多参展商的重要前提条件之一,也是法律法规对展览会组办方的要求。了解知识产权、理解展览会组织工作和知识产权的关系和常见知识产权纠纷,也是顺利组织举办展览会或顺利参展的必备知识。

(资料来源:德国冠科律师事务所金亦林编写,蔡清毅改写)

市场经济在某种意义上说是法治经济,再贴近些说,是契约经济。在当今的法治社会中,每一位展览会组织者对法律有基本了解并有所准备地处理一些可能遇到的法律责任问题,已经成为必备的素质。对所有权的保护及合同的管理都是展览会组织与运营过程中不可或缺的一部分。对展览会运营过程中产生的法律问题的管理也就成为项目管理独立的管理职能。

9.1　展览会合同管理

企业的经济往来,主要是通过合同形式进行的。所以,一个企业的经营成败和合同及合同管理有密切关系。因此,必须十分重视合同及合同管理。同样,了解展览会中的业务决策所产生的法律关联以及相关的合同,将提高展览会组织者对展览业中法律问题的警惕性。

9.1.1　合同及合同管理

1）合同的概念

从学理上，合同有广义、狭义、最狭义之分。

广义合同是指所有法律部门中确定权利、义务关系的协议，保护各种不同的法律关系，如财产关系、行政关系、劳动关系、身份关系等。

狭义合同是指一切民事合同，包括财产合同和身份合同。我国立法采用了狭义的合同概念。《民法典》规定："合同是民事主体之间设立、变更、终止民事法律关系的协议。"

最狭义合同仅指民事合同中的债权合同，包括买卖合同，供用电、水、气、热力合同，赠与合同，借款合同，租赁合同，融资租赁合同，承揽合同，建设工程合同，运输合同，技术合同等。我们日常业务合同都属于债权合同。

合同常见的使用名称有合同、合同书、协议、协议书、框架协议、补充协议、契约、意向书、备忘录等。上述名称都叫合同，但其是否构成实质意义上的合同要看具体内容，即要看其是否具备合同的基本条款。

2）合同管理

（1）概念

合同管理是企业对自身为当事人的合同依法进行的订立、履行、变更、解除、转让、终止以及审查、监督、控制等一系列行为的总称。其中订立、履行、变更、解除、转让、终止是合同管理的内容；审查、监督、控制是合同管理的手段。

（2）特点

合同管理是综合性的、全面的、高层次的、高度准确的、严密的管理工作。合同管理必须是全过程、系统性、动态性的。

全过程就是由洽谈、草拟、签订、生效开始，直至合同失效为止。我们不仅要重视签订前的管理，更要重视签订后的管理。

系统性就是凡涉及合同条款内容的各部门都要一起来管理。

动态性就是注重履约全过程的情况变化，特别要掌握对我方不利的变化，及时对合同进行修改、变更、补充或中止和终止。

（3）项目管理中的合同管理

广义地说，项目管理的实施和管理的全部工作都可以纳入合同管理的范围，所以合同管理是项目管理的核心内容。合同管理贯穿于项目实施的全过程和项目管理的各个方面。它是与质量管理、进度管理、成本管理、信息管理等并列的一个管理职能，是项目管理区别于其他类型管理的显著标志之一。

在项目管理中,合同管理是一个较新的管理职能。在国外,从 20 世纪 70 年代初开始,随着工程项目管理理论研究和实际经验的积累,人们越来越重视对合同管理的研究。在发达国家,80 年代前人们较多地从法律方面研究合同;在 80 年代,人们较多地研究合同事务管理;从 80 年代中期以后,人们开始更多地从项目管理的角度研究合同管理问题。近十几年来,合同管理已成为项目管理的一个重要的分支领域和研究的热点。它将项目管理的理论研究和实际应用推向新阶段。

9.1.2　展览会合同

1)展览会合同概念与功能

（1）概念

展览会业务合同有广义和狭义之分。广义的展览会业务合同是指围绕展览会及相关配套活动依法订立的各种合同的总称。狭义的展览会业务合同主要是指展览会承办方位租赁展馆、会场及相关设施等,或者与供货商、销售商洽谈业务时依法所订立的设立、变更、终止各方权利义务关系的一种书面合约。

（2）功能

合同在展览会项目有独特的作用,具体表现如下:

①它能明确缔结合同双方的权利和义务,确定市场各方的交易关系。

展览会项目任务通过合同委托,展览会组织方和承包商之间的经济关系主要通过合同来连接和调整,所以签订和履行合同又是项目承包的市场行为。合同体现双方经济责权利管理的平衡。

②合同确定了项目实施和管理的主要目标,是各方活动的依据。

合同通常规定履行的时间和方式,为各方所认可的责任分担提供依据。合同确定的展览会项目要达到的主要运营目标有质量、工期、价格和其他方面（图 9.2、表 9.1）。

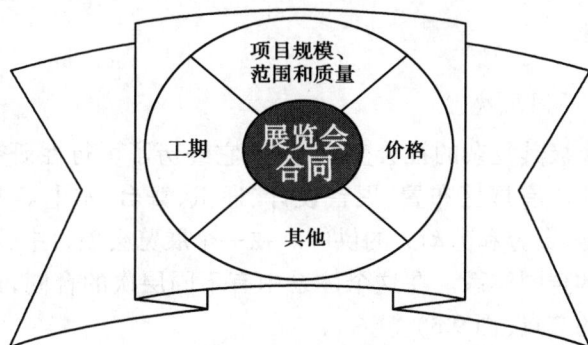

图 9.2　展览会合同确定的项目目标

表 9.1 合同确定的展览会项目目标

目标	内容	定义合同
项目规模、范围和质量	包括功能要求、规模、搭建面积、设计、材料、施工等质量标准和技术规范等	有合同条件、规范、图纸、工程量表、供应单等定义
工期	包括项目的总工期,任务工程交付后的缺陷责任期,工程开始、结束的决堤日期以及一些主要活动的持续时间	有合同协议书、总工期计划、双方一致同意的详细进度计划规定
价格	包括项目总价格、发分项的单价和总价等	有中标函、合同协议书和项目量报价单等定义
其他方面	如健康-安全-环境等管理目标	

③合同是展览会项目过程中的最高行为准则。

合同一经签订,主要合同合法,则成为一个法律文件,是排在第一位的。展览会项目各方都必须按照合同办事,用合同规范自己的行为,在项目的各个环节按时、按质、按量完成自己的行为,保证项目总目标。

④合同对违约责任做了规定,如果双方有争议,合同能区分各方的责任和义务。

合同争执是经济利益冲突的表现,常常起因于双方对合同理解不一致、合同实施环境发生的变化、有一方未履行或未正确履行合同。展览会合同在两个方面起决定性作用:争执的判定以合同作为法律依据,即以合同条文判定争执的性质,谁对争执负责,应负什么责任等;争执的解决办法和程序由合同规定。

⑤合同是展览会项目管理实施与管理的手段和工具。

承办方经过项目结构分解,将一个完整的展览会项目分解为许多专业实施和管理的活动,通过合同将这些活动委托出去,并实施对项目过程的控制。展览会项目的组织过程实质上是一系列展览会合同签订和履行的过程。项目的承发包方式、管理模式、实施策略和各种管理规范是通过合同定义和运作的。

2)展览会合同体系

(1)展览会合同的不同层次

展览会项目是一个极其复杂的社会生产过程,它经历了可行性研究、展览会项目策划、展览会搭建施工等阶段。有展区布置、展台设计、通讯、舞台、水电等专业的设计及施工活动,需要各种材料、设备、资金和劳动力的供应。在一个展览会项目中,不同参与方之间的合同关系构成了该项目的合同体系。在这个体系中有不同层次的合同,其中展览会组织方和承包商是两个最重要的节点(图9.3)。

展览会项目(主承办方)

主合同	策划设计合同	…	服务承包合同	采购合同	贷款合同
次合同			采购合同　物流合同　分包合同　…　旅游代理合同
二级分合同			采购合同　物流合同　旅游代理合同　…

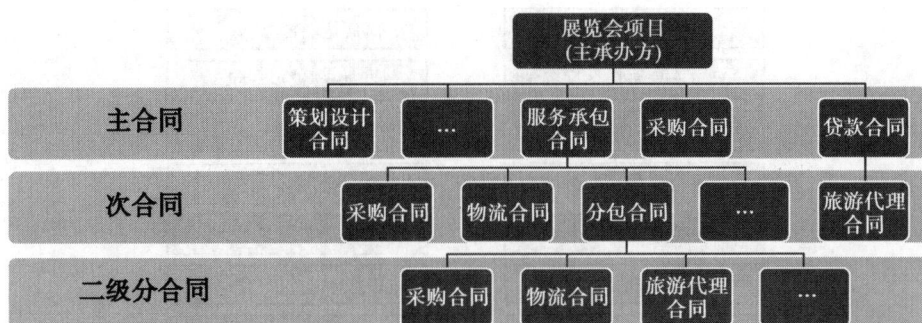

图9.3　展览会项目合同体系

①展览会组织者的主要合同关系：与展览会组织方(尤其是主承办方)签订的合同通常被称为主合同。通常展览会组织者须签订主承办合同，场地租赁合同，参展商合同，策划咨询设计合同，展务服务供应合同，主场服务合同，搭建施工合同，贷款合同，项目管理合同，赞助合同等。

②服务提供商的主要合同关系：工程分包合同，设备供应合同，运输合同，劳务合同，服务提供合同，保险合同，旅游代理合同等。

③其他方面的合同：下一层次的分包合同。如主办单位与赞助商之间、参展商与消费者之间签订的各种合同。

按照展览会项目参与方分析和项目任务的结构分解，就得到不同层次、不同种类的合同。在一个展览会项目中，这些合同都是为了完成展览会组织者的项目总目标，都必须围绕这个目标签订和实施。展览会项目的合同体系在项目管理中是个非常重要的概念。它从一个重要角度反映了项目的形象，对整个展览会项目管理的运作有很大的影响：

● 它反映了展览会项目的范围和划分方式；

● 它反映了展览会项目所采用的承发包模式和管理模式。对于展览会组织者来说，展览会项目的合同体系反映了项目的运作方式；

● 它很大程度上决定了展览会项目的组织形式。因为不同层次的合同，常常又决定了合同实施者在项目组织结构中的地位。

(2)展览会合同的类型

狭义的展览会业务合同往往是以展览会承办单位为中心主体，包括展览会承办单位和展览会主办单位之间签订的业务合同，展览会承办单位和与会者或参展商之间签订的业务合同，展览会承办单位为租赁展览会场地和各种展览会所需用品、洽谈展览会场所的工程施工业务、为展览会招聘工作人员而签订的业务合同等。另外，还有展品运输、广告、代办各种其他事项等。广义的展览会业务合同还包括主办单位与赞助商之间、参展商与消费者之间签订的各种合同(图9.4)。

合同可以单独签订，也可合并签订，这视具体情形而定。

展览会代理销售合同	展览会协办合同
展览会展务服务合同	物流承运合同
场馆租赁使用合同	展场安全合同
展览会广告宣传合同	企业参展合同
展览会指定搭建合同	展览会委托策划合同
展览会赞助合作合同	展览会知识产权服务合同
展览会独家承办合同	展览会设备租用合同
展览会股权转让合同	展览会信息化服务合同

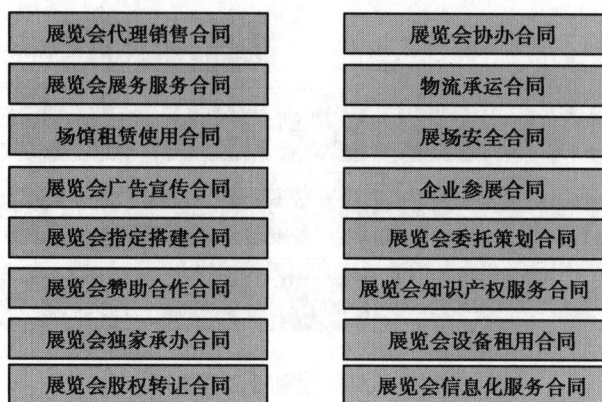

图 9.4　展览会主要的业务合同(部分)
资料来源:毛豆先生.会展讲武堂网络课堂.

9.1.3　展览会合同管理

1)展览会合同条款及合同要素

合同都是在一定法律背景下签订和实施的。这是合同的法律原则,也称适法性原则。而该法律被称为合同的法律基础或法律背景。合同的法律基础是项目合同的先天特性,对合同的签订、执行,合同争执的解决常常起决定性作用。违背了这条原则,合同就失去了法律效力,失去了存在的意义,就得不到法律的保护。

(1)合同条款

合同的内容由合同当事人约定。根据相关法律规定,展览会业务合同的主要条款和一般合同的主要条款相同,包括标的、数量、质量、价款、报酬、履行期限、履行地点和方式、违约责任和解决争议方法等。不过,展览会业务合同的种类不同,其具体条款也不完全相同。

①当事人。合同当事人是签订合同的各方,是合同权利和义务的主体。当事人是否明确确认? 是否准确定义相关资格等? 这些关系到身份资格、签字权以及合同的基本元素的重点。

②标的。标的是合同当事人的权利、义务共指的对象,是合同必须具备的条款,是合同最本质的特征。无论何种展览会,涉及的业务合同主要是财产性。也就是说,展览会业务合同目的和内容都是特定的经济利益和经济关系。没有标的的合同是不可能存在的。

③标的的数量和质量。标的的数量和质量共同定义标的的具体特征,是确定当事人权利和义务的范围和大小的标准。没有标的数量和质量的定义,合同是无法生效和履行的,发生纠纷也不易分清责任。其中数量一般是以度量衡作为计算单位,以数字作为衡量标的的尺度。而质量是指质量标准、功能、技术要求、服务条件等。

④合同的价款或酬金。也称佣金,即取得标的(物品、劳务或服务)的一方向对方支付的代价,作为对方完成履行合同义务的补偿。价款和佣金是有偿合同一般应具备的条款。合同中应写明价款数量、结算程序等。

⑤合同的期限、履行的地点和方式。履行期限是当事人履行合同义务的起止时间,即负有交付标的义务的当事人交付标的的起止时间,或者负有支付价款或者报酬义务的当事人支付价款或者报酬的起止时间。履行期限是一方当事人请求对方当事人履行合同义务的依据之一,又是判断合同是否已经得到履行的标准之一。履行地点是合同标的物所在地,也是一方当事人请求对方当事人履行合同义务的依据之一,涉及享有权利一方的权利实现情况,故履行地点约定要明确和具体。履行方式是当事人履行自己合同义务的具体方法,包括标的的交付方式和价款的结算方式等。当事人确定履行方式时,除了依据合同标的,还需要根据实际客观需要具体约定。

⑥违约责任。即合同一方或双方因过失不能履行或不能完全履行合同约定的义务,侵犯了另一方权利时所应负的责任。违约责任是合同的关键条款之一,没有规定违约责任,则合同对双方难以形成法律约束力,难以确保圆满履行合同,发生的争执也难以解决。违约的表现形式多种多样,概括起来有两种:一种是合同的不履行,即当事人根本就没有实施履行合同业务的行为;另一种是合同的不适当履行,即当事人虽然实施了履行合同义务的行为,但不符合或者不完全符合合同约定的条件。

⑦解决争执的方法。指当事人之间在履行合同过程中发生争议以后,所采用处理争议的方法。争议解决方法有两类,一是诉讼解决,二是非诉讼解决。争议的非诉讼解决又有三种具体方式:一是由当事人通过友好协商的方式解决争议;二是由当事人双方共同邀请一个第三人作为调解人,通过协调解决争议;三是当事人双方在合同中约定仲裁条款或者在事后达成书面仲裁协议,将争议提交仲裁机构,通过仲裁机构依法仲裁解决。

除了上述条款以外,还包括根据法律规定,或者根据合同性质必须具备的条款,以及当事人一方面要求必须规定的条款(图 9.5)。

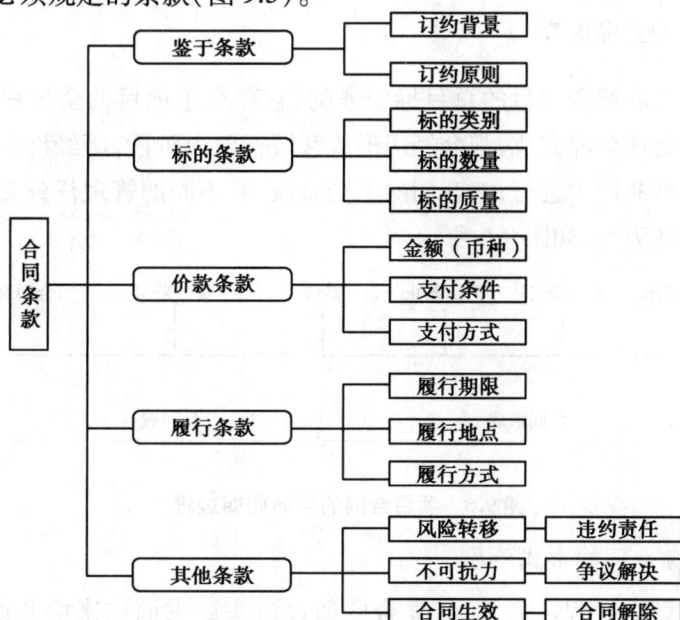

图 9.5　展览会合同条款

（2）合同要素

"合同即法律"。当双方当事人具体确定了要做和不做的某些事情并且达成一致时,合同就成立了。依法成立的合同具有法律约束力,这便是合同的效力之所在。

①要约与承诺。一份合同必须有一个要约,以及对要约的承诺。《民法典》第四百七十一条规定,"当事人订立合同,可以采取要约、承诺方式或者其他方式"。

要约,也称发价、报价、出价、发盘、要约提议,是希望和他人订立合同的意思表示。一般包括:a.表明订立合同的愿望;b.明确、确定合同内容(即主要条款);c.要求对方作出答复的期限。在要约期限内,要约人受要约的法律约束。承诺,又称接受提议,是受要约人对要约完全同意的意识表示。承诺生效的条件是:要约人必须无条件接受要约中所有的条款,并在要规定的有效期限内答复要约人。订立展览会合同程序实际为:要约—新要约—再要约—再新要约—直至承诺,合同成立。

②相互性/约因。义务的相互性是一个与约因(对价)的缺失或不均衡连在一起而越来越不足以相信的概念。由于假定缺乏相互性,只关注有无合同而不关注文本是非常危险的。与此同时,展览会合同要符合法律规定的形式。展览会业务合同订立应该采取书面形式,同时注意不要采用事先印刷好的形式合同。

③具有法律资格的当事人。展览会经理应该确保合同另一方或代理人有权签署合同。合同授权可以是实际授权或者明示授权。实际授权可以是明白表示的(董事会决议授权)、默许的(职位的性质,如销售总监)或者必须的(在展览会期间的紧急情况下,需要大厅或场馆高级管理人员当场作出决定的)。

2）展览会合同的生命周期

展览会合同是为展览会项目的总目标服务的,它存在于项目的全过程。任何一份合同从开始孕育到合同责任全部完成,都会经历形成和履行两个阶段,历经许多过程。合同管理必须在合同的整个生命期中进行,在合同的不同阶段,有不同的管理任务和重点。以搭建工程承包合同生命周期为例,如图9.6所示。

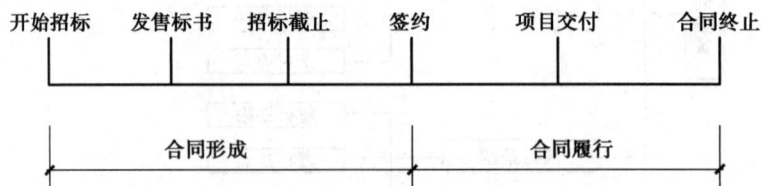

图 9.6　项目合同的生命周期过程

（1）展览会业务合同的形成阶段

主要是合同的订立过程。通常,订立合同通过口头或书面往来协商谈判,可以采用拍卖、招标投标等方式。不管采取什么具体方式,都必然经过要约和承诺两阶段。

展览会业务合同作为一种特殊的合同形式,它的订立一般通过招投标的方式进行。主要有以下工作:

①招标工作。展览会业务招标是组织者的要约邀请。展览会组织方通过合同总分析并进行合同体系的总体设计,发出招标公告或招标邀请,编制招标文件,审查投标人资格,并向通过资格审核的投标人发售招标文件,举行标签会议,必要时带领投标人勘查现场,直至投标截止期。

②投标工作。这项工作从投标人取得招标文件开始,到开标为止。投标人在通过招标人的资格预审后,获取招标文件;进行详细的环境调查;分析招标文件,确定项目范围和义务;制订完成合同义务的实施方案;在此基础上进行项目预算。投标人必须全面响应招标文件的要求,提出有竞争力的,同时又是有利的报价,在投标截止期内,按规定的要求递交投标书。

③谈判签约。从开标到正式签订合同为止,通常分为两步:a.开标后,招标人对各投标书作出初评,宣布废标。选几个报价低而合理,同时又有外国投标人参与的投标书进行重点研究,对比分析(清标),并要求投标人澄清投标书中的问题。招标人通过对投标文件的全面评审、评标,选定中标人。b.签订合同。招标人发出中标函,它是招标人的承诺书。支持投标人通过竞争,战胜其他竞争对手,成为承包商。按照惯例,双方还要签署协议书,作为正式的合同文件。通常在中标函发出后,合同签订前,当事人还要对合同进行基础分析、基础设计,并进行标后谈判,对合同条款进行修改和补充,直至达成一致,签订协议书。

至此,一个有法律约束力的展览会合同诞生。

(2)合同履行阶段

这个阶段从合同签订到合同终止。合同的订立是前提,合同的履行是关键。合同订立后,能否得到真正、全面的履行,不仅直接关系到合同当事人的合同权利和订立合同欲达之预期目的能否实现,还关系到社会正常的经济活动秩序能否得到维护。主要工作有:

①合同实施前的工作,即合同实施的准备工作。包括合同分析、合同交底和合同详细设计及合同实施管理体系的建立等。

②展览会项目实施。合同双方紧密合作,必须全面地适当地完成各自所应承当合同约定的义务,承包商按照合同规定的数量、质量、工期和技术要求完成工程的设计、采购、施工和竣工;组织方为承包商提供必要的条件,及时支付款项,及时接收项目。在这一阶段,合同管理主要完成合同实施的监督、跟踪、诊断、合同变更和索赔(反索赔)工作。

③缺陷责任期。承包商和服务商完成各项子项目的缺陷维修责任。

④在展览会项目完成后应该进行合同后评价。

展览会业务合同在生命周期里各阶段的工作如图9.7所示。

招投标阶段		中标合同谈判签约阶段		合同执行阶段			合同实施后评价阶段		
招标文件	合同总分析 合同总体设计 投标文件编制完成	投标文件	合同基础分析 合同基础设计 合同谈判签约	签订的合同	合同详细分析 合同交底与详细设计 合同管理与控制	合同完工报告	合同实施后分析 合同实施后设计 合同实施后评价	合同实施后报告

图 9.7　展览会业务合同各阶段的主要工作细分

3) 展览会合同管理的过程

合同管理作为项目管理的一个职能,有自己独特的工作任务与过程。合同管理贯穿于展览会项目管理的整个过程中,并与项目的其他管理职能协调(图 9.8)。

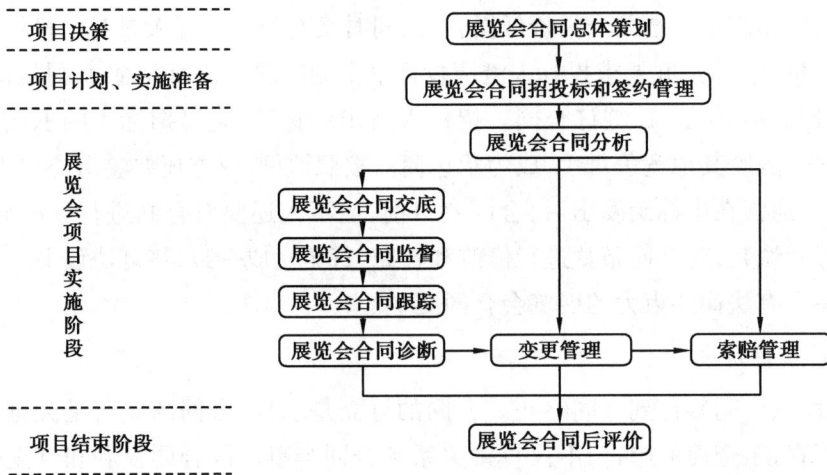

图 9.8　展览会项目合同管理过程

(1)展览会合同总体策划

这是对整个展览会项目合同有重大影响的问题进行研究和选择,以决定具体项目的合同体系、合同类型、合同风险的分配、各个合同之间的协调等。其中对整个项目有重大影响的,带根本性和方向性的合同管理问题有:

①项目承包商策划。即考虑整个展览会项目分解成几个独立的合同。每个合同有多大的范围? 这就是对展览会合同体系的策划。

②合同种类的选择。

③合同风险分配策划。

④合同中一些重要条款的确定,即如何通过合同实现对项目严格的全面的控制。

⑤展览会项目相关的各个合同在内容上、时间上、组织上、技术上、价格上的协调等。

正确的合同策划不仅能够签订一个完备的、有利的合同,而且可以保证圆满地履行各个合同,并使它们之间能充分地协调,以顺利地实现展览会业务项目的根本目标。在展览会合同总体策划中,展览会组织者是展览会业务工程承包市场的主导力量,是展览会业务承包市场的动力。合同总体策划对整个项目有导向作用,同时直接影响承包的投标和合同实施的策划。在策划过程中,要综合考虑:展览会项目自身性质、项目组织方、承包商和环境等方面的具体情况,做好合同的总体策划(图 9.9)。

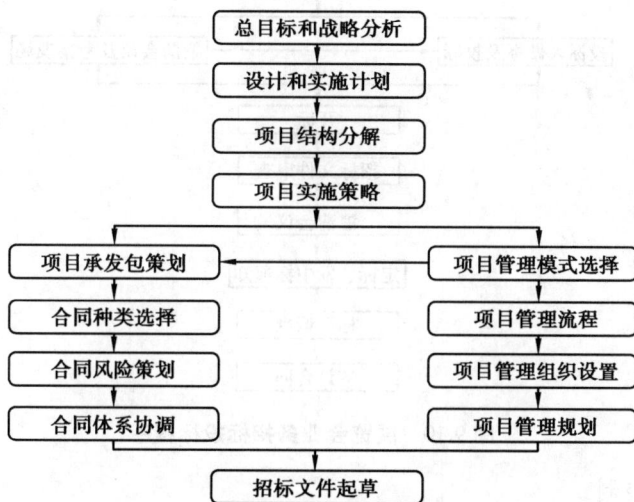

图 9.9　展览会项目合同总体策划流程

(2)展览会项目招投标和签约管理

招标和投标是合同的形成阶段,它对合同的整个生命周期有根本的影响。招投标是合同当事人互相了解、真诚合作,形成伙伴关系的过程,而不是互相防范、互相戒备、斗智斗勇的过程。展览会组织者对此要有一个清醒的认识和理性的思维。

在招标过程(图 9.10)中,涉及管理的工作主要有两个层次:一是高层次策划和决策。即对招标、合同中的一些重大问题进行决策。包括招标范围、招标方式、合同类型的选择,合同中重要条款的确定,评标条件的确定,以及最终对承包商的选择。这一切均由展览会的组织者负责。二是招标过程中的具体工作和管理事务。主要包括:招标文件的策划、承包商合同评审工作、投标文件分析(有家投标文件审查,或清标)、合同谈判、合同状态反洗

展览会业务招标方式有公开招标、有限招标(选择性竞争招标)、议标等,各种招标方式有其特点及适用范围,展览会组织者应根据实际情况合理选择。

而对承包商来说,因为招标人和投标人的角色不平等也不平衡,要签订一个对自己有利的合同常常是十分困难的。但无论如何,承包商必须签订一份明白的合同,即对合同中的不利条款,对自己的合同义务和责任,以及由此带来的问题和风险是清楚的,是有准备和有对策的。为此,设计良好的投标工作流程尤为重要。

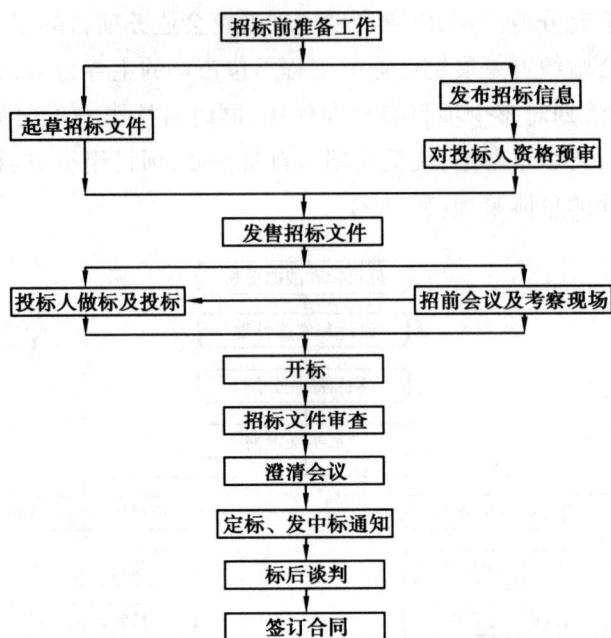

图9.10 展览会业务招标投标程序

（3）合同实施控制

每个合同都有一个独立的实施过程，包括合同分析、合同交底、合同跟踪、合同诊断、合同变更管理和索赔管理等工作。展览会项目实施阶段就是由许多合同的实施过程构成的。

①合同分析。是从履行的角度分析和解释合同，将合同目标和合同规定落实到合同实施的具体问题和具体事件上，用于指导展览会业务的具体事件，使合同能符合日常项目业务管理的需要。合同分析可以确定控制的目标，并结合进度控制、质量控制、成本控制，为展览会项目实施提供相应的合同依据、合同对策、合同措施。实质上，在合同实施前、项目业务实施过程中遇到问题，在索赔和争执处理时都需要合同分析（图9.11）。

②合同交底。合同交底从字面上说就是将合同交由底下执行。即对项目组宣讲合同和合同分析文件，防止因对合同不熟、不理解、掌握不透彻而出现违反合同的行为。在我国传统展览会相关工程项目中，十分注重"图纸交底"工作，但却没有"合同交底"工作。在现代项目管理中，承包商必须将"按图施工"的观念转变到"按合同施工"上。

③建立合同实施管理体系。为保证合同实施过程中的一切日常事务性工作有序进行，必须从以下方面着手建立合同实施管理体系：合同管理制度和工作程序、文档系统、财产验收制度、报告和行为制度等。

④合同实施控制。即以合同分析成果为基准，对整个合同实施过程进行全面的监督、跟踪、诊断和采取纠正措施的管理活动。合同定义着展览会项目工程的目标（工期、质量和价格）和各方的工作责任、义务和权利、管理程序，是对展览会项目其他控制的保证，通过合同控制可以使整个项目管理职能协调一致，形成一个有序的系统过程。

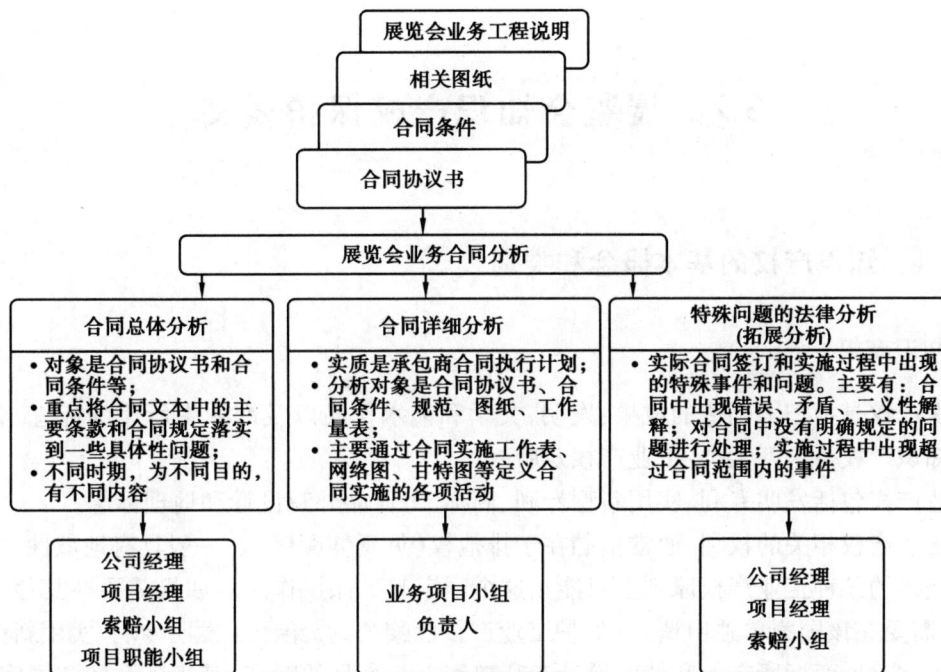

图 9.11　展览会业务合同分析

⑤合同变更管理。合同变更是合同实施调整措施的综合体现。合同变更实质上是对合同的修改,是双方新的要约和承诺,对合同实施影响巨大,造成原"合同状态"某些因素的变化,不对原"合同状态"的内容做相应的变更与调整。变更要尽可能快地做出,并迅速、全面、系统地落实变更指令,做好相关资料的记录、保存,以及后续责任分析和补偿索赔问题。

⑥合同索赔与反索赔。合同管理人员负责日常的索赔(反索赔)处理事务。索赔工作主要包括:a.在日常的合同实施过程中预测索赔机会,即对引起索赔的干扰事件作预测。b.在合同实施中寻找和发现索赔机会。c.处理索赔事件,及时提出索赔要求,妥善解决争执。反索赔则着眼于防止和减少损失的发生。

(4)合同后的评价工作

按照合同全生命周期的可控制要求,在合同后必须进行合同后评价。将合同签订和执行过程中的利弊得失、经验教训总结出来,作为以后展览会业务合同管理的借鉴(图 9.12)。

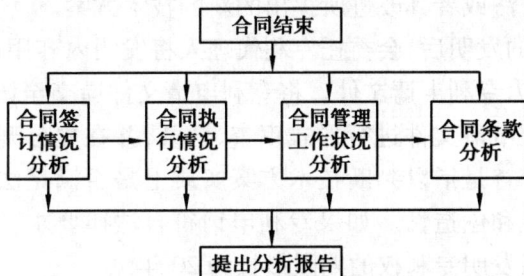

图 9.12　展览会合同实施后评价

9.2 展览会知识产权保护要义

9.2.1 知识产权的基本概念和类别

1)知识产权

知识产权是指智力创造的成果:发明、文学和艺术作品以及商业中所用的标志、名称和图像。知识产权分为两大类:工业产权及版权。

工业产权包括发明专利、实用新型专利、商标、工业品外观设计和地理标志。

与工业产权相关的权利,通常精髓在于排他权(见延伸阅读)。一般具有地域性,即在某个国家获得的某种工业产权原则上只能在这个国家起到保护作用。如果需要在其他国家获得保护,需要在该国家单独申请。《保护工业产权巴黎公约》给予了发明专利、实用新型专利权利人12个月,商标所有人和外观设计专利权利人6个月的时间,基于某个特定国家,例如中国,在其他公约成员国进行后续的申请。此外,专利合作条约下的PCT国际发明专利申请以及海牙国际外观设计体系下的国际外观设计申请等体系可以帮助申请人简化申请流程、节省部分费用。但具体是否能够获得相应的专利权,还是要取决于各个相应国家、地区的规定和审查。目前,并不存在"世界专利"或者"全球专利"。

版权,亦称著作权,包括文学作品(如小说、诗歌和戏剧等);电影;音乐作品;艺术作品(如绘图、绘画、摄影作品和雕塑)以及建筑设计。与版权相关的权利包括表演艺术者对其表演享有的权利、录音制品制作者对其录音制品享有的权利,以及广播组织对其广播和电视节目享有的权利。

2)发明专利和实用新型专利

对于具有新颖性、创造性技术方案的保护,目前最常见的形式是采用发明专利或实用新型专利的方式。

发明,是指对产品、方法或者其改进所提出的新的技术方案。

通常,发明人做出新的发明后,会委托专利代理人将发明内容用严谨的法律语言并根据相关法律法规规定,撰写为专利申请文件。将专利申请文件递交至国家知识产权局后,国家知识产权局会对发明专利申请文件进行形式审查、公开,并在先公开的现有技术中检索,进行实质性审查。实质性审查是指以判断技术方案实质上是否满足法律要求,特别是和现有技术相比是否具有新颖性和创造性。如果专利申请符合法律要求,则国家知识产权局会对发明专利进行授权。中国发明专利权的期限最长为20年。

和发明专利相比,实用新型专利有时被称为"小专利",也对技术方案提供法律保护。实用新型专利,是指对产品的形状、构造或者其结合所提出的适于实用的新的技术方案。实用新型和发明的区别主要有以下几点:第一,发明对技术方案的创造性高度有更高要求。实用新型在创造性上要求较低。第二,实用新型在大部分国家不适用于方法(如新的生产工艺方法)、没有特定形状、构造的产品(如新的化合物粉末)上的创新。第三,申请程序上,与发明专利受到实质性审查不同,实用新型采用登记制,一般不会受到实质性审查。即实用新型专利获得登记并不一定意味着国家知识产权局对于实用新型的新颖性和创造性进行了审查,也不意味着实用新型专利实质上满足法律要求。所以,很大比例的实用新型专利虽然能够得到登记,但实质上是全部或者部分无效的。最后,实用新型专利权的最长保护期亦通常短于发明专利最长为 20 年的保护期。例如,中国实用新型专利权的期限最长为 10 年。

发明和实用新型专利权被授予后,除一些法定例外情况下,任何单位或者个人未经专利权人许可,都不得实施其专利,即不得为生产经营目的制造、使用、许诺销售、销售、进口其专利产品,或者使用其专利方法以及使用、许诺销售、销售、进口依照该专利方法直接获得的产品。其中,许诺销售在法律上通常包括了广告,在展览会上展出,与客户洽谈等市场宣传、推广活动。需要注意购买不受此限。此外,为了保证科学科研的自由,防止专利阻碍技术发展,合理的科学研究等非生产经营目的实施亦不受此限。

【延伸阅读】

知识产权的排他权

与工业产权相关的权利,通常精髓在于排他权,如发明,即工业产权所有者可以在特定地理范围内禁止未经授权的第三方用某些特定形式利用知识产权在商业上获取利益的权利。拥有某项产品技术改进或者外观设计的工业产权并不意味着权利人实施该专利技术或者产品外观一定不侵犯他人知识产权。

需要强调的是,发明专利和实用新型专利权是排他权。获得发明专利和实用新型专利权本身不意味着专利权利人可以合法实施其专利。如果实施其专利侵犯到了其他人在先的专利权,则专利权利人本身也不得未经允许实施其自己的专利。

如图 9.13 所示,假设权利人 A 拥有椅子的专利,而权利人 B 拥有在这基础上进一步改进的、涉及折叠椅的专利。那么,权利人 A 可以禁止包括 B 在内的其他人为生产经营目的制造、使用、许诺销售、销售、进口椅子,而权利人 B 可以禁止包括 A 在内的他人为生产经营目的制造、使用、许诺销售、销售、进口折叠椅。由于折叠椅具有椅子的全部特征,故而即使权

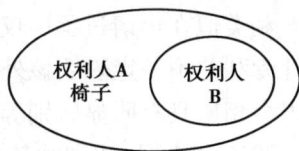

图 9.13　专利排他权示例

利人 B 拥有折叠椅的专利权,但也不能未经权利人 A 的许可为经营目的生产制造折叠椅,而需要获得权利人 A 的许可。即使权利人 A 拥有椅子的专利,但权利人 A 未经权利人 B 许可,也不能为经营目的生产制造折叠椅。如果权利人 A 和 B 不能达成一致,则没有人可以在椅子的专利过期前合法地为经营目的生产制造折叠椅。只有当权利人 B 通过支付许可费或者用其他方法得到权利人 A 许可的前提下,才可以合法地为经营目的生产制造折叠椅。

这个情况下,通常称权利人 A 的椅子专利为基础专利或核心专利,称权利人 B 的折叠椅

专利为改进专利。此外,一些实施特定技术标准所必需的专利也被称为标准必要专利,通常见于电子和通信领域。

由于基础专利的重要性,业界重要的基础专利或基础专利包通常具有极高价值,甚至可以决定一家公司的命运。一项重要药物的专利过期也经常会导致相关企业的股价大幅波动。1991 年,Cetus 公司 PCR(聚合酶链式反应)的专利即卖出了 3 亿美元的高价。

标准必要专利也具有极高商业价值和极大威力。2008 年柏林消费电子展上,在时任德国总理默克尔宣布展览会开幕后不久,200 多名警员和海关工作人员基于 MP3、DVD、DVB-T 电视格式等领域的标准必要专利,搜查或扣押了 69 家参展商,扣押了大量的参展电视、MP3 播放器等展品。

除了专利侵权行为以外,还存在假冒他人专利的行为。《中华人民共和国专利法》第六十八条规定:假冒专利的,除依法承担民事责任外,由负责专利执法的部门责令改正并予公告,没收违法所得,可以处违法所得五倍以下的罚款;没有违法所得或者违法所得在五万元以下的,可以处二十五万元以下的罚款;构成犯罪的,依法追究刑事责任。根据《中华人民共和国刑法》第二百一十六条规定:假冒他人专利,情节严重的,处三年以下有期徒刑或者拘役,并处或者单处罚金。

最常见的、主要的假冒专利行为是在产品或产品的包装上标注专利标识,包括两种不同情况,一种是产品本身不具有任何有效的专利权但仍然进行标注,另一种是标注的专利号虽然合法有效,但标注专利标识的行为人并不是专利权人或者被许可人。第一种情况是"无中生有",没有专利却号称有专利;第二种情况是"张冠李戴",在自己的产品上标注他人专利。

3)外观设计专利

外观设计是指对产品的形状、图案或者其结合,以及色彩与形状、图案的结合所做出的富有美感并适于工业应用的新设计。

需要注意的是,和发明专利与实用新型专利不同,仅仅使用外观设计专利的产品本身不侵犯外观设计专利权。中国外观设计专利权的期限最长为 10 年。外观设计专利和实用新型专利类似在申请过程中仅由国家知识产权局进行初步审查,采用登记制。故授权的外观设计专利并不一定表明该外观设计专利确实不属于现有设计并与现有设计或现有设计特征的组合相比具有明显区别等实质性法律要求。

2012 年 6 月,比利时某公司在上海新国际展览中心举办的"中国国际纺织品机械展览会暨 ITMA 亚洲展览会"上发现,广东某公司展出的商品在外观上与自己公司的专利产品高度相似。经过相应法律程序,上海一中院于申请当日以诉前禁令的形式,裁定该广东公司停止在展览会上销售和许诺销售涉嫌侵权产品。随后由于该广东公司违反禁令继续展出和销售涉嫌侵权产品并故意阻挠和对抗法院的执法行动,法官当场将多名违反诉前禁令的当事人带至法院,对该公司和相关人员采取了罚款及拘留等处罚措施。

4)商标

商标是一种标明某商品或服务系由某人或某一公司所生产或提供的显著标志。古罗马时期,就有铁匠在自己的产品上打出特定标识。通常,商标和广告是紧密结合的。世界上已知最早的商标广告是现存于国家博物馆的"济南刘家功夫针铺"铜质印版,中间刻有一幅"白兔捣药图"并注明"认门前白兔儿为记"。如今,商标作为品牌最重要的保护形式,具有极高的商业价值。根据 Interband 的统计,2021 年苹果公司品牌价值高达 4 082.51 亿美元。

根据《中华人民共和国商标法》,任何能够将自然人、法人或者其他组织的商品与他人的商品区别开的标志,包括文字、图形、字母、数字、三维标志、颜色组合和声音等,以及上述要素的组合,均可以作为商标进行申请注册。此外,申请注册的商标,应当有显著特征,便于识别,不得与他人在先取得的合法权利相冲突。

所谓具有显著性,最重要的要求就是商标标识相对于其要标识的产品或者服务不能够是单纯描述性的。举例来说,因为"苹果"对于手机不是描述性的,其他经营电子产品的厂商不一定要使用这个概念来描述自己的产品,故法律上允许使用"苹果"作为手机这个产品的商标。但对于苹果(水果)这个产品而言,"苹果"纯粹是描述性的。如果将"苹果"注册为针对苹果这个产品的商标,生产、销售苹果的商家就无法描述自己的产品了。此外,消费者看到"苹果"字样,也无法将之和特定的产品来源联系起来。故法律不允许使用这样的描述性概念来注册商标。同理,常见的用于形容商品的形容词,例如"最好""高质量"等概念,也是描述性的,不适合作为商标注册。

展览会主办方一般也会尽可能使用商标的方式保护自己展览会的品牌。例如世界最大的医疗设备展——德国杜塞尔多夫国际医疗设备展览会,针对其英文名称"MEDICA"在全世界多个国家申请了商标。除了在德国、欧洲进行了保护以外,组展方于 1996 年获得针对"展览会场地管理"这项服务的 G656419 号中国注册商标。这个商标里,"MEDICA"为该商标的标识,而该商标的商品与服务列表为"展览会场地管理"。这个商标的保护效力主要体现在,未经该商标的权利人同意,他人不可以在展览会场地管理这项服务上使用"MEDICA"的标识。此外,未经该商标的权利人同意,他人在同样或类似的服务上使用与"MEDICA"类似的标识,致使容易导致混淆的,也是侵犯商标权的行为。

同理,中国最著名展览会品牌"广交会"于 2003 年亦由其承办方中国对外贸易中心(集团)申请注册成为中国第 3085229 号商标,商标标识如图 9.14 所示。

图 9.14　第 3085229 号中国注册商标"广交会"标识

2010 年后,中国对外贸易中心(集团)又继续申请注册了多个相关商标,对广交会这一展览会品牌形成了较为全面的保护。

5)著作权

著作权对作者、艺术家或其他创作者的作品给予保护。作品形式包括文学、艺术和自然科学、社会科学、工程技术领域的文字作品、音乐、美术、建筑、摄影、电影、计算机软件等形式。著作权包括一些不可以转让的人身权(例如署名权、修改权等),也包括一些可以转让的财产权(例如复制权、发行权、出租权、展览权等)。著作权及相关权无须通过登记或其他手续即可自动获得保护。包括中国在内的众多国家规定了自愿性质的著作权登记,主要为相关的纠纷、权利转让等方面的问题提供了便利。

展览会准备、组织的过程中,一方面需要注意相应的宣传资料、网站不侵犯著作权及相关权利,另一方面也应采用相应的措施尽量避免参展方侵权。展览会上常见的保护对象包括:展台设计、展示中使用的照片、多媒体影像资料、计算机软件、海报字体设计等。

9.2.2　展览会与知识产权

1)展览会知识产权

展览会与知识产权有着密切的关系:一方面,展览会是现代企业发布新产品、新技术的展示和交易平台,是知识产权的集散地;另一方面,由于展览会产生和涉及大量极具经济价值的精神产品,成为知识产权侵权事件的多发地。与此同时,需要注意的是,展览会本身成为宣示中国改革开放成果的场合,也成为中外贸易壁垒争斗的场合,展览会知识产权问题也成为事关国家形象和国家利益博弈的问题。

展览会活动本身作为"知识型"和"服务型"产品,与知识产权关系密切,对于已经取得专利权、商标权、著作权等的知识产权属性是公认的,但目前在展览业知识产权保护问题上对一些精神成果的知识产权属性仍然认识不清,有纷争。

笔者认为,展览会知识产权不仅包含展览会展品方面,应该同时包含:展览会展览物品、品牌展览会项目、展陈设计施工、展具设计建造、展览会无形资产及展中形成的精神成果等六个部分(图9.15)。

展览会展览物品	·包括展品本身、展板内容、宣传材料等方面所包含的知识产权的内容
品牌展览会项目	·品牌展览会可复制形式表现的项目创意、主题策划、展览会标识、展出内容等是否应当得到保护以及如何实施的问题
展陈设计施工	·即展台装修的创作思路、表现手法、设计方案、图纸资料等,应当具有著作权的性质,应如何防止被抄袭
展具设计建造	·即搭建展台的各种展架、道具、配件、物品等,有一些是申请专利的,在生产制造过程涉及仿冒等侵权问题
展览会无形资产	·展览会具有独创性和显著性的自身企业商誉、展览会名称、品牌价值、技术诀窍等
展中相关产权	·在展览会活动中展品直接涉及版权、著作权的问题以及隐含性涉及版权、著作权问题等;展览会产品和营销中广告手册、宣传标语、图片等

图9.15　展览会知识产权类型

2)展览会知识产权特点

展览会上涉及的知识产权有着种类繁多、形式多样、保护对象多、法律关系复杂、纠纷集中、处理时间紧张的特点。

首先,根据展览会内容、形式的不同,展览会上可能涉及各类知识产权。例如,食品展可能会涉及新型加工技术和设备发明专利、实用新型方面的纠纷,可能涉及食品包装外形设计上的外观设计专利纠纷,可能涉及不同企业采用相似商标导致的商标纠纷,也可能涉及宣传资料使用图片、字体的著作权纠纷,甚至还可能涉及获得地理标志产品保护的地理标志产品(例如阳澄湖大闸蟹、金华火腿、武夷岩茶)等多种多样的知识产权纠纷。

此外,展览会上知识产权的保护对象数量很多。除了数量众多的参展产品外,展览会前的宣传网页、宣传资料、展台设计、建造展馆或布置展台用到的新技术、新材料、相关的计算机软件均可能是知识产权的保护对象。甚至展览会主办方本身也要防范自己展览会的品牌被盗用或者出现名称、时间、地理位置相近的"克隆展会"搭便车进行恶意竞争甚至是欺诈。

此外,展览会相关知识产权涉及的法律关系复杂度很高。相关方包括主办方、参展方、法院、政府行政执法部门,还可能包括其他权利人、协会、商会、中介机构、服务机构等。展览会涉及的法律法规包括相关的中国民事、刑事、行政法律法规,地方相应法律法规,还涉及展览会主办方和参展方之间的合同、参展方之间可能存在的许可、被许可和其他法律关系、参展方和第三方之间可能存在的法律纠纷等。如果是组团去国外参展或者办展,还可能涉及其他国家的法律法规。

此外,由于大部分展览会办展时间均为几天到几周,和动辄持续一年乃至数年的知识产权民事、行政诉讼相比,时间紧迫。由于展览会往往直接影响销售和相关方在众多客户、同行之间的商誉,和平时的侵权相比,展览会上的侵权对于相关方经济利益和商誉会造成很大影响,权利人的诉求也更加急迫。

但面对如此复杂的形式、紧张的时间和广泛的影响,相关行政机关、展览会主办方的知识产权纠纷处理机制,往往从权限、制度、经费、人力等方面处于心有余而力不足的境地,全面、公平、完美地处理展览会上发生的知识产权纠纷面临很多难关。

展览会参展方对于展览会的准备工作往往着重于市场、销售工作,而对知识产权风险不够了解或者准备不足。一方面,很多参展方缺乏事先的风险排查、预防,导致在众多竞争对手和客户面前发生纠纷,严重影响参展工作甚至是企业商誉。另一方面,一些参展商在展览会过程中碰到问题常常束手无策,事后缺乏对于纠纷的跟进和彻底解决,从而将问题扩大化或者导致纠纷重复发生。另外,很多设计了新产品的权利人,由于缺乏对知识产权的了解,没有及时提交在展览会上公开新的产品设计的相应申请,造成了后续无法获得有效的知识产权甚至被竞争对手抢先申请,造成不可挽回的重大损失。此外,从知识产权权利人的角度,展览会是重要的调查、取证和执法的机会。加强展览会知识产权保护是整体提升知识产权保护工作的重要手段。

这几个方面的问题都需要通过提高展览会从业人员对于知识产权的了解和意识来解决。

9.2.3 展览会知识产权管理

1)展览会主办方知识产权工作

展览会主办方知识产权工作一方面包括对展览会品牌的建设和保护并规避自身知识产权风险,另一方面也包括预防参展商知识产权侵权、提供知识产权服务和处理展览会中出现的知识产权纠纷。

对展览会品牌的建设和保护,应从展览会策划、命名开始。如前所述,纯粹描述性的标识在注册商标时会遇到困难。通常国际知名展览会在描述性的名称之外采用一个非描述性的名称或者简写,方便注册商标、打造展览会品牌,例如德国杜塞尔多夫医疗设备展"MEDICA",慕尼黑国际工程机械、建筑机械、矿山机械、工程车辆及设备博览会展览会"BAUMA"、巴黎国际工程机械展"INTERMAT"、汉诺威消费电子、信息及通信博览会"CeBIT"等。这些简写或者品牌名称均能较方便地在展览会举办地和其他国家申请注册商标。反之,如上海国际汽车工业展览会及其英文"AutoShanghai"这类描述性很强的名称,在商标申请注册上就会遇到困难,甚至于无法获得注册商标。

通常,如果出于历史原因无法修改展览会名称,则需要在专业商标代理机构或律师事务所的帮助下或者考虑结合图形标识进行申请,尽量避免他人"搭便车""蹭热度"的行为。

此外,除了商标,还应当对相关和相似的域名及时注册予以保护。2007年4月世新公司使用与上海车展相似的主题、英文名称和网址。上海车展网址为www.autoshanghai.com.cn,而零部件展网址是www.auto-shanghai.com.cn,容易混淆。

此外,展览会主办方为了防止第三方举办类似展览会分流参展方和观众,在可能的情况下,如果是租用场馆的,应当以合同形式要求场馆承诺自办展会不与外来办展重复,防止场馆通过自办展览会截流甚至完全抢夺主办方展览会的参展方和观众。如果可能的话,场馆在这个基础上承诺在同样的展览期同一时期完全拒绝同类的展览会更加理想,可以更加充分地保护展览会的品牌。

从主办方规避自身知识产权风险的角度而言,主办方一方面需要防范自身行为直接侵犯他人知识产权,另一方面需要防范参展方侵权可能给主办方带来间接后果,例如连带侵权责任以及由于知识产权工作不力导致下一次主办时的审批困难。

防范自身直接侵权主要需要避免在市场宣传、布置场馆过程中采用了侵权的文字、图片、音乐、影响作品或者使用了受到专利保护的展具、设备、材料等产品。通常,这些工作如果外包给其他服务机构和供应商,除了审核资质外,应在合同中包括相应的知识产权条款,要求这些服务机构和供应商承诺不侵权,并明确侵权后其应承担的相应法律后果。

除了直接侵权之外,参展方侵权也可能给主办方带来不利的后果。受到参展商侵权行为"连累"的主办方有可能与参展商形成共同侵权,从而需要承担连带侵权责任。一般而言,共同侵权的前提是主观故意和客观上为侵权行为提供了便利条件,帮助他人实施侵权行为。一般展览会主办方为侵权方提供展位的行为属于为侵权人提供经营场所的帮助行为。而主办方主动审查过程中发现涉案行为、权利人投诉和参展商多次侵权均有可能构成主办方的主观故意,从而形成共同侵权。但如果参展合同里缺乏这方面的明确约定,而主办方一般很难在短时间内判断是否侵权,即使可以判断,成本通常也很难承受,且主办方又不能随意解除参展合同、要求涉案参展方撤柜甚至撤展,从而陷入两难境地。解决这一困境的方法,一方面是完善参展合同里知识产权方面的条款,明确约定参展商不得侵权的义务以及主办方可以勒令参展商撤柜、撤展的条件,另一方面完善知识产权纠纷处理机制,及时处理知识产权纠纷,满足法律法规对主办方的要求。下面的案例中,主办方由于没有很好地处理知识产权纠纷,被判赔偿权利人的损失。

【案例】

北京某公司(展览会主办方)从北京国际展览中心有限责任公司租用了北京中国国际展览中心新馆,主办了第十九届中国(北京)国际墙纸布艺地毯暨家居软装饰博览会。原告张某是涉及某一种门用软包贴片实用新型的专利权人。凌海市某企业在展览会上销售了侵权产品。北京知识产权法院认为举办展览会时,与参展商订立合同的展览场地的直接出租方对参展商的经营活动有进行适当监管的义务,包括审查参展商的资质等。如果没有尽到相应的审查义务,客观上起到了帮助侵权的作用,应当承担相应民事责任。法院判决主办方赔偿知识产权权利人经济损失及为制止侵权行为所支付合理开支共计 2 万元。

除了保护展览会自身的权利、控制法律风险外,根据相应的法律法规要求以及合同义务,主办方还有预防参展商知识产权侵权、提供知识产权服务、处理知识产权纠纷等方面的责任和义务。

目前,这方面权利义务,就中国举办的展览会而言,主要规定在《展会知识产权保护办法》以及各地出台的相应地方性法规中,比较典型的有《广东省展会专利保护办法》《北京市展会知识产权保护办法》《厦门市展会知识产权保护办法》和上海市的《加强展览会专利保护实施细则》。

2006 年,商务部、国家工商总局、国家版权局、国家知识产权局审议通过了《展会知识产权保护办法》,作出如下规定:

第四条　展会主办方应当依法维护知识产权权利人的合法权益。展会主办方在招商招展时,应加强对参展方有关知识产权的保护和对参展项目(包括展品、展板及相关宣传资料等)的知识产权状况的审查。在展会期间,展会主办方应当积极配合知识产权行政管理部门的知识产权保护工作。

展会主办方可通过与参展方签订参展期间知识产权保护条款或合同的形式,加强展会知识产权保护工作。

第五条　参展方应当合法参展,不得侵犯他人知识产权,并应对知识产权行政管理部门或司法部门的调查予以配合。

第六条　展会时间在三天以上(含三天),展会管理部门认为有必要的,展会主办方应在展会期间设立知识产权投诉机构。设立投诉机构的,展会举办地知识产权行政管理部门应当派员进驻,并依法对侵权案件进行处理。

未设立投诉机构的,展会举办地知识产权行政管理部门应当加强对展会知识产权保护的指导、监督和对有关案件的处理,展会主办方应当将展会举办地的相关知识产权行政管理部门的联系人、联系方式等在展会场馆的显著位置予以公示。

《展会知识产权保护办法》规定了展会主办方有责任配合相关知识产权行政管理部门做好知识产权的保护工作,特别是处理知识产权投诉。涉及的主要知识产权行政管理部门包括负责处理发明专利、实用新型专利和外观设计专利纠纷的地方知识产权管理部门(通常为知识产权局或科技局)、负责处理商标侵权的地方工商行政管理部门(通常为工商局)和负责处理著作权纠纷的地方著作权行政管理部门(一般为版权局、版权处)。此外,虽然没有在《展会知识产权保护办法》中明确规定,但毫无疑问展览会主办方也有义务配合海关、法院、警方等行政司法部门的工作。

各个经常举办展览会的省市,特别是北京、上海和广州也制定了地方的展会知识产权的保护办法。通常会要求主办方与参展方在参展合同中约定双方知识产权保护的权利、义务和相关内容,特别是要求参展商承诺不侵权,并要求主办方为知识产权行政管理部门进驻展览会开展工作提供必要的便利条件。此外,主办方还可以或者应当根据需要和地方性法规要求进行展前审查、为知识产权行政管理部门进驻展览会提供便利条件、对投诉进行调解、对涉嫌侵权物品进行查验、出具证明等工作和服务。例如,《广东省展会专利保护办法》第十条规定:

展会主办方应当履行下列职责:

(一)在展会显著位置和参展商手册上公布展会专利投诉处理机构或者专利行政部门的地点、联系方式、投诉途径和专利保护规则等信息;

(二)设立展会专利投诉处理机构,接受专利权人或者利害关系人的投诉,对展会中发生的专利侵权纠纷进行调解处理;

(三)参展展品涉嫌假冒专利或者重复侵权的,及时移交专利行政部门依法处理;

(四)完整保存展会的专利保护信息与档案资料,自展会举办之日起保存不少于2年,并应当在展会结束之日起30日内按照专利行政部门的要求以电子邮件或者传真等方式报送信息。

第十一条 展会主办方应当建立专利公示制度,并将参展展品中涉及的专利以数据库、目录或者其他形式予以公布,涉及商业秘密的除外。

第十二条 展会主办方应当与参展商签订参展合同,参展合同应当包括以下主要专利保护条款:

(一)参展商应当遵守展会的专利保护规则;

(二)参展商应当接受展会专利投诉调解,拒绝配合调解的,展会主办方可以按照约定解除合同,取消参展;

(三)经展会专利投诉处理机构调解认为涉嫌专利侵权并禁止展出的参展展品,参展商拒绝采取遮盖、撤架、封存相关宣传资料、更换展板等撤展措施的,展会主办方可以按照约定解除合同,取消参展;

(四)参展商对专利权人或者利害关系人投诉其涉嫌专利侵权行为的,应当接受专利行政部门的简易程序处理;

(五)展品被专利行政部门或者人民法院认定为侵犯专利权的,参展商拒绝采取遮盖、撤架、封存相关宣传资料、更换展板等撤展措施时,展会主办方可以按照约定解除合同,取消参展;

(六)与展会专利保护有关的其他内容。

国外展览会主办方一般较少直接参与知识产权纠纷,更多依赖于当地司法体系的救济。例如德国科隆展览会除了在参展合同中进行相应约定外,还开展"No Copy!"宣传活动,发放宣传资料、与科隆律师协会合作提供基础法律咨询、设立相应的服务站提供基础的信息服务,此外考虑到国际展览会语言沟通的困难还提供基础的翻译服务。此外,德国海关官员通常也会进驻根据投诉进行取证和扣押。但由于德国民事司法程序提供临时禁令等快捷的手段,较好地满足了展览会中知识产权权利人的需求,故实践中绝大部分知识产权纠纷和维权仍然采用民事司法程序,较少有行政、刑事程序出现。更多依赖于权利人自身积极维权和民事法律纠纷处理体系,较少依赖于行政力量和警方、检察院的刑事程序,也是知识产权保护成熟的欧美国家的普遍特点。

总而言之,展览会主办方对于展会知识产权工作和氛围肩负着非常重要的责任,一方面要善于保护自己的合法权益避免风险,另一方面也要为参展方营造保护知识产权的良好展览环境,需要和相关机构灵活合作,因地制宜,利用各方资源一起成功办好展览会。

2) 展览会参展方的知识产权工作

参展知识产权工作是企业整体知识产权工作的一部分,需要企业在人员、组织结构和资金上统筹给予安排,并在平时工作中予以重视。企业参展知识产权工作通常面临时间紧、任务重、相关部门协调困难、法律法规复杂等难处。

参展方在参展前和日常知识产权中需要做的工作包括:检索监控竞争对手知识产权、及时递交相应知识产权申请、了解展览会所在地和主办方相应规章制度、审核参展布展材料、培训参展人员、准备知识产权相关材料、准备资金、协调律师事务所、代理所等方面。参展前集中处理甚至是出现纠纷后才后知后觉地处理,受到时间限制,通常很难达到理想的效果或者需要花费更多的资金。充分的准备工作是能够游刃有余处理参展知识产权工作的前提。

检索监控竞争对手知识产权是指了解竞争对手现有和新的知识产权,对比企业本身的产品、标识、宣传资料等方面,从而及时识别潜在的侵权风险。识别出风险后,企业便可以及时采取规避设计、开展许可谈判、针对对方知识产权提起无效或者撤销等法律程序以及将产品下架等措施。此处的竞争对手不光包括企业主营业务上的直接竞争对手,也根据行业特点可能包括一些行业内的重要供应商、专利池、专利联盟、专利主张实体、研究机构等相关方。

参展方在参展前特别要重视对与参展产品,特别是新产品相关的新技术、新设计、新标识并及时申请相应的专利、商标。对于大部分国家、地区而言,如果先展出一件新产品和新设计,而没有在展出公开前提交相应的专利申请,都会导致后续无法获得有效的专利权。即使一些国家有新颖性宽限期、展会优先权等法律救济制度,但也往往会导致申请复杂程度增加或者费用增加。对于企业采用的新的标识(例如新的产品线名称或者修改后的商标),也应当在参展前及时研究是否应当申请商标进行保护,防止竞争对手抢注商标导致企业后续无法合法使用该标识。

　　了解展览会所在地和主办方相应规章制度也是重要的准备工作。通常企业参展涉及的各个国家、各个主办地以及主办方可能会有不同的法律环境,涉及相应的法律、法规、合同要求等各个层面。负责参展知识产权工作的部门和人员虽然很难对这些方面一一了解,但可以提前联系合适的律师事务所、代理机构,了解当地特点,有针对性地进行准备工作并在需要时可以迅速得到专业机构和专业人员的帮助。

　　参展方负责知识产权工作的部门、人员应当基于前面几项工作的结果,审核参展、布展的材料。一方面需要审核相关材料是否有侵权风险或者提到了一些不必要、不准确的细节从而给竞争对手取证提供了不必要的便利条件。另一方面,也需要审核高风险的个别产品、标识,如果被法院、知识产权局或者主办方勒令撤柜,如何将其负面影响降到最低。例如,针对个别高风险产品采用活页或者单独印刷宣传材料的方式,而不是把所有产品印刷在统一的、不可拆卸的产品目录中,在该产品面临撤柜风险时对参展影响更小。

　　培训参展人员的工作主要包括和参展团队及时沟通可能出现的风险及相应的应对措施、从知识产权角度应当保密的信息以及展览会上需要关注的信息。和参展团队及时沟通可能的风险一方面防止参展团队在展览会上碰到纠纷猝不及防、慌忙失措,另一方面参展团队能够了解高风险产品,遇到可疑的对方调查员、律师甚至公证人员也可以及时提示知识产权方面相关负责人,赢得预警时间。此外,参展团队也往往是对竞争对手非常了解的市场、销售人员,经过适当培训,是知识产权部门很好的"眼睛"和"耳朵"。如果知识产权部门本身不参加展览会,那么往往要依赖于参展团队了解竞争对手新产品,甚至是及时进行初步的调查取证。

　　一些如广交会这样的大型展览会,会要求参展方提交一些知识产权的相关材料。此外在展会上维权或者处理他人的知识产权侵权指控均可能需要提交相应的知识产权材料。例如:广交会《第 121 届中国进出口商品交易会出口展参展手册》中,对于展位评选标准中规定对于境内外专利权、高新技术企业称号、境内外商标注册等项目上均有加分。此外,广交会《涉嫌侵犯知识产权的投诉及处理办法》中要求投诉人出示知识产权权属证明文件及可能的其他证据,例如进出口海关单据、供货合同或协议、发票、检验报告、公开出版刊物等。这些材料根据各个国家、地区和展览会主办方规定有一些差异,建议在当地熟悉展览会情况的律师、代理人指导下进行。

　　此外,参展方还应当根据潜在的知识产权风险、竞争对手侵权的可能性等因素及时准备用于知识产权工作的资金,并和知识产权专业人员(例如律师、专利商标代理人等)及时沟通,让他们做好相应的准备。

　　企业参展一方面是侦察、进攻对手的机会,即需要了解竞争对手的新产品、对比自己的知识产权"弹药库",从而保护自身知识产权不被未经许可的第三方侵权,保护自己独特的产品不被非法抄袭、模仿,对侵权行为及时处理,包括联系律师、专利代理人和公证处进行取证、知识产权侵权投诉、诉讼;另一方面,也需要进行防守,即通过事先准备防范企业本身产品侵犯第三方知识产权,并对出现的侵权指控及时进行应对和处理,避免造成不良影响或扩大损失。此外,还可以在展览会上搜集领域内相关的技术发展的信息,在未来需要时可以作为专利审查、诉讼过程中的证据。

参展结束后,应对展览会上发生的知识产权纠纷继续跟进处理,不可置之不理乃至于扩大纠纷范围导致更大的损失。

总而言之,参展前、中、后的知识产权工作各自有侧重点,但又紧密地联系在一起。只有相关各个部门紧密配合、充分准备、积极应对,才能最好地维护企业的合法权益、规避风险减少不必要的损失。

本章小结

无论喜欢与否,我们都生活在一个充满法律纷争的社会中。因而法律问题变得越来越重要,在展览业中更是如此。本章深入探讨展览会合同、展览会知识产权保护和法律的棘手问题。首先,几乎所有的活动都会涉及合同,而它也正在变得越来越复杂。而且在展览会业务开展过程中,合同是一个基础部分,因此需要特别关注。是否制订切实可行的知识产权保护办法也成为品牌展览会的重要衡量之一,与此同时,展览会日益成为中国知识产权保护状况、推进知识产权保护的重要窗口。

作为总结,我们发表如下看法:尽管需要花费大量的时间、人力和财力,订立和实施一个精心草拟的合同、法律文件和对所有权保护议案还是非常必要。不过本章并不能替代有经验律师的专业性意见。无论如何,事前预防问题的产生要比事后解决问题省时省钱得多。而展览会组织方就应该时刻对展览会涉及的法律问题保持高度警惕性,并适时采取适当的行动保护展览会的权利。

【延伸阅读】

1."会展法律义务",参见:桑德拉·L.莫罗.展会管理实务:会展艺术[M].武邦涛,等译.2 版.上海:上海远东出版社,2008:188-214.

2.聂士海.展会知识产权保护的重点与难点:专访中国会展经济研究会常务副会长陈泽炎[J].今日财富:中国知识产权,2010(10):28-31.

3."我国会展知识产权争议解决",参见:张万春.我国会展争议解决研究[M].北京:经济日报出版社,2015.

4.参见:商务部条法司《展会知识产权保护办法(修订征求意见稿)》。

复习思考题

【知识链接】

一、选择题（多选）

1.如下图所示，权利人 A 拥有铅笔的有效专利，权利人 B 拥有橡皮的有效专利。假设没有其他涉及铅笔、橡皮的有效专利，此外，A 和 B 之间没有相关许可协议。以下说法正确的有（   ）。

A.权利人 A 不可以从权利人 B 处购买橡皮

B.权利人 A 不可以以生产经营为目的生产橡皮

C.权利人 A 可以出于研究目的制造少量橡皮

D.权利人 A 仅在展会上展出自己制造的橡皮并初步与客户洽谈不侵犯权利人 B 专利权

2.以下说法错误的有（   ）。

A.因为权利人 A 拥有铅笔的专利，故权利人 A 一定可以以生产经营目的制造、销售任何类型的铅笔

B.因为权利人 B 拥有橡皮的专利，所以权利人 A 不可以就带有橡皮的铅笔申请专利

C.由于带有橡皮的铅笔即涉及权利人 A 的专利，又涉及权利人 B 的专利，权利人 A 和 B 均可以以生产经营为目的制造、销售带有橡皮的铅笔

D.无论权利人 B 是否同意，如果权利人 A 首先发明了带有橡皮的铅笔，权利人 A 可以申请就带有橡皮的铅笔申请专利

3.以下涉及商标说法正确的有（   ）。

A.可以就苹果（水果）这个产品申请注册标识为"红色"的商标

B.展览会组织方只需要管理参展方，尽量减少参展方的商标侵权即可，自己并不需要知识产权

C.一家手机厂商生产销售"平果"牌手机侵犯了苹果公司商标权

D.如果一家公司拥有一个注册商标，代表这家公司使用该注册商标一定不侵犯第三人合法权利

（答案：1.BC；2. ABC；3.BC）

二、简答题

1.展览会合同的主要类型有哪些?

2.简述展览会合同管理的主要功能。

3.简述展览会合同管理的生命周期。

4.简述展览会合同管理的主要环节及注意事项。

5.展览会主办方对展览会参展方侵权行为和相关的投诉采取视而不见的方式不予处理,会导致怎样的后果? 试论之。

6.产品申请专利获得国家专利局授权,是否意味着该参展企业没有侵权风险? 如果不是,那么参展企业为什么还会有侵权风险呢?

7.参展企业是否可以为了宣传,在互联网上下载图片用于展位宣传海报和宣传品? 这可能侵犯了什么知识产权?

8.展览会知识产权的主要类型有哪些?

【思考再三】

1.请结合当前的形势,分析项目合同管理有何新趋势? 这对展览会运营将带来什么影响?

2.思索展览会知识产权管理的主要难点和突破口何在?

【走进实践】

1.缺乏显著性的商标一般不得作为商标注册,但我们还是能够看到火锅店连锁使用的"小肥羊"、啤酒饮料类的"青岛啤酒"等描述性的商标。请使用互联网等工具检索并讨论为什么这些商标可以获得注册、成为有效的商标? 这对于展览会知识产权管理有何启发?

2.选择本地一个展览会,同时展览会主办方、参展商、知识产权管理机构的实地采访,调查展览会中出现的知识产权保护问题及其解决结果追踪,思索展览会知识产权管理的主要难点和突破口何在?

第 3 编
展览会运营

第 10 章
展览会产品开发与品牌运营

【学习目标】

1. 了解展览会企业的业务策略的主要内容；
2. 掌握展览会运营方向策略选择；
3. 掌握展览会扩张的主要策略；
4. 了解展览会创新题材的主要来源；
5. 理解展览会品牌的特殊性及创建流程；
6. 掌握展览会品牌定位及方法；
7. 了解如何分析一个展览会的品牌架构；
8. 掌握一个展览会企业的品牌化策略。

没有战略的公司愿意尝试任何事情。

——迈克尔·波特

【开篇案例】

法兰克福原则

法兰克福展览有限公司是世界著名的展览会主办机构之一,2019 年营业额达到历史最高的 7.36 亿欧元,聘用 2 250 名员工。2019 年,法兰克福展览中心的展览面积达 591 049 平方米,展览中心目前在世界排名第五,共有 11 个展馆和两个会议中心,是全球拥有独立运营的会展场地中收入最高的国际贸易展览主办机构。法兰克福展览有限公司是一家国营机构,其中法兰克福市政府拥有 60% 的股份,黑森州政府拥有 40% 的股份。

凭借三大业务领域——展会与活动、场地、服务,铸造了一个成熟的商业模式,为展览会成功举办提供全方位服务。多元化的服务呈现在活动现场及网络管道的各个环节,确保遍布世界各地的客户在策划、组织及进行活动时,能持续享受到高品质及灵活性的服务;可提供的服务类型包括租用展览场地、展会搭建、市场推广、人力安排及餐饮供应。法兰克福的业务范围如下(表 10.1)。

表 10.1 法兰克福展览集团业务范围

业务种类	具体描述
基建服务	为法兰克福和全球的合作伙伴量身打造展览会概念,专业定制、因地制宜。为会场建设、设备技术提供一条龙服务套餐或是个性化定制。
市场营销	线上和线下的宣传是展览会成功开展的重要环节。提供行之有效的广告方案、线上宣传和多媒体及个性化等多种可能性。
出版服务	拥有自己的出版社可为出版提供充盈的选择余地。无论是印刷媒体还是数字化形式,从排版、成品到最终出版的全过程始终相伴。
物流交通	拥有优秀的物流交通管理团队,负责解决参展商、会场建设企业、货运代理商和主办方的所有物流交通相关的问题。
会场出租	拥有规模各异的会场可供选择,除了展会以外,还可作为会议、仓储及办公场地。
餐饮服务	餐饮是商业交流不可或缺的一环。子公司 Accente 不仅承办餐饮服务,还配有活动相关的专业服务人员。
技术信息	制订了从技术设备、逃生通道到节能环保等一系列技术问题相关的完善框架与方针。
订货供货	提供电信网络、生态能源、传动装置等设备的多种订购和供货服务。

在法兰克福展览公司的发展历史及业务运营过程中诞生了"法兰克福原则",该原则致力于为多产业展览会的发展,打造新的专业博览会,建立主力品牌博览会。2019 年,该集团在全球 50 个城市共举办了贸易展览会 155 场,以及 268 个代表大会、会议和活动。

法兰克福品牌屋

法兰克福秋季博览会创始于 1150 年,春季博览会也差不多有这么长的历史。它们是现在所有法兰克福博览的肇始。秋季展览会传统上称为"Herbstmesse",1996 年改为"Tendence"展览会,2003 年"Tendence"被赋予了更多时尚、高雅、独特和实用的色彩,因此更名为"Tendence Lifestyle"。它于每年的 8 月举行,与 2 月份的"Ambiente"一同成为法兰克福春秋两季的两大盛事,这两个联合品牌为世界范围内的商品消费者所熟知。

细分不同行业市场的专业活动和春秋两季的活动齐头并进。这催生了 1959 年的 Interstoff 纺织博览会,1960 年的 ISH 世界卫生设备、供暖和空调技术国际博览会,1971 年的 Heimtextil 家用纺织品博览会,Automechanika 世界汽车部件、车间设备和补给站配件商品博览会,以及 1980 年独立举办的 Musikmesse 世界乐器展。2003 年,不想继续举办独立活动并想加强各自品牌的 Beautyworld(BW)、Christmasworld(CW)、Paperworld(PW)和 Musikmesse 首次成功组成了综合博览会。

与此相反,化妆品却从老的品牌群众中分离出来,并且在 2004 年法兰克福世界化妆品周成立了一个新的活动协会。这个活动协会整合多样的活动,给予 Beautyworld(香料、药剂、化妆品和美发用品博览会)和 Lifetime(专业的 Spa 和 Wellnesss 世界商品博览会)新的发展机会。同时,法兰克福博览公司在 Passione 品牌下为个人用品创立了新的展览会。为扩大主题覆盖面,活动协会还为化妆品展览会提供额外的投资,并为美容沙龙举办国际展览会。尽管把参观者作为目标,但还是需要不同的营销结构(图 10.1)。

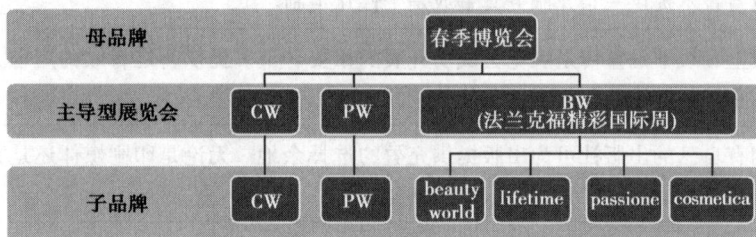

图 10.1　法兰克福原则

如今法兰克福博览公司的国际旗舰展会一直在各行各业站稳领导的地位,如 Ambiente、Beautyworld、Christmasworld 和 Paperworld 已跻身于全球最重要的消费品展会之列,而 Musikmesse 和 Prolight+Sound 也是被业界高度推崇的专业展览,Heimtextil 和 Techtextil 在纺织品及纺织技术领域无出其右;在技术与交通运输及物流首屈一指的盛会包括有 Automechanika、Light+Building、IFFA、ISH 和 Texcare(图 10.2)。

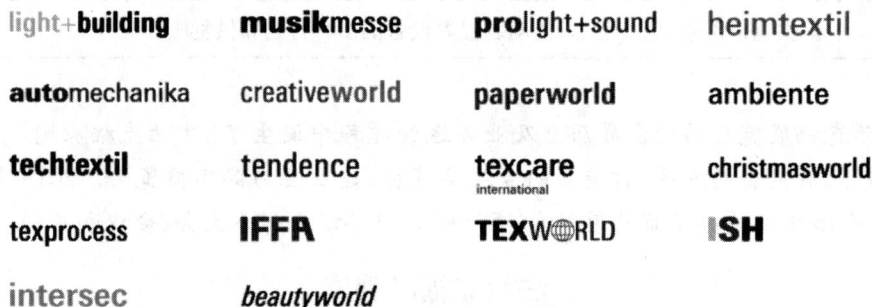

图 10.2　目前法兰克福主力展览会

与时俱进的法兰克福

近年来,法兰克福展览有限公司不懈努力巩固其品牌在世界范围内的地位,并相应加强其国际排名中的竞争力。为了成为自己在所在市场细分中无可争议的领军者,法兰克福展览公司制订一个统一的品牌战略,在相同的品牌屋檐下举办展览会,并在国外建立相同的质量体系标准,以产生国际化的力量和活力。

能够反映法兰克福展览有限公司会展业务不断扩充的最佳范例当属 Automechanika 品牌系列展览会,该品牌成功在全球多个地区开拓版图,2017 年已延伸至越南胡志明市举办新展会。集团的技术类展会在行业内亦拥有强大基础,随着技术业务领域持续发展壮大,旗下众多行业板块前景光明。以智能建筑技术为代表,拥有法兰克福国际浴室设备、楼宇、能源、空调技术及再生能源展览会 ISH 及法兰克福国际灯光照明及建筑物技术与设备展览会 Light+Building 两大知名展会品牌,法兰克福展览有限公司被业界视为该板块的全球领导者。此外,集团高度关注并积极参与和工业 4.0 相关的会展业务,其位于德国纽伦堡的国际电气工业自动化展览会 SPS IPCDrives 是工业自动化行业中最重要的商贸展示平台之一,其中涉猎的自动化技术是第四次工业革命背后最强的驱动力。而集团的法兰克福国际精密成型展Formnext 向业界人士呈现工业生产技术的新一代发展及先进科技,逐渐打造为国际精密成型与 3D 打印行业的旗舰展览会。

法兰克福展览有限公司携手行业精英持续致力于各行业领域的开拓,通过创建适应市场发展及强化协同增效的概念,作好充分准备应对经济疲软及局部行业整合,为客户提供强而有力的支持。

疫情下的法兰克福

在经历了 10 年的持续增长和 2019 年财年的历史最高位后,法兰克福不得不因新冠疫情而高速刹车。2020 年,全球只有大约三分之一的活动得以举办,但法兰克福还是实现了约2.5 亿欧元的集团营业收入,并举办了 153 场活动。2021 年则下滑到 1.4 亿欧元。

法兰克福集团依然着眼于"面对面是商务沟通不可替代"的理念,开展经贸性展览会商业模式的探索和投资。凭借法兰克福在各行业领域拥有的相关业务和市场份额,旗下的展览会板块正铺向本土、区域以及洲际市场。自从进入后疫情时代,法兰克福开拓了具有前瞻性的展览会,如 2020 年,为在食品技术领域布展进行战略性扩张,举办了面向亚洲地区的肉类和食品加工处理领域的全新展览会——亚洲国际肉类加工设备及技术展览会;又比如德国腓特烈港国际欧洲自行车贸易展览会(Eurobike),将于 2022 年移至法兰克福市举办。预计在 2022 年举办 20 多个新的展会及活动。

法兰克福集团致力于举办各类展览会大力推动国际贸易,并积极提倡贸易自由化和经济全球化。由于业务理念与中国国际进口博览会办展宗旨十分吻合,集团连续 4 年参展。集团呈现了"一带一路"沿线业务网络以及大湾区项目的业务发展。除此之外,围绕中国建设双循环发展新格局理念,通过具体案例详细阐述国际性商贸展览会鼓励创新,协助中国企业走出国门、积极推动外资企业开拓中国市场以及扩大内需这几方面为实现政策效应发挥重要作用。早在 2020 年集团积极响应粤港澳大湾区发展规划纲要,大量投入资源,对大湾区子公司业务架构进行调整,旨在抢占该区域会展业未来发展先机,并在深圳举办首届中国(深圳)跨境电商展览会,共建电商生态圈。

法兰克福展览集团致力为全球消费品产业打造全新平台,积极践行其促进经济发展的使命。第一步,集团安排旗下三大领先消费品展,分别是法兰克福国际春季消费品展览会(Ambiente)、法兰克福国际圣诞礼品世界展览会(Christmasworld)以及法兰克福 DIY 手工制作及创意文具展(Creativeworld),将于 2023 年 2 月 3—7 日首次同期在法兰克福展览中心举办(图 10.3)。借助"消费品展"三展联办的优势,展会将积极发挥参展商、观众及媒体的协同增效作用,并为行业提供独具特色及全面的产品类别和解决方案。第二步,这三场展览会的"全球采购板块"将联合进行国际化宣传。与此同时,全新的"设计与生活方式"地区宣传平台将在 2023 年下半年于法兰克福举行以满足地方性需求。到 2025 年,法兰克福将有近

30个新展览项目举办。法兰克福将优化升级数字化信息并融入展览会现场活动体验,为参展商和买家带来更多便利,提升国际影响力。

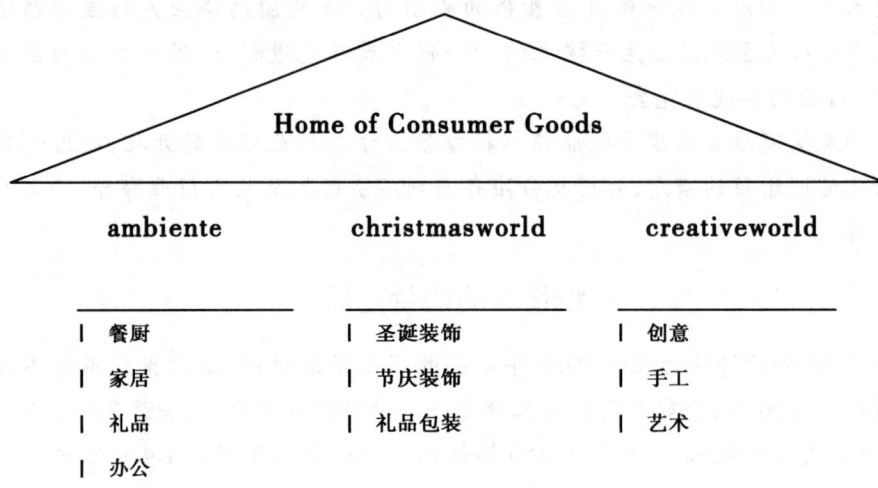

```
                    Home of Consumer Goods


     ambiente          christmasworld          creativeworld


   | 餐厨              | 圣诞装饰              | 创意

   | 家居              | 节庆装饰              | 手工

   | 礼品              | 礼品包装              | 艺术

   | 办公
```

图 10.3　法兰克福消费品展展览板块

根据西蒙的观点,战略应该是使用并发展企业的所有力量以保障尽可能获益的长期生存方法和学问。对于有多项业务活动的展览会企业来说,业务战略是实现公司总体战略的途径。对于只有一项业务活动的企业来说,或对多项业务企业的某个业务来说,业务是指导其活动的方向。实际生活中,人们将单个展览会活动作为一个业务单位,或者将有相同客户群的多个展览会合并为一个战略业务单位。展览会业务战略研究的主要内容是业务设计模型和业务竞争战略,以及支撑业务发展的产品发展战略,以培育和形成相对于对手的竞争优势。

10.1　展览会业务运营策略

展览会业务运营主要是战略业务单位的设计、基本业务战略结构的决策等。业务战略和竞争战略指的是同一项内容,是业务取得优势的目标和手段。通过竞争战略实施,可以形成业务的相对优势,从而实现业务战略管理的目标。

10.1.1　展览会战略业务确定

展览会战略性业务由产品特征(展览会类型和展览会主体)以及市场特征(客户群和地理位置上的目标市场)的多种组合构成。业务战略管理需要通过恰当的业务设计来实施,业务设计不当会导致成功的竞争战略获得不成功的竞争结果。

1)展览会主体策略

雷金·卡尔卡认为决定展览会主办机构的性质,是展览会运营管理的第一个基础性战略决策。展览会主体主要群体有:

（1）政府

政府是展览业基础设施和软环境的提供者,作为城市展览业管理者而存在,城市经济是展览业发展的最直接得益者。出于对历史缘故或产业政策、城市营销及政治外交等因素的考虑,政府也是某些展览会的主办方,尤其是市场经济发展的初期国家和地区。

（2）产业协会和商会

协会办展览会既是历史现实,又是逻辑事实。其资源优势和行业知识与需求掌控的优势,对办展览会更有利。然而其往往承担了政府的行业管理职能,在利益平衡、管理灵活上显然有很大的局限。

（3）场地拥有者兼运营公司

有自己场地的展览会公司。在我国主要是国有企业,他们往往代表政府执行场地经营与管理。

（4）纯粹的私人运营公司

没有自己场地的展览会公司。这应该是市场的主体。其与协会之间的利益关系,成为当前中国城市展览业冲突的焦点。

四者有根本不同的市场出发点,也遵循不同的组织目标。他们一方面是市场的直接竞争者,另一方面在租用展厅和展览会的纯粹组织方面,又相互依存。

2)展览会业务运营模式确定

任何业务活动都需要成功解决四个问题:业务活动范围是什么? 业务活动最能满足哪些用户的需求? 主办方如何通过为用户创造的价值而获利? 主办方如何保护自己的利益不被侵犯? 对这些问题的回答就构成了业务运营模式涉及的主要内容。

（1）用户类别

选择恰当的客户群体是业务运营的首要任务。展览会用户类别的选择包括客户群和地理位置的目标市场。选择客户群主要由行业大小、对于参展的需求和要求以及由此得出的服务标准而决定。客户群可大致区分为工业品行业和消费品行业。而地理位置的目标市场指的是展览会的区位,即举办展览会的城市或区域以及国家。

客户的选择将取决于展览会组织者能否更好地服务于该类客户;为客户提供的产品和服务是否能给组织者带来价值;以及运营者能否通过为这些客户服务而巩固自己的核心专长。在选择客户时,为防止选择结果范围过大而使组办方失去业务集中性,运营机构首先应该确定哪些客户不能作为自己的客户,然后再决定哪些客户可以作为自己的客户。

（2）产品定义

产品定义在业务设计中涉及两个方面的内容：价值获取方式和业务范围。前者决定展览会运营者价值的来源，后者指展览会组织者提供的产品和服务种类以及所需要的主要技术种类，这决定了展览会活动的具体内容和特征。

展览会组织的产品是每一次展览会活动，其主要受到展览会题材和主题、参展企业及参观者的限定。首先，展览会组织单位的客户——参展商、参观者、行业协会、媒体、公众——最终构成展览会组织单位的产品。其次，展览会的内在特征还包括展览会的类型和展览会题材/主题。

（3）控制重点

展览会组办方用什么方法来使自己与竞争对手相区别，并减少自己活动被模仿的可能性，这决定了展览会运营方保护自己获利能力的方式。如可口可乐公司70年代的控制重点在于品牌形象和7x配方上，到90年代转变为与瓶装商的特殊关系、全球性品牌和低成本分销商，如今则是在活力化品牌、低成本分销的基础上，更加重视年轻社交关系的营造。

10.1.2 展览会竞争优势策略

一个拥有竞争优势的组织可以在一个或几个方面超越对手。波特认为"竞争优势归根结底产生于企业为顾客创造的价值：或在提供同等效益时采取的相对较低价格，或者其不同寻常的效益用于补偿溢价有余"。一个展览会及组织想获得长期持续的竞争力，保证长期的利润率，展览会组织者一定要十分清楚这些基本战略：或是成本领先，或是创造行业中的独一无二的事物，或者在集中的市场领域中寻求增长，否则可能陷入"夹在中间"而陷入失败。因此，业务竞争优势战略又被称为基本竞争战略。

1）成本领先战略

展览公司领先的目标是通过成本优势，向客户提供比最重要的竞争对手更经济实惠的展览会服务。成本优势的主要来源于展览会的执行成本、场地成本、营销成本和人员成本。比起没有自己场地的展览会公司，拥有自己场地的展览会公司的固定成本更高。虽然这也同展览会场地的可使用性有关，但也可能由于其空间的灵活性及其地理位置上可广泛控制的展览会活动，从而拥有更高的专业化优势以及由此产生的规模效应。想要获得成本优势，还可以在技术领域实行合理化措施，以及安排用于招揽参展商和参观者的必要合理的销售网络。场地拥有者兼运营公司一般使用国际化且人员密集型的销售网络，但可加以灵活控制，其协同程度高。私营展览会主办方虽然通常不使用这样的销售网络，但通过参加国际市场活动，也能因合作效应而获得成本优势。

公认的成本优势是指为客户所提供的展台面积和其他服务的价格。所谓的附加成本，也可视为主要的成本。原则上附加成本虽易受展览会的影响，但越来越占据重要地位。这里特别指展览会场地周围的旅店、交通、餐饮等费用。官方的场地拥有者兼运营公司与纯粹的运营公司获取价格优势的方式不同，他们不是利用其地方伙伴的关系，就是旅店定额与展览会所在地挂钩。

2) 差异化战略

差异化战略又称别具一格战略,目标是通过产品和性能优势取得竞争优势。展览会差异化切入点是开发与竞争对手有明显差异的产品和服务,并在不同的行业,有不同的组合方式。

一般来说,差别化战略有内在和外在的两个来源:

①内在来源。这主要是通过构造客户识别质量与竞争对手明显差异的标志:产品质量的识别性、品种的可挑选性、捆绑在一起的服务,以及与产品服务有关的独特性等。

②外显来源。这主要表现为组织单位长期建立的市场形象和品牌吸引力、产品外观特征、价格因素等。其中市场形象和品牌影响力是差别化各项内在来源长期共同作用的结果。

综合来说,展览会组织者主要通过以下来源来创造自身的差异化优势。具体如图 10.4 所示。

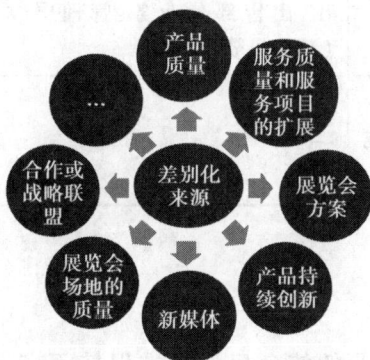

图 10.4　展览会差异化优势与来源

10.1.3　业务运营方向策略

展览会运营机构持续存在的最重要的前提就是通过发现市场的空缺和产品多样化,研发新产品以及巩固竞争中的获益范围,科学分析外部环境和内部条件的变化,选择合适的战略,确保未来的安全和发展(图 10.5)。

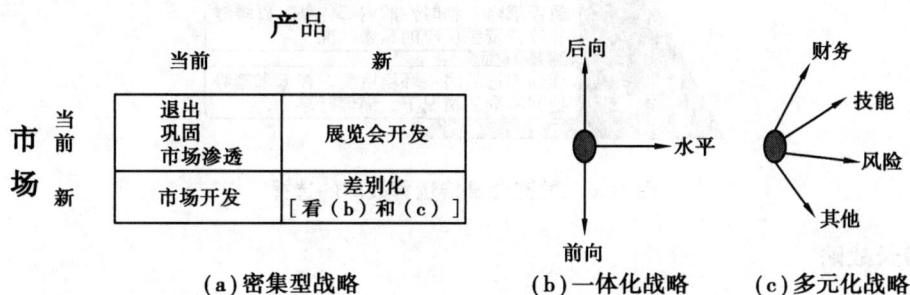

图 10.5　展览会业务运营的发展方向

1) 缩减战略

虽然在很多情况下,从市场中全部或部分地退出是最明智的行为。但是,在现实中退出方案经常被忽略,往往是作为失败的标志,也最不受欢迎。缩减又称为防御战略,"以退为进","以迂为直",其实是展览会及组织单位谋求更加健康成长的重要道路。具体策略见表10.2。

表 10.2 展览会主要的缩减策略选择

分类	定义	主要方式	备注(举例)
收缩	通过减少成本与资产对展览会企业进行重组,以扭转盈利的下降	调整组织、降低成本、减少资产、收回资产、解雇员工、破产	也称榨取型战略、转向或重组战略
剥离	将分公司或组织的一部分售出	专营方式退出、合同承包方式退出、出售部分业务、管理层收购(MBO)、资产置换	也称撤退性战略,是被动战略,出售与主要业务无关或关系不大的部分
清算	组办方为实现其有形资产的价值而将公司资产全部或分块出售	—	也称结业清理,是最不受欢迎的战略类型,最为谨慎

2) 维持战略

执行此战略的展览会和企业的使命目标基本保持不变,产品系列、种类和市场保持不变,只是经营方式发生了变化。方案焦点在于如何提高各职能领域的业绩,争取保持几乎相同的增长率。主要的策略方向如图10.6所示。

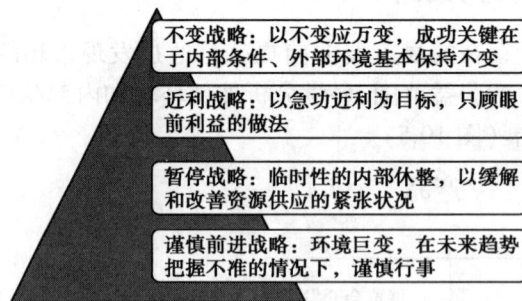

不变战略:以不变应万变,成功关键在于内部条件、外部环境基本保持不变

近利战略:以急功近利为目标,只顾眼前利益的做法

暂停战略:临时性的内部休整,以缓解和改善资源供应的紧张状况

谨慎前进战略:环境巨变,在未来趋势把握不准的情况下,谨慎行事

图 10.6 展览会维持运营战略的选择

3) 增长战略

展览会在业务上普遍采用的是增长战略。增长战略是指追求展览会业务和组织的增长与当前经营范围拓展的战略。展览会业务及组织单位成长的基础是核心能力。一种方式是核心能力通过密集型、一体化和加强型等战略形式在企业内扩张。另一种是核心能力通过

出售核心产品、非核心能力的虚拟运作和战略联盟,在企业间扩张(表 10.3)。

表 10.3　展览会企业可供选择的业务增长战略

分类	战略		定义	实现形式
核心能力企业内的扩张	密集型增长战略	市场渗透	通过更大的营销努力提高现有展览会的产品或服务的市场份额	通过集中所有资源于单一产品(业务)、单一市场或技术领域获得成长
		市场开发	将现有产品或服务打入新的市场	
		产品开发	通过改造现有展览会产品或服务,以及开发新的产品或服务而增加销售	
	一体化增长策略	前向	展览会组织方获取服务供应商的所有权或对其加强控制	在展览会及展览会运营机构相关业务范围内追求增长。以自创、兼并、接管、联合投资等为手段
		后向	展览会组织方获取下游分销商的所有权或对其加强控制	
		横向	获得竞争者的所有权或对其加强控制	
	多元化	同心多元	为展览会的相同顾客提供与原业务相关的产品或服务	在展览会和运营机构现有业务范围之外寻求增长。要特别注意对财务、运营的要求和风险管控
		水平多元	为现有用户增加新的不相关产品或服务	
		混合多元	增加与原有业务不相关的新产品或服务	
核心能力企业外扩张	战略联盟		展览会组织方与其他机构在研发、运营、市场营销等价值活动中进行合作,相互利用对方资源	根据正规化程度不同,有网络组织、机会性联盟;分包经营、许可经营和特权经营;也有较为正式的合资企业、联营公司
	虚拟运作		通过合同、参股、优先权、信贷帮助、技术支持等方式同其他单位建立较为稳定的关系,将自身价值活动集中于优势方面,将其非专长方面外包出去	
	出售核心产品		企业将价值活动集中于自己少数优势方面产出产品或服务,并将产品或服务通过市场交易出售给他方	

4)组合策略

上述的各种战略可以通过排列组合,形成无数种不同的战略方案,这样的方案成为复合战略。展览会运营决策者根据所处的内外部环境、展览会的生命周期变化情况、不同的企业使命目标,在不同时期选择不同的战略组合。

10.2　展览会产品开发与运营

产品策略是重要的职能战略,是实现业务战略的重要途径。展览会组织的产品就是展览会,故展览会产品战略的实施过程就是培育展览会组织企业的核心竞争力,并应用核心竞争力的过程。产品战略主要包括产品发展战略和产品竞争战略。

产品竞争战略是指导展览会运营机构为形成展会的市场竞争力而进行的活动。主要有差别化战略、价格战略、时间战略、全球产品战略和自我淘汰战略。这些战略在其他章节中均有涉及,不再赘述。而产品发展战略指展览会运营机构通过运用产品扩张或产品创新来取得业务和产品范围上的扩大。主要包括产品扩张战略和产品创新战略两种。

10.2.1　展览会扩张战略

展览会扩张是展览会运营机构对现有核心竞争力的扩展。按照安索夫的产品市场矩阵,形成了四种不同的展览会产品扩展战略。

1) 新产品开发策略

是集中战略在产品上的拓展。展览会产品开发战略致力于在现有或修订过的市场/客户细分中创造新产品。对于展览会而言,这里的新产品可以是单独的展览会活动,也可以是发展新的符合市场需求的服务,例如展台搭建、营销服务、虚拟市场等。

新展览会可以不同于现有的展览会,亦可以是作为展览会的补充而替代的原有展览会。可以尝试着从现有展览会中区别出新的市场细分,为这个新的市场细分建立新的展览会,如厦门石材展专门成立厦门石材机械设备展;也可以是现有展览会被其他服务于某一市场的展览会环境吸引过去,其中,现有展览会的价格、其他成本、环境质量和协同功能等因素起到关键的作用。

从总体上来划分,主要有三种策略进行选择。

(1) 为自己的产品组合寻找新主题

通过持续观察市场、把握市场趋势和分析其他展览会的不足来不断设立新的展览会主题,是在能力、贴近市场、接触市场以及构建知识管理体系方面的一种差异化特征。

(2) 展览会产品组合策略

在展览会主题不发生根本变化的情况下,通过展览会产品要素的增减、改变和不同组合实现展览会产品的创新。我们一直强调,展览会是由一系列要素构成的综合性"服务包"。这些要素有核心要素、形式要素和附加要素三个层面(图 10.7)。展览会产品开发策略的具体方法即是通过这些要素的"排列组合法"来完成。

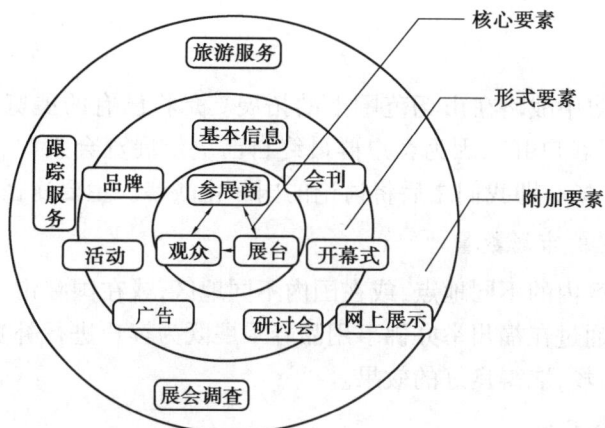

图 10.7　展览会产品内涵①

（3）服务（"非空间产品"）开发策略

这定义为提供与特定位置无关的服务，换句话说，就是提供无形的服务。传统展览会组织者只是本地的展览空间的运作提供者角色，他们为客户提供的服务仅仅局限在租借展示及活动空间，配备电力和所需的交通工具。如今，它们必须成为全方位服务的提供者，即所谓的"非空间产品"（NSPs）。

今天，非空间产品已经成为展览会运营机构的一种关键的竞争优势。首先，能提供一系列广泛的非空间产品服务是展览会运营机构竞争力品质的有利标志。其次，用于展览会准备和后续活动活动的展览会服务大大增加了展览会的价值链，并成为展览会运营机构利润动力的源泉。

在展览会非空间产品开发中，核心就在于为展览会客户——尤其是参展商和参观者提供一种全面的、精确的、按照客户意愿建立好的各式各样的优质服务。具体表现为"一站式服务"，开发的注意事项如图 10.8 所示。

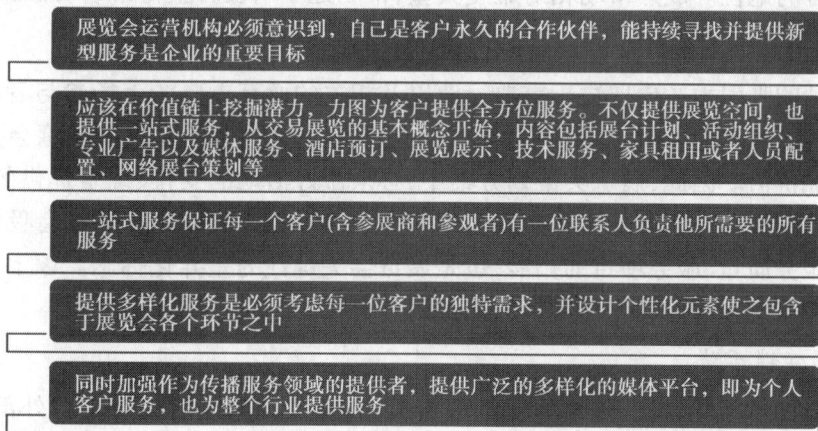

> 展览会运营机构必须意识到，自己是客户永久的合作伙伴，能持续寻找并提供新型服务是企业的重要目标

> 应该在价值链上挖掘潜力，力图为客户提供全方位服务。不仅提供展览空间，也提供一站式服务，从交易展览的基本概念开始，内容包括展台计划、活动组织、专业广告以及媒体服务、酒店预订、展览展示、技术服务、家具租用或者人员配置、网络展台策划等

> 一站式服务保证每一个客户(含参展商和参观者)有一位联系人负责他所需要的所有服务

> 提供多样化服务是必须考虑每一位客户的独特需求，并设计个性化元素使之包含于展览会各个环节之中

> 同时加强作为传播服务领域的提供者，提供广泛的多样化的媒体平台，即为个人客户服务，也为整个行业提供服务

图 10.8　展览会"非空间产品"开发运营策略要点

---

① 刘大可.会展营销教程［M］.北京:高等教育出版社,2006.

2)市场开发战略

市场开发战略是集中战略在市场范围上的拓展。是将已有的展览会转移到其他市场。然而这里的市场不是"客户群",因为客户群最终自己决定展览会主题。市场应该是新的地区、新的国家或外国市场。即我们之后将讨论的国际化战略。主要途径有：

（1）增加不同地区的市场数量

可通过在一个地区内的不同地点,或在国内不同地区,或在国际市场上的业务拓展来实现。厦门金泓信公司通过在福州举办佛事用品春季展既为客户进行补货,又深度拓展闽东、闽北、浙江南部区域市场,取得良好的效果。

（2）进入其他细分市场

利用其他分销渠道或采用其他宣传媒体或对产品和服务略做调整以适应细分市场的需要。进入其他细分市场本身要求展览会运营商具备对产品进行适度功能改变和方案调整的能力。创办于2010年的厦门国际茶产业博览会在凭借厦门茶包装产业集聚和地理区位的优势,于2012年同期打造"中国厦门国际茶叶包装展",打破国内茶展单调的传统模式。到2020年已经发展为达20 000平方米的展会,助推厦门茶博会成为国内顶级茶博会。这是展览会市场开发进入细分市场的一个典型。

3)市场渗透策略

通过更大的市场营销努力,提高现有展览会在现有市场内的增长。目标是赢得新的（国际范围内的）参展商和参观者,从而扩大展览会的销售及市场份额。该战略被广泛地单独使用或者同其他战略结合使用。我们之前讨论的大多与这种方案有关,因为提高展览会活动对于市场参与者的吸引力,增加销售人员、广告支出、出版物和公关、销售等整合营销策略都是实现市场渗透的方法和途径。但展览会运营机构采取市场渗透的难易程度取决于市场的特点和竞争者的地位。成熟市场相对难度大些,市场处于增长时获得市场份额相对容易些。

（1）增加展览会的吸引力

一场活动的吸引力主要取决于重要行业以及相关的所有重要的市场参与者的亮相。活动必须为开辟交流和业务创建最佳前提。同时,活动的吸引力还取决于展览会为市场参与者提供的附加价值。因此,展览会策划方案中,必须做好活动的安排、确定提供的商品、参观者的目标群体、展厅布置、商标方案以及最重要的内容方案,都是提升展览会吸引的重要形式。展览会服务质量、服务项目的拓展,也是展览会关键性的差异化标志。以上这些都是展览会让消费者可感知、可销售、可度量的附加效益。

（2）增强营销活动

活动安排的情感化、精准传神的营销整合策略、媒体相应的活动产生的外部效应,使得展览会的策划工作更富意义和实效性。

4) 多元化战略

多样化战略遵循的目标是在新的市场中构建和实施新的展览会。新的市场可以针对客户群/行业,也可以面对国家。由于必须根据新的行业目标设计新的展览会主题,因此为新的市场构建新的展览会通常是个漫长的过程。当然也可以挖掘其他展览会公司在其他环境中开展的展览会/活动。对此,上面提到的因素至关重要。因此新的市场中建立新的展览会,也是展览会公司国际化的战略之一,并因意义重大而作为单独的基本战略处理。

对此,可以从组展商水平和垂直的多元经营领域进行定位。一个组展企业的核心任务就是安排展览会,其水平的多元化经营是将业务领域扩展到包括临近的媒体在内的范围,垂直的多元化经营则是展览者和参观者扩展其价值链。

10.2.2　展览会创新策略

产品创新表示开发出能开创全新市场的某类新产品。创新战略是以策划和创意能力为基础,通过新产品开发建立一个全新市场的过程。对于展览会产品创新实质就是新题材展览会的产生及老展览会的更新。

1) 题材创新的来源

展览会作为一个动态的生命系统,拥有一个使自身各要素之间以及使展览会与各自环境之间不断交流的过程。不仅一直进行自我更新,而且不断适应环境的变化。展览会通过主题的创新不断把握环境变化带来的机会,化解威胁,自我革新基础设施、操作和传播服务产品并建立沟通平台系统,引发展览会的进一步整合发展,或新产品的开发(图 10.9)。

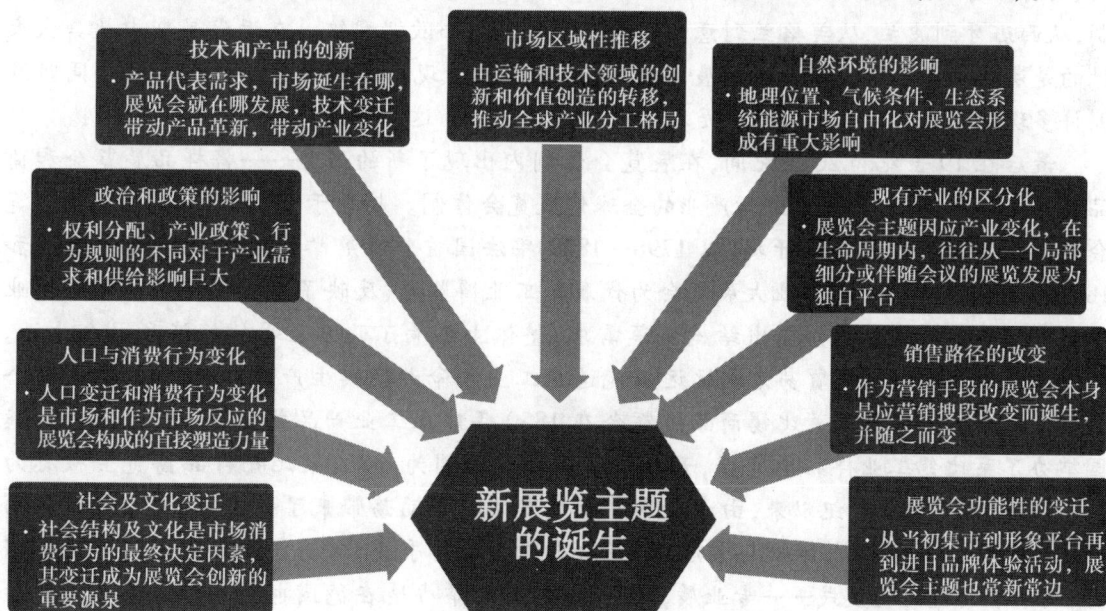

图 10.9　展览会题材/主题的诞生

2) 展览会创新策略

展览会中的新产品开发遵循着与其他行业创新管理相同的规律。其本质是因应参展群体被筛选出来的主导客户的需要而设计的产品及服务,创设一个形象和沟通平台,使得供需双方代表可以在一种结构化和效率化的形式中亲自接触。题材开发与选择就成为关键。实力强大的组展商同时会运作不同行业的一系列展览会项目,而且在展会企业的发展战略通常会采取"运作一代、储备一代、研发一代"的可持续发展策略,以确保长期的战略竞争优势。

【延伸阅读】

德国展览会题材的创新

从历史上看,展览会体制作为欧洲商业贸易的一个重要制度可以追溯到中世纪,早期展览会场所起源于香槟地区,为几个世纪欧洲贸易和产业的发展做出了决定性的贡献。

根据约翰·格里森的记载,当时有个清晰可辨的跨越几个世纪的展览会演变模式,并不断扩展成为连续的发展阶段。每个阶段都是一个创新的姿态建立于前一个阶段的基础上。

直到 12 世纪仅有很少的证据证明展览会以及当时在法兰克帝国和它周围地区的大型市场存在。12—13 世纪,以法国香槟集市为代表,带有清晰可辨的组织结构和典型展览会体制的商业中心以及展览会场所在欧洲出现。从 14—18 世纪,新的商业中心取代了较老的展览会场所,汇总性展览会体制在经济重要性中不断增值,新的展览城镇如伊普莱斯、布鲁格斯、安特卫普的弗兰芒布料市场、卑尔根的 Op Zoon、法国的沙龙和里昂等都建立了展览会体制,从西班牙到波兰,从英格兰到意大利南部形成了一个欧洲网络。在近代早期中最具代表性的是法兰克福展览会和莱比锡展览会,在远途贸易呈现出不断拓展的突出地位。同时欧洲许多现代闻名的综合性博览会是在这个时期建立的。这一状态持续到 19 世纪早期。

最后在 19 世纪和 20 世纪间,在展览会体制内出现了新的形势——将样品展览会和商品展览会合并,出现了作为最新产业的全球化展览会体制。起端于 1756 年的英国发明博览会被认为是工业展览会的开端,以 1798—1849 年法国首创政府举办的工业产品大众展和 1851 年英国举办的万国工业大展览会为代表的工业博览会,反映了工业革命对于传统商业展览会的制度产生怀疑并提出结构变革需求,整体上影响了西方世界的经济和社会生活。然而以展示为主的现货贸易方式远远不能适应工业革命大规模生产的内在需求,作为整个动荡时期而唯一的德国莱比锡商品博览会在 1850 年建立工业产品样品库。而 1894 年,德国举办了莱比锡工业样品博览会,开展订货贸易。正因为如此,莱比锡样品博览会被称为"博览会之母"。20 世纪以来,由于世界大战引发的社会动荡带来了一次变革,形成确定的"展览产业"。一直到战后经济重建,德国向各国竞争对手开放,展览业在迈向国际化的同时,确立了一种新的模式——专业展览会。展览会的举办地在德国也变得分散起来。此后几十年,展示内容因不同产业、不同产品和不同主题变得更"各具特色"。由此欧洲,尤其是德国成为世界上最重要的展览会地区。

由德国展览和博览委员会协会(AUMA)统计,在 1970—2002 年期间,德国举办的国内和国际展览会数量增加了 3 倍多。这个数量从 1970 年的 43 个增加了 2002 年的 145 个。当今在全球 150 个左右的"主导展览会"中,有 2/3 在德国举办,2002 年在欧洲成功举办的"成功的展览会"共计 91 个,而德国包括了 69 个。而在投资品领域中就有 80~90 个主导博览会是在德国的举办地"起家"。到 20 世纪 60—70 年代,随着专业展览会概念的发展,革新率也在增长,从那以后,由于市场和商务主题被展览公司划分,这个比率一直在下降。

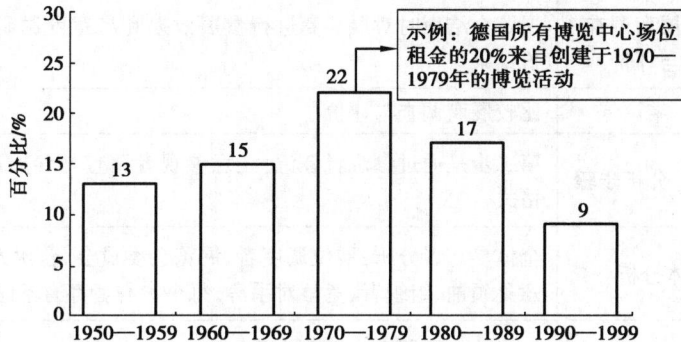

图 10.10　德国博览会的创新率

3)展览会更新

一个展览会因为种种缺陷而重新定位是必要的。情况发生在以下之时:一是参展商和参观者的需求没有得到满足;二是展览会市场参与者门可罗雀;三是展览会运营机构盈利和成本投入不成比例。

为了保证旧展览会新生,必须对需要重新启动的展会有足够的了解。根据乌尔斯 · A.因戈尔德的研究,认为展览会要开展如表 10.4 所示的准备工作。

表 10.4　展览会更新准备工作

序号	任务及步骤		问题清单
1	对整体市场结构的认知		什么样的局部市场和细分市场构成展览会的全面实况
2	对展览活动的分析	展览会的界定	主题、目标市场(参展商和参观者)、展览会的交付价值、展览会的目标、展览会的范围、举办地区等
		展览会的历史	●是土生土长,还是舶来品? ●在本地区多长历史? ●公司与什么样的合作者合作了多长的时间? ●什么样的主题被增加了? ●什么样的主题被取消了?什么时候?为什么?
		展览会定位	如何从供应商和消费者角度对展览会定位
		展览会评估数据	通过历时性数据分析五次左右活动期间展览会发生的变化以及这些变化相关的因素,如展位、参观人数、参展人数等
		配套活动	主要对展览会的"感受价值"有重要贡献

续表

序号	任务及步骤		问题清单
3	参展商分析	潜在参展商	把参展商划分到相关细分市场中,估算市场覆盖率
		博览会局部市场的发展	通过历时性分析分级市场在各个展区的展位变化,可以得出参展商的现状,哪些主题在预订展位上有积极效果,哪些没有?
		参展商调查与评价	展览会结束时对展参商进行参展效果和满意度调研,得出质和量的评价结果.
		结论	比较展商调查与评价
4	参观者分析	同上分析步骤	第二步是通过参观者登记;注意参观者调查与参展商调查一定的调查格式
5	相关利益团体分析		全体参与者分析:展位调度者、展览会委员会、合伙人、媒体、商业组织、意见领袖、组织者、竞争对手等,每个参与者都有不同目的和作用
6	竞争分析	从展商和参观者的角度对其态度进行分析	•为什么展览会在 XY 举行? •是历史原因还是地理因素决定了选址? •一个参观者在展览会待一天能够得到什么? •有没有一个协会赞助? •它在多大程度上与我们主题重合,或者与我们相比有所欠缺?
7	市场环境分析		使用 PEST/PESTEL 分析方法
8	新战略		首先要知道新开张的展览会弱点在哪?战略包括:新定位(什么应该有所改变)、参展商或参观者的收益(哪个会更好)、目标和手段

10.3　展览会品牌运营策略

展览会此刻正在为生存而奋斗。作为传播媒介,它们正在和数量不断增加的便利性更强的移动互联、物联技术、数学技术乃至元宇宙开辟的传播渠道展开竞争。同时作为营销组合工具之一,也在为争夺展览会经营者和参观者而激烈竞争。一个展览会的核心价值是品牌。展览会品牌的培育和维护是展览会经营者实现自我提升和可持续发展的重要手段之一,品牌化取向也是展业集约化发展的良性诉求。

10.3.1　展览会品牌与品牌管理

1) 品牌的含义与构成

（1）品牌的概念

品牌的英语单词为"Brand"或 Trade Mark"。

市场营销专家菲利普·科特勒和美国市场营销协会（AMA）将品牌定义为："一个名称、名词、符号或设计，或者是它们的组合运用，其目的是识别某个销售者或某群销售者的产品或服务，并使之同竞争对手的产品和服务区别开来。"作为一种用以区别不同商品的符号这一定义被广泛接受，成为品牌的基本含义。

而今品牌内涵发展早超过这一个含义，发展出符号说、综合说、关系说和资源说四种类型的定义。其中关系说认为品牌是产品、消费者与企业之间的关系的综合。从品牌运营的角度，本文认为，品牌是这三种关系在一定商业时期的商业整合与互动中形成的相对统一的符号化的关系模式，并为关系三者创造和带来价值的一种商业行为。

（2）品牌的层次

根据菲利普·科特勒在《营销管理》中提出品牌包含了六个层次的含义：

①属性：品牌代表着特定商品的属性，这是品牌最基本的含义。

②利益：品牌不仅代表着一系列属性，而且还体现着某种特定的好处和利益。

③价值：品牌体现了生产者的某些价值感。

④文化：品牌还附着特定的文化。

⑤个性：品牌人格化以后所具有的"人"的个性。

⑥用户：品牌暗示了购买或使用产品的消费者类型。

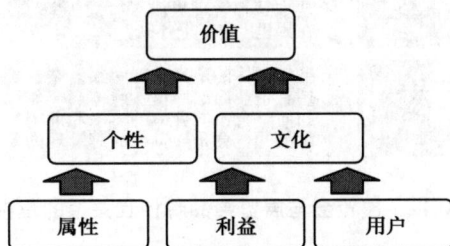

图 10.11　品牌层次

一个品牌有了文化、个性和价值的层次，说明该品牌是一个深意品牌，否则是个肤浅品牌。基于上述六个层次的品牌含义，企业必须决策品牌特性的深度层次。

2) 展览会品牌的含义及特殊性

展览会品牌是指向展览会利益团体呈现的，用于识别展览会项目，使之与其他展览会得以区分的展览会名称、标识、口号、风格、理念等的组合。从品牌学的角度，品牌包含显性要素和隐形要素。显性要素如品牌名称、标志、属性、包装、历史、价格、传播风格等，这是向外传递品牌价值、彰显品牌个性,在顾客心智中占据位置的基石。隐形要素则是内涵、风格、个性、价值、体验、理念等,这些要素是在于相关利益团体互动中形成的。

作为服务品牌,展览会品牌除了具备品牌本身的无形性、层次性、联动性的特征外,同时具备无形服务本身的不可分割性、差异性、不可储存性等特征,更有自己的独特属性。主要表现如下:

(1)展览会品牌的复杂性

品牌管理所面临的挑战就是将一个展览会发展和维护成一个在内容、地区和目标群体上涵盖不同定位的统一的有吸引力的独特和值得信赖的品牌。然而展览会品牌却面临着日益复杂的复杂性。这又具体表现为以下两个方面:

①展览会运营主体的复杂性。理论上来讲,作为企业品牌的展览会活动、展览会场馆、经营者,乃至于城市、地区和国家都可以被看作是品牌。为此,在品牌管理中要综合研究和细致讨论展览会活动组织者(如服务企业)、展览会场所运作者、城市和环境体系提供者(国家/地区/城市)对展览会管理所产生的影响。所有这三个层面塑造出人们对一个展览会的感知以及对它的看法和行为。

②展览会和品牌相互关系的复杂性。展览会与品牌各层次之间的相互关系,对一个展览会品牌是否成功非常重要(图10.12)。

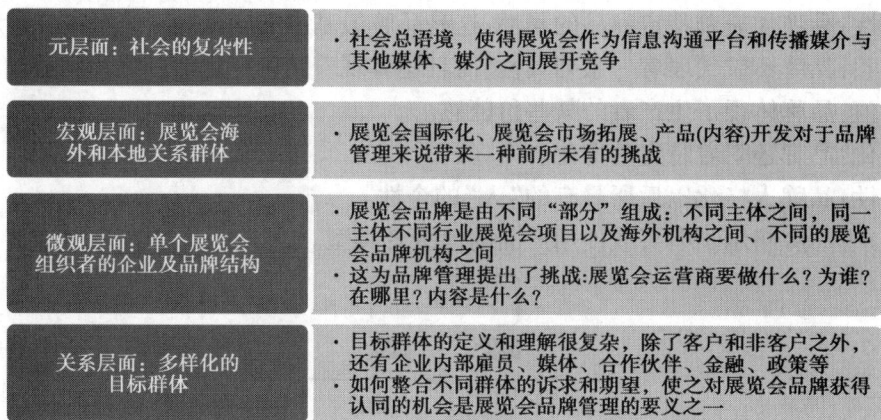

元层面:社会的复杂性	· 社会总语境,使得展览会作为信息沟通平台和传播媒介与其他媒体、媒介之间展开竞争
宏观层面:展览会海外和本地关系群体	· 展览会国际化、展览会市场拓展、产品(内容)开发对于品牌管理来说带来一种前所未有的挑战
微观层面:单个展览会组织者的企业及品牌结构	· 展览会品牌是由不同"部分"组成:不同主体之间,同一主体不同行业展览会项目以及海外机构之间、不同的展览会品牌机构之间 · 这为品牌管理提出了挑战:展览会运营商要做什么?为谁?在哪里?内容是什么?
关系层面:多样化的目标群体	· 目标群体的定义和理解很复杂,除了客户和非客户之外,还有企业内部雇员、媒体、合作伙伴、金融、政策等 · 如何整合不同群体的诉求和期望,使之对展览会品牌获得认同的机会是展览会品牌管理的要义之一

图10.12 展览会与展览会品牌相互关系的复杂性

(2)展览会品牌的脆弱性

品牌资产并不是一组可以长时间稳定存在的数据,而是开放过程中相对浮动的无形资产。展览会品牌本质是由目标受众(参展商和参观者)创造的,顾客对展览会产品和服务的认识、情感和体验决定了展览会品牌的生存。因为与观念有关,展览会品牌就呈现出相当大的不稳定性,容易受到竞争品牌的攻击,容易受到顾客需求的驱赶,容易受到管理团队变化的影响,呈现出极强的不稳定性。

(3)展览会品牌的可模仿性

展览会品牌建设需要学习、模仿国际展览会品牌的展览会创建和管理方法,制订展览会品牌的长期的计划,或者确定长远的品牌战略。经过模仿、消化、积累,展览会品牌能实现创新的跨越。同时,展览会品牌的可模仿性体现了增加展览会品牌管理的必要性。一个成功的展览会品牌被别人粗糙没有创新地模仿,就会破坏品牌所在行业和市场,从而造就过早的凋零。这也是目前国内展览会保护的难点及展览业内博弈竞争的焦点。

3) 展览会品牌建设

品牌建设的实质就是凝聚品牌资产的过程,是将一个普通的"产品"品牌变成市场竞争力的著名品牌的过程。

(1) 成功的展览会品牌

目前我国对成功的品牌主要用名牌和驰名商标来称呼。对于成功的展览会品牌则使用"品牌展览会"。相对应的,西方国家中更多使用强力品牌或强势品牌的概念,品牌展览会也更多使用"主导性品牌"展览会的概念。

在成功品牌的属性标准界定上,科勒用品牌联想的强度、美誉度和独特性来评价。高伟则把强势品牌界定为:它是企业长期经营过程中积累起来的,在知名度、美誉度、人格化、链动力等方面建立较大优势的品牌。菲利普·科特勒则用深意品牌和肤浅品牌来界定。它认为具有 6 层以上就是深意品牌,同时一个品牌最持久的含义是它的价值、文化和个性。而国内目前大多数学者普遍认为名牌的主要特征:高占有率、高知名度、高品质。

与此对应,国内学者也对品牌展览会的属性描述,也主要集中在定性的描述上:规模性、专业性、权威性、前瞻性、互动性、行业的引领性上。品牌学者黄合水认为,只需在"高占有率"上加一个定语"长期"就可以是一个强势品牌建立的充分必要条件。这对我们进行展览会品牌考量具有很大的借鉴意义。可以设想一个没有经过中长时期考验如 10 年以上的展览会能成为品牌吗? 一个在产业中没有较高市场占有率(如行业前三位)的展览会项目能说得上有竞争力和行业影响力吗?

不管如何,成功的展览会品牌必定具有多层次的深刻意义的品牌。并以此来考量展览会强势品牌就有了一个稳定合适的平台标准——一个成功的品牌展览会就是在某一产业市场中长期(约 10 年)具有较高市场占有率的展览会。

(2) 品牌资产

正如前述,品牌资产就是品牌管理的任务,又是终极目标。品牌资产是消费者关于品牌的知识,是企业一系列经营活动赋予品牌的联想及由此产生的利益。

戴维·艾克认为,品牌即品牌忠诚度、品牌认知度、品牌感知质量、品牌联想、其他专有资产(如商标、专利、渠道关系等),这些资产通过多种方式向消费者和企业提供价值(图 10.13)。建立品牌资产,必须在企业所拥有的经营能力之上,从构建消费者品牌知识入手,使品牌具有较高认知度,具有强烈的积极的独特的品牌形象。

根据黄合水的品牌资产认知模型,品牌资产是以品牌名字为核心的联想网络,也就是消费者心中的品牌意义。那么品牌的意义从何而来呢?

①品牌命名是品牌资产形成的前提。品牌资产以品牌名称为中心,在品牌管理应该加

图 10.13　品牌资产星图

以充分的重视,因为它决定了品牌资产建设的速度和品牌资产进一步扩大的可能。这对于展览会品牌更是如此。

②营销与传播活动是品牌资产形成的保障。营销活动不仅是提高品牌知名度的重要手段,也是建立品牌联想的重要方面。

③展览会的参与体验是品牌资产形成的关键。互动体验是展览会实现沟通、交流和交易功能的核心环节。展览会参与体验强化或修正营销传播建立的联想并产生一些联想的形成。

10.3.2　展览会品牌的创建

打造展览会品牌是一个系统工程,根据成功品牌诞生的经验分析,一般创立品牌过程大概经历"品牌调研—提炼品牌价值—品牌定位—设计品牌个性—传播建立品牌形象—品牌保护—品牌评估"等运作流程。展览会品牌的创建也不例外,且它是以创意为先锋,进而辐射整个运作系统。

1)品牌调研

我们深知品牌经营与营销的基础是敏锐的消费者洞察。平凡的发现成就平凡的策略,平凡的策略成就平凡的品牌。为品牌做诊断,为品牌资产做清查,这似乎是一个陌生的课题,但要保证企业和展览会持续运营,调研和诊断是企业经营活动中先导性的策略。从内容来看,品牌调研包含了两个方面:环境分析(市场调研)和品牌诊断。

(1)环境分析

市场调研是在调查的基础上对客观环境和内部条件收集数据和汇总情报的分析判断。主要包括宏观环境、市场分析、竞争地位分析、目标群体和企业及品牌分析,明确展览会品牌的机会和问题。

(2)品牌诊断

品牌诊断则是通过一些关键指标分析来判断一个品牌的现状及其成败之所在。品牌诊断主要是搜集有关品牌的相关资料,采用目标—手段分析,一步步从品牌市场占有率变化追溯到过去有关品牌的营销、传播、招商、招展活动,达到发现什么目标没有实现,什么做法不恰当的目的(图 10.14)。

市场占有率	品牌忠诚分析	品牌资产分析	营销传播因素
·是品牌成长或衰退的晴雨表。 ·其高低主要是竞争因素和管理因素 ·是总体上成功与否的一个判断	·分析顾客构成,是品牌诊断的第二步 ·是决定品牌竞争力和成长前景的重要指标。 ·是稳定和提高市场占有率的基础 ·可解释市场占有率变化的原因,预测趋势,对努力方向提出建议	·是基于品牌资产各构成要素在营销传播过程中的表现,基于品牌价值传递、品牌市场表现、品牌发展前景 ·主要包括品牌态度分析、品牌联想分析和品牌意识分析 ·可以知道展览会品牌在目标受众中是什么样	·品牌管理成功与否的内在根本原因 ·主要因素有:产品、价格、渠道、促销、公关、广告、命名招商、招展等因素

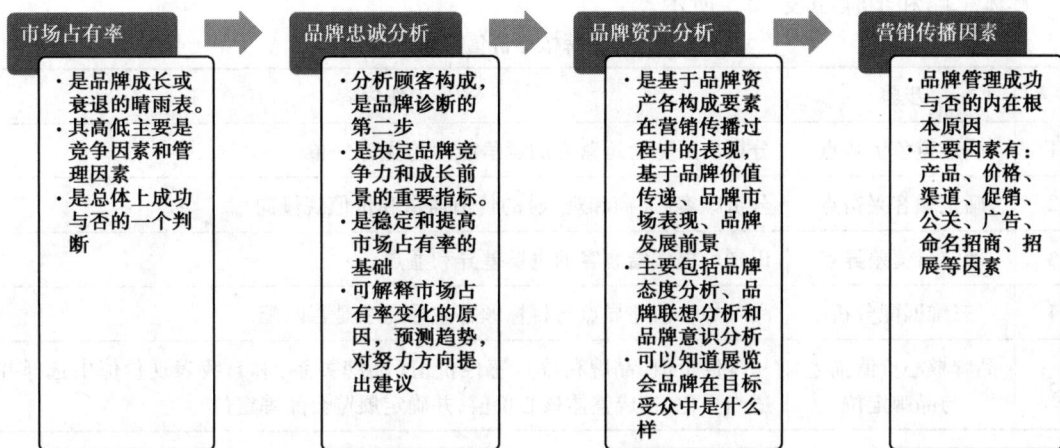

图 10.14 品牌诊断流程①

2) 提炼品牌价值

品牌核心价值是品牌的灵魂与精髓,是品牌向消费者承诺的核心利益。

(1) 本质属性

它属于品牌对消费者的独特价值,也是持续进行品牌传播策略的核心内容。它是品牌资产的主体部分,也被理解为品牌基因(DNA),是根植于企业核心竞争力的一种价值表现。它是客观存在的,不是凭空想象出来的。展览会品牌创建的中心工作就是清晰地规划勾勒出品牌的核心价值,并且在以后的 10 年、20 年,乃至上百年的品牌建设过程中,始终不渝地要坚持这个核心价值。

(2) 识别流程

目前品牌核心价值的识别,较少有具体的识别和界定办法。根据对品牌核心价值的理解,结合对品牌传播的研究和多年在实际指导案例的策划应用,这里提出一个品牌核心价值的识别和挖掘方式——三维匹配模型(图 10.15)。

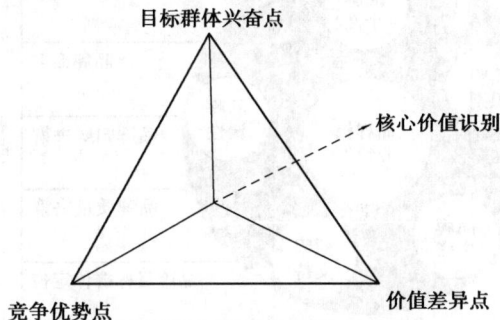

图 10.15 核心价值:三维匹配模型

① 黄合水,王霏.品牌学概论[M].2 版.北京:高等教育出版社,2022.

具体思路和步骤如表 10.5 所示。

表 10.5　品牌核心价值提炼步骤

序号	步骤	工作内容
1	确定竞争优势点	分析出展览会运营方的竞争能力的优势分布
2	确定顾客兴奋点	分析顾客(展商和观众)的价值需求和价值观倾向
3	确定价值差异点	识别可提供给顾客的主要差异利益点
4	三维匹配分析	品牌的价值差异点与目标顾客主导需求是否匹配
5	品牌核心价值描述与品牌定位	从理性价值(品牌利益)、感性价值(品牌关系)和自我表现价值中选择并适当强化,构成整体核心价值,并确定展览会品牌定位

3)品牌定位

品牌定位是一种选择,是展览会品牌对目标群体的独特利益承诺,关键工作是发掘能够让目标消费者认可或接受、清晰地识别并记住的品牌利益点和个性。它是品牌建设的基础,已经成为展会项目品牌运营的核心工作。它构建了品牌传播的主要信息,是营销传播的起点。定位有利于展览会更好地细分市场,寻找并建立利基市场的竞争优势。

(1)品牌定位体系

多角度全方位的品牌定位是一个系统工程(图 10.16)。除了基于核心价值导向定位的品牌定位方式之外,展览会运营方可以根据其他的品牌定位方式(如产品导向定位、消费者导向定位、竞争导向定位等)。其考虑问题的焦点在于:

①我(品牌)是谁?

②我希望顾客怎么看我?

③我与竞争性品牌有什么本质不同。

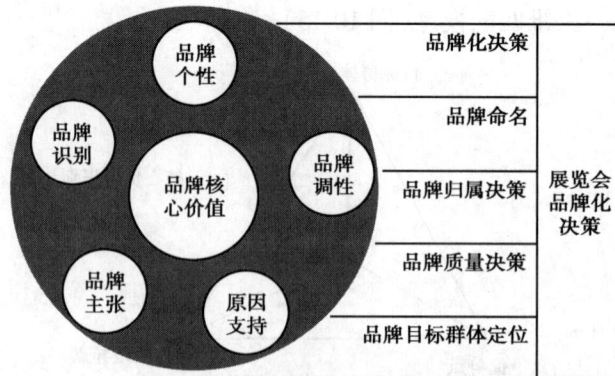

图 10.16　展览会品牌定位及决策体系完整描述

(2)品牌定位的步骤

按照展览会品牌初次定位形成过程,大致可以通过如图 10.17 所示的五个细分步骤来完成。

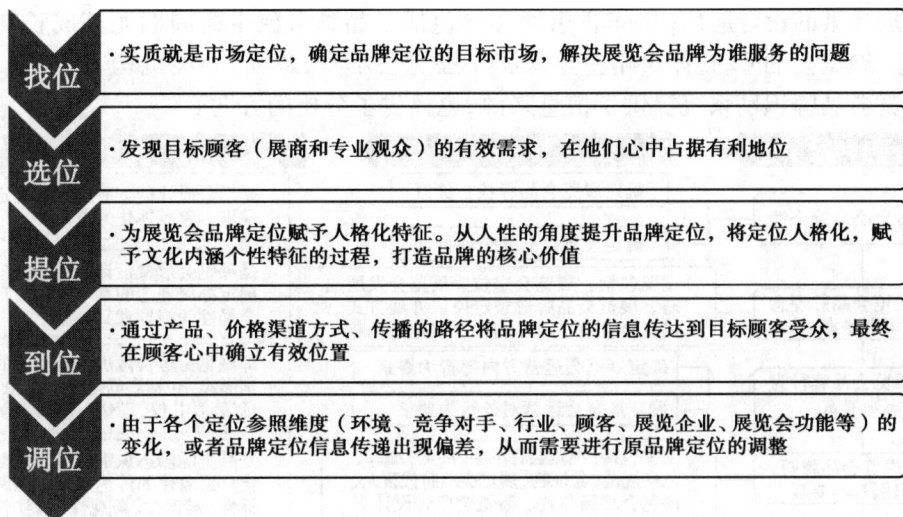

找位	·实质就是市场定位,确定品牌定位的目标市场,解决展览会品牌为谁服务的问题
选位	·发现目标顾客(展商和专业观众)的有效需求,在他们心中占据有利地位
提位	·为展览会品牌定位赋予人格化特征。从人性的角度提升品牌定位,将定位人格化,赋予文化内涵个性特征的过程,打造品牌的核心价值
到位	·通过产品、价格渠道方式、传播的路径将品牌定位的信息传达到目标顾客受众,最终在顾客心中确立有效位置
调位	·由于各个定位参照维度(环境、竞争对手、行业、顾客、展览企业、展览会功能等)的变化,或者品牌定位信息传递出现偏差,从而需要进行原品牌定位的调整

图 10.17 品牌定位的步骤①

4)品牌识别与形象设计

消费者以风格感知品牌个性,以主题体验品牌价值。风格感知和个性体验是消费者感知展览会品牌的两个通道。这些感知及有体验产生对品牌的联想,就是展览会品牌的形象。

(1)展会品牌形象

展览会品牌形象是在展览会品牌的基础上,解决如何在目标市场中建立一个符合展览会品牌定位的展览会品牌形象的问题,并通过各种传播手段使之深植于参展商和观众的心智中。

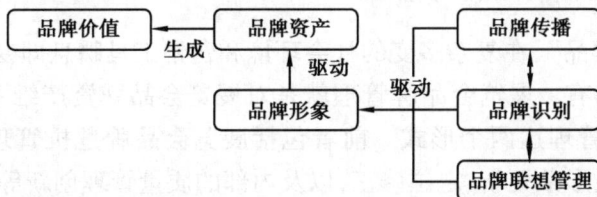

图 10.18 品牌形象驱动品牌资产

从目标市场的角度看,品牌资产可以视为品牌形象所驱动而带来的市场价值或附加价值。从图 10.18 可以看出,品牌形象对品牌资产具有驱动作用,品牌识别又是品牌形象的一个驱动因素。而品牌形象的驱动因素中,品牌传播和对品牌联想的管理都与品牌识别密切相关。

(2)品牌形象管理模型及步骤

形象管理已经成为企业或展览会战略的重要组成部分。一般用企业识别来表示,CI 战略是指企业或组织机构的统一化或统一化战略。从管理模式看分为两大模块:品牌形象设计与应用和品牌联想管理。前者主要是在建立展览会品牌个性的基础上,对展览会乃至企

---

① 余明阳,杨芳平. 品牌定位[M].武汉:武汉大学出版社,2008.

业品牌识别要素的设计应用,品牌联想管理则包括了品牌形象生命周期尤其成长期和成熟期的管理。展览会的 CI 整体策略主要来源于展览会本身、象征、办展机构、营销等,这为我们规划展览会品牌识别系统提供了信息来源,也提供了分析的方向。

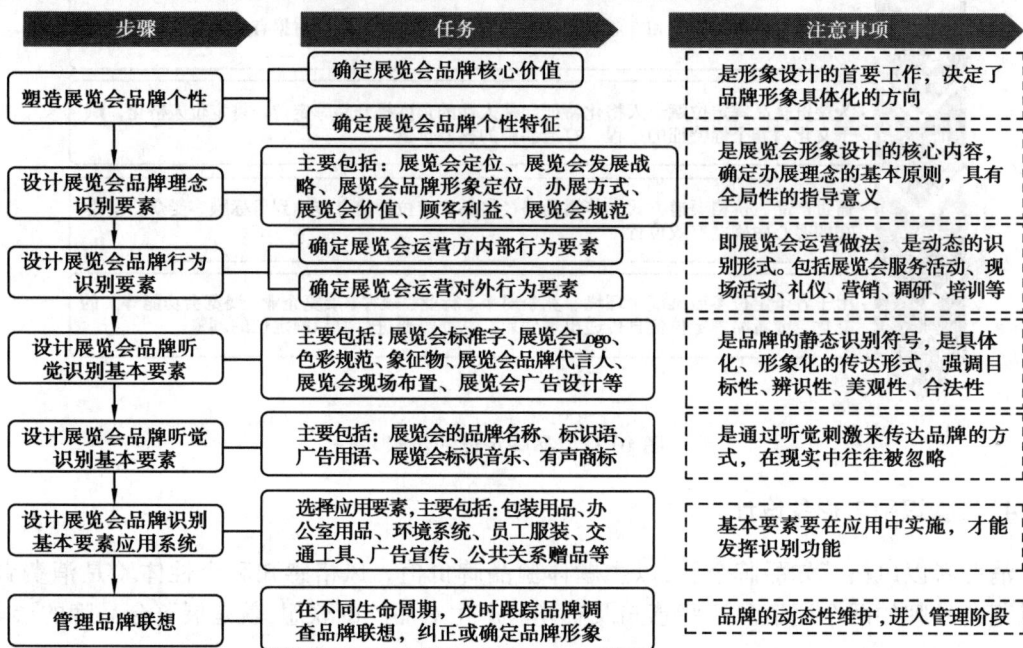

步骤	任务	注意事项
塑造展览会品牌个性	确定展览会品牌核心价值 确定展览会品牌个性特征	是形象设计的首要工作,决定了品牌形象具体化的方向
设计展览会品牌理念识别要素	主要包括:展览会定位、展览会发展战略、展览会品牌形象定位、办展方式、展览会价值、顾客利益、展览会规范	是展览会形象设计的核心内容,确定办展理念的基本原则,具有全局性的指导意义
设计展览会品牌行为识别要素	确定展览会运营方内部行为要素 确定展览会运营对外行为要素	即展览会运营做法,是动态的识别形式。包括展览会服务活动、现场活动、礼仪、营销、调研、培训等
设计展览会品牌听觉识别基本要素	主要包括:展览会标准字、展览会Logo、色彩规范、象征物、展览会品牌代言人、展览会现场布置、展览会广告设计等	是品牌的静态识别符号,是具体化、形象化的传达形式,强调目标性、辨识性、美观性、合法性
设计展览会品牌听觉识别基本要素	主要包括:展览会的品牌名称、标识语、广告用语、展览会标识音乐、有声商标	是通过听觉刺激来传达品牌的方式,在现实中往往被忽略
设计展览会品牌识别基本要素应用系统	选择应用要素,主要包括:包装用品、办公室用品、环境系统、员工服装、交通工具、广告宣传、公共关系赠品等	基本要素要在应用中实施,才能发挥识别功能
管理品牌联想	在不同生命周期,及时跟踪品牌调查品牌联想,纠正或确定品牌形象	品牌的动态性维护,进入管理阶段

图 10.19　展览会品牌形象管理内容及操作流程图

10.3.3　展览会品牌的运营与管理

展览会品牌是"易碎品",在复杂多变的社会环境和营销工具瞬息即变的情境下,稍有不慎,品牌资产就会化为乌有。展览会品牌管理就是对展览会品牌资产维系、保护和传播,包括保守型管理和积极性管理这两个形式。前者包括展览会品牌危机管理和常规的品牌维护。后者包括管理创新、形象更新、定位修正,以及内部的质量管理创新等。

从管理和运营决策内容看,展览会品牌运营包括:品牌使命及愿景规划、展览会品牌决策、展览会品牌结构、品牌识别规划、品牌延伸、品牌演变管理规划及品牌管理与机制规划等。

1)品牌使命及愿景规划

展览会使命是指一个展览会品牌为自己确定的未来蓝图和终极目标(目的),向人们明确地告知品牌今天代表什么,明天又代表什么。主要为三个部分构成:展览会品牌理念(价值观)、展览会宗旨(范围)、展览会品牌蓝图。品牌使命标志着展览会存在的理由,也为组织的决策依据。

中国展览业已经越过了起步期,正步入发展阶段。总体而言,我国展览会品牌建设与阶段性特征相对应的特征是:品牌特色不突出,识别度不高,展览会过多,重复办展严重,发展层次低。而根本原因在于：中国展览会项目缺乏深入的品牌使命建构，故无立命存身的基础，更无坚持存在的决心。可以说使命的缺失，是目前展览会品牌的"中国式生存"现状，也是中国展览会步入品牌化时代的首要使命和根本任务。

2）展览会品牌化决策

品牌化就是给展览会项目及其"产品"设计一个品牌（名字、符号）并加以使用的过程。这是展览会导入市场首先要考虑的。展览会品牌化决策本质上解决的是展览会品牌的属性问题。不同类型的展览会在不同行业和运营方所处的不同阶段有其特定的适应性。不同展览会品牌的经营策略，预示着不同的道路与命运，如图 10.20 所示。

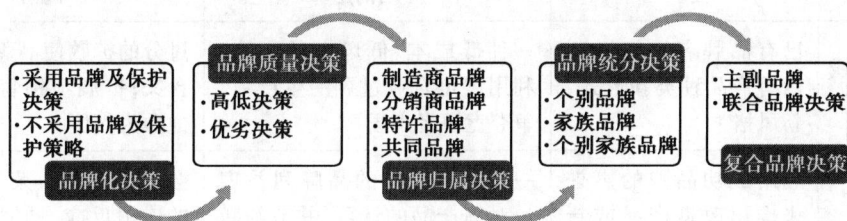

图 10.20　展览会品牌化决策

（1）展览会品牌化决策

品牌化是展览会企业为展会及产品规定品牌名称、标志、品牌发展战略规划，并向政府有关部门注册登记的一切业务活动。一旦展览会企业做出品牌化决策，将投入大量的人力和物力来从事这一具有创意性且关系展览会项目和企业前途的工作。

（2）展览会品牌质量决策

品牌质量是指反映展览会价值属性的一个综合尺度。展览会品牌质量决策关系到品牌形象、品牌定位和展览会组展商发展战略的问题。它与企业的效益有密切不可分的关系，在展会品牌发展的不同阶段应该做出不同的决策。

（3）展览会品牌归属决策

展览会组织者有三种品牌发起选择权，即展会组织者可以使用自己的品牌；支付特权费用，加盟或授权代理品牌；与其他企业建立共同品牌。

（4）展览会品牌统分决策

如果展览会组织者决定使用自己品牌，那么还需要决定自己的展览会是分别使用不同的品牌，还是统一使用一个或几个品牌。这只要有三种策略：统一品牌策略——将所经营的所有展会均使用同一品牌的策略；个别品牌策略——每一展览会项目均使用不同的品牌的策略；分类品牌策略——在同一品牌下的不同的产品路线，带有不同的信息。

（5）复合品牌决策

根据品牌间的关系有两种策略可供选择：一是主副品牌策略——在一个母品牌下集合不同的副品牌。副品牌能够利用一个母品牌的特殊品质确定不同的界限，同时为品牌增加新的内容。二是合作品牌策略——也就是联合品牌策略。该策略可分为"自有品牌联合并用"和"自有品牌与他人品牌联合并用"两种做法。一个展览会产品同时使用企业合作的品牌是现代企业竞争的结果,也是企业品牌相互扩张的结果。

3)展览会品牌运营决策

随着时间的推移,展览会的品牌可以进一步延伸。一个展览会运营机构可以及实行的品牌战略决策包括:产品线扩展、品牌延伸、多品牌、新品牌、品牌更新及品牌联盟(表10.6)。

表 10.6　展览会品牌运营决策

序号	类型	定义	应用情形	风险
1	产品线扩展	已有品牌名称拓展到已有产品种类新形式、新风格	一种低成本、低风向的方法,利用展览企业过剩的生产力,争夺竞争者市场	过分的扩散使品牌失去原有含义;扩展项销售以损害其他项为代价
2	品牌延伸	利用成功品牌的声誉来推出改良产品或新产品	一个有口皆碑的品牌利益客户对新产品的认可,并节约新品牌的高额推广费	会产生一荣俱荣、一败俱败的连锁反应,同时也稀释了原有品牌资产
3	多品牌	在同一类产品中推出新的品牌名称	为不同展会特色和迎合不同客户需求而建立;收购竞争企业而获得;为不同国家和地区建立独立品牌	每种品牌可能只获得小部分市场份额,而且每一种利润都不高
4	新品牌	在新的品牌种类中的新品牌名称	进入一个新的产品品类时;展览会认为原有的影响力在逐渐丧失时;企业收购获取展览会新题材的新品牌	太多的新品牌会导致企业资源过度分散
5	品牌更新	是作为全部或部分调整或改变品牌原有形象的过程	实际上是品牌重新定位、重新设计、塑造品牌新形象的过程。目的是与竞争品牌拉开距离,形成差异化优势	要考虑成本要素;同时考虑在新的定位上所增加的收入
6	品牌联盟	两个及以上公司在合作性市场活动中采用一种以品牌整合的形式出现的品牌联合活动	一种是品牌的营销合作,如成分联盟、捆绑销售、联合促销等;另一种公司品牌联合成统一的新品牌应用到新产品上的品牌合作	效果好坏受初始态度、熟悉度、适合度、产品品质的影响,同时会产生品牌联想稀释、负面态度迁移、负面联想等风险

4)展览会品牌模式选择

展览会品牌管理是建立、维护、巩固品牌的全过程,是一个有效监管控制其与相关利益团体,尤其是参展商和专业观众之间的关系的全方位管理过程。随着展览会企业和项目面临着一系列复杂的品牌化决策与运营决策,企业产品线的不断扩展,当一个展览会企业面临多个品牌推出多品牌问题的时候,就产生了品牌模式的选择问题。

展览会品牌模式的选择解决的是品牌的框架与结构问题。一个展览会品牌的复杂性及其相应的结构取决于市场的变化和它所针对的目标群体。如 Computex(台湾电脑展)品牌来说,就应该考虑它能真正延伸出多少品牌。清晰和目标明确的品牌结构是至关重要的。一方面面能使品牌保持平衡,避免重心模糊、市场混乱和资金上的浪费,同时能使品牌之间产生"相映生辉"的促进作用,可以说品牌架构对于展览企业的效应影响极大的。一般来说,常见的主要品牌模式有:单一品牌、多品牌、主副品牌、担保(背书)品牌等。从层级来看,主要存在如图 10.21 所示的几种品种模式。

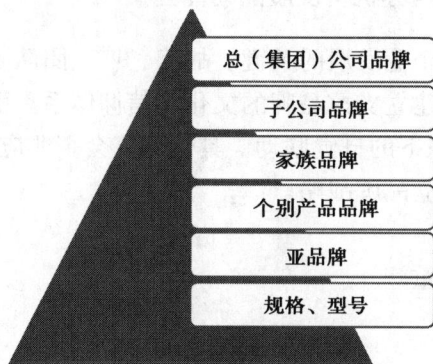

图 10.21　展览会品牌结构模型

一家展览会运营公司的品牌结构不同,就在于这六个公司层级关系不同。这就给品牌运营方在品牌实践中带来一个严肃的课题,即在面临一种新产品时,如何将品牌组合起来,一般最有效地利用已有的品牌资产,促进展会在市场竞争中取胜。是单一品牌,还是使用加盟或授权代理品牌;是同品牌下产品延伸或打造副品牌,还是同品牌下作不同产品路线,还是应用母品牌打造不同的副品牌。实践中,不同的展览会品牌包含了不同的品牌层级。

品牌模式的选择本身无所谓"对"与"错",但必须把握其本质,明确展览会组织方的经营发展战略,更要不断累积展览会品牌资产。人们在选择品牌结构时需要牢记几个问题:品牌的历史、企业战略和目标、品牌和产品的组合及不同目标群体的需求和利益。

10.3.4　展览会品牌营销传播

品牌传播是展览会运营方的核心战略,也是超越营销的不二法则。展览会品牌整合传播策略以品牌核心价值为导向,以目标群体为策略重心,并强调整合性运用不同的传播工具。对此,我们在前面章节中已经介绍了整合营销传播的相关问题。

这里我们仅从品牌传播的内外载体要素,挖掘品牌核心价值与传播通道之间的天然接口,整合企业内部资源,实现内外有效互动结合。

1)对外整合激活消费品牌认同的综合要素

强调以企业外部的产品、客户和渠道为结构要素,试图打通展览会品牌与目标顾客之间

的每一种可能通道,以达成品牌与目标群体之间的多种链接。主要方法如下:

①创业历史传达品牌本源。

②品牌传奇:发生和正在发生的品牌故事。有故事就意味着不平凡。挖掘和善用品牌传奇,让品牌脱颖而出。

③组办方的信条传达品牌核心价值。

④品牌领袖传达品牌个性与精神气质。

⑤品牌标识传达品牌形象。

⑥品牌接触点传达品牌综合信息。

2) 对内盘活推动展览会组办机构发展的功能要素

营运效率是推动展览会企业发展的关键。战略、员工、团队是构成效率的基本要素。品牌传播必须在展览会企业中建立支撑品牌的文化和信仰体系。引起整合根本点在于协作和互动,是一种建立在目标共识下的自觉联动。具体展览会企业应该做好:

①在企业战略指挥下确立品牌战略。

②以人为本的成长规划。

③团队建设与企业文化重塑。

本章小结

产品,在营销大师菲利普·科特勒看来,不单单是指一组有形的特色。消费者倾向于把产品看作满足他们需要的复杂利益集合。产品运营不仅是企业营销组合的基石,也是企业业务战略和竞争战略的基础。作为一种服务贸易,对于展览会产品及业务的开发与运营,同样建立在"需求=产品"的公式上,展览会本身是由一系列要素构成的综合性"服务包"。从战略的角度理解和建构展览会产品运营策略,是展览会持续经营的重要方面。从业务运营—竞争战略—产品开发与运营—服务开发及运营—品牌运营,构成完整的展览会"整体产品"运营方略,是展览会运营者一个相对合理和系统的进行战略的思维方向。

【延伸阅读】

1."DPM 动态定位模型",参见:余明阳,杨芳平.品牌定位[M].武汉:武汉大学出版社,2008.

2."博览品牌经营的意义",参见:曼弗雷德·基希盖奥格,维尔纳·M.多恩夏特,威廉·基泽,等.博览管理:博览、会议和活动的策划、执行与控制[M].刁晓瀛,等译.上海:上海财经大学出版社,2008:398-412.

3."720°品牌整合推广策略",参见:苏晓东,郭肖华,洪瑞昇.720°品牌管理:概念与运用[M].北京:中信出版社,2002:162-171.

复习思考题

【知识连接】

1. 名词解释：

非空间产品　品牌资产　品牌定位

2. 展览会业务模式的主要内容包括哪些？

3. 展览会增长策略主要有哪些？

4. 如何理解展览会的产品扩张策略？主要有哪些？

5. 什么叫品牌化？品牌化的策略有哪些？

6. 什么是品牌延伸？品牌延伸的条件和目的是什么？

7. 展览会定位的主要方法有哪些？

【思考再三】

1. 一个展览会如何获得竞争优势？

2. 以您所在城市的最大展览会运营企业为例，说明该企业的品牌架构。

【走进实践】

1. 结合中国展览会运营的实际，请您说明展览会运营战略选择存在的陷阱，同时观察中国展览会品牌运营中存在的问题。

2. 选择您所在城市的一个展览会项目，详细考察其展览会在产品设计和服务提供的详细项目，并指出存在什么问题，进而应用产品开发策略的相关知识，在新的运营周期对其进行策划。

第11章
展览会组织资源运营

【学习目标】

1.了解展览会项目或企业运营的组织资源类型；

2.掌握展览会组织架构的基本原则和主要任务；

3.了解展览会人力资源的主要活动；

4.理解组织结构的主要类型；

5.理解招聘、挑选和入职培训；

6.掌握管理团队的技巧与策略。

战略在智力上是简单的，它们的实施却不然。

——劳伦斯·A.博新德（联合信号公司的总裁）

取胜的公司知道怎样将它们的工作做得更好。

——迈克尔·哈默和詹姆斯·钱佩

【开篇案例】

"9·8"投洽会的组织管控模式

开端于1987年，升格于1997年的中国国际投资贸易洽谈会，不仅是国际双向投资促进的一次盛会，更是世界展览行业的一颗耀眼明珠。是目前国际展览业协会认证的全球规模最大的投资性展览会。投洽会的成功关键在于各方的合力，正是借力中央的支持、商务部的主导、全国的联手、国际经济组织的参与，形成比较完善的办会体制和运作模式，成果走出一条政府主导型展览会的专业之路。

如今，这种模式被称为"厦门投洽会"模式①，也是我国政府主导型展览会的主流组织模式。这一模式是针对某一个展览会的专门机构，带有一定的政府行政职能，机构性质是事业

---

① 会展学者应丽君在《中国政府主导型展会研究报告》中组织管控的角度，把中国政府主导型展览会总结为三种模式：一是厦洽会模式；二是东盟博览会模式；三是北京科博会模式。

单位法人,此类组办机构的组织架构中,还包含一个会员单位。这种组织管控模式早期雏形是"广交会"模式,经过几十年发展,特别是在十届"福建投资贸易洽谈会"的基础上,逐渐演变而来,是一种具有中国特色的政府主导型展览会组织管控模式,目前我国大部分的省市政府举办的展会多属于这一类。

一、主办单位

中华人民共和国商务部

二、联合主办单位

联合国贸发会议　联合国工发组织　世界贸易组织　经济合作与发展组织

世界银行国际金融公司　世界投资促进机构协会

三、工作机构

中国国际投资贸易洽谈会组委会

组委会下设工作机构:办公室　会务部　联络部　投资贸易部　新闻中心

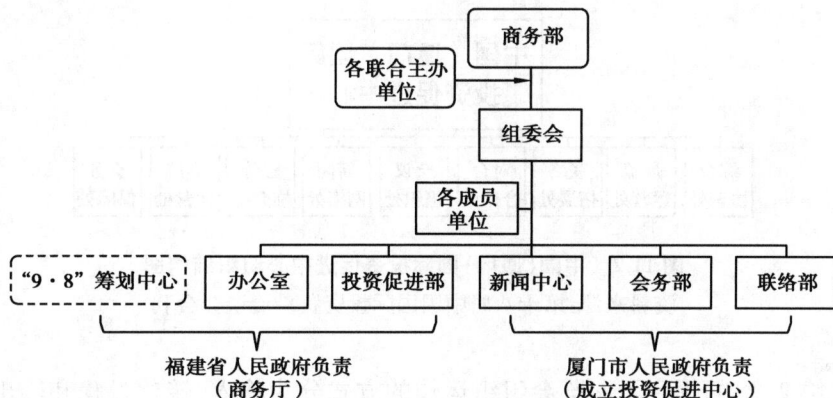

图 11.1　"9·8"投洽会的组织架构图①

四、成员单位

科学技术部、国家质量监督检验检疫总局、国家知识产权局、国家旅游局、国务院侨务办公室、国务院台湾事务办公室、中国国际贸易促进委员会、中华全国工商业联合会、中国人民对外友好协会、中国开发区协会、中国扶贫开发协会、中国外商投资企业协会、中国国际投资促进会、海峡两岸经贸交流协会、中国个体劳动者协会、中国交通运输协会、中国企业联合会暨中国企业家协会、中华全国归国华侨联合会

北京市、天津市、上海市、重庆市、河北省、山西省、内蒙古自治区、黑龙江省、吉林省、辽宁省、陕西省、甘肃省、青海省、新疆维吾尔自治区、宁夏回族自治区、山东省、河南省、江苏省、浙江省、安徽省、江西省、福建省、湖北省、湖南省、广东省、广西壮族自治区、海南省、四川

---

① 这样的工作机构,是投洽会在发展过程中因应展览会形式和内部结构变化也创新的结构。由于投洽会涉及主办、承办、成员及其特殊的客商和展商结构,协调和创新的运营就成为展览会成败的关键所在。1997 年,成立中国投资贸易洽谈会组委会。下设:办公室、投资贸易部、外联部、内联部、综合保障部。1999 年,投洽会的内设机构再次调整,设立办公室、会务部、投资贸易部、联络部、新闻中心。其中,办公室、投资贸易部由福建省外经贸厅负责,"9·8"筹划中心由外经贸厅管理。新闻中心、会务部、联络部日常工作由中国(厦门)国际投资促进中心负责。

省、云南省、贵州省、西藏自治区、新疆生产建设兵团、哈尔滨市、青岛市、深圳市、厦门市
香港特别行政区政府、澳门特别行政区政府

五、承办单位

福建省人民政府、厦门市人民政府、商务部投资促进事务局

六、运营执行机构

"举全省全市之力办好投洽会"。这是东道主也是创始者福建省、厦门市全体人民的共识和行动。创新运营模式和机制,就成为举办地最为重要的工作。1999年,为适应投洽会的发展和展览会的客观需要,投洽会日程运作任务向厦门转移。厦门市委、市政府在"投洽会厦门市人民政府协调办公室"的基础上,成立了中国(厦门)国际投资促进中心,作为投洽会的具体执行机构。中心下设综合、展览、联络、推介、网络等五个部门,负责投洽会会务组织工作。而后,随着展会使命、功能和任务的转移,创新机制设置(图11.2),使之能胜任一个国家级的国际盛会的运营、协调、管理和保障的全部工作需要。

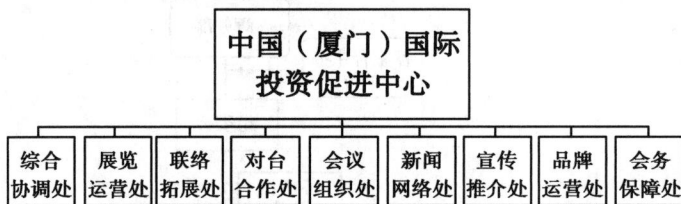

图11.2 中国(厦门)国际投资促进中心组织结构图
资料来源:第十八届中国国际投资贸易洽谈会会刊

我们在第2章中,提到了展览会组织运作的方式分为输入、转化过程和输出三个阶段。其中资源是产生生产和输出一切的基础。没有资源,就没有展览会这一最终产品,没有最终产品,展览会组办方就不复存在。同时,一项资源计划应该保证:能够清楚地确定支持战略的关键成功要素,同时能给关键任务赋予正确的优先级。同时考虑规划的关键假设的变化可能产生的影响(图11.3)。

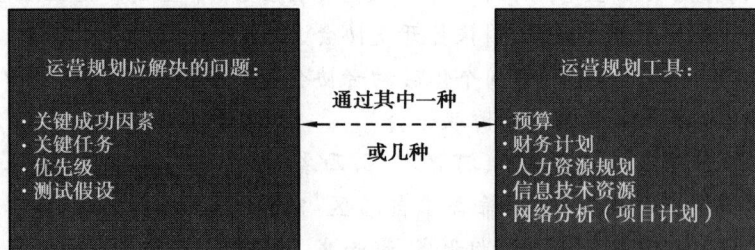

图11.3 展览会资源运营规划要素

展览会的组织资源运营主要是思考与展览会项目相关的各种因素和资源的获取、控制和合理使用,以获得最佳的利用效果。人、财、物、技术、信息、场馆、关系对于展览会来说都是不可或缺的。场馆经营与管理、展览会物流管理均是独立的领域。本章仅就人(包括组织外部资源)、资金两种资源的组织和运营做阐述。

11.1　展览会人力资源运营

展览会人力资源管理是展览会中至关重要,甚至可以说是最根本性的一个方面的管理内容。展览会运营很大程度上依赖于有能力的人才,高于足够水平的运营能力、竞争能力以及有效率的组织。因此,建设一个有能力的组织是实施战略和展览会运营的第一位事情。

实施战略并不只是一项高阶管理层的职能,它是一项整个管理团队的工作。有三项主要的组织建设活动:①为关键职位挑选有能力的人才;②营建熟练运作展览会价值链活动所需要的核心能力、资源力量和组织能力;③构架内部的各项工作,使之与战略联盟的合作努力相结合。其中人力资源管理主要内容预测与计划、招聘与储备、培训与进修、考核与晋升、队伍与发展等方面的内容,研究人们在他们工作全过程中,如何合理调配、开发智力,充分发挥作用,并推动社会发展。一支专业化、高效化和系统化的展览会团队是展览会成功的最重要的砝码。鉴于中国展览会企业规模考量,着眼于展览会项目的组织和运营,本章仅从展览会组织结构、合作资源整合与团队建设入手,它们也是项目管理启动和实施的核心任务。

11.1.1　展览会组织架构

举办展览会需要利用各种组织资源,包括社会的、商业的、行政的、国内外的资源,而这些组织资源的整合和利用者,只能是展览会的主办方。展览会的组织机构和展览会的合作伙伴,两者之间关系密切。

1)展览会组织架构基本问题

(1)基本原则

明确展览会的组织架构与合作伙伴,是展览会主办方整合资源的基础工作。其主要原则如图 11.4 所示。

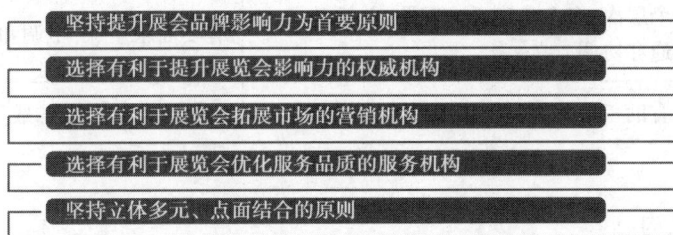

- 坚持提升展会品牌影响力为首要原则
- 选择有利于提升展览会影响力的权威机构
- 选择有利于展览会拓展市场的营销机构
- 选择有利于展览会优化服务品质的服务机构
- 坚持立体多元、点面结合的原则

图 11.4　展览会组织机构和伙伴关系的选择原则

（2）展览会组织架构的主要任务

其中展览会的合作伙伴指展览会主办方根据经营管理的需要,寻求互相合作的机构。这些机构主要是可配合主办方,为展览会提供营销、物流以及现场服务等方面的商业服务机构。因此,需要在策划工作中一并考虑。其主要任务如图 11.5 所示。

1 · 架构组织委员会
2 · 商请权威机构
3 · 选择营销机构
4 · 选择服务机构

图 11.5　展览会组织架构的主要任务①

①展览会的组织架构与组织委员会。

展览会组织架构系由展览会的批准、主办、承办、协办、支持等机构共同构成的展览会组织工作体制。

展览会组织机构的名称一般是组织委员会。但较为多见的情况是,展览会有组织架构,但未设立组织委员会。在中国,组织委员会（组委会）是展览会十分常见的组织架构形态。尤其是政府主导型展览会。

委员会作为一种常见的组织形式,同时作为组织管理的一种手段。其主要特点就是集体决策,集体行动。委员会由一群人组成,委员会中的各个委员的权力是评定等的,并依据少数服从多数的原则决定问题。委员会可以有多种形式。

表 11.1　委员会组织形式的优缺点

优点	缺点
可充分发挥集体智慧,避免个别领导人的判断失误	作为决定往往需要较长的时间
少数人服从多数人,可防止个人滥用职权	集体负责、个人责任不清
地位平等,有利于多个层次、多个角度考虑问题,并反映各方面的利益,有助于沟通和协调	有委曲求全、折中调和的危险
满足各方的参与感,有助于激发成员的积极性和主动性	有可能为某一特殊成员所把持,形同虚设

②商请权威机构。

权威机构特指展览会"实际主办方"所需要的批准、主办、承办、协办、支持展览会的重要

---

① 张凡. 会展策划［M］. 武汉:武汉大学出版社,2014.

机构。商请权威机构的支持,旨在提升展览会的影响力。从我国的实践来看,对于权威机构的需求主要来自以下需求:一方面是为申请展览会的"中国国际"冠名,必须依据行政审批制度的程序,先商请权威机构作为主办单位,然后逐级获批。二是希望借助官方、行业协会、商会或专业学会的行政资源或行业资源,或充分利用这些机构的公信力。

商请权威机构,必须要在展览会组织架构设计方案获得展览会"实际主办方"同意之后进行。商请工作大多要正式致函商请,同意则一般会复函确认。在这个过程中,被商请方有可能提出相关权益的事项,如单位冠名的排序、展览会在什么情况下不得使用被商请方的名义、被商请方代表应邀出席展览会活动的待遇、被商请方应得的利益等等。对于所涉及这些权益,双方还须要另行订立合同。

这里要注意的,由于行政体系级别的影响,尤其在政府主导型展览会中,经常因名义上的主办单位的行政级别很高,低一级的行政机构只能列为承办单位,而"实际主办方"有时只能列为承办执行单位。

③选择营销机构。

营销机构是展览会主办方为扩大展览会产品(展位、广告、门票等)的销售业务或扩展展会营销推广业务而需求的合作机构。但不管出于什么目的,其原则只有一个:有利于展览会拓展市场。营销传播机构的选择对于展览会招商招展及宣传传播具有重要的意义。

④选择服务机构。

展览会服务提供商的服务品质是展览会服务品质的有机组成部分。参展商和观众往往把展览会服务提供商所提供的服务看成是展览会本身提供的服务,将展览会服务商的工作失误当成是展览会的失误,将展览会服务商工作的成功归功于展览会的成功。

按照市场规律,这些服务商理应由展览会主办方自行选择。目前国内,因为场馆体制的原因,标准展位搭建、展品物流运输、现场餐饮供应、保安、保洁等与展览会现场服务的有关业务,往往由展馆方或地方行政部门所掌控。

2)展览会组织机构设计

组织机构设计就是为组织目标而对组织结构进行的设计、发展和变革等一系列活动,其工作内容主要包括:确定组织中的各个构成要素并对其进行排列组合,明确管理层次,分清各构成要素的职责及相互间的协作关系等。

(1)组织结构设计考虑因素

组织结构包括形式结构、权责结构、利益结构、信息结构和信用结构等内容,他们结合在一起,就构成组织系统真实的制度架构。展览会组织结构设计既要考虑到一般组织结构设计的要求,又要符合展览会活动项目的目标和要点(表11.2)。

表 11.2　组织结构设计的主要考虑因素

关键问题	由谁回答	释义
一个管理者可以指导多少员工	组织层次/管理幅度	组织的纵向结构
把任务分解到相互独立的工作单元时,应细化到什么程度	工作专门化	组织内各职能部门分工的精细程度,具体表现为部门数量的多少
对工作单元进行合并的基础是什么	部门化(即分工形式)	按照不同标准进行劳动分工与写作。常见的有职能制、产品制、地区制及混合制
决策权应该放在哪一级	集权与分权	指组织的决策权和管理权在高层与较低层次分布的状况
员工个人和群体向谁汇报	命令链(即管理层次)	管理幅度相对应,解决决策和命令经过多少层次达到业务执行层
规章制度在多大程度上可以指导员工和管理者的行为	制度化和正规化	指组织的行为和活动以正式书面文件的形式表述的程度
不同类型展览会组织中核心职能的资源配置问题	核心职能	组织基本职能的关键职能,对实现组织目标和战略起关键性作用
组织在地理区域范围的分布问题	地区分布	反映组织结构在空间上的复杂程度
不同技能的员工类型配比	人员结构	指组织中各层次、部门人员在企业员工总数中的比例情况

(2)组织结构的主要类型

展览会项目结构主要有三种类型,展览会组织方可以根据展览会项目所处的环境、战略、展览会组织规模、业务技术特点、不同的发展阶段等一系列因素,设计符合自身展览会要求的组织结构见图 11.6。

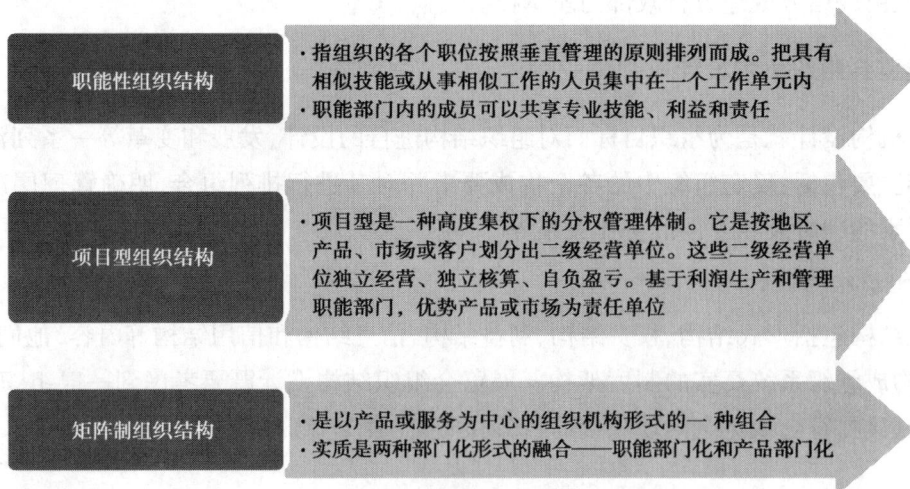

职能性组织结构
· 指组织的各个职位按照垂直管理的原则排列而成。把具有相似技能或从事相似工作的人员集中在一个工作单元内
· 职能部门内的成员可以共享专业技能、利益和责任

项目型组织结构
· 项目型是一种高度集权下的分权管理体制。它是按地区、产品、市场或客户划分出二级经营单位。这些二级经营单位独立经营、独立核算、自负盈亏。基于利润生产和管理职能部门,优势产品或市场为责任单位

矩阵制组织结构
· 是以产品或服务为中心的组织机构形式的一 种组合
· 实质是两种部门化形式的融合——职能部门化和产品部门化

图 11.6　展览会组织结构的主要类型

所有的组织结构都有其战略优势和劣势,没有一种最佳的组织方式。不管使用哪一种组织结构都会有一些以团队或小组的形式作为补充(具体见 11.3 节)。

11.1.2　展览会人力资源管理

人力资源管理是组织吸引、开发和保持有效员工队伍的活动。在小型企业中,企业主往往亲自承担人力资源管理的工作。大型组织会有专门的人力资源管理部门和专业员工。人力资源专业人员和业务经理需要共同分担人力资源管理的工作。在本书中,我们侧重于项目团队的人力资源管理工作进行阐述。

表 11.3　人力资源管理的主要活动

招募员工的人力资源管理活动包括:
● 人力资源规划:预测企业未来的人力资源需求
● 工作分析:明确职位的性质
● 招聘:吸引符合要求的员工来申请职位
● 入职培训:让新员工熟悉公司
留住员工的人力资源管理活动包括:
● 报酬:用货币支付来奖励员工的工作
● 福利:提供员工的福利
员工发展的人力资源活动包括:
● 培训与发展:向员工传授新技能、提供新工作和更有效的工作方法
● 绩效评估:评估员工当前潜在的绩效水平

1) 人力资源规划:确定团队成员种类和数量

进行展览会项目团队建设首先要对项目所需要的人力资源进行规划,认识项目人力资源的需求,明确项目工作的要求,制定项目人员配置计划。这是展览会活动人力资源管理的基础。

(1) 分析项目的人力资源需求

展览会运营方根据展览会项目的目标和需求,针对企业人力资源供给状况进行分析评估,并以此进行工作分析,规划项目团队的组建与管理。

展览会项目人力资源的需求受到宏观经济形势、人才市场供求状况、社会保障制度等外部因素,以及项目企业发展战略、展览会活动行业特征、项目自身特性等因素的影响。一般来说,展览会项目需求最典型的五类人力资源如表 11.4 所示。

表 11.4　展览会项目需求典型的五类人力资源

人才类型	地位	主要工作及要求描述	来源
展览会策划师	项目核心岗位	策划展览会项目,需熟悉展览会运作流程,有行销、策划及调研的专业背景及经验	一般从企业内部获得,是展览会企业长期重点储备岗位
项目管理人员	最重要的是项目经理,是项目负责人	承接、组织和控制项目的实施。同时还需要项目进度、质量、沟通、风险、成本管理的专业人员	外聘或内部获得
展览会设计师	项目重要岗位	展位设计并指导现场人员布展,要求有室内设计或环境艺术专业背景及经验	可从企业内部获取或外部招聘
展览会服务人员	体现整个展览会的项目	直接面对参展客户的现场工作人员,要求相关专业背景和服务行业经验,并经过一定培训	一般外部招聘,多为临时雇用
展览会营销人员	展览会业务销售的核心岗位	负责项目市场推广及销售,要求有市场营销相关专业背景和展览会销售经验	多为内部获得

（2）确定项目人员任职要求

展览会项目与其他项目相比具有快捷性、关联性及效益性的特点,对项目人员来说也是有相应的胜任力要求（图 11.7）。

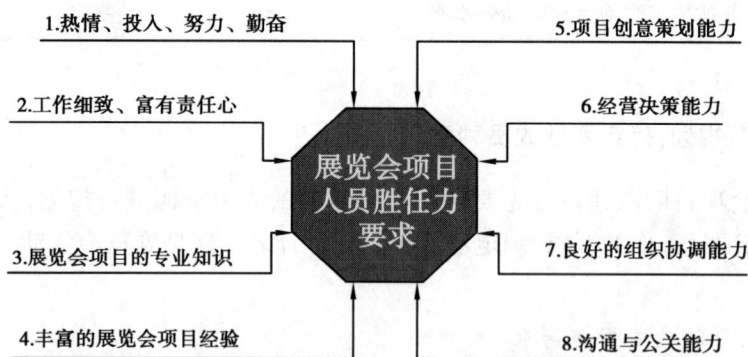

图 11.7　展览会项目人员的胜任力要求

在分析项目人力资源需求和供给状况后,项目经理根据展览会活动项目的岗位设置明确项目人员的任职要求,编写项目岗位说明书,作为项目成员招聘、培训及绩效考核依据。

表 11.5　××公司展览会策划的岗位说明书

职位编号：

单位：	职位名称:展览会策划		编制日期：
部门:策划设计部	任职人：		任职人签字：
	直接主管:策划部经理		直接主管签字：
任职条件	学历:大学本科以上学历,211 以上院校优先		
	经验:3 年以上相关工作经验,具有会展策划师、广告创意师、活动管理师资格证		
	专业知识:广告策划、公关策划、市场营销及其他相关专业知识,持有会展策划师中级资格证书		
	业务了解范围:熟悉展览会行业市场发展状况、各实体经济业态分布情况及发展态势		
职业目的:主要负责展览会的各类活动市场调研和环境分析;展览会的立项、主题、招商、预算和运营管理方案的策划;展览会项目的销售及现场运营管理			
沟通关系:内部,策划部经理、招商部、其他相关职能部门;外部,同行业协会、相关媒体			
下属人员		人员类别	
人数：　　人		总监：　　人	
直接：　　人		部门经理：　　人	
间接：　　人		其他：　　人	

（3）编制项目人员配置计划

项目经理和人力资源管理人员应根据项目人力资源规划的结果编制项目人员配置计划,经主管领导审批后实施,组建项目运营团队。项目人员配置计划是项目人力资源规划工作的成果,它包括一系列文件,主要内容如图 11.8 所示。

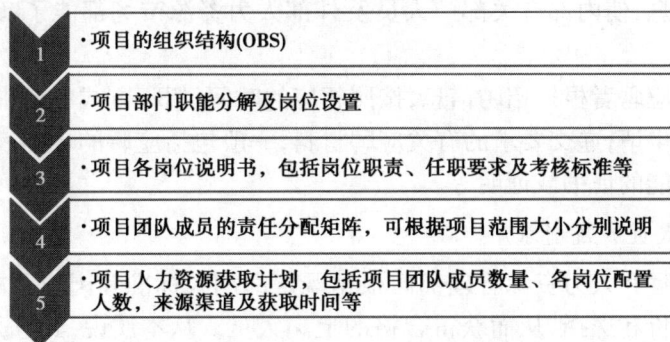

1. ·项目的组织结构(OBS)
2. ·项目部门职能分解及岗位设置
3. ·项目各岗位说明书,包括岗位职责、任职要求及考核标准等
4. ·项目团队成员的责任分配矩阵,可根据项目范围大小分别说明
5. ·项目人力资源获取计划,包括项目团队成员数量、各岗位配置人数,来源渠道及获取时间等

图 11.8　项目人员配置计划的主要内容

2）招募与甄选：选配合适的团队成员

岗位设计和分析指出组织中需要具备哪些素质的人，而为了获得符合岗位素质要求的人，就必须对组织内外的候选人进行筛选，以做出合适的选择，为此要进行招募与甄选（图11.9）。

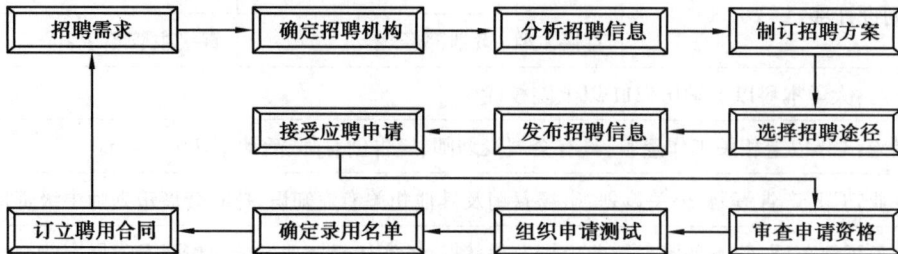

```
招聘需求 → 确定招聘机构 → 分析招聘信息 → 制订招聘方案
                                              ↓
接受应聘申请 ← 发布招聘信息 ← 选择招聘途径
    ↓
订立聘用合同 ← 确定录用名单 ← 组织申请测试 ← 审查申请资格
```

图11.9　招聘的一般流程

（1）确定项目成员招募途径

项目经理和人力资源部门根据项目岗位的特点及企业人力资源现状选择合适的项目成员招募途径。通常来说，展览会项目的成员招募有如图11.10所示的三种方式。

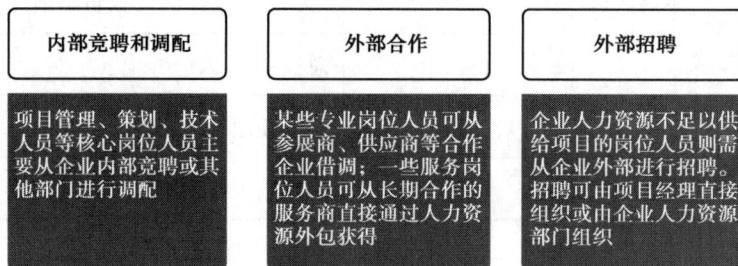

内部竞聘和调配	外部合作	外部招聘
项目管理、策划、技术人员等核心岗位人员主要从企业内部竞聘或其他部门进行调配	某些专业岗位人员可从参展商、供应商等合作企业借调；一些服务岗位人员可从长期合作的服务商直接通过人力资源外包获得	企业人力资源不足以供给项目的岗位人员则需从企业外部进行招聘。招聘可由项目经理直接组织或由企业人力资源部门组织

图11.10　项目人员招聘途径

（2）确定项目人员招聘信息

项目经理和人力资源管理部门根据所确定项目成员招募途径，根据项目岗位说明书，发布项目人员招聘信息，使内部有关部门人员及外部人力资源市场都能了解到相应的项目招聘信息。

内部或外部的应聘者根据招聘信息，按照相应的时间、招聘方式的要求向项目人力资源管理人员提出应聘申请，递交要求的有关应聘材料，一般包括应聘的申请表、个人简历、各种学历、资历、专业技能的证书或证明等。

（3）实施项目人员的甄选录用

甄选是项目经理和人力资源管理部门根据既定的用人标准和岗位要求，对提交申请的项目应聘者进行评价和选择，从而获得合格的上岗人员。从本质说，甄选是一种预测行为。根据不同的项目岗位的工作特点选择不同的甄选方法。可根据需要选择使用某种或组合和使用甄选手段和方法：应聘者申请表分析、资格审查、笔试和面试、体格检查等。甄选流程和方法如图11.11所示。

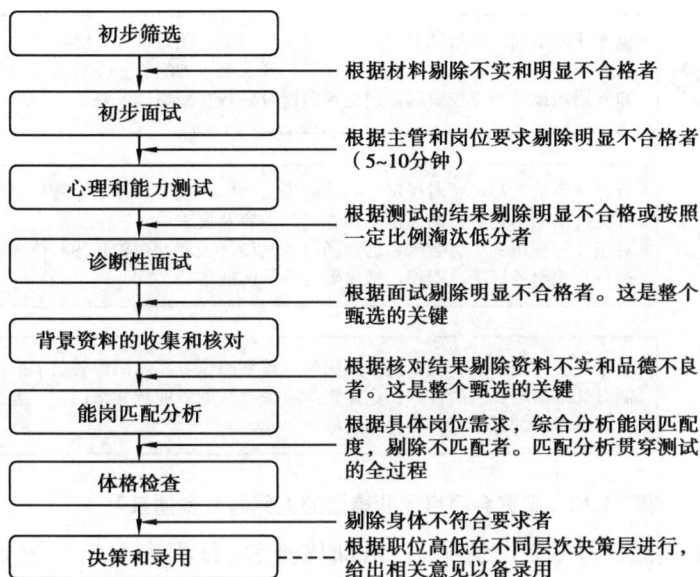

图 11.11　展览会项目团队成员甄选流程与方法①

通过运用科学的方法对应聘人员进行甄选后,选择确定符合要求的项目人员,决定录用并办理有关手续,在进行岗前培训和使用后,正式成为项目的团队成员。

3)培训与开发:使人员适应发展需要

培训是组织开发现有人力资源、提高员工的素质和同化外来人员的基本途径,也是维系员工忠诚度的一个重要方面。因此,培训的最终目的是适应组织发展和展览会成长的需要,也是实现员工个人的充分发展的需要。

展览会项目具有专业性、灵活性及多变性的特点,因此不同的展览会对项目员工的要求各有侧重。尤其是现场服务人员,多是外部临聘,必须根据项目的内容特点与目标要求进行相应的专业培训方可上岗,否则可能影响展览会的顺利进行。

(1)分析项目培训内容

项目培训需求的开发是项目员工培训开发的第一步。除了要符合项目成员本身的培训需要和职业发展规划之外,更重要的是分析具体展览会项目的实际需要,以便确定项目培训内容。通常来说,展览会活动项目培训内容如图 11.12 所示。

(2)制订项目培训计划

这是保证展会项目的培训工作有序实施的重要工作。培训计划的内容体现在工作说明书及候选人概况中,一般包括:培训目标、培训对象、培训时间、地点、内容及方式方法,以及培训评价标准等培训工作的安排等内容。

---

① 廖泉文. 人力资源管理[M].2 版.北京:高等教育出版社,2011.

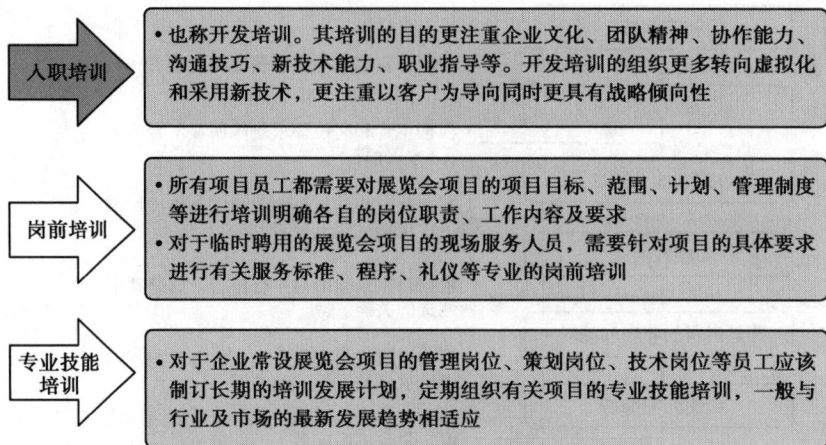

入职培训	• 也称开发培训。其培训的目的更注重企业文化、团队精神、协作能力、沟通技巧、新技术能力、职业指导等。开发培训的组织更多转向虚拟化和采用新技术,更注重以客户为导向同时更具有战略倾向性
岗前培训	• 所有项目员工都需要对展览会项目的项目目标、范围、计划、管理制度等进行培训明确各自的岗位职责、工作内容及要求 • 对于临时聘用的展览会项目的现场服务人员,需要针对项目的具体要求进行有关服务标准、程序、礼仪等专业的岗前培训
专业技能培训	• 对于企业常设展览会项目的管理岗位、策划岗位、技术岗位等员工应该制订长期的培训发展计划,定期组织有关项目的专业技能培训,一般与行业及市场的最新发展趋势相适应

图 11.12　展览会项目团队培训的主要内容和体系①

在培训计划的落实工作中,工作说明书、培训核查表、日程表和培训记录都非常重要。它们保证了培训实施的有序进行,又是每名团队成员的绩效评估依据。其中培训核查表为团队成员管理提供了关键控制点,从中可以设计出每一个团队成员的季度发展规划,而这又是另一个关键控制点。在每一个核查项目,项目经理将公司状况和项目状况填入相关核查项。培训核查表与日程表给出了培训项目的结构,并迫使项目经理来组织培训流程。

(3)组织实施员工培训

因为员工的岗位差异,培训内容和深度有所不同;又因为员工性格、文化背景、教育背景、阅历经历的差异,培训的方式也会有所不同。一般来说,展览会项目培训的主要方式如表 11.6 所示。

表 11.6　展览会员工培训的主要方式

序号	培训方式	具体说明	使用情形
1	集中学习	将员工集中到一个场所进行上课学习	项目工作标准、岗位职责、管理制度和项目通用知识的培训
2	在职培训	在项目岗位上,利用岗位已有资源进行自我学习或前辈的传、帮、带	使用与某些项目相关的专业、特殊技能和实践能力
3	脱产进修	离开企业和工作岗位,参加外部培训机构的培训或到高校进修	主要用于项目管理岗位的培训
4	现场实习	通过在项目现场情景中进行实习培训	适用于项目现场服务人员、管理人员培训
5	外出考察	到企业外部,如市场、竞争企业、优秀项目现场去学习考察	适用于项目的经营管理人员、营销人员的培训

---

① 廖泉文. 人力资源管理[M].2 版.北京:高等教育出版社,2011:279-280.

（4）评估项目培训效果

培训后，需要对展览会项目培训效果进行评估，从而发现项目培训工作的问题，进行持续改进，并且为之后的项目培训提供有用的信息资料，为培训、奖惩和认识晋升提供客观依据。培训效果评价的主要内容如图 11.13 所示。

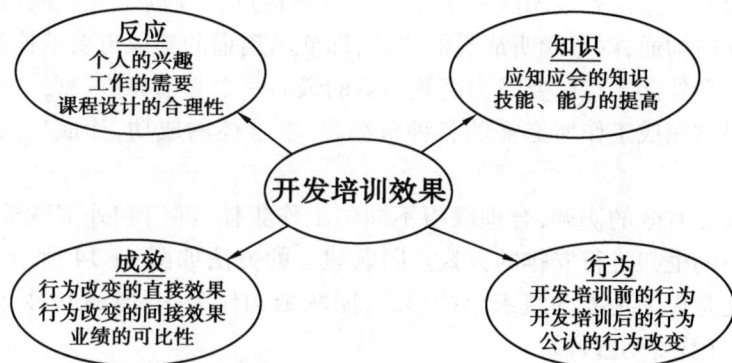

图 11.13　培训效果评价的主要内容①

11.1.3　运营团队建设与管理

随着传统的垂直结构被水平结构所取代，团队的作用就好比构成大厦的基础砖块。拥有团队结构的组织同时广泛地应用临时性的团队来解决问题、完成特定的项目和处理日常事务。而展览会组织运营，恰恰是最适合应用团队结构的。尤其对于小型展览会企业，可以用团队结构界定整个组织框架。

1）优秀团队的特征及主要类型

优秀的团队是社会可以信赖的桥梁，优秀的团队是企业成功的基础。一个高效运作的团队具有以下特征：

①团队以目标为导向。这是团队成功运作的前提。高效的团队对于要达到的目标有清楚的了解，并坚信这一目标包含着重大的意义和价值。

②团队成员在技术或技能上形成互补。他们具备实现理想目标所必需的技术和能力，而且相互之间有能够良好合作的个性品质，从而出色完成任务。后者尤为重要，但却常常被人们忽视。

③高度的团队信任。成员间相互信任是有效团队的显著特征，就是说，每个成员对其他人的行为和能力都深信不疑，相互间的协作以及信息与知识的共享是彼此信任的基础。

④团队需要共同的规范和方法。共同的规范和方法是团队形成共识，也是明确的分工与专业合作的基础，这种组合才能形成有力的技能互补。

⑤强有力的领导。具有强有力的领导才能使团队实现预定的目标。有效的领导能够让团队跟随自己共同度过最艰难的时期，因为他能为团队指明前途所在，向成员阐明变革的可

① 廖泉文.人力资源管理［M］.2 版.北京：高等教育出版社，2011：280.

能性,鼓舞团队成员自信心,帮助他们更充分地了解自己的潜力。

⑥一致的承诺。高效的团队成员对团队表现出高度的忠诚和承诺,为了能使群体获得成功,他们愿意去做任何事情。一致承诺的特征表现为对群体目标的奉献精神,愿意为实现这个目标而调动和发挥自己的最大潜能。

⑦良好的沟通。这是高效团队一个必不可少的特点。尊重每一位成员,这包括开放的心胸和真正的双向沟通,耐心倾听成员的建议,即使是离谱的建议也要给他们表达的机会。

⑧内部支持和外部支持。要成为高效团队的最后一个必需条件就是它的支持环境。管理层应给团队提供完成工作所必需的各种资源,分享整体的成功,让成员为团队骄傲,加强团队的向心力。

组织能力来自有效的协调,合理联络不同的工作集体、部门和外部联盟的努力,而不是来自将组织图中的框架进行安排的方式。团队建立的方法如图 11.14 所示。不管是作为战略支持性组织还是作为主要的组织架构形式,团队结构作为一种特别的协调机制和营建组织能力的努力,日益受到重视。

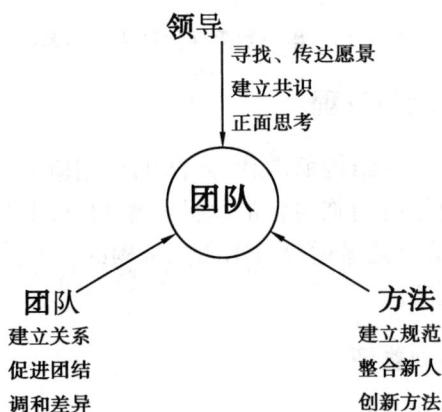

图 11.14　团队建立的方法

表 11.7　团队及类团队结构类型

类型	释义	适用情形
特殊的项目团队	建立一个独立的、很大程度上可以自我满足的工作小组以完成一项特殊的活动	特别适合短期的某类情形
自我管理工作团队	将抽调不同岗位的人员组成一组,在半固定性的基础上共同工作,以不断提高某些战略相关领域的组织业绩	团队被授予决策权,负责人的地位相对下降
流程团队	将在一种业务流程中分别起部分作用的职能专家放到一起,组成一种团队的形式,而不是指定他们在本职能部门工作	授权工作流程,对结果负责,并以流程运作状况为基础对之奖励
风险团队	组建一组人管理新产品的开发,进入一个新的地理市场,或者创建一项特殊的新业务	新业务拓展需较大自主性以承担风险

续表

类型	释义	适用情形
跨职能任务团队	将很多的高层领导人和专家集合在一起解决需要组织中的几个职能部门联合才能解决的问题,协调与战略相关的跨部门界限的活动,或者探索各种方法,联合不同职能专家的技能,使之成为更广范围的核心能力	团队成员少于 10 人时最优效率,成员的资历与问题的重要程度成正比,参与成员都是自愿
联络经理	当与顾客相关的活动具有多面性时,可以制订某个人作为与顾客联络的单一据点,作为内部流程与顾客间的缓冲器	联络人需要能获得与实际进行这一活动时用到的所有信息,且具备与有问题的人接触及在必要时寻求进一步帮助的能力
关系经理	指定某些人员,使他们负责协调和指导员工关系的各项工作以便与联名和战略伙伴建立牢固而有力的工作关系	需要建立多条沟通渠道并对外开放,能对冲突、出麻烦的环节和变化情节进行坦率讨论

2) 项目运营团队的绩效管理

有效的项目团队绩效管理是建设高效展览会运营团队的重要保证。项目团队的绩效管理是制订并实施项目绩效目标,进行项目绩效考核,实施项目激励,从而持续不断提升项目团队绩效的循环过程。

绩效评估包含三个方面:一是对评估内容和影响量的识别;二是对绩效作出判断和评价;三是对评估活动的管理。

（1）制订项目团队绩效目标

组织通常因为人力资源管理和开发的目的进行绩效管理。项目经理应根据展览会活动的目标,制定项目团队绩效的总目标,并分解到各个项目部门及个人。

表 11.8　展览展会项目团队绩效目标示例

总体目标	目标描述	考核指标
进度目标	项目按照合同、计划要求按时完成,无拖延	项目进度
效益目标	项目经营状况良好,获得预期的财务效益,并产生了良好的社会影响和品牌效益	项目投资收益率、项目销售增长率、项目利润率、项目成本节约率等
服务质量目标	项目团队向客户提供了符合甚至超过项目合同要求的优秀的展览会服务,获得客户的广泛好评	项目质量验收合格率、项目事故发生率、项目投诉率、客户满意度等
学习发展目标	项目团队合作顺畅,展览会项目运作、管理及专业知识方面有所创新和发展	项目冲突解决率、项目培训目标达成率、项目知识产权创新数量等

（2）实施项目绩效跟踪考核

项目经理和人力资源管理人员应该项目的绩效目标,制定绩效考核标准,按照项目阶段对项目团队的绩效进行追踪,实施绩效考核。

主要绩效考核方法如图 11.15 所示,可根据具体需要进行选择使用。

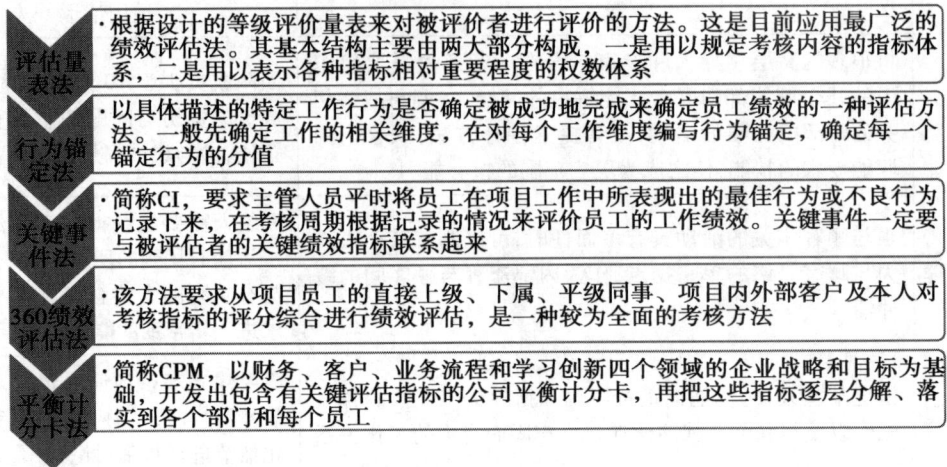

评估量表法	·根据设计的等级评价量表来对被评价者进行评价的方法。这是目前应用最广泛的绩效评估法。其基本结构主要由两大部分构成,一是用以规定考核内容的指标体系,二是用以表示各种指标相对重要程度的权数体系
行为锚定法	·以具体描述的特定工作行为是否确定被成功地完成来确定员工绩效的一种评估方法。一般先确定工作的相关维度,在对每个工作维度编写行为锚定,确定每一个锚定行为的分值
关键事件法	·简称CI,要求主管人员平时将员工在项目工作中所表现出的最佳行为或不良行为记录下来,在考核周期根据记录的情况来评价员工的工作绩效。关键事件一定要与被评估者的关键绩效指标联系起来
360绩效评估法	·该方法要求从项目员工的直接上级、下属、平级同事、项目内外部客户及本人对考核指标的评分综合进行绩效评估,是一种较为全面的考核方法
平衡计分卡法	·简称CPM,以财务、客户、业务流程和学习创新四个领域的企业战略和目标为基础,开发出包含有关键评估指标的公司平衡计分卡,再把这些指标逐层分解、落实到各个部门和每个员工

图 11.15　展览会项目绩效考核的主要方法

项目人力资源管理人员应制订项目员工的绩效考核标准评价表用于绩效考核。

表 11.9 是某企业展位策划岗位绩效考核表的示范案例。

表 11.9　展览会策划岗位绩效考核表范例

岗位名称	展览会策划师	所属部门		策划设计部	
考核周期	月度	考核结果			
考核项目	考核要点	考核质保	权重/%	考核主体	考核资料来源
市场研究及信息管理	掌握各类展览会活动的发展动向和竞争对手情况,及时收集整理市场信息	信息收集的及时率达到(　)%以上	10	项目经理	策划设计部
展览会营销策划	根据公司营销战略,策划合适的展览会活动方式、价格策略、渠道策略、促销策略等	展览会营销计划实现率达到100%	25	项目经理	策划设计部
展览会策划的组织与实施	负责展览会活动内容策划、规模策划、环境策划、方式策划等工作并组织实施	展览会相关方对策划的满意率达到(　)%以上	30	项目经理	策划设计部
展览会宣传传播策划	主要负责包括传播策略、传播目标、广告诉求、传播工具组合、传播创意等工作并组织实施	公司领导对传播效果的满意度评价在(　)分以上	20	项目经理	策划设计部

续表

考核项目	考核要点	考核质保	权重/%	考核主体	考核资料来源
展览会品牌及公关策划	负责展览会品牌和商标管理、企业形象建设、与客户和同行业协会及其他相关部门的公共关系策划等工作	客户对策划的满意度评价在（　）分以上	15	项目经理	

资料来源：李敏.会展会议活动项目管理手册［M］.北京：中国电力出版社，2015：72.

（3）建立完善项目团队人员激励机制

项目绩效考核之后，要对核结果进行应用，对项目团队人员实施激励，并制订绩效改进措施，以达到项目绩效管理中不断提升项目绩效的目的。主要方法如图 11.16 所示。

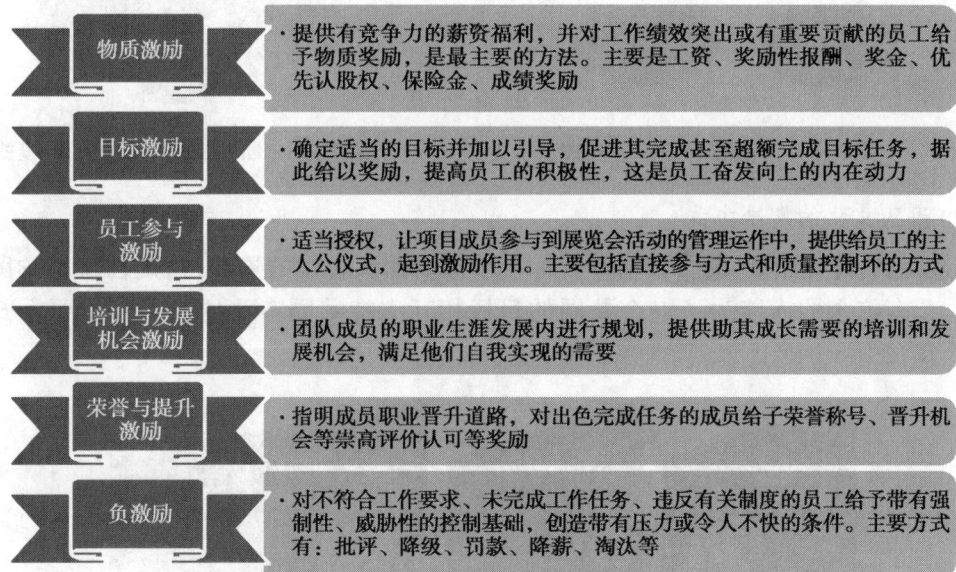

- 物质激励：提供有竞争力的薪资福利，并对工作绩效突出或有重要贡献的员工给予物质奖励，是最主要的方法。主要是工资、奖励性报酬、奖金、优先认股权、保险金、成绩奖励
- 目标激励：确定适当的目标并加以引导，促进其完成甚至超额完成目标任务，据此给以奖励，提高员工的积极性，这是员工奋发向上的内在动力
- 员工参与激励：适当授权，让项目成员参与到展览会活动的管理运作中，提供给员工的主人公仪式，起到激励作用。主要包括直接参与方式和质量控制环的方式
- 培训与发展机会激励：团队成员的职业生涯发展内进行规划，提供助其成长需要的培训和发展机会，满足他们自我实现的需要
- 荣誉与提升激励：指明成员职业晋升道路，对出色完成任务的成员给予荣誉称号、晋升机会等崇高评价认可等奖励
- 负激励：对不符合工作要求、未完成工作任务、违反有关制度的员工给予带有强制性、威胁性的控制基础，创造带有压力或令人不快的条件。主要方式有：批评、降级、罚款、降薪、淘汰等

图 11.16　展览会项目的激励机制

3）运营团队文化塑造

团队文化是团队成员通过相处在一起而逐步形成的为大家所接受和认可的价值观、理念和行为准则。它是在展览会运营机构组织文化基础上进一步的发展和创新。它不以个人为中心，而是一个整体，具有相互信任、绝对忠诚的良好氛围，通过人的行为举止、政策、程序、规范、计划、领导风格以及团队内个人和集体所起的作用反映出来，充分体现了以人为本的管理理念。具有导向、凝聚和激励的功能。

（1）团队文化的管理模式

目前著名的团队文化管理模式有 7S 模式和 11C 模式。

7S 模式是最负盛名的组织文化管理模式（图 11.17）。帕斯卡尔和阿索斯率先在《日本的管理艺术》中提出,后经麦肯锡管理咨询公司的完善推广,再到彼得斯和沃特曼的深化,引起人们的普遍重视。其中战略、结构和制度被认为是"硬件"要素,而风格、人员、技能和共同的价值观被认为是"软件"要素。两者的结合是企业文化成功的内在机理。

11C 环形模式的创立者卡尔·佩格尔斯说道:"要肯定能成功还必须发展一种以 11C 模式的思想为依据的文化。"(图 11.18)他认为,贯彻和执行 10 个"C"就会产生组织文化,并带领组织走向成功。

图 11.17　团队文化的 7S 模式

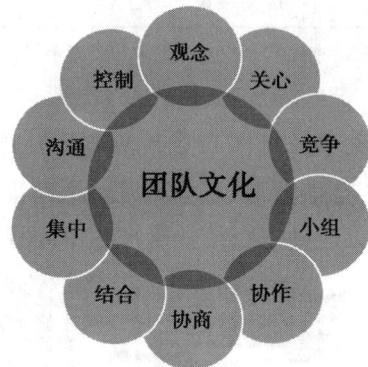

图 11.18　团队文化建设的 11C 模式①

(2)团队文化的塑造方式

塑造团队,建设团队文化,其基本目标在于形成团队合作的局面,这是在特定的团队中让有能力、有信念的人能为了一个共同的目标相互支持共同奋斗的过程。主要方式如图11.19所示。

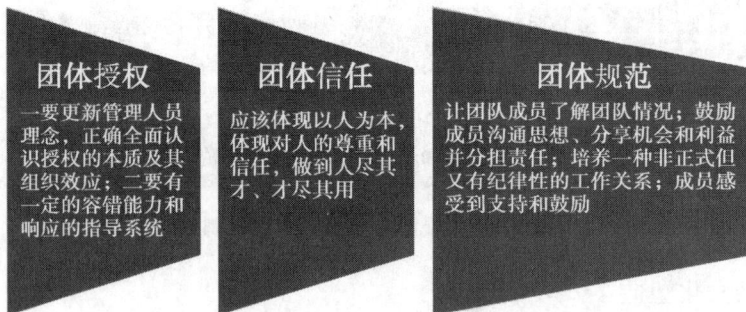

图 11.19　团队文化塑造方式②

①　卡尔·佩格尔斯.日本与西方管理比较[M].张广仁,张杨,译.北京:机械工业出版社,1987.
②　廖泉文.人力资源管理[M].2 版.北京:高等教育出版社,2011.

11.2　展览会财务管理

　　展览会财务管理是支撑展会组织运营重要职能。展览会作为一个产业讲究效益,那么对投入产出的算计、对效益的分析、对未来的考虑都非常重要。有效的财务管理不仅可以保障展览会企业获得必要的资金支持,还可以通过成本管理、资本运营等方式直接为股东创造价值。

11.2.1　展览会财务管理

　　展览会财务管理指管理展览会企业的财务资源以实现展览会目标的工作,包括获得资金和管理资金的职能、预算管理、现金流分析和支出计划。财务管理的质量决定着组织能否生存。具体来说,财务管理的目标是:

　　①融资活动的优先顺序与企业的目标保持一致;

　　②费用支出得到良好的控制;

　　③保证企业经营中得到充足的资金支持;

　　④为多余的现金寻找高回报和安全的投资渠道。

　　展览会财务管理人员不仅要决定最佳的融资方案,保证展览会企业拥有足够的资金来支付费用并获得令人满意的回报,还要保证资金的使用符合展览会组织的目标,控制客户的信用风险,减少坏账准备,同时要注意税收政策的改变,保证企业的财务处理符合税务的要求,合理避税。具体如图 11.20 所示。

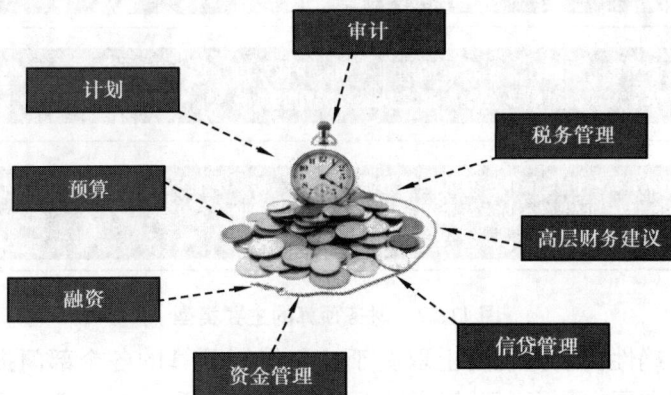

图 11.20　展览会财务经理的职责

　　居于财务管理的业务框架,展览会企业财务管理内容一般包含筹资管理、投资管理、营运资金管理、成本费用管理、财务预算管理、财务分析评价等若干具体的内容。

1) 财务计划

财务计划是关于获取和使用实现企业目标所需资金的计划。财务计划必须检验资金需求的现实性并以充足的资金供给满足这些需求。具体财务计划的步骤如图 11.21 所示。

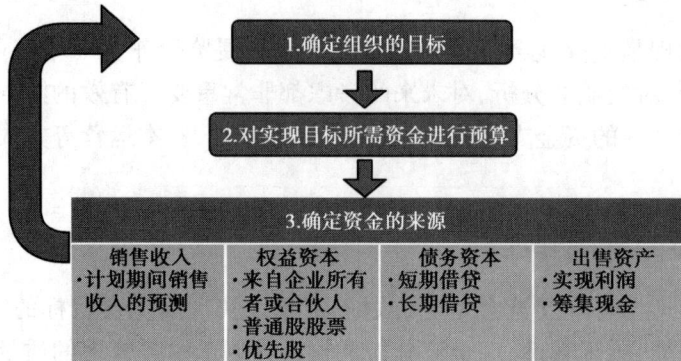

图 11.21　财务计划场的基本步骤

2) 预算管理

预算管理是协调展览会组织各部门活动的总纲领,并且使展览会企业管理从事后控制走向事前控制。财务预算制订取决于企业的财务报表(资产负债表、利润表和现金流量表等)的准确性。展览会企业预算有年度预算,也有项目预算。财务预算主要类型如图 11.22 所示。

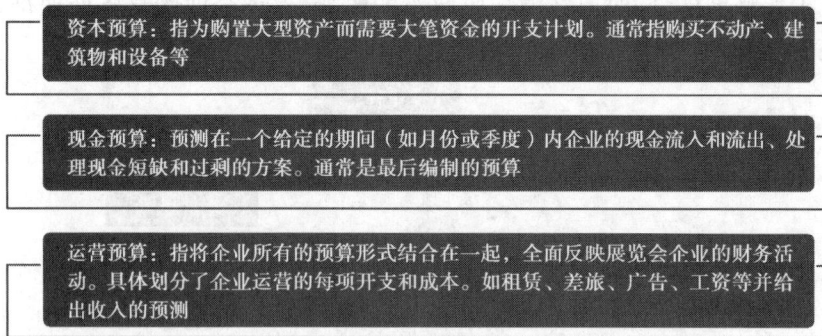

图 11.22　财务预算的主要类型

运营预算的准确性在很大程度上取决于参与编制预算的各个部门提供的数据的准确性。传统做法是将费用在数字在上年度数据的基础上有所增加,部门预算主要是解释为什么需要增加。另一种做法则是编制零基预算,这一方法要求对每一笔预算中的每笔费用给出说明。这方法有助于消除不必要的开支,但因无部门利益和耗费时间,在现实中却难以实行。预算编制,在具体使用中主要还有:滚动预算法、概率预算法、固定预算法和弹性预算法的划分。这些方法在实践中要根据展览会活动的具体特点灵活采用,适时调整。

3）成本管理

成本费用管理就是对资金耗费的管理。降低成本费用是提高展览会企业利润的根本途径。展览会成本管理大致包括成本预测、成本决策、成本控制、成本核算、成本分析和成本考核等环节。

展览会企业成本可分为营业成本、营业费用、管理费用、财务费用等,具体的主要科目如图 11.23 所示。

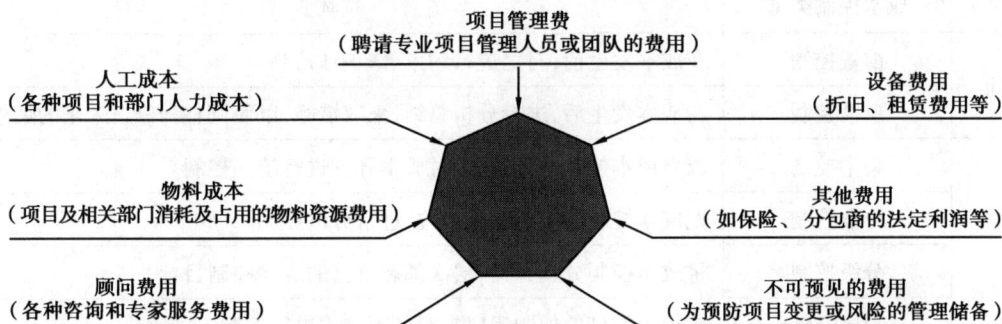

图 11.23　展览会项目的主要成本科目

（1）项目成本计划

项目成本计划是指展览会项目管理人员根据展览会活动项目为项目各项具体工作分配和确定成本目标,确定整个展览会活动总预算的过程,如图 11.24 所示。

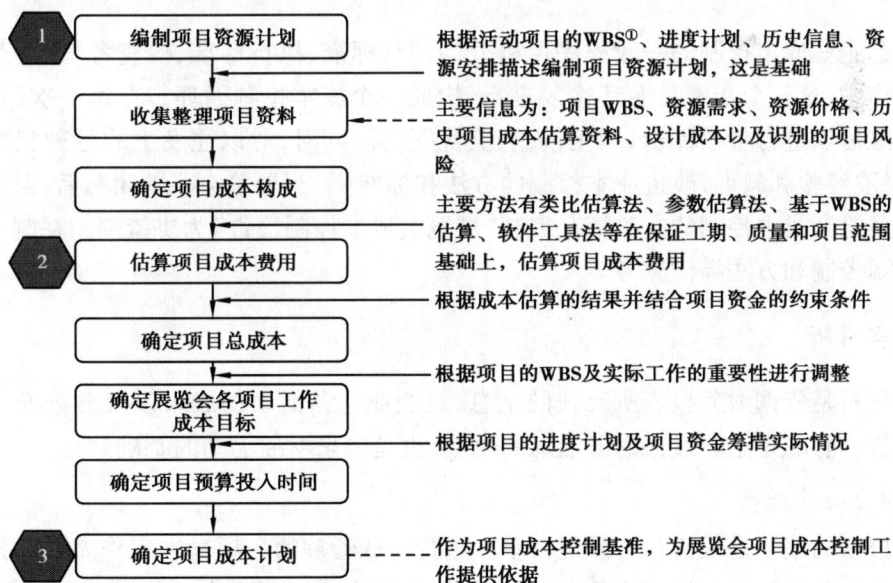

图 11.24　展览会项目成本计划编制流程

---

① WBS 指工作分解结构。是项目管理最有价值的工具之一,是项目管理的核心。

（2）成本控制

成本控制是展览会成本管理各环节中的核心内容，是展览会降低成本和提高效益的重要手段。展览会企业成本控制的具体手段和方法各异，但是在成本控制的各个环节中，主要遵循一定的基本原则：全面性原则、效益性原则、例外管理原则、责权利结合原则。在这些成本控制的不同分类标准，可以把展览会的成本控制分为如表 11.10 所示的类型。

表 11.10　展览会企业成本控制的类型

分类标准	成本控制类型	描述
时间	前置控制	在成本发生前，对之进行约束、修正和控制
	反馈控制	在成本发生后，进行分析总结、采取措施，以便调整和修正未来的偏差
层次	集中控制	成立成本控制中心，集中对成本开支进行统一控制
	分散控制	把成本控制权交给基层单位，进行分散控制
	分级控制	将成本控制分解，每一层次都有自己的成本控制目标
程式	程序控制	按预先制订的控制程序来对各项成本进行控制
	目标控制	按预先制订的成本目标来对各项成本进行控制
数量	绝对成本控制	按照成本法则的绝对数据进行控制
	相对成本控制	结合经营规模、销售、利润等要素的组合来对成本进行相对控制

展览会企业成本控制的一般程序可以分为制订标准、执行标准、检查考核这三大步骤。在实际操作中，这三个步骤是循环往复进行，构成一个成本控制循环。在每一次循环，成本控制的标准可以进行考核评价，纠正偏差，奖优罚劣。同时，对以往发生的各种状况进行总结分析，吸取经验和教训，改进成本控制的方法和标准[①]。当展览会成功闭幕后，财务管理部门将根据展览会成本控制的有关情况编制"展览会成本控制报告"为决策部门在制订下一届展览会成本控制和方法提供参考。

4）财务分析

财务分析是依据财务报表所反映的信息，对企业经营活动的成果以及财务安全所做的分析与评价。它既是企业过去财务活动的总结，也是未来财务活动的基础。

（1）财务分析基础

财务报表的编制是任何公司或经营单位进行财务管理的一项基本工作。财务报表是恰恰是反映企业财务状况和经营成果的总结性书面材料。在编制过程中，企业的会计和财务人员对企业财务信息进行了全面的梳理和汇集。

---

① 展览会成本控制的方法主要有目标成本控制法、标准成本控制法、定额成本控制法、责任成本控制法。

资产负债表	·反映企业资产、负债及资本的期末状况
损益表	·也称利润表，反映本期企业收入、费用和应该记入档期利润的利得及损失的金额和结构情况
现金流量表	·反映企业现金流量的来龙去脉，可分为经营活动、投资活动及筹资活动
所有者权益变动表	·反映本期企业所有者权益(股东权益)总量增减的变动情况，包括结构的变动情况，特别是要反映直接计入所有者权益的利得和损失
财务报表附注	·包括企业基本情况、编制基础、遵守会计准则的说明、重要会计政策和会计估计、会计政策和会计估计变更及差错更正的说明、重要报表项目的说明、其他重要事项说明

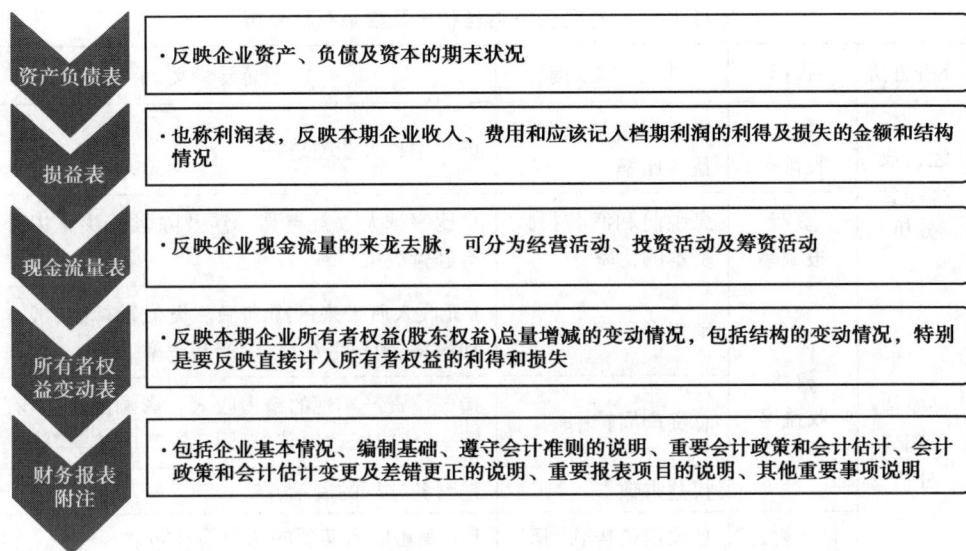

图 11.25　财务报表的完整构成

（2）财务分析方法

财务分析主要采取对比的形式进行分析与评价，因此，可比性对于正确地评价以及提供可靠的决策信息是非常重要的。财务分析的主要方法有趋势分析法、比率分析法、因素分析法、差额分析法等，如表 11.11 所示。

表 11.11　展览会企业财务分析方法

方法名称	定义	注意事项
趋势分析法	分析若干期的会计报表，做纵向的比较。主要方法：重要财务指标比较，会计报表比较和快捷报表项目构成比较	必须保证对比各项指标在计算时的一致性，并需要剔除一些偶发性因素的影响，同时应该运用例外原则进行重点分析
比率分析法	分析同一期会计报表上项目之间的联系。常用的比率指标：构成比率，效率比率，相关比率	要注意对比项目之间的相关性，使数据对比的口径一致，把握衡量标准的科学性
因素分析法	也称因素替代法，是用来确定几个相互关系的因素对分析对象影响程度的一种分析方法	因素分析法是联系财务比率和实际经营活动的桥梁，要注意因素分解的关联性和连贯性
差额分析法	利用各个因素的实际数与基准数或目标值之间的差额	是因素分析法的一种简化形式

（3）财务分析的主要指标

一整套财务报表中，各种财务信息和数据事实上透露了有关该企业的各种"秘密"。在财务分析中，经营成果分析和风险分析是相对应的，如表 11.12 所示。

表 11.12　展览会企业财务状况及成果指标分析

类别	分析方法	指标	涉及相关因素	简要释义
经营成果分析	经营成果综合分析	权益收益率	税后利润与股东权益的比率	该比率越大业绩越好
		资产报酬率	息税前利润与投入资本的比率	该比率越大效益越高。涉及除融资决策以外的所有经营决策
	经营成果因素分析	权益收益率	销售净利率	1元收入所带来的净利润。类似指标有:成本费用利润率、销售毛利率、资产利润率
			总资产周转率	指单位资产实现的销售收入。影响因素有:存货周转率、应收账款周转率、固定资产周转率等
			权益乘数	是财务杠杆的表示方法
		投入资本收益率	息税前销售利润率	1元销售收入实现的息税前利润
			投入资本周转率	1元投入资本所带来的销售收入
风险分析	短期财务风险分析	速动比率	是速动资产(流动资产扣除存货)与流动负债的比率	表示展览会企业立即变现偿债能力,一般认为1或稍大为好
		流动比率	是流动资产与流动负债的比率	展现展会企业短期变现偿债的能力,一般认为2:1为好
	长期财务风险分析	资产负债率	是负债总额与资产总额的比率	是展览会企业长期偿债能力的晴雨表。一般认为<50%为安全
		其他	产权比率、利息保障倍数、偿债倍数等	

　　企业财务评价的内容主要是盈利能力,其次是偿债能力和营运能力,还有成长能力,它们之间大致可以按照10:3:3:4来分配比重。①偿债能力是展览会企业对债务清偿能力的承受或保证程度。其主要指标有流动比率、速动比率、现金比率、资产负债比率等。②营运能力是通过展览会企业运营资金周转速度的有关指标所反映出来的资金利用的效率。其包括流动资产周转分析、固定资产周转分析和总资产周转分析。③盈利能力是展览会企业赚取利润的能力。主要指标是资产净利率、销售净利率和资产收益率。④成长能力主要指标有销售增长率、净利增长率和资本增长率。

11.2.2　展览会企业融资决策

　　融资是为展览会企业运营筹集资金的活动。企业融资是财务管理的一项中心职能。不论是开办企业还是保持企业经营都离不开金钱。财务管理要避免资本金不足、现金流管理不当和费用控制不当的问题。

1) 规划展览会的盈利模式

展览会靠什么来盈利? 展览会的盈利模式与展览会的现金流量、资金筹措和使用以及展览会盈利能力密切相关。展览会盈利模式不同,现金流入的时间和数额不一样,展览会需要筹措的资金数量和使用资金的时间也不相同。因此在进行展览会现金流量的分析和资金筹措之前,首先要规划展览会的盈利模式。展览会的主要盈利模式如图 11.26 所示。

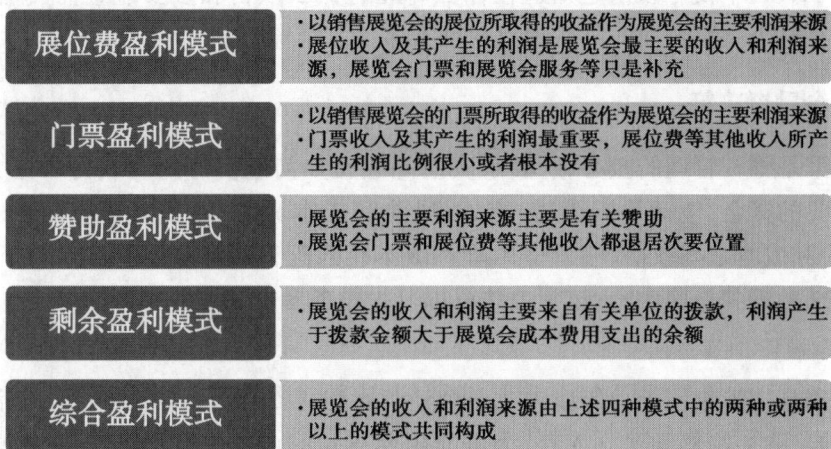

展位费盈利模式	·以销售展览会的展位所取得的收益作为展览会的主要利润来源 ·展位收入及其产生的利润是展览会最主要的收入和利润来源,展览会门票和展览会服务等只是补充
门票盈利模式	·以销售展览会的门票所取得的收益作为展览会的主要利润来源 ·门票收入及其产生的利润最重要,展位费等其他收入所产生的利润比例很小或者根本没有
赞助盈利模式	·展览会的主要利润来源主要是有关赞助 ·展览会门票和展位费等其他收入都退居次要位置
剩余盈利模式	·展览会的收入和利润主要来自有关单位的拨款,利润产生于拨款金额大于展览会成本费用支出的余额
综合盈利模式	·展览会的收入和利润来源由上述四种模式中的两种或两种以上的模式共同构成

图 11.26　展览会的主要盈利模式

上述盈利模式中,前两种和最后一种多见于商业性的展会,第三种多见于政府主导型展览会,第四种多见于非商业性展览会。其中,展位费盈利模式适用于专业贸易性展览会,门票盈利模式适用于消费性展览会。

2) 展览会现金流量分析

现金流量是指从展览会筹备开始到展览会闭幕结束的一段时间内所产生的现金收支。其中,现金收入成为现金流入量,现金支出成为现金流出量,现金流入量与现金流出量相抵后的余额成为现金净流量。现金既包括货币现金、支票、银行存款等货币性资产,也包括展览会需要投入或收回的相关非货币性资产的重置资本或变现价值。

一个展览会的筹备工作能否按照计划是顺利推进,很大程度取决于展览会有无实际现金进行支付,而不是取决于在一定时期内有无利润。

由于展览会从筹备到最后顺利举办往往超过一年时间。对展览会现金流量分析主要集中在:一是对展览会各阶段可能产生的现金流入和流出量进行预测;二是对展览会现金流入和流出的时间进行预测。并依据此编制展览会现金流量表,如表 11.13 所示。

表 11.13　展会现金流量表

项目	11 月	12 月	1 月	2 月	3 月	…	11 月	12 月	总计

续表

项目	11月	12月	1月	2月	3月	…	11月	12月	总计

通过表11.13,不仅可以清楚知道在什么时间有什么项目和多少现金需要流出和流出,也可以知道在整个展览会期间某一项目总计有多少现金流量。

3)展览会融资决策

筹资决策是筹资管理的核心,所要解决的问题是如何经济有效地取得展览会项目和运营主体所需要的资金,包括筹资渠道、方式、风险和成本等为题,要求选择最合适的筹资方式,并在风险和成本之间权衡,使筹资风险和成本相匹配,确定最佳的资本结构。按照期限可以分为短期融资和长期融资;按照方法可以分为债务融资和权益融资。

(1)短期融资

短期融资是指筹集用于一年以内或一个经营周期的资金。短期融资是用于满足日常经营活动的需要,购买物料和建立库存,为可能延期支付的应收账款做好准备,并随时准备应付现金短缺的情形。具体融资方法如表11.14所示。

表11.14 短期融资方法对比分析

融资类型	偿付期限	适用企业	特点
贸易信贷	<3个月	各类企业	成本较低,无融资费用
无担保银行贷款	1年内	各类企业	担保函,信贷二度或循环贷款协议,成本颇高
商业票据	1年内	高信用等级的大型企业	只限于大型企业,成本颇高
担保贷款	1年内	信用等级不高的企业	成本较高,使用存货或营收账款作为担保
应收账款代理公司	1年内	拥有大量信用顾客的企业	成本较高,将应收账款作为资产出售给代理公司

(2)长期融资

长期融资是指筹集用于一年以上周期的资金。长期融资包括为开办新企业、开发新项目、并购交易等筹集资金。企业可以采取不同的方式筹集,包括借入资金(债务)、出售股份(权益)或积累利润(留存收益)。

①权益融资。权益融资是企业最基本的获取长期资金的方式,包括出售股份和留存收益。具体方式如表11.15所示。

表 11.15　权益融资的主要方式

融资类型	方式	释义	特点
出售股份融资	普通股	享有普通权利、承担普通义务的股份	是公司所有权的最基本形式
	优先股	持股股东享有优先获得股利权利和在公司解散及破产清算时先于普通股获得剩余资产	优先股股东对公司事务无表决权,财务负担较低,风险较小,资金成本较高
	留存收益	企业没有分配的用于投资的利润	对于任何企业来说,是最理想的募集长期资金的方法,主要困难是其数额难以满足融资需要
通过风险资本融资	属 3F① 创业投资	称创业投资资本,指投资于新创立的、经评估认为有不寻常成长机会与潜力的小企业的资本	被投资小企业创业成功的机会很小、风险很大

②长期债务融资。企业通过借入资金提高企业投资回报率的做法成为杠杆化。负债增加了企业的风险,也提高了企业创造利润的能力。杠杆有可能在任何一个方向发挥作用,其主要风险是在利润低于预期的情况下且股东可能遇到放大的损失。企业主要有两种方式借入资金(图 11.27)。

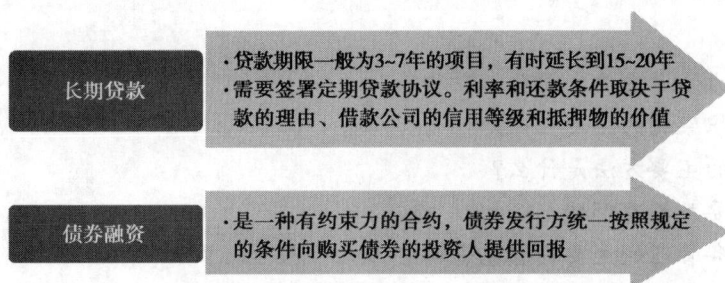

长期贷款
· 贷款期限一般为3~7年的项目,有时延长到15~20年
· 需要签署定期贷款协议。利率和还款条件取决于贷款的理由、借款公司的信用等级和抵押物的价值

债券融资
· 是一种有约束力的合约,债券发行方统一按照规定的条件向购买债券的投资人提供回报

图 11.27　长期贷款与债券融资的区别

本章小结

　　展览会管理在目标上是中观的,项目或者活动的综合管理是展览会的中心目标。不过支持展览会活动的是一系列重要的资源体系,包括场馆、物流、人力、财务、信息和关系等方面。从长远来看,人才必将成为未来展览业竞争的焦点,一支专业化和系统化的团队是展览会成功最重要的砝码。应用现代人力资源管理方法,聚焦于团队的创立与建设,进行人才的

---

　　①　新创业时期,难以从银行获得资金,创业者资金来源往往是家人、朋友和偶然的投资者,称为 3F(family,friends and fools)。

培养和利用,构筑企业组织的架构,就是对未来最好的投资。与此同时,财务管理不可或缺。展览会作为一个产业必须讲究效益,那么对投入产出的算计、对效益的分析和对未来的考虑都非常重要。展览会财务管理就是针对展览会组办运营企业进行的财务管理,是在一定的整体目标下,关于资产的购置(投资)、资本的融通(筹资)、经营中现金流量(营运资金)以及利润分配的管理。

【延伸阅读】

1.应丽君.会展绿皮书·政府主导型展会发展报告(2010)[M].北京:人民日报出版社,2010.

2."建设优秀团队的思想基础——'球论'",参见:廖泉文.人力资源管理[M].2版.北京:高等教育出版社,2011:234-238.

3.胡平.会展管理概论[M].2版.上海:华东师范大学出版社,2017:137-155.

复习思考题

【知识连接】

1.展览会人力资源主要由哪些活动构成?

2.展览会组织架构的主要任务是什么?

3.绩效评估的主要方法是什么?

4.团队的主要类型有哪些?

5.展览会财务管理的主要内容包含哪些因素?

【思考再三】

1.组织结构设计中需要考虑哪些因素?

2.展览会企业规模一般都较小,请思考其如何利用财务共享,且财务共享如何提升企业的竞争力?

【走进实践】

1.调研本城市中展览会龙头项目及运营企业,了解该项目及该企业组织架构和运行方式,分析该展览会的资源利用情况。

2.了解优秀展览会运营团队案例,分析他们的共同点。

3.在网上查询上市展览企业(如振威展览公司)的最近新的年报和季报,说明公司的财务比率发生了哪些显著的变动并制成表格。公司年报或季报中对这些变化做了怎样的解释。再查询证券评估机构或分析师对公司财务报告的评价,你是否赞同他们的看法,为什么?

第 12 章
展览会国际化与资本运营

【学习目标】

1. 识别展会运营国际化发展的驱动和制约因素；
2. 理解展会运营的国家化战略类型及其优缺点；
3. 识别并掌握打造国际展会七种选择（即国家化路径或形式）；
4. 理解展会运营的资本运作意义；
5. 识别展会资本运营的主要类型及应用要点。

不遵循市场规则将自食其果。

——威廉·勒普克

全球市场绝不仅仅是个空洞名词。外国竞争者就在我们身边，我们也必须到他们那儿去。

——罗伯特·艾伦（美国电报电话公司前总裁）

纵观世界上著名的大企业、大公司，没有一家不是在某个时候以某种方式通过资本运营发展起来的，也没有哪一家是单纯依靠企业自身利润的积累发展起来的。

——施蒂格勒（美国诺贝尔经济奖获得者）

【开篇案例】

法兰克福全球化战略

国际化展览会的成功组织总是得益于远见卓识。在激烈的国际竞争面前，一家展览会企业希望保持并继续增加他的市场份额，就不得不把发展重点放在国际化的策略上。国际化已经成为一个德国展览会组织者战略组合运用效果最显著的元素。

遍布世界各地的庞大国际营销网络，堪称法兰克福独特的销售主张之一。作为全球最大的展览会公司之一，法兰克福展览集团遵循的市场战略就是致力于开发国际业务，以此在本国原有的基础上建立起国际贸易的主导地位，树立自身在国际展览会领域中的品牌形象，并成为全球市场的领军者。寻求双边乃至于多边的合作战略,集团一方面积极参与国际活动以巩固其在德国国内的展览业决策者地位;另一方面,致力于促进德国和欧洲公司有更多机会通过成功的展览会模式来开阔区域性市场。如今,法兰克福展览在分布世界各地建立了 30 家子公司和 55 个国际销售合作伙伴组成庞大的商贸关系网络(图 12.1)。在会展行业内发挥重要的影响力,2016 年法兰克福展览有限公司在全球约 50 个国家和地区主办举办了近 140 个展览会项目(其中德国之外国家和地区为 86 个),并将专业知识传播到全球 175 个国家。而 2019 年共举办贸易展览会 155 场,参展企业约 99 246 家,专业观众数 450 万名。德国以外的国家和地区扩大到 105 个,参展商数和观众分别为 57 241 家和 250 万名。

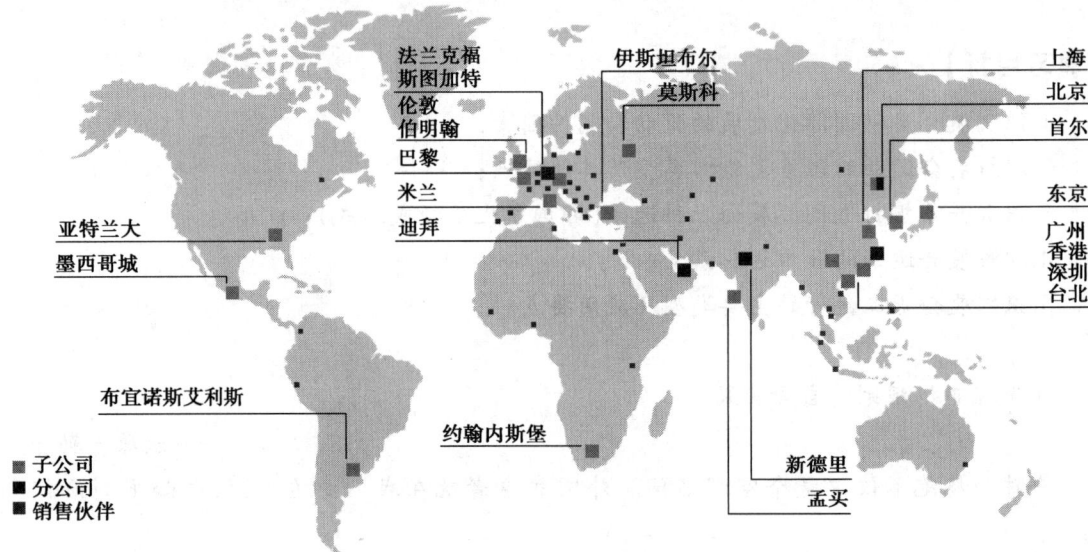

图 12.1　法兰克福全球网络示意图
资料来源:法兰克福大中华区宣传手册(2021 年)

依托法兰克福市总部的坚实基础,集团成功创造了战略性业务框架,并通过自身的专业经验和优质资源拓展全球的展览会版图,深入挖掘新增长点,例如越南和埃塞俄比亚等地市场。法兰克福展览有限公司致力于将历史悠久的成功展会推广到世界各地,为广大客户打开通往有庞大发展潜力的新兴市场的大面,建构世界性的合作伙伴网络。

首先,与德国所有的展览会行业策划者一样,法兰克福把目标聚焦在同一个目标上,在德国举办的展会中,增加外国参展商与专业买家的相对或绝对数量。强化预测全球化趋势对展览会模式的影响和效应,同时加强境外的营销能力。集团旗下的法兰克福展览中心于所举办的会展活动之国际化程度也越来越高,2019 年其中四分之三(75.2%)的参展企业和超过一半(56.6%)的行业买家皆来自德国以外的地区。

随后,以结盟合作的形式中寻求自身的地位,并在目标市场中成为展览会市场的领头羊。早在 2002 年,法兰克福海外子公司及参股公司总数就达到 14 个,海外营收达到 5 100万欧元(当年集团统一营收为 3.35 亿欧元)。2005 年法兰克福公司与广州光亚展览贸易有限公司投资 1 250 万美元组建成立广州光亚法兰克展览有限公司,涉及照明、灯光音响、建筑电气、工业自动化、模具、电线电缆,电力及可再生能源等多个领域,在中国市场上拔得头筹。由法兰克福新时代传媒有限公司、台湾展昭国际企业股份有限公司和 Yorkers Exhibition Service Vietnam 共同举办的首届越南(胡志明市)国际汽车零配件及售后服务展会(Automechanika Ho Chi Minh City)于 2017 年 3 月 15—17 日在越南胡志明市西贡会议展览中心举行,是法兰克福展览旗下的第 16 个 Automechanika 品牌展览会。

其三,法兰克福采用"输出"展览会模式的国际化战略,在目标市场进行间接投资,为客户提供多元化的展览会项目,专注于汽车技术、建筑技术与照明、消费品、娱乐、媒体及创意产业、纺织品及纺织技术等核心行业。同时涵盖环保、水资源、安全及安防、玩具、母婴童用品及肉类贸易和加工等领域。2016 年,共有 87 个在德国以外举行,2019 年达到了 105 个,树立业内和地区的市场标杆。

而大中华区是法兰克福全球市场的重中之重。早在 1987 年,法兰克福在香港推出首届 Interstoff Asia 香港国际时装材料展。这是首次在德国地区以外举办展览会。1994 年,法兰克福展览(香港)有限公司成立,之后又分别成立了台湾,上海、广州等分公司。到今天,法兰克福公司已把大部分的重点项目拓展到亚洲市场,2016 年所举办的展览与会议项目约 50 个,并将把握机遇,开发更多高质量的展会。2020 年升至 70 个,在大中华地区内的主要城市举办,包括北京、成都、广州、胡志明市、吉隆坡、曼谷、孟买、上海、深圳、台北、天津、香港、长沙等地。整个大中华区拥有由超过 500 名专业人士组成的团队,为客户提供多元化的展览会项目,专注于汽车技术、建筑技术与照明、消费品、娱乐、媒体及创意产业、纺织品及纺织技术等核心行业。同时涵盖环保、水资源、安全及安防、玩具、母婴童用品及肉类贸易和加工等领域。

1995|法兰克福展览有限公司-台湾分公司

2002|法兰克福展览(上海)有限公司

2003|法兰克福展览(上海)有限公司-北京办事处

2005|广州光亚法兰克福展览有限公司

2009|法兰克福新时代传媒有限公司-台湾分公司

2013|法兰克福新时代广告(深圳)有限公司

2014|广州力通法兰克福展览有限公司

2017|法兰通联展览(北京)有限公司

2020|法兰克福新时代广告(深圳)有限公司改名法兰克福展览(深圳)有限公司

　　　法兰克福展览(上海)有限公司-北京办事处改名为法兰克福展览(上海)有限公司-北京分公司

2021|法兰克福新时代传媒有限公司并入香港商法兰克福展览有限公司—台湾分公司

一家展览会公司在境外发展,要把握四个关键因素:资深的行业经验、绝对的专业、适当的商业战略及获得政治的支持。法兰克福及其他德国展览集团的成功,正是积极追随国际化的步伐并致力于自身传统的同时,积极参与全球化的市场行动,藉此保持自己在国际展览会领域中的领先地位的。

全球化语境,使得现今展览会项目和公司运营面临前所未有的挑战:现代运输和信息技术基础的发展与普及,市场前景迅猛发展,国际间的竞争更加激烈。"新经济"方兴未艾,很多产业正在历经着重构阶段,经济中心和消费中心也在发生转移。尽管全球化是个动态的历史进程,但是展览业的国际化已经成为一种必然的战略选择。

12.1 展览会国际化运营概述

几乎所有产业都在经历着全球化的发展,会展业也毫不例外。

所谓全球化,其核心内涵是一个企业运作和阶段一般都跨越自身的国际界限。国际化的实质是多极化,是一个网络状的结构,可以被理解为在运营地区多元化作用下的最终阶段。国际化战略要求展览会公司必须与市场保持密切联系,把握市场脉搏。国际化运营框架如图 12.2 所示。

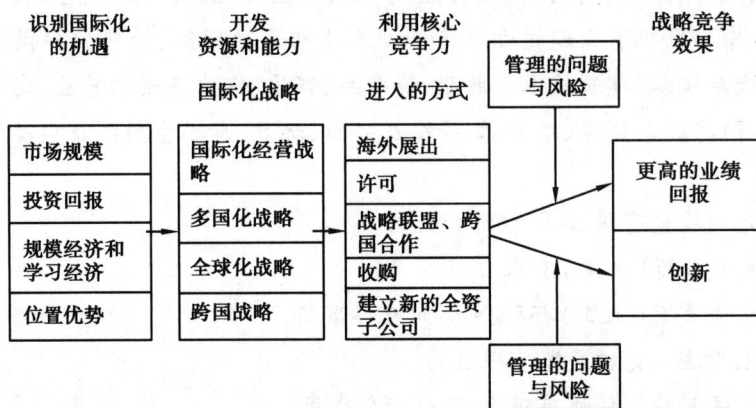

图 12.2　展览会国际化运营框架

12.1.1　展览会全球化的驱动与制约因素

在努力开发国际市场以前,必须先认真考虑其潜在的机遇与风险。展览会企业有很多理由制订和实施国际化战略,该战略最大的优势就在于为自己的展览会和服务找到新的市场,提高收入。增加收入与盈利是最普遍的经营目标,也是股东的期望所在,这是展览会运营机构成功的标志(表 12.1)。

表 12.1　展览会国际化的驱动与制约因素

驱动因素（机遇）	制约因素（风险）
• 市场规模：潜在参观者与参展商参与程度最大化 • 投资回报：国内国外市场互为增益；比模仿者获得先机，尤其是在产权保护不足的国家和地区 • 规模经济或学习效应：地区性展览会本土化可以缩短周期；建立广泛的产业联系和规模经济 • 位置优势：让运营方能更接近关键顾客、关键供应商等关键资源，获得产业或低成本生产要素 • 竞争需求：保护国内竞争力、通过专业服务获得差异化优势、建立国际化的形象、延长生命周期 • 政策诉求：刺激母国经济发展等	• 市场的不确定性：不确定和不可知的宏观环境和竞争因素 • 跨文化沟通问题：语言文化价值体系的差异 • 侵蚀效应：品牌展览会的移植会威胁到原有项目的品牌原创性 • 战略仿效：同行竞争与模仿带来 • 投资失败和财务风险：对国际市场的投资不可回收，同时回报滞后性可能带来财务风险 • 展览会"在地"适应性：很少有活动能不加以考虑地区因素而全盘"克隆" • 地缘政治和汇率货币结算风险

　　展览会国际化战略力求以最低成本和最高价值满足全球顾客的需求。不同产业不同类型展览会出于不同的原因走向国际化扩张之路。监视本产业的全球化进程是一项重要的战略管理活动。知道如何利用这些新机来提高自己的竞争优势则更为重要。然而不管如何，全球化战略决策基点是不变的：那就是它对展览会运营机构全球盈利能力的影响，而不是只是对国内经营或在其他某国的经营的影响。最理性的状态就是公司全球化扩张和品牌展览会的移植融为一体。

　　不过组织或个人进入海外市场来说，要进入新兴地区一样成为成熟的展览会目的地，将会是一个漫长而有点令人畏惧的过程。打造国际展览会的挑战主要来自距离、风俗习惯、文化差异、商业协议以及语言方面等。而所在国民族主义的制裁对国际经营是个永恒的制约。国际化战略一定要对这些问题进行回应，并纳入战略计划中。

12.1.2　展览会国际化路径与战略选择

　　国际化（全球化）战略是展览会项目和机构的战略制定、实施、路径选择和评价活动在世界范围实施一体化的过程。跨国企业的国际化过程是战略特性和组织特性发展过程。通常不是严格计划的产物，而是理性、投机和运气相结合的产物。展览会能够超越政治和语言。展览业的语言就是经济。正是经济的优势推动了国际展览业的发展，使之成为推动市场循环的主要力量之一。

1) 展览会机构国际化路径

　　作为展览会组织者，运营方根据自身目的和目标，以各项实现全球化进展的活动都可以做不同的选择。

（1）展览会企业国际化路径

展览会企业国际化大致分为两种：

①本土展览会的国际化，即提高展览会展商、观众的国际参与程度，是"对内"的国际化。这更多是展览会的国际营销工作。展商与观展者是展览会的衣食父母，尤其是专业观众，因此展览会国际营销战略应该强化针对性，分别从国际参展商和国际潜在观展者两个层面考量①。

作为展览业全球第一强国的德国，全球超过150个全球顶级的行业展览会中有2/3在此举办，每年吸引16万~18万家企业参展，900万~1000万观众参观。截至2014年，这些企业中57.8%来自国外，约102 655家，其中52%来自欧洲，27%来自亚洲；27.8%的观众来自国外，约270万人。

②展览会企业跨国经营是"对外"的国际化。本章展览会国际化运营主要指的是这个层次的意义。根据德国会展业协会（AUMA）最新调查，德国展览会主办方2021年在40多个国家举办了300多场商贸展览会。海外办展总收入占贸易展览业总收入的15%。

（2）展览会组织机构国际化过程

国内公司发展为跨国公司的典型化进程如图12.3所示。

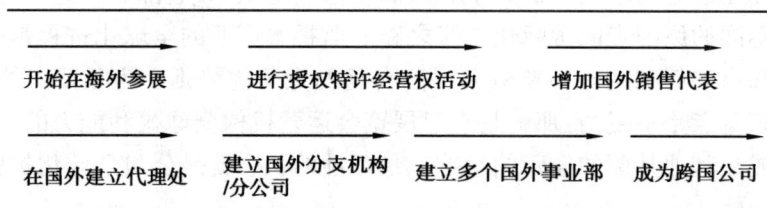

| 开始在海外参展 → | 进行授权特许经营权活动 → | 增加国外销售代表 → |
| 在国外建立代理处 → | 建立国外分支机构/分公司 → | 建立多个国外事业部 → | 成为跨国公司 |

图 12.3　跨国展览公司的典型发展过程

应该指出的是，企业进入海外市场的方式及国际化的方式选择本身无所谓对错，主要取决于企业本身的战略意图。影响一个企业对进入海外市场决策的主要有因素：一是投资过程中获得海外市场知识的可能及约束——例如顾客、竞争和监管方面的知识；二是海外市场投入程度；三是对海外机构的控制要求；四是进入的时机。

2）国际化战略类型

展览会组织的国际化与展览会的国际化定位之间存在相互依赖的关系。国际性是决定一个展览会是否符合"主导性展览会"（即品牌展览会）定义以及要求的关键因素。在全球化进程中，展览会公司只能通过他们主导性展览会来遵循国际化的路线和要求，进而形成国际化战略结构：业务经营型和公司层级的国际化战略。

（1）业务经营型国际化战略

对于有多项业务活动的企业来说，业务战略是公司总体战略的实施方法。对业务战略的管理主要是两个方面：一是战略业务单位的设立和管理，以及基本业务战略结构。一个战

---

① 鉴于篇幅，这个部分我们不做详尽讨论。具体参照市场营销或国际市场营销的相关课程。

略业务是由业务宗旨、业务优势、业务环境分析、业务发展战略、业务战略规划、预算和业绩衡量等六个环节所构成。业务经营型国际化战略需要通过国际化乃至全球化的恰当的业务设计来实施。展览会的国际化业务,主要在于回答展览会的用户(展商和观众)类型、获得价值的方式、战略控制重点和业务范围四个方面。

(2)公司层级国际化战略

按照降低成本压力与地区调适压力的不同,形成三种不同公司层级国际化战略:本国中心战略、多国中心战略、全球中心战略。三种层级国际化战略详见表12.2。

表 12.2　展览会公司层级的国际化战略比较

	本国中心战略	多国中心战略	全球中心战略
含义	在母公司的利益和价值判断下制定的经营战略,其国际化战略目的在于以高度一体化的形象和实力参与国际竞争,获得竞争优势	在统一的经营原则和目标的指导下,按照各东道国当地的实际情况组织生产和经营	全球中心战略是将全球视为一个统一的大市场,在全世界的范围内获取最优资源配置,并在全世界销售产品
特点	母公司集中进行产品的设计、开发、生产和销售协调,管理模式高度集中,经营决策权由母公司控制	母公司主要承担总体战略的制订和经营目标分解对海外子公司拥有	通过全球决策系统把各子公司连接起来,通过全球商务网络实现资源获取和产品销售
优点	集中管理可以节约大量的成本支出	对东道国当地市场的需求适应能力好,市场反应速度快	既考虑到东道国的具体需求差异,又可以顾及跨国公司的整体利益
缺点	产品对东道国市场的适应能力差	增加了母公司与子公司以及子公司之间的协调难度	对企业管理水平的要求高,需要大量的国际化人才,管理资金投入大

一般来说,企业往往遵循由易到难、由近及远的发展规则,相应的,公司级国际化战略的形成经历了多国化经营、国际经营和全球化经营等三个互相关联、相互递进的战略阶段。其他经营单位根据总部指示实施规定的经营级战略并与其他单位协调和分享资源。有些公司级战略为单个国家的经营单位提供了允许它们选择自己战略的弹性。

12.1.3　展览会企业国际化的挑战及追求

1)挑战

无论你是策划一个独立的展览会,投资一个合资展览会项目,加盟一个特许经营的展览会,还是要组织一个战略联盟,抑或举办一个协同定位的展览会,对海外展览会的要求都具有挑战性。

（1）战略挑战

在全球化过程中,展览会的国际化运营遇到的机会和问题都与母国环境下有着巨大的差别。困难主要在于距离、风俗习惯、文化差异、商业协议以及语言方面等。本国企业对当地经营环境、政府关系、文化的熟悉本身就是一个很大的优势,再加上他们与本地展商、买家、供应商、监管部门等的历史关系,跨国展览会企业必须拥有独特的战略能力才能克服这些优势。因此,对展览会企业必须采用新的思维来培养独特的国际竞争力,保持企业的竞争优势,这是跨国展览会企业国际战略的挑战。

（2）组织挑战

跨国展览会企业的有效运营取决于合理组织设计和运营机制,以求发挥协同的效果。常见的有国际部、以地区划分的全球结构、以业务划分的全球结构和全球矩阵结构等。

（3）跨文化沟通的挑战

与单一的语言环境相比,多语言、多文化的企业将面临更严重的沟通困难。跨国展览会企业鼓励横向沟通网络,其员工激烈必须考了激励与文化的系统性,管理冲突时要考虑文化的因素,等等。总之,高语境文化注重根据沟通时具体语境解释和行为,对跨国展览会企业是个永远必须正视的问题。

（4）国际人力资源管理的挑战

卓越的国际人力资源管理是国际企业竞争优势的重要来源。除了前面讨论的人力资源管理的一般维度,组织还需要考虑更多的因素。跨国企业需要奖励甄别国际员工的方法、有效培训国际经理人和有效地利用外派员工。

2）追求与回报

在激烈的国际竞争面前,一个展览会企业希望保并继续增加它的市场份额,就必须把发展重点放在国际化的策略上。其国际化的战略目标就显而易见:一方面在新兴的市场中树立自身的品牌地位,另一方面通过引入国际项目来提升国内同行间的竞争力。

对于国际化的展览会企业来说建立起全球竞争优势的方法有三:

①全球性的效率优势——主要来自对低成本生产要素的追求和经验曲线优势的获得。

②跨国管理的灵活性——主要是企业能否管理不同国家中特殊的经营风险把握当地市场的机会。

③全球创新和学习能力——跨国经营的展览会公司可以在不同的地区发展出独特的能力并获得更加广泛的学习机会。肯德基"为中国而变,打造新快餐"的中国市场经验,对肯德基应对全球化餐饮市场竞争取到良好的作用。杜塞尔多夫展览模式中 MEDICA,ComPaMES,REHACare,A+A 都是在俄罗斯、印度、美国、巴西、泰国、墨西哥、日本和迪拜的市场中获得经验并成功运营取得的;其 2001 年联合慕尼黑公司、汉诺威公司（这 3 家占 50%股份）与上海浦东地产发展公司（占 50%股份）成立的上海新国际博览中心（SNIEC）,通过提供权威的展览会

机构的"一站式服务",连接了不同文化并创办了杰出的国际展览会,上海新国博中心一直稳居中国展馆利用率的首位,为东亚设立了新的标准,"确立了它在这个领域的开拓性角色"。

12.2　展览会国际化的形式

一旦将目标转移到境外发展中的市场时,决策者就必须慎重选择一个最切合战略要求的国际市场开拓模式。不同的选择将很大程度上影响到利润的多寡、内在的风险、公司影响力以及资本实力和资源管理,这些都必须要在国内和国外市场被全面地考虑。而展览会运营机构选择何种国际化因素则取决于展览会项目和公司的目的和目标、目标市场、所选择的特殊行业和所选择的业务活动所在国家和文化氛围。

展览会企业打造国际展览会的主要形式如图 12.4 所示。

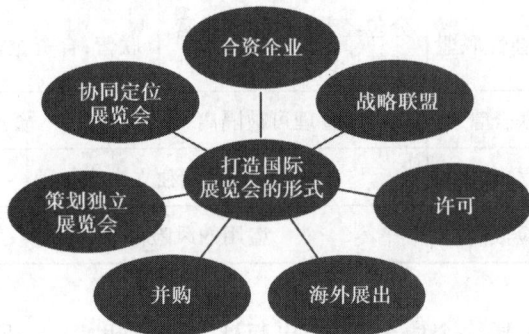

图 12.4　展览会企业打造国际展览会的形式

12.2.1　海外展出

参加海外展览会,是开拓国际市场最基础和通行的做法。目前通行的办法是在一个现有的展览会中设立国家展馆的形式。首先要寻找一个经营良好的展览会。其次必须有途径寻找潜在的参展商。再次,国外展览会组织者为展览会制定规则,必须遵守这些规则。

一个展馆能够成为开拓全球市场的机遇。它可以同大多来自外国的其他组织者发展关系。该国组织者以在本国为你的展会设立外国展馆的形式酬答你,从而给你带来同样的主办优势。

12.2.2　海外办展

完全依靠组织者自身的力量在海外组织一个独立展览会。这种方式需要承担巨额的资金投入,面对全方位的风险。当然,回报可能是巨大的。

对于展览会组织者来说,可以选择策划一个新的展览会也可以把现有的品牌展览会移植到其他国家。其组织工作基本与本国的操作方式相同。只是商业惯例、文化差异、当地风俗与语言等方面存在的差别使得工作实现的难度增大。

移植品牌展览会,有利于利用展览会成熟品牌和运营模式,缩短展览会培育期,获得有利的竞争地位,扩大展览会的国际影响力和号召力,并推进企业的全球化战略布局。不过要注意"水土不服"的问题,并易于缠上利益分配纠纷和引发目标国的抵触情绪。

要想成功,就要证明策划的展览会无论对于参展商还是观展者来说都具有更高的价值。

12.2.3　战略联盟/伙伴关系

战略联盟是围绕着各公司合作参与某种经营活动而展开(例如市场开拓),他们为了实现特定的战略目标而采取合作协议。

联合开发和战略联盟有各种各样的形式,有些可能是正式化的内部组织关系,另一种极端是组织间形成非常松散的协作关系,不涉及所有权的转移或股权的分配。表12.3概括了现存的战略联盟的不同形式,并总结了不同因素对这些联盟形式的影响。

表 12.3　战略联盟的种类与动机

	松散的(市场)关系	契约关系	正式的所有关系	正式一体化
联盟的形式	网络组织,机会性联盟	分包经营,许可证经营和特许经营	联营,合资企业	并购
资产管理	资产不需要联合管理	资产管理可被隔离	资产需要联合管理	
资产独立性	资产难独立出来	资产/技术能独立出来	资产不能独立出来	
资产的盗用	盗用的风险很高	盗用的风险低	盗用的风险很高	

一个战略联盟可以包括一个协会、一个出版社、一个赞助商、一所设施、另外一个展览会组织者,或者同时涵盖其中的几个。

如果各方目标一致,任何联合都可以达成。重要的是要知道运营机构的战略合作伙伴同时加盟的原因是什么。了解了这一点,运营机构就能够更好判断出这个联盟是否有成功的机会。一般是为了获取技术、规避风险或获取关键资源而建立。在经济全球化的背景下,战略联盟日益成为企业谋求发展的重要手段和形式。

12.2.4　许可

又称展览会的特许经营,即是展览会名称和主题的特许应用。尽管迄今为止,这种方式使用不多。

特许经营提供一种进驻海外市场的简便方式,这种方式只需要很少甚至不需要投资。同时可以获得特许经营费作为回报。它们可以是直接的时间费用,也可以是以展览会销售额或者参展人数为基础的佣金加上时间费,或者就是佣金。

不过特许经营所能带来的机会往往是有限的,选择是需要谨慎并要为之付出努力。其最重要考虑的因素是被授予特许权的经营商的专业地位和声誉。在特许经营中,将展览会名称和专业技巧借给他人,他们如何运作公司,以及对展览会项目的推广将影响到公司和项目。其效果可能是令人满意的,也可能是灾难性的。

通常情况下,作为特许授权方应该承担以下义务:①在特许经营协议中,将展览会名称许可使用权授予代销商;②提供包括展览会如何定位和营销、展位如何销售等方面的专业技巧和建议;③为赞助商邀请、研讨会的主题和发言人、特殊的同期活动以及展览会运作方面的独特投入等问题提供建议。

12.2.5　协同办展

所谓协同办展又称为协同定位就是两个或两个主题或顾客基础相同的展览会在同一时间同一场地举办,但是展览会组织者对各自的展览会项目保留独立的所有权和安排。它不同于合并,为每一展览会组织者提供了最大限度的灵活性。它可以是有一个计划进行完善的整合安排使之像一个整体的项目,也可以用一个全新的名称合并在一个主题展览会中,也可以采取展中展的形式,或者有个合作协议,从而在项目管理、设施租借、观展者促销、会议开发、登记、收入分成、承包商选择等在事先定好的规则基础上协同处理。

协同办展能够让内容宽泛的展览会以低成本培养细化的垂直市场;能通过展览会类别交叉的方式为买家补充产品和服务的空白;同时也是低风险举办全新展览会的理想途径。

在具体操作中,重要的任务是寻找最合适的展览会项目来进行协同处理。协同办展的前提是双方的参展商具有互补性而不是竞争性质,因此调查研究是最紧要的事情。其次,协同办展需要签订切实可行的协议,确定一些关键性的问题:合作各方能给合作关系带来什么样的价值;不竞争条款;谁拥有资产、知识产权,展商观众名录由谁管理等。最后,协同办展绝不是为了单纯分担成本,调节组织和组织之间,团队成员之间关系,同样重要。

【案例拓展】

中国国际工业博览会(CIIF)

2006 年起,由政府牵头,德国汉诺威携旗下品牌工业展 MWCS(数控机床与金属加工展)/IAS(工业自动化展)/ES(新能源与电力电工展)加入中国国际工业博览会(简称工博会),与上海东浩国际服务贸易(集团)有限公司展开合作,携手办展。具体的合作形式上,双方根据各自所长明确分工。东浩拥有丰富的国内资源、强大的媒体宣传以及政府影响力;汉诺威则可以利用其完善的全球营销网络和丰富的国际资源,邀请国际知名企业前来参展。经过双方不懈努力,工博会如今成为中国装备制造业最具规模、水平和影响力的国际工业品牌展,其主题模式为全国各地方的工业展览会所效仿(图 12.5)。2018 年展览面积达到287.902平方米;吸引来自28 个国家和地区的 2 665 家参展商,境内外观众总计 181 346 人次,其中专业观众和买家 174 118 人次,来自 83 个国家和地区,共有 52 场论坛及专题活动同期举行。

主品牌	
子品牌	

图 12.5　中国国际工业博览会母-子品牌结构

12.2.6　合资

合资通常被看作是一种协议组织,即合资双方还保持相互独立,但建立一个由母公司联合拥有的新企业。通常合资双方各拥有 50%(各国法律规定不同,尤其很多国家往往规定母国拥有 51% 及以上)的股权,并组成一个管理团队共享合资企业的经营控制权。20 世纪 90 年代以来,合资企业被赋予了更多的战略功能,如伙伴间的技术开发、更大范围的资源共享,是实现合作双方的长远利益,提升竞争优势。

一项合资项目对于拓展海外业务是一种有效选择。信任、声誉、经验、资金来源、行业相关知识以及交流沟通能力,都是创建一个成功的合资项目的关键所在。一旦决定选择合资的方式,那么就要对各方的义务和责任进行系统安排。因此合资协议就成为合作的基础也是关键所在,协议应该对各种可预想的问题和预算问题进行系统的安排,并得到清楚的解答。同时,合资双方应该各自挑选一位核心员工为项目经理,这两人之中还有一个人被赋予负责整体项目权利。

1995 年,慕尼黑海外会展公司(IMAG)和中国国际会展公司(CIEC)共同组建的京慕国际会展公司是我国会展业第一家合资公司。2008 年,德国汉诺威展览公司和意大利米兰占了公司正式签署合资协议,成立汉诺威米兰国际展览有限公司,其成员公司汉诺威米兰展览(上海)有限公司成为海外市场拓展战略的重要平台。双方以合资公司为平台,利用各自多年积累的海外市场开拓经验和丰富资源,进行充分的资源共享和整合,致力于中国、印度、俄罗斯、巴西等海外市场开拓展览业务,扩大在以上新兴市场的展览会规模及业务范围。

12.2.7　全资子公司

全资子公司是企业在国外拥有 100% 股权的企业。在海外建立全资子公司,企业必须承担全部的风险和成本,因此这也是成本最高、风险最大的一种进入模式。通过设立海外子公司,母公司将本土成熟的品牌展览会引入本地,成功开发目标市场,有效提高了企业的效益。

12.2.8　并购

并购是资本运作的重要手段。据《布莱克韦尔金融百科辞典》的解释：当两个独立的公司资产和行为在单一公司的控制下被结合起来时，并购就便发生了。并购在实践中，包含了兼并和收购。

1997 年，CMP 公司并购上海博华展览公司，完成国外展览企业对中国展览企业的第一次并购，标志国外展览业对中国展览市场的新的突破。

以近年来在中国展览会并购市场表现尤为抢眼的 UBM（博闻）为例。该公司在 2017 年初，宣布以 33 亿人民币现金对价方式收购华汉展览，此交易基于无债务/无现金基础。华汉展览是一家亚洲领先的私人展览集团，业务包括 9 个行业，跨 11 个国家，运营 51 个展会。截至 2016 年 6 月 30 日，公司过去 12 个月的收入为 6.7 亿人民币，其中每年一届的展会的总收入为 3.5 亿人民币。息税前利润为 2.6 亿人民币，利润率 38.7%。过去 10 年收入复合增长率达到 7.3%。华汉是服务于 9 个不同行业的展会主办方。在以下国家运营 51 个展会（包括一年一届和两年一届的）：中国、印度尼西亚、马来西亚、泰国、越南、缅甸、韩国、巴林和科威特等。华汉在下列行业举办领先的展会：食品酒店、包装、制造、TMT 和油气。公司在伦敦和新加坡有国际销售团队，全球有超过 250 个员工。

2018 年 4 月 17 日，英富曼公司正式以 55.8 亿美元收购博闻集团，携手打造国际领先的 B2B 信息服务集团及全球最大的商营展览会主办机构。

12.3　展览会资本运营

资本运营，也称资本运作。西方经济学教科书并没有确切的定义，也没有作为独立的主题给予讨论。20 世纪 90 年代在我国出现，它是形成于中国的一个经济学新名词。作为资本运营主要方式的上市、并购、分立、股权运作等往往作为公司战略和公司理财的范畴讨论。从经济学的意义上看，资本运营泛指以资本增值为目的的经营活动，其范围十分广泛[①]。从我国的实际来看，资本运作产生是以产品经营相对应而提出并使用的。所以这里所说资本运作是效益的概念，是以生产要素的资本化和证券化为基础的。

12.3.1　展览会资本运营概述

1）展览会资本运营定义

资本运营是指利用市场法则，通过资本自身的技巧性运作或资本的科学运动，实现价值增值、效益增长的一种经营方式。

---

① 从企业拥有的资本形式来看，企业资本可以包括货币资本、产业资本、金融资本、产权资本、管理资本和人力资本等类型。

应该说明,资本运营并不神秘。它是资本的拥有者——股东追逐财富最大化背景下的一种经营方式选择,它服从公司战略,是公司战略(进入或撤退)的具体实施过程。资本运作并不是企业经营方式的全部,甚至不是常规的经营方式,是企业以生产要素资本化、证券化为基础,以资本流动为前提,以产权(股权)为工具,实现资本在运动中和分散风险中不断增值的经营方式。

展览会的资本运营可以理解为资本运作方式在展览业中的运用,即展览会企业通过兼并、收购、合并、发行股票等实现企业价值增值的经营方式。

2)展览会资本运作的方式

资本运营的手段分为扩张性和收缩性两种手段。方式上主要包括发行股票、发行债券(包括可转换公司债券)、配股、增发新股、转让股权、派送红股、转赠股本、股权回购(减少注册资本)等。运作模式上则包含企业合并、托管、收购、兼并分立以及风险投资等途径。随着理论和实践的发展,会有更多、更好的手段出现。

虽然资本运作的方式多种多样,但是从展览业发展的现实情况来看,目前运用最多的是企业并购及进入资本市场上市融资(发行股票)。从我国展览业发展历史来看,并购现象早于上市。1995年中展集团(CIEC)和慕尼黑国际博览亚洲有限公司组建我国第一家展览合资公司——京慕国际展览有限公司,拉开了我国展览业并购序幕;而单纯的展览会企业进入资本市场则由大连北方国际展览有限公司于2014年在新三板挂牌上市才打破"僵局"。

3)展览会资本运作的意义

(1)企业并购的意义

与新办一个展览会相比,展览会企业通过同题材展览会并购活动减少竞争对手,提高了市场竞争占有率,增加了对市场的控制能力和垄断能力,有助于保证企业的稳步发展,在竞争中占据优势,并逐步形成垄断地位,从而获得超额利润。展览会企业通过上下游展览会题材并购,打造全产业链展览会平台,整合产业上下游资源,提升在业界的竞争地位。展览会企业通过不相关展览会题材并购,提高企业的业务经营范围,开拓新市场。

(2)企业上市融资的意义

首先,上市对企业品牌传播效应有巨大的帮助。企业在资本市场挂牌,表明企业市场潜力、发展前景以及成长性都得到了广泛的认可,提升了企业声誉。

其次,上市增加了企业的融资渠道。在资本市场融资时,公司的资产价值大幅增加,同时股东价值也会得到最大体现。

再次,上市使公司治理结构更加完善,管理更加规范。上市前后,展览会公司经营重点都会围绕资本市场注重完善公司治理结构,规范企业管理,实现规范化发展是公司未来持续性的发展目标。

12.3.2　展览会扩张性资本运营

1）上市

（1）基本概况

狭义的上市即首次公开募股（Initial Public Offerings，IPO）指企业通过证券交易所首次公开向投资者增发股票，以期募集用于企业发展资金的过程。在中国环境下，上市分为中国公司在中国境内上市、中国公司直接到境外证券交易所（如美国纽约证券交易所、纳斯达克证券交易所；英国伦敦证券交易所；新加坡证券交易所；日本东京证券交易所，我国香港证券交易所等）（H股）以及中国公司间接通过在海外成立离岸公司并以该离岸公司的名义在境外证券交易所上市（红筹股）三种方式。当前我国展览业务的上市公司集中在中国境内上市。

公司上市是资产证券化、资本社会化的过程，能够给公司带来分散风险、实现快速扩张、实现资本快速增值、规范经营、获得传播效应等好处，同时也带来了保密性差、决策权分散、二级市场的机会性冲击公司决策和日常生活经营管理等弊端，公司对此应该有全面、清醒的认识。

（2）上市决策

公司上市应是慎重选择的结构。对包括是否上市、何时上市、主板上市或二板还是新三板上市、境内上市还是境外上市、以何种模式上市等在内的一系列问题进行认真思考、精心策划。对上述问题作出决策应该坚持一个基本原则，即结合企业方方面面的具体情况择机、择势、择地、择模式。

①择地决策。证券市场分为一级市场（发行市场）和二级市场（交易市场）。在发行和投资证券时，企业需要选择在哪个市场上进行交易（表 12.4）。2021 年，北京证券交易所成立，给展览会企业一个新的上市选择。

表 12.4　当前我国资本市场的分类和挂牌条件对比

市场分类 条件要求		主板市场	中小板市场	创业板	新三板
基本 概况	释义	一板市场，指传统意义上的证券市场	即中小企业板，指流通盘小于1亿的创业板块	也称二板市场，及第二股票交易市场	也称三板市场，全名股份转让系统
	地位	证券发现、上市、交易的主要场所	是创业板的一种过渡	是对主板市场的有效补给	是场外交易市场，是一个挂牌行为或未来上市的准备
	中国资本市场	沪深交易所的主板	深交所的范畴		独立沪深所职位

续表

条件要求＼市场分类	主板市场	中小板市场	创业板	新三板
市场制度要求 上市主体规格	股票公开发行		股票公开发行	证券会核准的非上市公众公司
股东数要求	不少于200人		不少于200人	可超过200人
存续时间	存续满3年		存续满3年	存续满2年
盈利能力指标要求	近三个会计年净利润为正,累计超过3 000万元,净利润以扣除非经营性损失前后较低者为计算依据		近两年连续盈利,净利润累计不少于1 000万元;或近一年不少于500万元,营收不少于5 000万元,近两年营收增长率不低于30%	具有持续盈利能力
现金流要求	近三个会计年现金流累计超过5 000万元,或近三个会计年营收超过3亿元		无	无
净资产要求	最近一期无形资产占净资产比例不超过20%		最近一期末净资产不少于2 000万元,且不存在未弥补亏损	无
股本总额	公司股本不少于5 000万元		总额不少于3 000万元	无
投资人	无限制		有两年投资经验的投资者	机构与自然人
备案审核	审核制		审核制	备案制
其他条件	持续督导期为上市当年剩余时间及其余三个会计年		持续督导期为上市当年剩余时间及其余三个会计年	主券商推荐并持续督导
展会上市公司	首旅、中青旅、汉商、厦门建发、北辰实业、中国国贸等	易尚展示、生意宝、云南旅游等	尚格会展	昆仑股份、灵通展览、卡司通、振威展览、名洋会展、米奥兰特、北展股份等

资料来源:根据《证券法》《公司法》《全国中小企业股份转让系统股票挂牌条件适用基本标准指引(试行)》等文件整理。

②模式选择。公司上市可以选择直接上市(IPO 首次公开发行)和间接上市(Reverse Merger 反向收购)两种方式。间接上市又可以分为买壳上市和借壳上市两种(图12.6)。

2)展览会企业并购

并购英文为 Mergers and Acquisitions,翻译为兼并和收购,统称并购。兼并指对于目标企业通过各种方式,如现金、股票等进行购买,购买后将目标企业解散的一种合并形式;而收购会根据不同需要而通过子公司的形式存在,并不一定解散。而协同效应理论认为,并购发生

IPO	·企业依法改造或组建股份有限公司经批准公开发行股票直接成为上市公司的上市模式 ·其重点和难点在于上市重组。重组的主要内容有:资产重组、业务重组、债务重组、股权重组与人员和组织重组,必须做到上市部分与非上市部分机构、业务、人员、资产、财务五分开 ·上市重组基础性决策是上市重组模式的选择:主要有原续整体重组、一分为二重组、异地同业重组、主体重组模式等
买壳上市	·指非上市公司公司股东通过收购一家壳公司(上市公司)的股份控制该公司,再由该公司反向收购非上市公司的资产和业务,使之成为上市公司的子公司,达到间接上市的目的 ·主要模式有场外协议受让模式、场内直接购买模式和间接控股模式
借壳上市	·Back Door Listing,给现在的上市公司(壳公司)注入资产,占有股份,从而达到上市的目的。通常该壳公司会被改名 ·与买壳上市的企业首先需要获得对一家上市公司的控制权不同,借壳上市的企业已经拥有了对上市公司的控制权

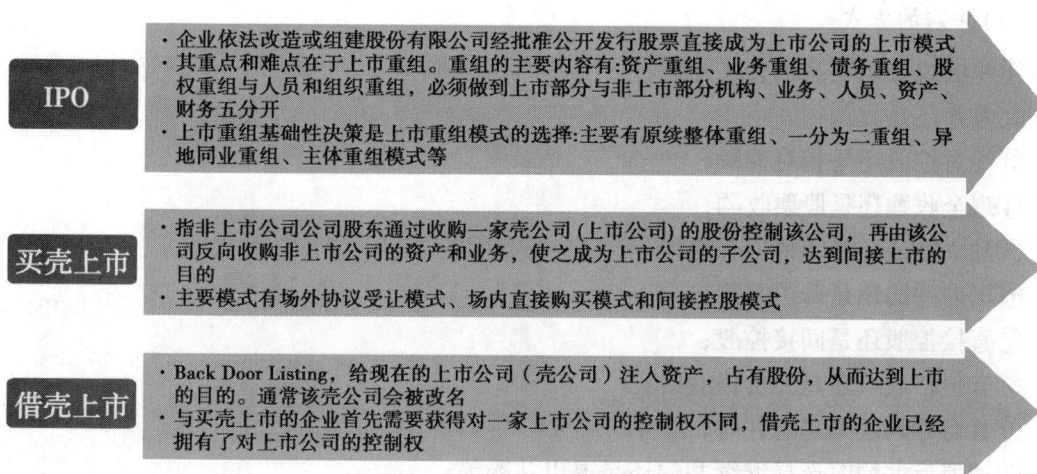

图 12.6　展览会企业上市的主要模式

的根本原因在于它能够改善企业资源的配置,通过各种整合效应提高并购者的经营水平和利润水平。

并购对展览会企业的影响重大,展览会企业应该结合企业战略、运作目标综合考虑。在并购前应对并购的方式及利弊有清醒的认识。

(1)有效并购的特征

有效并购的主要特征如图 12.7 所示。

互补的资产或资源	·收购能够填补当前竞争力的不足
友好收购	·友好交易使整合变得平稳
精心筛选的过程	·细心的评价和谈判更可能达到整合和建立协同效应的目的
保持财务上的宽松	·提供足够的额外财务资源防止失去有盈利的项目
低到中等程度的负债	·合并后的企业保持财务上的弹性
柔性	·具备管理变革的经验,并保持弹性和适应性
强调创新	·将继续在研究与开发方面的投资作为整个企业战略的一部分

图 12.7　有效并购的主要特征

(2)并购面临的主要问题

①对象难找、时间长、谈判烦琐、自主性不强;

②新旧企业的文化差异;

③负债过大或过度;

④对目标企业的评价不充分;

⑤经理过分关注购并业务;

⑥名字都可能成问题。

（3）并购的方式

①积极式并购还是机会式并购；

②兼并还是收购；

③绝对控股还是相对控股；

④现金收购还是股票收购；

⑤独立完成还是聘请中介机构；

⑥国内并购还是跨国并购；

⑦直接控股还是间接控股；

⑧有价格底线还是无价格底线；

⑨善意并购还是恶意并购；

⑩遭遇反并购时选择继续并购还是退出并购等。

并购是一个繁杂的过程，并且由于并购方和目标公司的信息不对称，协同效应难以识别判断、整合往往难以预料，往往险象环生。所以要有细致通盘的考量，在大的问题解决之后，还应对细节问题进行进一步的研究。并购运作的关键问题是对目标公司的选择，而后者的关键又在于并购标准的描述和对目标公司的审查。

3）展览会企业的联合

除了上市、并购方式外，联合也是扩张性资本运营。联合往往是战略性的，是为达到一定商业目的，两个或多个独立的公司之间的一种合作协议。与兼并、合并不同，战略联合其参与的成员仍然是相互独立的，而且合作形式多种多样，合作方式也是各异。战略联合的方式往往强强联合，一般采用签署合作协议或组建合资公司的方式。

12.3.3 收缩性资本运营

1）企业分立

与企业合并相对应的行为是企业分立，即一家企业依照法律规定、行政命令或企业自行决策，分解为两级或两家以上的相互独立的新企业，或出售企业的某部门的行为。

（1）企业分立的动机

展览会企业为了延续生命，可持续发展内在要求公司的规模及业务范围应根据环境变化而进行动态调整。企业分立是最成熟的战略性资本运作。展览会企业分立的动机如图12.8所示。

（2）公司分立的手段选择

这里我们按照广义的概念阐述企业分立的具体运作（表12.5）。其方式有存续分立和解散分立两种。

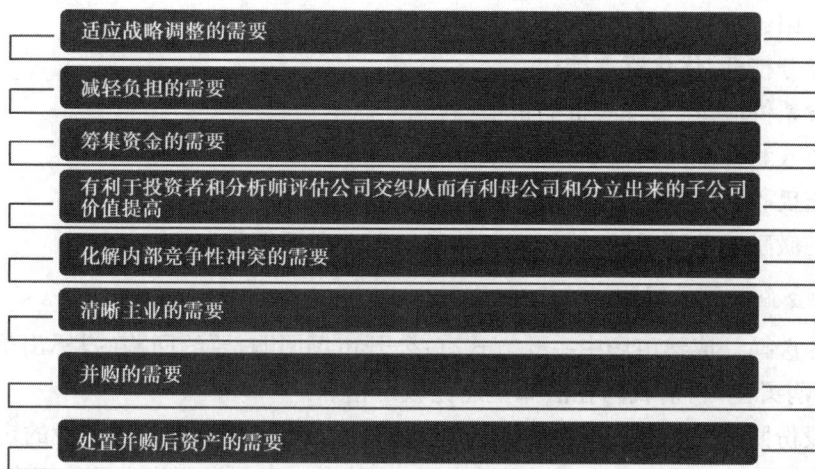

图 12.8　展览会企业分立的动机

表 12.5　展览会企业分立的手段

手段	释义	优点	问题
股权分割	将原公司分解为两个或两个以上的完全独立的公司	利于激发分公司的积极性;利于投资者的价值评估;利于部门间的协调;利于各公司的资本运作空间	企业规模和产品多样化优势削弱;增加企业的不稳定性;不会产生现金流;竞争加剧削弱合作基础
股权/部门出售	将公司的某一部分股权(部门)出售给其他企业,本质是资产剥离的过程	是一种最简洁的收缩性运营手段;可获得现金或等量证券收入;会计处理最简单;不会造成企业内部动荡和冲突;可进行投资优化,并产生利润	增加实在的税赋;时机、价格选择有较大难度
持股分立	母公司将全资子公司变成控股子公司的过程	母公司分享子公司的发展成果;使得分出去的公司有更好的发展空间;减轻母公司的资金压力;利于压缩母公司层级结构,应对环境	控股地位使得母公司对子公司的经营有干预和影响;母公司也可能让子公司分担自身的债务

2) 股份回购

股份回购是指公司按一定的程序购回发行或流通在外的本公司股份的行为。是通过大规模买回本公司发行在外的股份来改变资本结构的防御方法。主要方式有用现金,或是以债权换股权,或是以优先股换普通股的方式回购其流通在外的股票行为。

(1) 股份回购的动机

对股份回购功能的正确认识决定了股份回购立法的价值取向。一般认为,在一个成熟资本市场股份回购具有以下功能：

①调整财务杠杆，优化资本结构。

②调节股票供应量，实现股价的价值回归。

③是公司股利分配的替代手段。

④是实施反收购，维持公司控制权的重要武器。

⑤是员工激励的重要手段，执行职工持股计划和股票期权制度。

（2）展览会企业股份回购应注意的问题

①方式的选择。成熟市场中主要方式有：公开市场回购、要约回购（投标出价购买）和协议回购（议价购买）。目前我国在法律上还比较严格。

②确定股份回购的交割。迄今为止，我国深沪市场所发生的都是国有股的定向回购。

③确定回购所需的资金来源。我国《公司法》并未对资金来源作出具体规定。

3) 管理层收购

管理者收购（Management Buy-Outs，MBO）是杠杆收购的一种，是目标公司的管理者与经理层利用所融资本对公司股份的购买，以实现对公司所有权结构、控制权结构和资产结构的改变，实现管理者以所有者和经营者合一的身份主导重组公司，进而获得产权预期收益的一种收购行为。通常情况下，公司认为该部分业务不再适于其战略目标，而向管理层出售。因此，可视为收缩性资本运作。

MBO 是 20 世纪 70 年代在传统并购理论基础上发展起来的一种新型的并购方式，是企业重视人力资本提升管理价值的一种激励模式。我国管理层收购最早可以追溯到 1997 年的四通集团产权之变，而 2003 年被称为我国的 MBO 元年。

根据被收购公司不同的资产结构、经营层的收购意愿，以及被收购公司原股东的转让意愿，MBO 的操作主要有以下几种模式：

①经营层收购股东的公司。

②经营层收购母公司下属的子公司。

③经营层收购母公司下属的业务部门。

④经营层收购母公司。

除了企业分立、股份回购外，股权套作也是收缩性资本运营的方式。

本章小结

新世纪的来临是一股无法阻挡的潮流。科技革命已将文化和国家之间的界限一层一层地剥落。过去几十年间，国际展览会和国际会议发展成为一种普遍的现象。全球范围的交流、旅游出入境的便利、科技的飞速发展，开放的市场以及其他一系列的变化，都成为国际展览业和活动产业的福音。今天,已经很少大型企业可以不在国际市场上打拼。展览会是这些公司进入国际市场和接触到他们的潜在顾客的最便捷方式。展览会运营方需要充分认识这一潮流带来的机遇和挑战,根据自己的目的对国际化的路径和各项能实现全球化扩展的活动作出不同的选择。在这样的过程中,能开始熟练掌握资本运作的手段和方法,为展览会和企业的增值服务,成为日益重要的运营管理技能。

【延伸阅读】

1.刘泉,黄云,顾敏艳. 全球化视角:外资并购中国会展企业的现状分析及对策研究[J].旅游论坛,2013,6(6):35-38.

2.周瑞姣,胡新. 主要资本运作方式浅析[J]. 中国证券期货,2009(9):24-25.

3.黄辉章. 资本运作是企业做大做强的必然发展方向[J]. 财经界,2010(9):198-199.

4.付晓. 会展业并购的真相[J]. 中国会展,2019(3):60-64.

复习思考题

【知识链接】

1.名词解释:

MBO　展览会特许经营　借壳上市

2.简述打造国际展览会的七个可行的选择。

3.简述每一个国际化选择的优缺点。

4.简述展览会国际化业务的主要构成。

5.简述公司上市的方式及其区别。

6.简述有效并购的特征。

7.举例说明展览会跨国企业的主要战略挑战。

8.展览会盈利的主要模式有哪些?

【思考再三】

1.如果你是投资人,你最关心一家展览会上市公司的招股书中的哪些内容?

2.从"引狼入室"到"与狼共舞"再到"驯狼为犬"是中国本土会展公司的必然路径,请以本地龙头组展企业为例,思考中国本土会展公司国际化的途径。

【走进实践】

1.登录上海证券交易所网站,点击"指数与证券"标题,进入"上证指数系列"栏目,根据所看到的内容回答以下问题：

①上证指数在编制上有何特点？

②上证指数编制上的特点可能带来怎样的缺陷？

2.以本地的一个著名展览会项目为例，思考其国际化的可能性，其驱动力是什么？它该如何处理可能的挑战？

第 13 章
展览会技术与数字化策略

【学习目标】

1. 了解展览会行业的新变化
2. 理解展览会运营中的信息与信息管理
3. 描述管理信息系统在展览会运营中的应用
4. 理解新一代展会科技在展览会运营的应用，并识别主要的展会技术
5. 了解主要展览会信息化策略

尽管展会在将人们聚集到一个行业并进而推动创新和经济增长方面仍发挥着重要作用，但复杂数字技术几乎改变了有关展览组织方式的一切。

——31 会议 CEO 万涛

对于展览业这样的知识集约型服务行业，很重要的一点，是要更仔细地观察各展览会暗蒙之间的知识管理的协同作用。

——莱比锡博览有限公司西尔瓦娜·库尔施纳

【开篇案例】

紫罗兰博览会的会展科技应用

随着互联网、移动互联网以及云计算、大数据等新兴科技的蓬勃发展，为会展行业营造全新的场景模式，提高参会体验带来巨大可能，让技术助力展览会管理，为便捷高效的展览会组织管理提供了更多发展空间。

2016 年 Marketing Charts 发布的最流行、最有效的 15 个 B2B 营销渠道中排名第六位的方就是使用会议或展览方式进行获客，由此可知会展的营销作用（图 13.1）。

那么如何充分发挥展览会的作用，如何将会展科技应用融入更多营销科技，更好地服务于会展的组织管理，是会展组织者应该思考的问题。

作为中国领先的营销科技公司——31 会议给出了完美的解决方案。31 会议基于 IOT、AI、BigData 以及 Cloud 系统等新兴技术，为会展管理提供一站式全流程数字会务系统，助力

展前、展中以及展后的管理服务(图 13.2)。本文以紫亚兰博览会为例讲述会展科技助力下的展览会全流程管理过程。

图 13.1　最流行最有效的 B2B 营销渠道

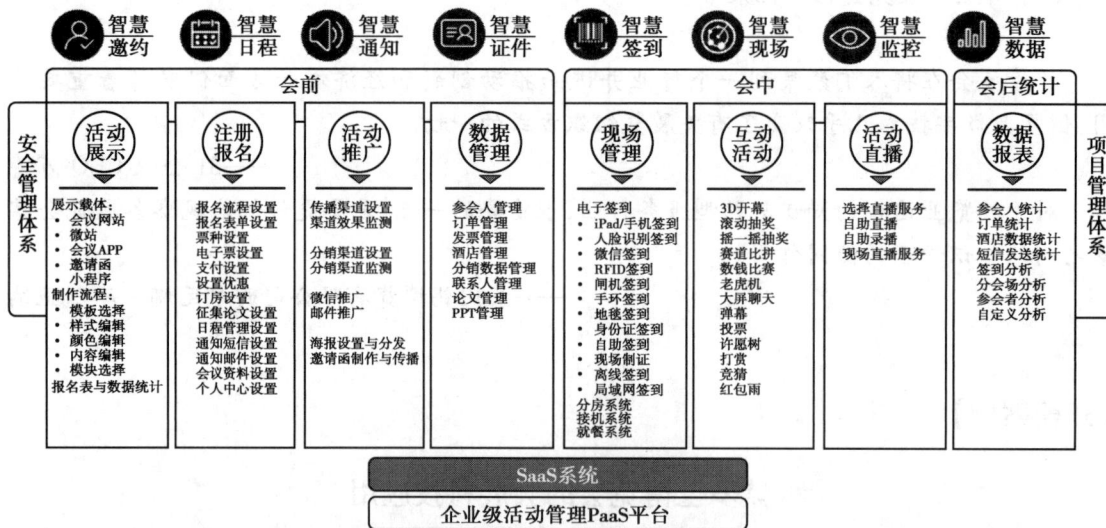

图 13.2　一种数字会务一站式全流程的解决方案

中国·深圳首届紫亚兰国际抗衰老医学美容博览会(简称:紫亚兰博览会)是深圳市人民政府、中国整形美容协会共同主办,由深圳市罗湖区人民政府、深圳市卫生和计划生育委员会、紫亚兰国际会展(深圳)有限公司等共同承办的抗衰老医学美容盛会,是中国抗衰老医学美容产业展示与交流的领先平台。

本届博览会秉承"汇聚世界医美力量、助力中国美丽梦想"的使命,完美呈现了五大主题板块主要包含 23 场医美抗衰老高峰论坛、国际医美领袖圆桌会议、千人慈善舞会、医美抗衰老产业精品展,100 多位中外医美抗衰老行业领袖,400 余位国内外医美和抗衰老领域专家学者,百余家行业媒体共同聚集,5 000 多位海内外专家及观众参与的行业盛会。

图 13.3　中国·深圳首届紫亚兰国际抗衰老医学美容博览会

为了成功打造此次博览会,主办方在筹备阶段提出了以下目标和要求:

①便捷、广泛传播,扩大博览会的知名度和影响力。

②大量吸引参展、参会人数。

③打造一场逼格高、参会体验好、科技感强的行业盛会。

④能收集、留存和分析参会数据,为后续运营维护奠定基础。

针对以上目标和要求,31 会议成功入选为博览会的合作伙伴并为展览会量身定制了高端数字化会展全流程管理解决方案,包含展前营销与在线注册报名售票、展中现场管理以及展后数据分析与再营销等不同阶段场景需求(图 13.4)。其中强大的专业网站和微站系统、支持多渠道多类别多入口的注册报名系统和签到系统以及数据化整合营销功能高效助力了展览会的管理过程。

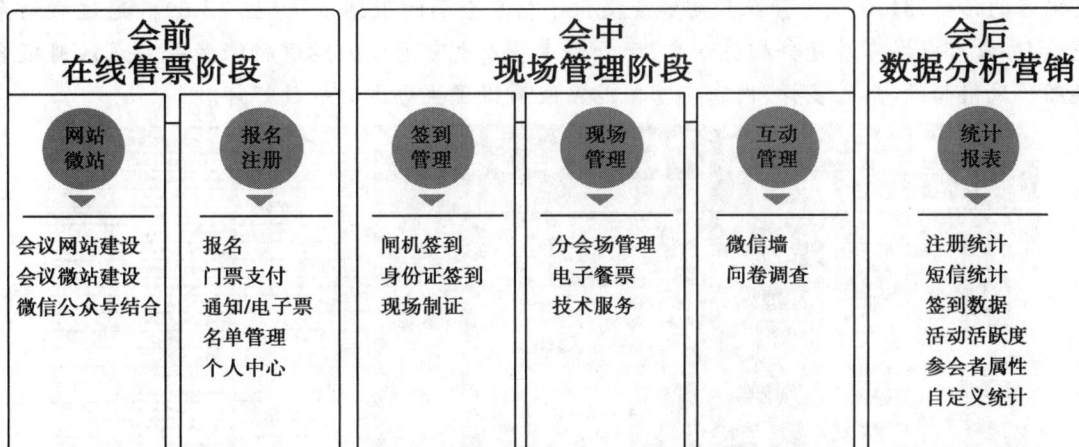

会前 在线售票阶段		会中 现场管理阶段			会后 数据分析营销
网站 微站	**报名 注册**	**签到 管理**	**现场 管理**	**互动 管理**	**统计 报表**
会议网站建设 会议微站建设 微信公众号结合	报名 门票支付 通知/电子票 名单管理 个人中心	闸机签到 身份证签到 现场制证	分会场管理 电子餐票 技术服务	微信墙 问卷调查	注册统计 短信统计 签到数据 活动活跃度 参会者属性 自定义统计

图 13.4　紫亚兰博览会的全流程管理的数字化管理框架

展前在线售票阶段的营销和管理

1.专业的官方网站,充分展现博览会品牌形象

官方网站是连接主办方和参展商、观众以及嘉宾和媒体的沟通渠道和桥梁。官方网站的专业性直接影响到利益相关者对其品牌形象的直观感受和印象。因此,为更好地展现博览会专业性以及便于信息的传递和发布,31会议为其搭建了专业的官方网站,主要包含高峰论坛模块、产业精品展示模块、慈善舞会模块、颁奖典礼模块以及报名注册模块,并提供了中英文两种语言模式的展示(图13.5)。

图13.5 紫亚兰博览会官方网站首页

2.全面的微站系统,灵活便捷地传递博览会的相关信息

随着移动互联网的不断发展,微信在宣传推广中的作用逐渐增加。为了便于博览会相关内容的传播,31会议为紫亚兰博览会提供了信息全面的微站系统(图13.6)。通过微站系统,主办方可以发布展览会相关信息,观众和参展商也可通过微站进行缴费并完成注册报名换届。风格简约、形式多样、内容丰富微站系统赢得了主办方的一致好评。

图13.6 紫亚兰博览会微站系统

3.多样的售票方式,便捷的注册报名流程

早鸟票、团购票等门票销售方式,为紫亚兰博览会提前预热并聚拢人气。同时,31 会议提供的注册报名系统能够实现博览会官网网站、微站、微信公众号以及海报等多渠道入口注册登记,能够支持选择微信或支付宝轻松完成在线缴费,并且能够实现报名信息的实时更新和详细数据收集及分析,为紫亚兰博览会这种规模大、规格高、多分会场、多种组合权限的大会提供了完美的解决方案(图 13.7)。

图 13.7 紫亚兰博览会的门票售卖系统

展中现场服务及管理阶段

在现场管理时,31 会议提供一站式的解决方案,包含多种签到、接待及互动管理等内容,本次为博览会提供了无障碍闸机签到方式,助力展览签到管理(图 13.8)。

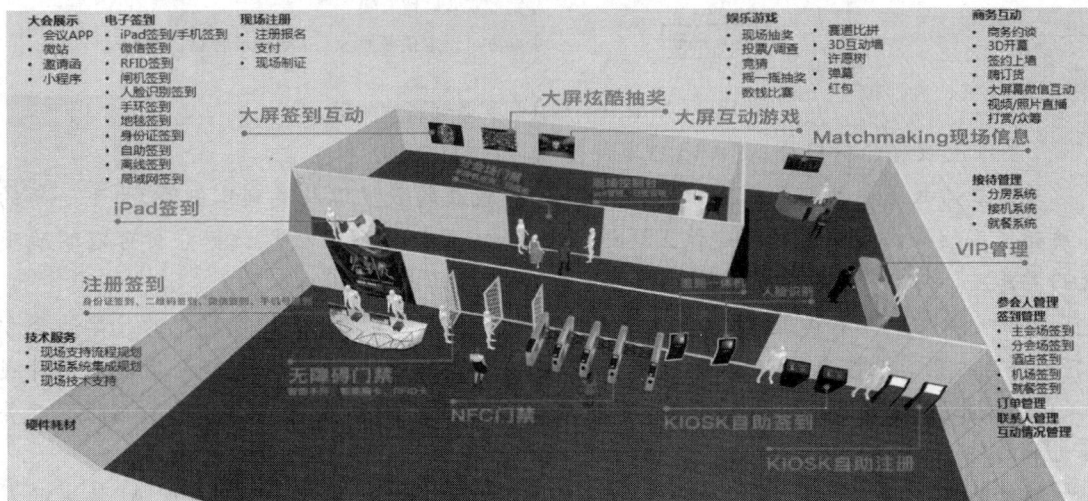

图 13.8 紫亚兰博览会现场管理数字化方案架构

通过网站及微站等报名渠道可以缴费注册并生成电子票二维码,在现场直接走已缴费通道,扫描二维码即刻生成参展证或参观证,若没有提前注册签到,现场也设立了现金缴费通道以及注册缴费通道等,便于不同缴费人群,分流注册签到。参展证提前设计为不同颜色,便于区分不同类型的观众和嘉宾。

31 会议所提供的入口处的无障碍闸机签到方式,安全高效,参展嘉宾及观众佩戴 RFID 卡,通过闸机时,将自动识别检测嘉宾及观众权限,闸机配备的身份显示屏,可以直接展现嘉宾照片、单位及职务。如此安全高效的签到方式,轻松实现万人海内外观众的签到问题。

展后数据分析营销管理

1.数据整合功能,轻松实现数据的实时监控

31 会议所提供的数字化的现场解决方案为该博览会轻松实现了多会场、多种类型的嘉宾身份以及多个入场点的注册和签到事宜,并实现了数据统一整合分析功能(图 13.9)。主办方通过手机终端可以实时查看展区、主会场以及分会场的到场人数及签到情况以及观众的停留时间,可以有效应对现场应急事件的发生。

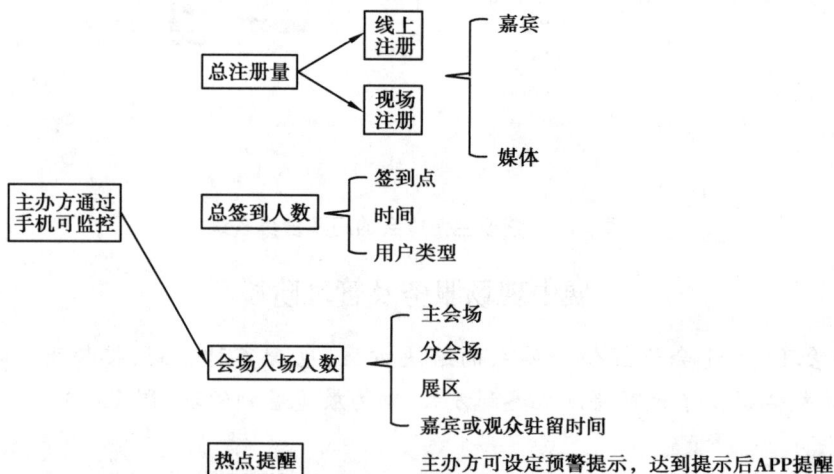

图 13.9 紫亚兰博览会实现数据整合分析

2.多维度数据分析报告,更加准确地评估展会效果

基于注册数据和签到数据分析,可以清楚明确观众的数量以及类别比例等,为下一年的招商招展工作提供具体的参考建议。通过互动数据、现场调研及投票数据分析可以明确观众的满意度,为进一步完善博览会的相关内容提供依据(图 13.10)。

专业全面的网站和微站系统,扩大了博览会的传播范围和影响力;多样化的售票组合方式,为博览会提前聚拢人气;便捷的注册报名流程,安全高效的签到方式,轻松实现海内外观众的万人签到问题;数字化全流程的管理过程,既为参展商和观众带来了一场高端的医疗美容行业的博览会,也完美地保留了数据,为下一届的举办提供重要的参考依据。

随着新兴技术的不断发展,展会的管理也会更加智能化数字化。例如基于 AI 技术的人脸识别系统已经广泛应用于会展活动的签到环节。在签到前,上传的人脸图像,建立人像数据库,通过面部识别,进行比对,确定观众身份信息。炫酷的签到方式充分展现会展活动的科技感,为观众营造独特的参会体验(图 13.11)。

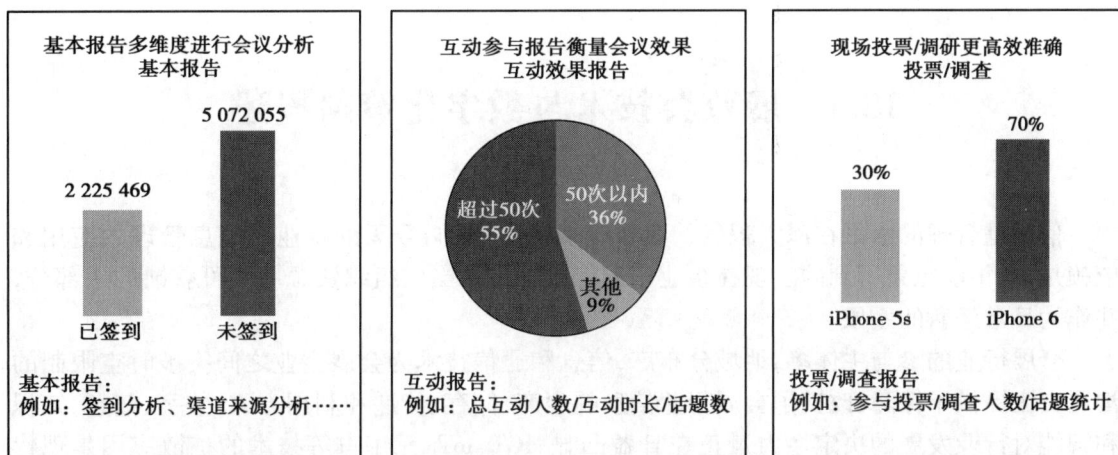

基本报告多维度进行会议分析 基本报告	互动参与报告衡量会议效果 互动效果报告	现场投票/调研更高效准确 投票/调查

图 13.10　紫亚兰博览会多维度数据分析报告

图 13.11　紫亚兰博览会签到系统的 AI 技术应用

　　基于大数据系统将实现多种关系的互联,通过大数据系统,展会组织者可以实现更精准观众和参展商邀约管理,可以有效预测展览的未来发展趋势和走向等方面内容。31 会议研究院对于会展大数据的研究已经初有成效,并将其成果应用于展览的精准营销和数据管理中,以期待呈现更好的服务效果。

　　云技术的不断发展也为展览会的管理带来了更多的可能,31 会议基于云系统及大数据所开发的“会议云”及“营销云”已成功服务超过 30 万家客户,130 多万场会议活动,31 会议持续用会展科技创新、开放、赋能,不断引领会展行业的升级与发展。

　　除此之外,物联网、VR、AR 等技术也在不断重塑着展览会的管理模式。因此,让我们拭目以待,看会展科技能否颠覆现有的展览会管理和运营模式?

　　(资料来源:案例由营销科技公司 31 会议编写并提供;图片所有权均为 31 会议公司所有)

13.1 展览会技术与数字化策略概述

信息是管理的水平在深大程度约束着企业的竞争力,今天的企业对信息管理的应用和依赖是10年前想象不到的。现在企业已经将数字技术当成组织资源中不可获缺的一部分,并作为日常经营的手段。

会展行业的参与主体多,地域分布广,信息和通信技术为会展企业之间突破时空限制的沟通交流提供了保障,改变了会展行业信息的生产、储存、传递和利用方式,数字、信息、知识和智能对行业发展的决定性力量正在日益凸显,ICT、IoT、元宇宙等技术的扩散应用是现代会展业创新发展的主要推动因素之一。

从政府部门到企业,越来越强调信息化和数字化工作的重要性。会展数字化,指整个会展行业都在最大限度地利用信息、通信和数字技术、充分开发数字和信息资源,提高自身的效能和效率,并对组织和行业的整体体系赋能和重塑。数字化是信息技术发展的高级阶段。

13.1.1 变化中的展览会行业

如今,面对面的展览会在本质上发生着深刻的变化。尽管展览会在将人们聚集到一个行业并进而推动创新和经济增长方面仍发挥着重要作用,但复杂数字技术很大程度地改变展览会的营销和运作方式。因为时间和资金都很宝贵,而争夺潜在参展商和观众注意力的竞争仍然很激烈。考虑到这一基本现实,提供沉浸式体验的智能解决方案的存在,以及从参展中获得更高的投资回报率(ROI),可能是决定展览会整体成功与否的决定性因素。

①找到高需求的专业买家。展览会与会者的需求日益重要,其成为场址选择的决定因素。在展览会中寻找到目标客户,并实现参展商与观众的匹配,成为展览会受欢迎的重要原因。

②参展商正在寻求更高的投资回报率。推动专业观众来到参展商的展位,是提高投资回报率的关键。技术可以帮助组展商加速匹配的过程,确保参展商可以找到他们感兴趣观众,一旦参展商与专业观众匹配成功,参展商也能够向专业观众发出定制化邀请,从而提高ROI。

③全方位的技术渗透。技术已渗透到展览会管理的所有方面。这不是一种趋势,而是现实。今天,社交媒体与带着数字化的移动设备已经成为展览业不可或缺的组成部分。

④年轻一代的与会者(买家和决策者)的加入。他们不再被动,而是想要更主动地参会体验。对于你的观众来说,他们通过自己的互动体验所形成的经历和情感联系比依靠一个品牌过去的声誉更重要。通过社交媒体与移动终端等来参与互动已经是展览会成功的必然。

⑤组织者需要延长展览会的寿命。为了在激烈的竞争和分散注意力的环境中生存,展会组织者必须延长全年的知名度和观众对其品牌的参与度和感知度。如何通过展会科技维持观众和展商的活跃度,以及在展览会结束后为观众和参展商提供拓展社交的机会,这样可扩展展览会品牌的长期价值。

　　总之,在买家和卖家之间的匹配、社交和展会管理技术方面取得最新进展的展览会组织者将在吸引观众和为他们提供更高的参与投资回报率方面获得最高的成功率。

　　与此同时,展览会的传统核心价值已经受到新型经济贸易的巨大挑战,如果不能重新定义展览会不可替代的优势——面对面交流解决解决信息不对称问题和临时性市场降低交易成本——展览业很难存在持续繁荣的空间。而一场突如其来已经持续两年多的新冠疫情,更足以让会展科技的应用和展览会数字化转型不再是行不行的问题,而是如何为之的实践问题。

13.1.2　展览会数字化管理

1)从信息到信息管理系统

　　信息是展览会管理过程中一个最重要的工具和载体。

　　对于管理者来说,信息的基本作用是支持决策。准确、完备、及时、相关和有效的信息有助于管理者作出正确的决策,相反信息不充分作出的决策往往风险很高。展览会是信息密集型的活动,在展览会期间涌现的大量、高密度的信息必须得到准确及时的处理。因此,信息管理成为展览会组织运营过程中至关重要的一个环节,也是基础性的环节。

　　企业通常拥有大量的数据,并根据不同的需要将数据转化为信息,同时企业也十分重视信息的获取和分析以支持作出正确的决策。管理者往往通过研究来获得信息。大量的数据不仅存在企业的内部及外部市场之中,企业还会建设综合的数据库(data base)以提高利用数据的效率。

　　通常对信息进行收集、处理、存储、管理、检索与传输,必要时并能向人们提供有用信息的一个整体,称为信息系统。展览会运营者特别强调对信息系统的管理。随着信息工程、计算机技术的发展和普及,这系统往往是集成化的人机交互系统。

　　展览会信息管理系统服务并服从于展览企业管理的需要,因此,与展览会企业的管理层次、管理目标和信息处理的深度密切相关,形成纵横交错的网状结构,涵盖展览会项目和展览会组织信息化所涉及的诸多方面,并实现对展览会和展览会组织:战略管理、管理控制、业务处理和客户关系管理等方面的功能(图 13.12)。

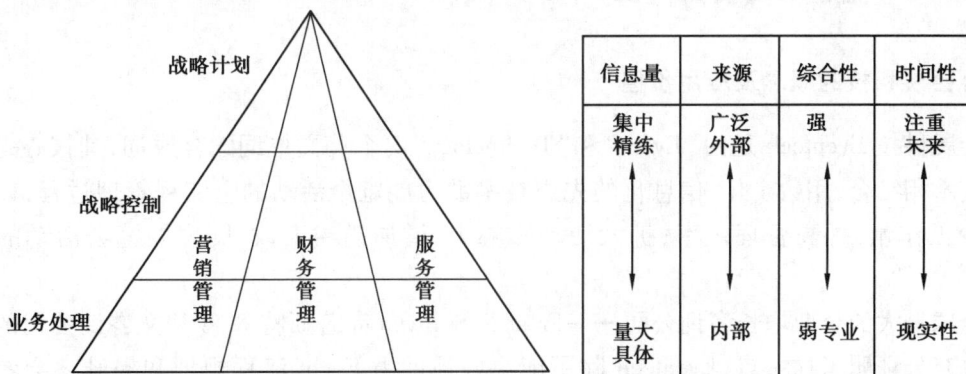

图 13.12　展览会信息管理系统的一般结构①

① 许传宏.会展服务管理[M].北京:北京大学出版社,2010:318.

2) 从 IT 技术到知识管理

企业信息和数字化管理的另一个趋势是从 IT 技术转向知识管理。

近年来,新技术在展览会活动中得到广泛的应用。从现场数据收集统计,到线上线下展会的共同发展;从信息新技术的应用,到会展科技资本的融合,都充分体现出"展会与科技融合发展"的总体趋势。

知识是指经过智力加工的,对于展览会企业业务活动具备相关性的和有用的信息。越来越多的展览会组织者认识到,只有能够解读和运用的信息才能为顾客创造价值,对企业的效能作出贡献。企业不仅要建立关于事实数据的数据库,才要建立如何应用数据的知识管理系统。

3) 从展览会信息化到智慧展览会

展览会的实质是一个平台,一个满足需求方和供给方各自目的的场所。作为中介组织,信息化一方面完善中介组织的服务手段,另一方面也是中介组织的电子化。所以信息化和数字化伴随着展览会专业化水平提升,提高展览会和展览会组织的经营、管理、决策效率和效益一直得到应用。

在 DT(数据)时代,智慧展览会是展览会信息化、数字化的实现目标。其本质是以移动互联网为基础,应用物联网、大数据、云计算、人工智能、区块链、数字支付等新一代的信息、通讯和数字技术,建立一个以人为本,协同、开放、互动的新型展览会和服务方式。它主要包括三个层次:智慧场馆——智慧展览会(含智慧企业)——智慧展台,通过新一代技术对展馆、企业、展会展台乃至于展览会全产业链及展览会城市进行重塑和仔仔,打造系统解决方案,最终实现对展览会和展览业的智能化管理。

因此,数字展览会不仅是新工具、新技术、新理念的应用,也是一种新业态、新模式和管理的创新。

13.1.3　崛起中的展会科技

1) 会展科技的概念及应用价值

会展科技 Eventech 是由"Event"和"Technology"两个英文单词的合成词,其核心是将活动与技术相结合,用数字化、信息化的先进技术助力展览会活动的全流程管理过程,以期实现减少工作量,提高管理效率,扩大活动影响力,增加邀约人数,助力展览会活动的成功举办。

全球最大的企业增长咨询公司——Frost & Sullivan 弗若斯特 & 沙利文咨询公司的研究成果也充分证明了这一点,Eventech 除了能更好地助力 Event 流程规划和提升参会者体验外,还能增加 28%出席人数、提升 32%的组织效率。图 13.13 揭示了会展科技的核心应用价值。

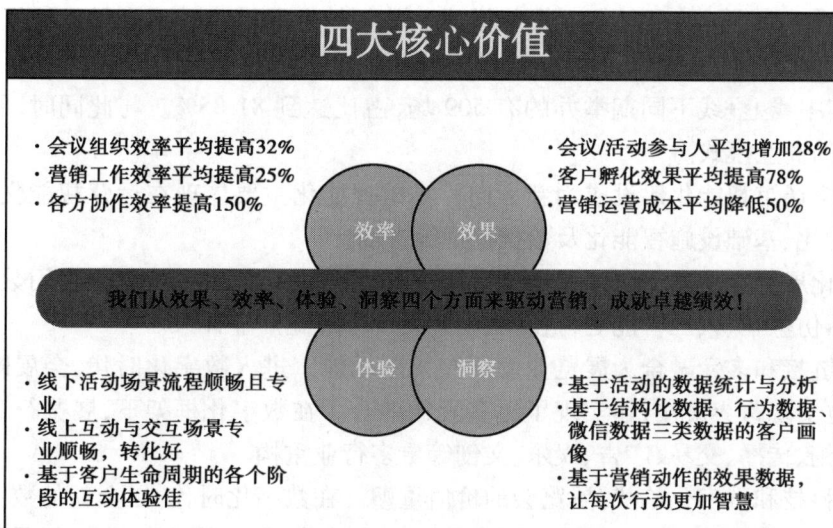

图 13.13 展会科技的核心价值

资料来源:31 会议网

2)会展科技应用前景

计算机网络技术普之后,电子邮件、企业网站、视频会议等成为企业普遍采用的基本技术手段。随着近年来 ICT 的飞速进展,诸如数据仓库和数据挖掘、人脸识别、身份验证和电子支付、无线传感、虚拟现实等更加先进的技术也被引入会展行业,同时出现了如决策支持、信息门户、知识管理等更加高级的管理信息系统,作用于展览会的展前、展中、展后各个关键环节,使行业的生产效率上升到全新的高度(图 13.14)。

图 13.14 当前促进展览会数字化的主要技术要素

与此同时,数据技术和面对面的业务的模式将是相互融合发展。在数据化世界里,客户的终极体验将是数据化和面对面交流的融合的结果。从 2019 年底开始的新冠疫情带来的冲击,新一代信息、通信和互联网+技术的发展带给展览会企业新的发展机会,未来展览业数字化转型和数字化收入成为推动行业发展的重要因素。总体上呈现以下趋势:

①线上线下融合成为展览业发展新模式。单一的发展模式并不是最优放慢,线上线下结合的复合型模式才是方向。据中国会展经济研究会数据显示,2020年中国境内线上展总计628场,其中线上+线下同期举办的有509场,占比达到81.05%。与此同时,展览会企业取向探索新的商业模式。

②展览会场馆智能化建设成为新方向。场馆智能化主要体现在运营智能化、管理智能化、服务智能化、基础设施智能化及数据挖掘等方面。

③数字化展览会信息平台建设潜力无限。展览会企业将进一步充分利用数据挖掘、室内定位、机器仿生学、人工智能更科技,驱动开发现代展览产业体系。

④跨界链接和多元融合为展览业发展注入新动能。进入数字化时代,会展既链接上下游产业链,也实现跨界链接,还实现了更多元的融合。在数字化框架下,展览行业可能被数据、体验、营销、传播、交易、广告、娱乐、文创等更多行业重构。

⑤适应科技和数字化趋势,展览会的价值重塑。在数字化时代,以全新的数字化规则和框架重新定义展览会"人、事、物"关系的全部要素和价值系统,使之资源化、场景化、价值化,整合、创新并重构原有展览会"四流"(即商流、人流、物流、信息流)。

13.2 新一代 ICT 在展览会中的应用

当前,以移动技术、物联网、云计算、大数据、社会计算、人工智能为代表的新一代信息技术已经被越来越多地引入会展行业,在这些技术的推动下,现代展览会正在向自动化、便捷化、智能化的方向发展,展览行业朝着数字化、平台化和生态化方向发展。

13.2.1 大数据与云计算

1)大数据的基本概念与特征

自2011年大数据概念(Big Data)被提出以来,已成为科学研究、企业竞争的有力武器。

大数据指大小超出了常用的软件工具在运行时间内可以承受的收集,管理和处理数据能力的数据集。换句话说,在单一数据集里,数据规模超出目前常用软件工具在合理的可容忍时间里可以访问、管理、处理能力的数据集就是大数据。由于软件对数据的处理能力是不断提高的,因而大数据规模的定量界限同样也随着技术进步而不断增大。大数据的规模大小是一个不断演化的指标,目前范围是指在一个单一的数据集从数十TB(1 024 GB)到十几PB(1 024 TB)级的数据规模。

但不能简单地以数据规模来界定大数据,而要考虑满足用户需求的数据处理与分析的复杂程度。针对简单的用户需求(如关键字搜索),数据量为TB至PB级时可称为大数据;而针对复杂的用户需求(如数据挖掘——从大量的数据中通过算法搜索隐藏于其中的信息),数据量为GB至TB级时即可称为大数据。

大数据的特征可以用 4V 表示:体量(Volume)、多样性(Variety)、速度(Velocity)和价值(Value)。

体量指聚合在一起供分析的数据量必须是非常庞大的。无所不在的移动设备、RFID(射频识别)、无线传感器每分每秒都在产生数据,数以亿计用户的互联网服务时时刻刻在产生巨量的交互。Web 日志、社会化网络、社会数据、互联网文本文档、互联网搜索索引、

呼叫记录、天文记录、大气科学、基因学、生物化学、生物学、其他复杂的交叉学科的科学研究、军事监控、医学记录、照片摄像档案、视频档案、大规模的电子商务都是大数据的来源。在美国拥有 1 000 名员工的公司每天有至少 200 TB 的存储数据。如沃尔玛每小时处理超过一百万客户交易,这些交易数据放到数据库估计超过 2.5 PB,这等价于美国国会图书馆所有藏书信息量的 167 倍。

多样性指数据类型的复杂性。如企业内部的信息主要包括联机交易数据和联机分析数据,这些数据一般都是结构化的静态、历史数据,可以通过关系型数据进行管理和访问,数据仓库是处理这些数据的常用方法。而来自于互联网上的数据,如用户创造的数据、社交网络中人与人交互的数据、物联网中的物理感知数据等,都是非结构化且动态变化,如多媒体数据等,这些非结构化的数据占到整个数据的 80% 以上。

速度指数据处理的速度必须满足实时性要求。像离线数据挖掘对处理时间的要求并不高,因此这类应用往往运行 24~48 小时获得结果依然是可行的。但对于大数据的某些应用而言,必须要在 1 秒钟内形成答案,否则这些结果可能就因过时无效而失去其商业价值,例如实时路况导航、全球股价波动。

大数据带给人类社会的价值同样也是巨大的。科研机构可以通过大数据业务协助进行研究探索,如环境、资源、能源、气象、航天、生命等领域的探索。产业方面,大数据是现有产业升级与新产业诞生的重要推动力量。数据为王的大数据时代到来,企业关注的重点转向数据。大数据正在影响企业商业模式的转变,对数据进行分析和优化成为了提升核心竞争力的有效方式。例如在研发方面,制药企业可借助大数据进行更多药品实验和分析。在营销方面,大数据分析可以提供消费者偏好与需求模式等方面的信息,帮助企业提高计划、决策和预测的准确性。

从当前的大数据产业链构成上来看:首先,信息数据产生将会是第一个环节。其次,信息数据的大量产生需要存储。再次,信息数据需要经过采集、整理。最后,才是信息数据的分析和产出,而这个环节是整个"大数据"产业链的最末端,也可能是最具技术含量和产业附加值的子行业。任何数据不经过分析这一环节,都无法落实到实际应用。面对同样的数据,用最快最有效的方法得到分析结果,才是大数据价值的体现。如 Google、惠普、IBM、微软等互联网巨头,都在收购专业的大数据分析公司,进行技术整合,希望从自身现有的大数据资源中挖掘更多的商业价值。

2)大数据的支撑技术——云计算

通过数据挖掘,能够从低价值密度的数据中发现其潜在价值,而大数据挖掘技术的实现,则离不开云计算技术。大数据在数据量、数据复杂性和处理速度上的特点,要求有与之

相匹配的数据存储技术,即容量大、速度快、安全可靠的存储,满足这种要求的存储则是云计算。

2006 年 8 月,Google 公司的埃里克·施密特在搜索引擎大会首次提出"云计算"(Cloud Computing)的概念。根据美国国家标准与技术研究院(NIST)的定义,云计算指的是一种按使用量付费的模式,这种模式提供可用的、便捷的、按需的网络访问,进入可配置的计算资源共享池(资源包括网络、服务器、存储,应用软件和服务),这些资源能够被快速提供,只需投入很少的管理工作,或与服务供应商进行很少的交互。云计算中的"云",是计算机网络、互联网的一种比喻说法。在以往的设计图、工程图中,人们往往用云来表示电信网,后来也用来表示互联网和底层基础设施的抽象,这也是"云计算"这一名称的由来。

云计算将计算分布在大量的分布式计算机上,而非本地计算机或远程服务器中,企业数据中心的运行与互联网更相似。这使得企业能够将资源切换到需要的应用上,根据需求访问计算机和存储系统。所以说,云计算是一种基于互联网的相关服务的增加、使用和交付模式,用户通过电脑、笔记本、手机等方式接入数据中心,按自己的需求进行运算。通俗地说,云计算的出现好比是从古老的单台发电机模式转向了电厂集中供电的模式。它意味着计算能力也可以作为一种商品进行流通,就像煤气、水电一样,取用方便,费用低廉。最大的不同在于,它是通过互联网进行传输的。因此,有人认为云计算是继 1980 年代大型计算机到客户端-服务器(C/S 结构)的大转变之后的又一种巨变。

云计算的特点包括以下几个方面:

①超大规模。"云"具有相当的规模,如阿里云计算(世界排名第三)拥有近 200 万台服务器,华为云计算(世界排名第五)单贵安数据中心可容纳 100 万台服务器。即便是企业私有云,一般也拥有数百上千台服务器。"云"能赋予用户前所未有的计算能力,甚至可以让你体验每秒 10 万亿次的运算。

②虚拟化。云计算支持用户在任意位置、使用各种终端获取应用服务。所请求的资源来自"云",而不是固定的有形的实体。应用在"云"中某处运行,但实际上用户无需了解、也不用担心应用运行的具体位置。只需要一台笔记本或者一个手机,就可以通过网络服务来实现我们需要的一切,甚至包括超级计算这样的任务。

③高可靠性。"云"使用了数据多副本容错、计算节点同构可互换等措施来保障服务的高可靠性,使用云计算比使用本地计算机可靠。

④通用性。云计算不针对特定的应用,在"云"的支撑下可以构造出千变万化的应用,同一个"云"可以同时支持不同的应用运行。

⑤高可扩展性。"云"的规模可以动态伸缩,满足应用和用户规模增长的需要。

⑥按需服务。"云"是一个庞大的资源池,可按需购买;云可以像自来水,电,煤气那样计费。

⑦极其廉价。由于"云"的特殊容错措施,它可以采用极其廉价的节点来构成,"云"的自动化集中式管理使大量企业无需负担日益高昂的数据中心管理成本,"云"的通用性使资源的利用率较之传统系统大幅提升,因此用户可以充分享受"云"的低成本优势,经常只要花费几百美元、几天时间就能完成以前需要数万美元、数月时间才能完成的任务。

⑧潜在的数据安全风险。云存储服务当前垄断在私人机构(企业)手中,云计算中的数据对于数据所有者以外的其他用户是保密的,但是对于提供云计算的商业机构而言却并非如此。近年来一些大公司的数据泄露事件,就是云存储信息安全问题的直观反映。数据安全问题必须引起足够的警惕。

对大数据而言,云计算能够让其得到可靠的存储,并在可接受的时间内得到分析处理结果。因此,云计算是大数据处理的核心支撑技术,也是大数据挖掘的主流方式。云计算与大数据在会展业的渗透和普及,正在深刻影响着行业的发展方向。

3)展览会大数据挖掘

数据挖掘(Data Mining)是从大量的、不完全的、有噪声的、模糊的、随机的实际应用数据中,提取隐含在其中的、人们事先不知道的、但又是潜在有用的信息和知识的过程。在信息科学中,数据是形成知识的源泉,数据挖掘从数据中发现知识。大数据挖掘则是以大数据为来源的知识发现和提取。在商业领域,大数据挖掘指的是从庞大的数据库中抽取、转换、分析一些潜在商业规律和价值,从中获取辅助商业决策的关键信息和有用知识。具体而言,大数据挖掘对展览会行业的促进作用表现为以下几个方面。

(1)数据挖掘深化展览会服务的内容

展览会前期产品的调研、参展过程的客户反应、后期的服务跟踪等环节产生的数据都是展览会大数据的来源。在收集大量展览会数据信息的前提下,会展组办方可以为客户提供更加宏观综合的产品市场调研,把握某种产品的发展态势和方向,确定产品分销渠道,帮助客户了解产品市场的发展现状、方向、潜力、成本和风险以及产品收益。

(2)数据挖掘提高展览服务的效率

传统的展览会服务主要是通过人与人的交流、纸质及电子资料的传递形式进行。在展览会组办方与参展商的交流服务过程中,展位位置的安排、展示视频及展览会的具体开展方式等都要经过多次的协调。而数字化环境下,数据挖掘技术的引入,可以发现不同种类的产品、参展商的需求、主办方的实际安排的最佳契合点,从而大大提高服务的效率。如组办方利用数据挖掘找到不同参展商参展产品的类型及其最佳布展位置,并提供展示建议,以方便参展商安排及设计本次参展的形式。对于参展商来说,可以收集参观者参观某种产品的时间、人流量等信息,利用数据挖掘找到某种产品与观众参观的规律,进而协调参展商的工作重心。

(3)数据挖掘加速展览会服务信息化的进程

信息化是衡量会展业发展水平的重要指标。会展信息的涵盖面很广,如:项目信息、会展新闻、会展向导、展位分布、在线洽谈、参观人数等。在数字化技术、传感技术和计算机网络技术的支持下,这些信息能够整合汇聚成大数据,并由此构建跨领域、跨行业、多学科的智能数据仓库,进而应用数据挖掘针对参观者在参观过程中提出的各种服务需求做出实时的智能的回应。随着整个服务体系的不断发展扩大,以及计算机硬件和数据挖掘智能算法的发展,又从整体上提升了会展服务信息化的水平。

　　大数据挖掘是一个无明确的目标下知识自动发现的过程(图13.15)。首先,以云计算技术为支撑,展览会企业将生产经营过程中广泛收集到的各种类型的行业数据存储在云存储平台中,作为大数据的来源,进而对云平台上存储的大量数据信息进行数据预处理。数据预处理包括数据准备、数据转化及数据抽取,数据预处理决定了挖掘结果的质量。然后利用数据挖掘内核核心算法,建立分析模型,对展览会运营过程中的各种数据信息进行分类、估计、预测、相关性分组、聚类等操作,找出其中隐藏的规律或数据间的关系。最后将这些规律或关系以图表、图形等可视化的方式作为分析结果呈现给用户,从而构建完整的展览会服务智能推荐系统,其功能包括推荐最受欢迎产品、产品发展趋势、最佳营销策略等。

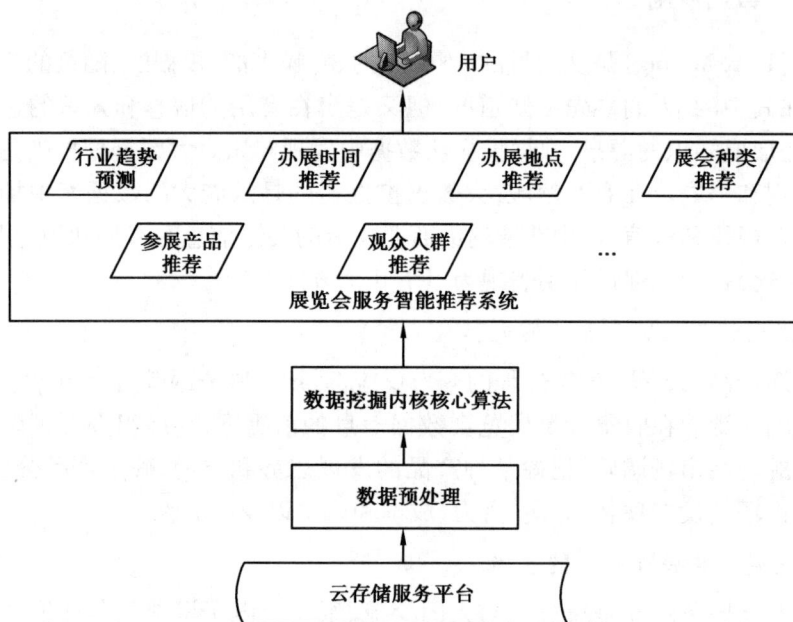

图 13.15　展览会大数据挖掘的一般流程

13.2.2　物联网

1)物联网技术概述

　　物联网(Internet of things,IoT)是新一代信息技术的重要组成部分,顾名思义,物联网就是物物相连的互联网,它被称为继计算机、互联网之后世界信息产业发展的第三次浪潮。国际电信联盟(ITU)对物联网做了如下定义:通过二维码识读设备、射频识别装置、红外感应器、全球定位系统和激光扫描器等信息传感设备,按约定的协议,把任何物品与互联网相连接,进行信息交换和通信,以实现智能化识别、定位、跟踪、监控和管理的一种网络。

　　物联网主要解决物品与物品(Thing to Thing,T2T),人与物品(Human to Thing,H2T),人与人(Human to Human,H2H)之间的互连。与传统互联网不同,H2T是指人利用通用装置与物品之间的连接,从而使得物品连接更加简化,而H2H是指人之间不依赖于计算机而进行的互连。因为互联网并没有考虑到对于任何物品连接的问题,所以使用物联网来解决这个传统意义上的问题。与传统的互联网相比,物联网更加侧重于业务和应用。物联网把新一代 IT 技术充分运用在各行各业之中,具体地说,就是把感应器嵌入和装备到电网、铁路、桥梁、隧道、公路、建筑、供水系统、大坝、油气管道等各种现有系统中,然后将"物联网"与现有的互联网整合起来,实现人类社会与物理系统的整合,让人们能够以更加精细和动态的方式管理生产和生活。早在 2005 年,ITU 的报告就已经生动地描绘了物联网时代的图景:当司机出现操作失误时汽车会自动报警;公文包会提醒主人忘带了什么东西;衣服会"告诉"洗衣机对颜色和水温的要求,诸如此类。

物联网架构可分为感知层、网络层和应用层,如图 13.16 所示。

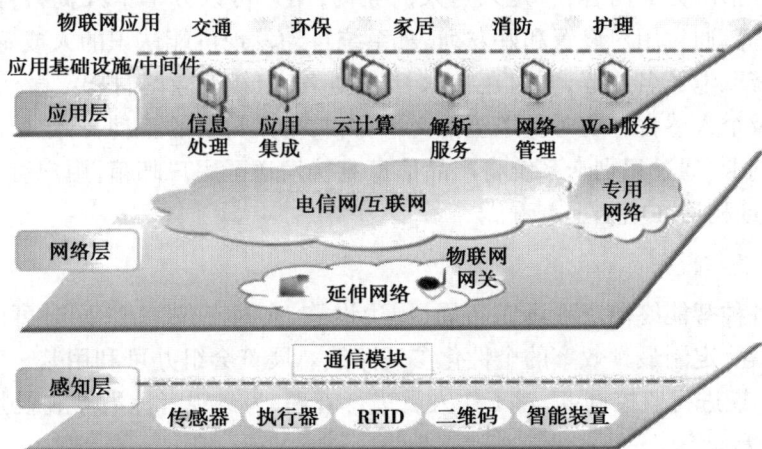

图 13.16 物联网的层级架构

最底层的感知层实现对物理世界的智能感知识别、信息采集处理和自动控制,并通过通信模块将物理实体连接到网络层和应用层,是物联网的基础,主要包括传感器、执行器、RFID、二维码、通信模块等。中间的网络层实现信息的传递、路由和控制,包括延伸网、接入网和核心网,网络层可依托公众电信网和互联网,也可以依托行业专用通信网络。

最上层的应用层包括应用基础设施、中间件和各种物联网应用。应用基础设施、中间件为物联网应用提供信息处理、计算等通用基础服务设施、能力及资源调用接口,以此为基础实现物联网在众多领域的各种应用,包括信息处理、应用集成、云计算、解析服务、网络管理、web 服务等。物联网发展的根本目标是为了提供丰富的应用,包括公众服务、行业服务、个人家庭服务,已经被交通运输、环境保护、政府工作、公共安全、平安家居、智能消防等行业引入。

2) 物联网在展览会的应用

随着物联网技术的普及,传统的会展行业也开始逐步接触这一新兴的技术。现代化的展览会越来越强调通畅的信息交流,物联网的引入,正在改变展览会相关环节中人与人、人与物、物与物之间的信息传递沟通方式,并由此推动着展览会组织管理模式的变革。当前,物联网在展览会中的具体应用方向包括以下几种:

（1）信息服务

信息服务包括三方面的内容，一是展览会的计算机网络后台向不同类型的客户端设备推送即时信息；二是提供展会基本信息，用户随时随地获取展会介绍、现场活动、公告、展会指南、展位图、周边配置，以及组展商、承展商、参展商概况等；三是为观众提供个性化信息服务，通过展品浏览记录和展品停留时间系统分析出客户的兴趣点，自动将相关信息发送到其电子邮件。信息的形式包括文字、图片、音频、视频等以期达到最佳的传播效果。

（2）互动服务

互动服务包括两方面内容，一是人与人的互动，用户可以分享个人资料，如相片、行业、兴趣、参展目的等，通过用户设置和好友列表，系统自动发现可能认识的人或感兴趣的人，利用二维码扫描获取电子名片等，同时还接入社交网络，如新浪微博、抖音、微信等，用户可将展览会信息以及个人感言等随时发送至社交平台；二是人与物的互动，特定展品都配有涵盖展品信息的识别卡，通过识别卡系统将产品信息直接发送至用户邮箱，用户可通过手机立即上网获取信息，或稍后在电脑上查看。

（3）向导服务

用户可在各种智能终端查看场馆布局、周边设施、实时车位信息，同时可以根据自己的兴趣、时间或主题，定制最具效率的个性化参观路线。展览会组办可利用基于移动位置服务系统（LBS）对车辆进行监控调度，对工作人员进行管理，为参观者提供导航服务。

（4）精准营销

借助传感网络，参展商能够方便地对参观人数、展位停留时间等数据进行采集，进而对这些数据加以分析，获得客户的兴趣和意向，可以精准地判断潜在客户，为客户量身定做营销方案，为企业决策提供可靠数据。组办方可通过参观者的兴趣点、成交商品类别、参展商的受欢迎度等信息数据决定下届展览会的主题、地点、组织方式等，为下届展览会做准备。

（5）场馆监测

通过场馆内的感知监控设备，精准获取场馆的环境信息，包括温度、湿度、光强等，并通过分析采取相应措施。这对于一些特殊展品，如文物、艺术品有着极其重要的意义。如果以上因素控制不当，极可能造成文物或其他特殊展品的损坏，造成无法挽回的损失，物联网技术支持的场馆监测实现了对展品的智能管理，大大节省人力、物力，提高管理效率。

（6）安防服务

传统展览会采用人工监测实时视频的方法进行安全防范，管理人员的疲劳和反应往往成为安全工作的隐患。而智能分析设备能够根据事先设定好的规则立即发现问题并发出警报，也可以通过短信、电话语音的方式对操作人员进行提醒，如监测物体丢失或遗留，监测是否有物体或人靠近或进入限制区域，监测人群的移动方向（是否有人逆行、是否有人不遵守出入口规定）等，进一步保障展览会安全。

当前，由于信息安全、关键技术制约以及落后观念等问题的制约，物联网在我国展览会中的应用水平还有待提高。尽管如此，物联网对行业的推动作用已经得到了各界的认同，并成为"智慧会展"理念的关键支撑技术,发展前景值得期待,我国政府已将物联网的研发应用提升到了战略高度。伴随着关键问题的解决和突破,物联网必将为展览会行业带来革命性的变化。

13.2.3　虚拟现实

1) 虚拟现实的实现过程与设备功能

虚拟现实(virtual reality,VR)是以计算机技术为核心,结合相关科学技术,生成与一定范围真实环境在视、听、触感等方面高度近似的数字化环境,用户借助必要的装备与数字化环境中的对象进行交互作用、相互影响,可以产生亲临对应真实环境的感受和体验。VR 概念萌芽于 1960 年代,1980 年代出现最早的 VR 设备,由于技术条件的限制,并未在民用领域大规模普及。直到近几年,芯片技术发展和制造工艺水准不断突破,消费级图形处理器(GPU)的图形渲染能力突飞猛进,而且具备基于 GPU 底层的编程能力,从而奠定了 VR 进入民用市场的基础。2014 年 3 月,Facebook 以 20 亿美元收购了 Oculus,成为行业的助推器和引爆点。由此开始,全球 VR 设备公司犹如雨后春笋般层出不穷,资本市场大额投资与并购异常火热。

(1) VR 的实现过程

VR 的实现过程主要包括如图 13.17 所示的主要环节,从用户角度展开,从发起 VR 服务请求开始,到完成沉浸式互动,并将虚拟环境在用户面前展现成功为结束。

图 13.17　虚拟现实的实现过程①

①监测与传感:对用户发起 VR 请求的事件进行反馈,通过陀螺仪、定位传感器等设备感知用户头部当前位置和视觉范围等,为实现与显示出来的虚拟环境对应提供依据。

②虚拟环境生成:该部分主要由 VR 主机、游戏主机、手机等计算设备完成。为了实现优质的 VR 虚拟环境,渲染的图像是一般游戏的 8 倍以上,因此需要预先处理。首先通过图形模块间的逻辑关系和对应算法,初步完成建模;接着主要基于 GPU 并行能力完成图形的渲染;最后根据用户视觉范围,对应生成适合用户要求的虚拟世界。

③虚拟环境展示:主要由显示头盔完成,借助头盔屏幕或手机屏幕实现将渲染出来的虚拟环境显示出来,依靠内置光学镜头和相应光学算法,实现二维图像的三维化和广角立体

---

① 武娟,刘晓军,庞涛,等.虚拟现实现状综述和关键技术研究[J].广东通信技术,2016,36(8):40-46.

化。该部分实现的用户视觉广度、刷新率以及显示延迟等,都直接影响到用户的感知。

④多元互动模式:构建现实世界与虚拟世界之间的人机交互机制,包括各种智能化的传感器、定位机制和普通的操控手柄等。传感器中陀螺仪是较为核心的部件,内置头盔中实时监测用户头部运动和姿态变化,以便实现虚拟画面与用户视角的一致性;用于手势识别、动作捕捉的各种传感器及操控手柄等,用于采集用户操控,并与虚拟环境完成交互。

(2)虚拟现实的设备功能

VR 技术的实现是以现有的机器计算、图像渲染能力为基础,依靠 OLED、LCD 等屏幕显示设备,并辅助光学立体成像技术和算法,实现三维立体化输出;依靠激光定位技术、人体追踪等技术,实现现实世界和虚拟世界的交互。VR 的设备功能框架如图 13.18 所示,从硬件上看,VR 设备可分为计算设备、展示设备和辅助设备三大类。

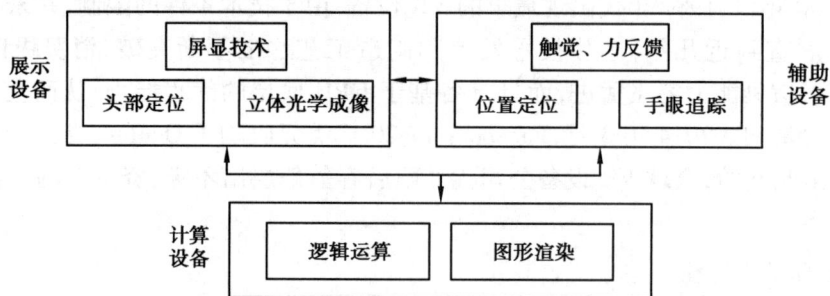

图 13.18　虚拟现实的设备功能框架①

①计算设备:基于智能化操作系统、底层芯片能力访问的驱动接口,采用 Unity3D、Unreal 等支持 VR 渲染的中间件,实现虚拟现实场景的逻辑计算和图像渲染。其主要功能包括:a.逻辑运算:处理 VR 计算过程中各种逻辑关系和算法,包括应用启动、图形拼接关系、数值属性、操控反馈逻辑、眼球聚焦运算等,为 VR 奠定逻辑基础。b.图形渲染:具备了支持 8×4K 图形的同时渲染运算能力,为虚拟世界的实现奠定了基础。

②展示设备:依托高清屏显技术发展,将渲染出来的虚拟场景清晰化输出,并依靠立体光学成像实现三维立体化,借助陀螺仪等设备追踪用户头部位置变化实现视野范围和角度更新。主要功能包括:a.屏显:业界分为 OLED、LCD 两大不同阵营,两种材质各有所长。b.头部定位:该部分技术直接来源于智能手机陀螺仪技术延伸,但相关刷新率要求达到 1 kHz 以上。c.立体光学成像:一般采用双面立体成像法,采用两个非球面镜片和两眼分离机制,并辅助相应的光学算法实现虚拟场景的立体三维化,并具有空间感。

③辅助设备:包括传统手柄方式力反馈输入,以及各种光学传感器智能化定位和手眼追踪等。主要功能包括:a.位置定位:包括采用摄像头+感应光点的可视光定位和采用激光+激光感应器的定位等多种方法,实现对人体前后左右上下的全维度肢体跟踪和动作扫描。b.手眼跟踪:手势跟踪部分,一般采用 Xbox Kinnet 等体感相似的处理技术实现对用户手势变化实时判断,并转化成为 VR 应用操控方法。人眼跟踪主要是通过对人眼球转动精确获取,

① 武娟,刘晓军,庞涛,等.虚拟现实现状综述和关键技术研究[J].广东通信技术,2016,36(8):40-46.

从而判断用户的操控意图,该技术目前还在发展过程中,尚未成熟。c.触觉、力反馈:负责 VR 对操控输入反馈输出,包括手柄上力反馈;以及与骑行、飞行等应用相关的触觉、人体位置的反馈等。

当前市场上的 VR 产品,可根据计算设备组成而划分为三大类:PC/游戏主机+头盔、手机/PAD+头盔以及一体机。主机+头盔是目前最主流的 VR 产品形式,以著名的 Oculus、HTC VIVE、PSVR 等为代表,其计算能力强,应用开发起点高,缺点在于价格昂贵,难以移动。手机+头盔的代表是三星的 GEAR VR,这类产品价格相对便宜,方便移动,缺点在于体验效果较差、无法提供精准定位和优质手势控制等操控。一体机类型的产品,是前两种产品设计理念的折中,将计算设备内置于 VR 头盔中,直接由头盔完成从逻辑运算、图形渲染到屏幕展示的一体化功能。此类产品价格在 3 000 元左右,但也存在处理能力上的缺陷与不足,目前主要是国内数十家厂商在尝试。

2)虚拟现实对展览会行业的影响

虚拟现实是当前业界最关注的热门话题之一。2016 年甚至被称为"VR 元年",VR 房产、VR 旅游、VR 体育等概念正在为传统产业带来新的商业契机。对于会展行业而言,虚拟现实的引入,能够为展览会呈现前所未有的视觉效果,同大数据、物联网等新技术一样,VR 正在对行业产生深远的影响。

(1)VR 颠覆了传统展览会的传播方式

传统的会展业以实物展览会为主,重在参展商与观众面对面的沟通交流,并通过实物展示,以实现看样成交的功能。VR 技术的引入,使得传统展览会有更充实的展示时间、更便捷的观展方式和最低廉的参展成本,VR 带来的沉浸感让每一位观众都有属于自己的位置,每个人都可以随时随地身临其境地看展览会,并能真实模拟展品的移动、旋转等操作,可以从任一角度仔细观看展品,VR 展会还能提供更全面的数据报告和用户行为分析,与客户在展览会现场肉眼所见或短暂交流相比,VR 技术更具有可靠性和长久性,这些都大大改善客户的观展体验。

(2)VR 打造了全新的展览会视觉传输模式

VR 直播解决了展览会观众时间、空间、社会阶层障碍的问题,将展馆环境通过 VR 制作成为 3D 模型,为参观者虚拟展馆的游览环境,观众可以随意浏览展览会中的三维展品展示,还可以查阅自身所需的各种信息,通过检索技术查看展品的各类统计数据。直播视频将变得越来越普遍,借助 VR 平台,不管是展览会交互性直播,还是如演唱会、体育比赛等无交互性直播,展会组办方及参展商可以向观众提供独特而深刻的体验,如家居布置、产品试用、亲临赛事现场、和明星面对面交流等,体验更容易帮助品牌建立与消费者的情感联系。

(3)VR 创新了展览会服务模式及盈利模式

VR 以场景化、体验化的特点,改变会展行业服务模式。虚拟展位消除了展位竞争;现实中的施工搭建被 3D 技术替代,节约时间和人力;客户可以有针对性地搜索和了解自己所需的产品,减少交通和时间成本,使更多的企业享受得起专属化定制服务。参展商和观众只要登录平台,输入所需要的服务种类和具体内容,客服人员就可以在线及时作出解答,通过这种一对一、一对多的接触,为双方提高贸易效率、提升成交机会。在 VR 平台上,参展商可以发掘出新的营销方式,开辟出新的展示方式与销路。在技术成熟期,VR 展示的制作费用将大大低于参与传统展览会的费用,参展企业减低了成本,组办方增加了收入,线上线下取得共赢。此外,随着使用者数量的不断增加,VR 有望成为广告主最为青睐的性价比极高的广告平台,成为展览会重要的盈利点。付费的参观与"回放参观"也将是展览会的盈利点。

(4)VR 重组了展览会产业链条,延长了展览会时间

VR 技术应用于会展行业后,会展产业链中的各要素相应发生了变化。首先,在组织实施方面,VR 技术的广泛使用,将可以对宣传拓展、现场组织、运用方式等方面产生积极影响,人力、物力、财力、时间等成本可有效减少。其次,采用虚拟会展的方式,场馆经营工作能够把更多的资源投入到为参展商、组展商、观众等提供的实时在线、即刻反馈的在线服务中。再次,VR 展览会不是简单地将展览会互联网化,而是要通过互联网去整合行业的全产业链资源。通过重度垂直的服务,将硬件升级、内容建设、平台发展作为 VR 产业链的重要内容,实现展会主办方、参展商、服务商的合作共赢。最后,VR 展览会可有效解决信息不对称的问题,利用 VR 技术,所有的参展商品和相关的信息可以第一时间送达各个国家,国外企业可以借此选择较低成本的产品供应,真正实现全球化下的资源共享。

13.3　展览会企业的信息化策略

企业信息化是指充分利用现代信息技术建立信息网络系统,使企业的信息流、资金流、物流、工作流高度集成和整合,实现资源的优化配置。现代企业的信息化工作围绕管理信息系统(MIS)的规划、部署和运营来展开,MIS 也可视为企业信息化策略的集中体现,本节主要讲述几种常见的 MIS 在展览会企业中的应用。

13.3.1　办公自动化系统(OA)

1)OA 系统的功能结构与发展历程

办公自动化(Office Automation,OA)系统的部署和应用是一种最为常见的企业信息化策略。广义上,OA 指利用先进的科学技术,使部分办公业务活动物化于人以外的各种现代化办公设备中,由人与技术设备构成服务于某种办公业务目的的人——机信息处理系统。

(1)OA 系统的功能结构

展览会企业员工的日常工作包括文字处理、文件誊写、传真、申请审批、办公用品、公文管理、会议管理、资料管理、档案管理、客户管理等内容,涉及到策展计划、器材需求、现场管理、成本、财务计算、劳资、人事管理等各个方面。OA 就是处理上述事务性工作,辅助管理,

提高办公效率和管理手段的系统。它广泛应用了 Internet 和 Intranet 技术,以企业的工作流为基础、以知识文档为表现形式、以统一的信息门户为入口,使机构内部人员方便快捷地共享信息,高效地协同工作。OA 的出现,改变了过去复杂、低效的手工办公方式,实现迅速、全方位的信息采集、信息处理和信息共享。

图 13.19 是一个典型的 OA 系统架构图。从系统底层往上,分别为资源层、数据层、逻辑层、应用层和表现层。其中资源层由计算机硬件设备构成,如服务器、网络存储设备等,负责存储各种来源的海量企业数据,形成数据仓库,即数据层。在逻辑层中则是各式各样的算法和规则,如企业流程设计、表单设计、报表设计、系统设置等,用这些算法对数据加以组织,则形成了如个人待办事项、提交流程、审批流程、文件上传发布等各种应用,这些应用共同组成了应用层。在最顶层的表现层中,用户以 B/S 或是 C/S 的方式登录计算机网络,借助HTML、JAVA、JS 等程序语言工具,应用层中的各种应用能够展现在用户面前,用户通过 PC、平板和智能手机等设备来访问系统,从而实现各种应用功能。一个成功的 OA 系统,理应是面向用户的一站式平台,在 SOA 框架的支撑下,它支持单点登录,能够集成不同的应用子系统,如公文管理、客户管理、财务系统、人力资源系统等。

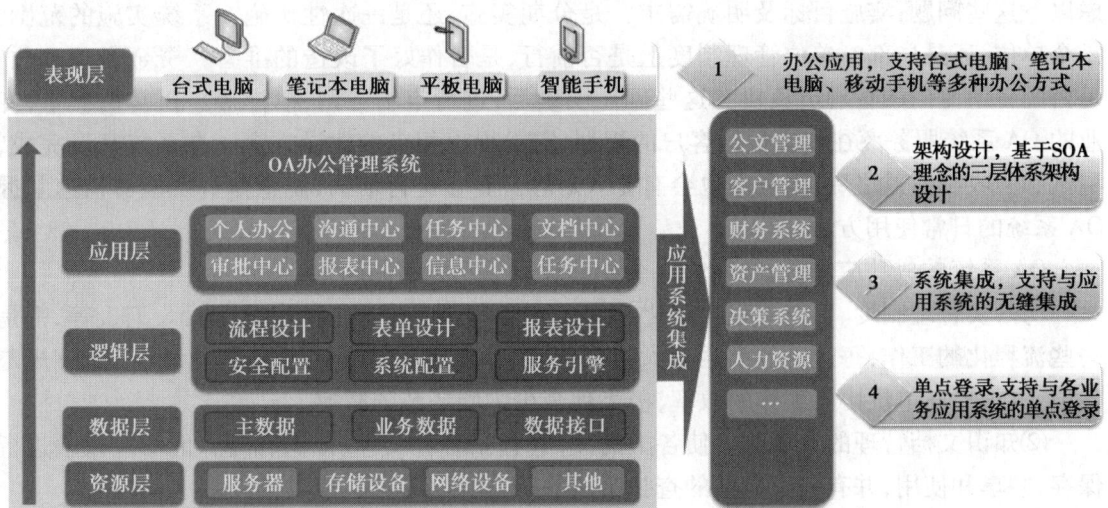

图 13.19 企业 OA 系统架构

(2)OA 系统的发展历程

大致经历了五个阶段:第一个阶段是 PC 机加上个人办公软件实现的文字处理,大概在20 世纪 80 年代到 90 年代初,大家主要是实现文字处理,就是单机的办公自动化;第二个阶段是在 90 年代局域网的出现,局域网和关系数据库实现了文件共享、信息共享;第三个阶段,在 21 世纪初期,这个阶段的特点是以群件技术为基础、以协同工作和知识共享为目标的办公自动化;第四个阶段为协同办公门户,这个阶段的特点是 OA 系统作为整个组织内部信息化的入口,相对于外部门户(互联网网站),与组织内各个业务系统进行集成,数据集中展现;第五个阶段即当前的移动化阶段。随着 4G、5G 移动网络的发展,OA 进入了移动化阶段。移动 OA 使得办公人员可以在任何时间任何地方使用 OA,同时引入了基于 GPS 的考勤、现场信息采集、移动审批等移动功能,把 OA 应用推向了新的高度。

2) OA 系统的部署和应用

OA 系统的部署并不是一项简单的软件工程,不能盲目地开展,必须考虑投入成本问题和对企业日常经营带来的影响,在上 OA 办公软件之前,必须经过以下两个重要步骤:

首先需要了解自己的需求。是否能很清晰地了解自己的办公需求,以及需求的重点,这是 OA 软件成功实施的重要前提,也是选择 OA 厂商的重要参考指标。其次,要解决企业的组织保障问题。OA 系统的部署应用,触及大家的工作习惯,甚至各个业务部门利益,加上 OA 系统的用户基本涵盖所有组织成员。特别是在初期,实施阻力较大,是否有一个强有力的组织保障是关键所在。很多单位视之为"一把手"工程,实不为过。从前期需求收集到需求筛选、需求确认;从调研厂商到选择厂商;从实施组织到培训、试用……在整个过程中,信息部门、办公室作为 OA 软件推进的责任部门,必须有有效的组织实施手段及方法。纳入绩效考核是较为可行的办法。

经过上述两个步骤之后,就可以开始实施 OA 系统的规划。一般来说,系统规划必须考虑以下这些问题:实施目标及明确需求?是分期实施、还是一次性实施?系统实施的范围?是全单位,还是局部?单位管理制度上是否前行,是否作好了改造的准备?资金是否到位?是否配备了专门的管理员负责?这些问题明确后,进行市场咨询、招标等。正常情况下,专业的 OA 系统服务商往往会根据客户的规划、需求提出相应的建设方案。在系统开发完成,测试和验收都通过之后,服务商也会有专人对客户企业进行培训,使企业员工能够快速掌握 OA 系统的日常使用方法。

OA 系统的成功应用,通常能够为企业解决以下几方面的问题:

①落实管理制度、工作流程自动化。如公文处理、收发文、各种审批、请示、汇报等,都是一些流程化的工作,每个单位都会有大量的流程。OA 系统中的工作流程自动化,能够规范各项工作,提高单位协同工作的效率,极大地减少中间环节的摩擦。

②知识文档管理的自动化。使各类的文档(包括各种文件、知识、信息)能够按权限进行保存、共享和使用,并有一个方便的查找手段。

③构建信息发布平台和内部通讯平台。例如电子通告、新闻发布、电子论坛、电子刊物,使内部的规章制度、新闻简报、技术交流、公告事项等能够在组织内部员工之间得到广泛的传播,使员工能够及时了解组织内部的发展动态;建立组织内部的邮件系统,短信系统,即时通信系统、论坛和个人博客等,使组织内部的通讯和信息交流快捷通畅。

④辅助办公。实现包括企业内部会议管理、车辆管理、办公物品管理、图书管理等与日常办公事务性的工作相结合的辅助办公的自动化。

⑤信息集成。企业都存在大量的业务系统,如购销存、ERP 等。作为企业的信息源往往都在这些业务系统里。OA 系统能够跟这些企业的业务系统实现很好的集成,使相关的人员能够有效地获得整体信息,提高整体的反应速度。

⑥分布式办公。满足企业对多分支机构、跨地域的办公模式以及移动办公的需求。

13.3.2　ERP 和 BPR

1) ERP 的功能与特点

与以协同办公为目标的 OA 系统相比，ERP（Enterprise Resources Planning，企业资源规划）和 BPR（Business Process Reengineering，业务流程重组）是功能更为全面的企业信息化工具。ERP 系统也是当前 MIS 的主流形式，是集信息技术与先进管理思想于一身，以系统化的管理思想，为企业员工及决策层提供决策手段的管理平台。

MIS 的进化来源于制造企业的实践，MIS 的发展经历了以下几个阶段：①20 世纪 60 年代的时段式 MRP（Material Requirements Planning，物料需求规划），它解决了生产计划中最主要的排程问题，即主要用于解决何时订货以及订货数量的问题。作为第一代 MIS，它的功能相当简单。②70 年代中期出现的 Closed MRP（闭环物料需求规划），它将生产能力需求计划、车间作业计划和采购计划纳入进来，进行统一考虑，从而形成一个封闭循环。③80 年代出现的 MRP-Ⅱ（Manufacturing Resource Planning，生产资源规划），除了闭环 MRP 之外，MRP-Ⅱ还将销售、财务、成本等功能归入到系统中，不仅对物资流还对资金流进行了控制。因此从功能上而言，它涵盖了制造企业的全部经营生产活动。

到 90 年代，随着市场竞争日趋激烈和科技的不断进步，MRP-Ⅱ的局限性也不可避免地暴露出来。如全球信息化要求加强企业间的信息交流和信息共享；信息的管理要发展扩大到整个供应链的范围，而 MRP-Ⅱ对此无能为力。另一方面，一些新的管理软件（如 MES、CRM）逐渐开始流行，在这种大环境下，MRP-Ⅱ开始吸收和融合这些新管理软件的新思想来不断地完善和发展自己，并进化到一个全新的阶段——ERP。

这里用一个形象的比喻来描述 ERP 的工作流程，如图 13.20 所示。图中时间轴上方是家庭主妇准备一顿晚餐的过程，包括丈夫交待有同事回家吃饭，到安排晚餐时间和菜肴，再到购买材料，到做饭，到用餐，最后算账。与之相对应的，时间轴下方是企业的生产销售过程，即收到客户订单，到确认订单，到计划采购，到控制生产，到交货，最后结算，这一系列环节共同组成了企业的供应链。ERP 的核心思想是供应链管理，它跳出了传统企业内部边界，从供应链的范围去配置企业资源，优化了现代企业的运行模式，反映了市场对企业合理调配资源的要求。

从功能上看，ERP 涵盖了企业的所有资源，即物流、资金流和信息流，它能够实时更新三大流变化情况的相关信息，使企业的运营管理信息在任何时候都保持同步、一致和完整，从而实现"三流合一"。ERP 具体功能如下：

①有助于改进企业的财务信息和加强企业的财务控制和管理。

②有助于企业实现事业部运作的新管理模式。

③引进和采用国际先进管理思想和管理模式，并根据中国国情及企业的具体情况进行调整，可以促进企业主要业务流程的合理化和规范化，提高企业经营效率。

④有助于实现实时、准确的企业生产经营数据和信息集成，减少中间环节和重复劳动，避免数据传递或人为错误，这也有助于企业管理层对生产经营绩效的客观准确地考核，提高

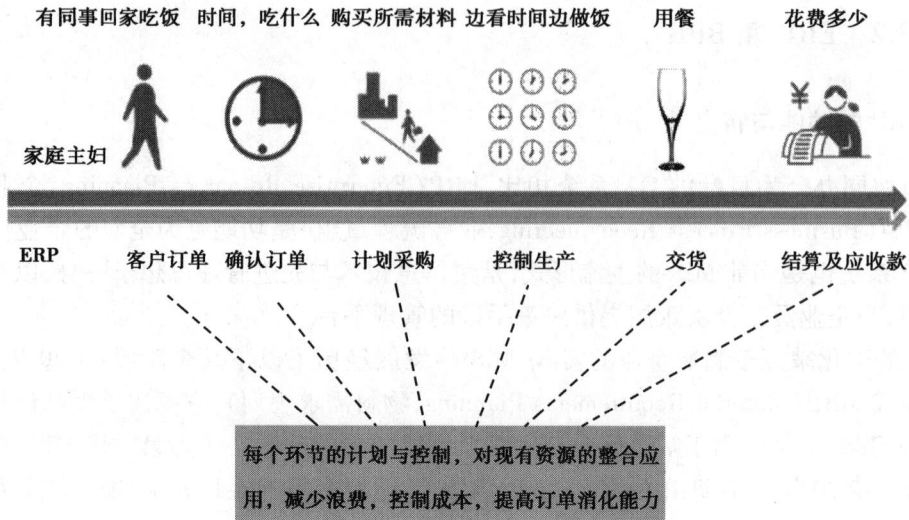

图 13.20　面向供应链管理的 ERP 的工作流程

企业各层管理决策的有效性。

⑤为企业提高了公用的操作平台和管理信息平台,由此构成企业电子商务运作(如电子采购、电子销售等)以及其他网上供应链管理的解决方案的骨干和基础。

在表现形式上,ERP 的工作界面与 OA 系统非常相似,都能够提供较为友好的图形界面,易于操作,企业员工用户登录之后,能够依据自身的岗位在相对应的功能模块中使用软件,如订单管理、采购计划管理、财务管理等,一些 ERP 软件还有专门的接口,用以连接企业现有的 OA 系统,进一步提升办公效率。

2)BPR 与 ERP 的综合应用

业务流程重组(BPR)是美国的迈克尔·哈默和詹姆斯·钱皮提出的一种思想和方法,从20 世纪 90 年代后期开始在企业管理实践中全面流行。BPR 指的是通过对企业战略、增值运营流程以及支撑它们的系统、政策、组织和结构的重组与优化,达到工作流程和生产力最优化的目的。BPR 强调以业务流程为改造对象和中心、以关心客户的需求和满意为目标、对现有的业务流程进行根本的再思考和彻底的再设计,利用先进的信息技术以及现代化的管理手段、最大限度地实现技术上的功能集成和管理上的职能集成,以打破传统的职能型组织结构,建立全新的过程型组织结构,从而实现企业经营在成本、质量、服务和速度等方面的巨大改善。

图 13.2 是一个典型的 BPR 实施案例。通过 BPR,该企业的客服部门很好地解决了制约服务水平的关键问题,流程的重新设计,RMA 数据库和诊断系统的应用,使得客服响应的时间从平均 18 小时/次降低到了平均 2 小时/每次,效果非常显著。

在 BPR 的实施过程中,必须注意以下这些关键问题:流程再造的目的在于实现从职能管理到面向业务流程管理的转变;在众多的流程再造过程中,必须运用整体流程最优的系统思想;注重建立扁平化组织,即尽量消除纯粹的中层"领导";充分考虑岗位和岗位责任,发挥每个人在整个业务流程中的作用;利用先进技术手段协调分散与集中的矛盾。

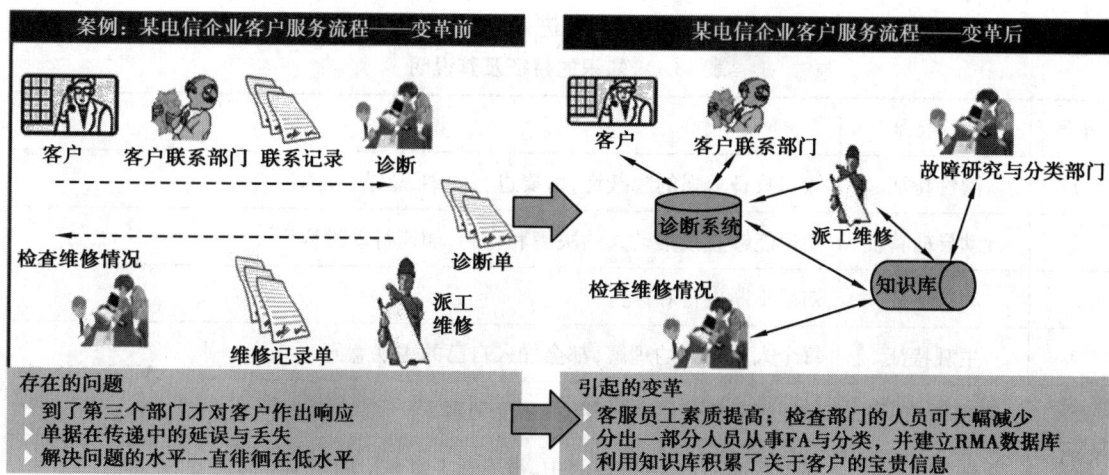

图 13.21　电信企业客服部门的 BPR 示意图

与 ERP 一样,BPR 的核心同样是实现对整个供应链的有效管理,所以两者经常被联系在一起,密不可分。首先,BPR 是为 ERP 成功应用扫清流程路障的,因此 BPR 可以推动 ERP 的顺利实施;另一方面,ERP 其实也在改造着 BPR,基于不同构架的 ERP 软件需要有不同侧重性和针对性的 BPR 与之相配合。这种互动关系可以用"作用与反作用"来形容。

ERP 与 BPR 的综合应用包括三种模式:先进行 BPR,后实施 ERP;先进行 ERP,后实施 BPR;BPR 与 ERP 同时进行。第一种模式,通常是当企业在面临内外环境的压力而必须做出立即的改变,且企业的现有信息系统仍能支撑业务需要,而新的 ERP 系统需要一段时间才能建立时而采行的方法。优点是建立 ERP 系统时有了明确的方向,缺点是 ERP 系统或现有信息技术可能无法支撑 BPR 设计时的想法,可能存在技术实现上的问题。第二种模式,通常是为了取得流程自动化与信息集成的立即效果,并期待 ERP 系统日后能渐渐突显流程上需要改造的机会。优点是变革幅度小且容易管理,缺点是生产的效益可能较小,且日后对 ERP 系统的修改将因 BPR 的需要而增加。当前,第三种模式越来越受欢迎,让业务流程在设计时有信息技术提供的参考,信息技术建立时也有业务流程来指导方向,真正做到 ERP 和 BPR 的相辅相成,提升成功机会及缩短实施时间。

13.3.3　知识管理和知识地图

1)知识管理的内涵

知识管理(Knowledge Management,KM)这一术语最早是由联合国国际劳工大会于 1986 年提出,它指的是当企业在面临环境变化时采用的一种迎合性措施,KM 嵌入于组织的发展过程,并强调将信息技术与人的发明创造能力相结合。随着知识经济时代的全面到来,知识管理成为当前管理学、经济学、社会学、计算机科学领域中备受关注的研究主题,KM 系统在功能上超越了以 ERP 为代表的传统 MIS,引领着企业信息化的发展方向。

知识是用于解决问题或者进行决策的,经过整理的、易于理解的结构化的信息。知识可视为一种特殊的信息,它具备了更多的附加特征,也就是说,某一种信息如果越多增加这种特征的烙印,就越接近知识。这里用表 13.1 来进一步说明知识的特征。

表 13.1　知识的特征及其说明

序号	知识特征	说明
1	隐性特征	知识具备较强的隐蔽性,需要进行归纳、总结、提炼
2	行动导向特征	知识能够直接推动人的决策和行为,加速行动过程
3	动态特征	知识不断更行和修正
4	主观特征	每个人对知识的理解,都会加入自己的主观意愿
5	可复制/转移	知识可以被复制和转移,可重复利用
6	延展生长特征	知识在应用、交流的过程中,被不断丰富和拓展
7	资本特征	知识就是金钱
8	倍增特征	知识经过传播不会减少,而会产生倍增效应。一个苹果两人分享,一人只有半个,一个知识两人分享,就至少有两条
9	熟练特征	知识运用越熟练,有效性越高
10	情境特征	知识必须在规定的情景下起作用,人类选择知识一般都会进行情境对比
11	心智接受特征	知识必须经过人的心智内化,真正理解,才能被准确运用
12	结果导向特征	知识不但加速过程,也导向一个可预期的结果
13	权力特征	掌握知识的人,即便不在职务高位,也拥有一定的隐性权力
14	生命特征	知识是有产生和实效的过程,有生命长短,不是永久有效的

　　以知识为对象的知识管理的定义,在国内外众说纷纭,至今尚未统一。如国外有学者认为:知识管理指为了增强组织的效绩而创造、获取和使用知识的过程;知识管理是一个管理各种知识的连续过程,以满足现在或将来出现的各种需要,确定和探索现有和获得的知识资产,开发新的机会。卡尔·费拉保罗认为,知识管理就是运用集体的智能提高应变和创新能力,是为企业实现显性知识和隐性知识共享提供的新途径。而如何识别、获取、开发、分解、储存、传递知识,从而使每个员工在最大限度地贡献出其积累的知识的同时,也能享用他人的知识,实现知识共享则是知识管理的目标。

　　在国内,乌家培教授认为,知识管理是信息管理发展的新阶段,它同信息管理以往各阶段不一样,要求把信息与信息、信息与活动、信息与人联结起来,在人际交流的互动过程中,通过信息与知识(显性知识和隐性知识)的共享,运用群体的智能进行创新,以赢得竞争优势。邱均平、段宇峰对知识管理做了广义和狭义的解释:狭义的知识管理主要是针对知识本身的管理,包括对知识的创造、加工、存储、传播和应用的管理;广义的知识管理不仅包括对知识本身的管理,还包括对知识有关的各种知识资产和无形资产的管理,涉及知识组织、知识设施、知识资产、知识活动、知识人员等全方位、全过程的管理。这一广义的 KM 定义包含几个方面的外延和内涵规定：第一，知识管理的对象由知识、知识设施、知识人员、知识活动四个方面构成；第二，知识管理的目标是知识创新，其目的是增强组织的生存和竞争能力；第三，知识管理不只限于企业，而且存在于所有的社会组织；第四，知识管理的过程体现为对上述四个构成要素及其相互作用的管理过程；第五，知识管理中，对隐性知识的管理非常重视，能否充分挖掘和管理好隐性知识，往往是决定知识管理成功与否的关键，而隐性知识的载体是人——知识人员，所以，以人为本是知识管理的重要特征。

2）企业知识地图的构建和应用

在企业知识管理领域，知识地图指的是一份知识相关内容的图形概览和参考，也是一种关于组织内隐性知识和显性知识的导航工具，它以特定的知识管理目标位导向，能够突出显示知识存储以及知识动态关联的重要性。知识地图是一种非常重要的知识管理工具，采用视觉表达的方式来向员工传递知识具有独特的优势。知识地图能够帮助企业员工方便地建立对企业知识资产（包括专家、资料文档、专利等）的总体认识，便于理解和记忆，从而快速获取自己所需的知识。知识地图还有助于隐性知识的跟踪查询或将其显性化，促进知识的传播和交流，从而解决各类知识管理问题。图 13.22 就是一个简单的表格式知识地图实例。

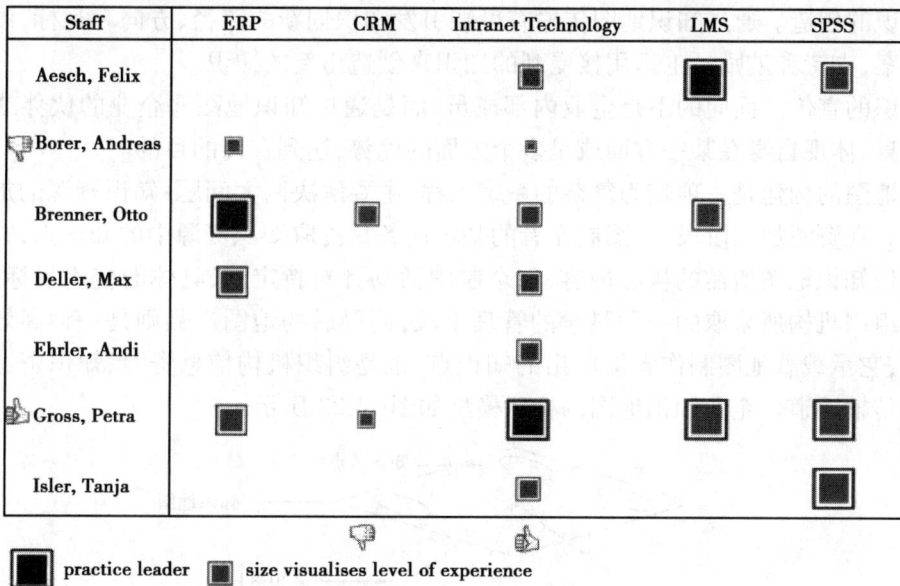

图 13.22 企业知识地图实例

这份知识地图发布在企业的 Intranet 上，用户可以通过点击其中的链接来获取知识，它的形式非常简单，但表达的内容却非常丰富。首先，它直观地展示了某一企业内的专家，以及专家所掌握的技能，企业成员能够非常方便地找到相应的专家学习自己需要的知识。不仅如此，表格中各个方框的尺寸大小还直接反映了专家们对技能的掌握程度，通过阅读这样一份知识地图，管理者能够对企业内的知识资产加以评估，明确哪些技能是该企业具有的优势，哪些方面还有待加强。也就是说，这份知识地图不仅能帮助用户获取知识，还具有知识评估的功能,能够满足知识管理中的知识评估需求。换一个角度来看,如果不采用知识地图的方法,员工们就不得不想尽办法首先去查找这些知识,并对收集到的知识资源进行组织和筛选,进而才能确定自己的需要,管理人员更是需要付出更多的努力才能对企业的知识资产有一个正确的认识,这些都需要耗费非常多的时间和精力。这一典型的知识管理问题看似复杂,但一份简单的表格式知识地图就能有效地加以解决。

目前的企业知识地图,具备以下几种功能,实现不同的知识管理目标。

①知识的识别。通过知识地图传输知识资产的总体情况,使员工能够进一步对其中某些知识资源加以识别和确认,如资源的位置、来源等。

②知识的应用。通过知识地图传输具体的工作流程和工作任务,旨在帮助员工认识到该在何时何地运用获取到的知识。

③知识的评估。通过知识地图传输知识的一些量化指标,如掌握的程度,资源的多少等,使员工能够有效评估知识资产的价值。

④知识的交流。通过知识地图传输知识转移的轨迹和路径,以及相应的起点和终点,从而促进员工群体之间的知识交换与共享。

⑤知识的开发。通过知识地图传输知识的组织成分、知识的载体以及学习知识的具体方法和步骤,帮助员工提高学习效率。

⑥知识的创造。通过知识地图传输有可能引发知识创新的路径、方向和目标,以及潜在的创新方案,支持和鼓励员工运用接受到的知识来创造出新的知识。

⑦知识的宣传。面向的不是企业内部成员,而是通过知识地图向企业的伙伴或者是客户传递信息,体现自身在某一方面或是多个方面的优势,达到宣传的目的。

知识地图的构建是一项较为复杂的系统工程,主要解决两大问题:知识资源的加工和地图的绘制。在资源加工阶段,地图制作者的基本任务是提取知识资源中的知识点,并将其作为构建一份知识地图所需的核心内容,整个制图活动针对特定的、具体的应用目标展开,可以被视为组织机构所采取的一种科学的管理手段,而最后的地图产品则是一种高效的知识管理工具,它承载着地图制作者提取出的知识点,也是组织机构信息资源、知识资源聚合后的载体和传输通道。企业知识地图的构建模型如图 13.23 所示。

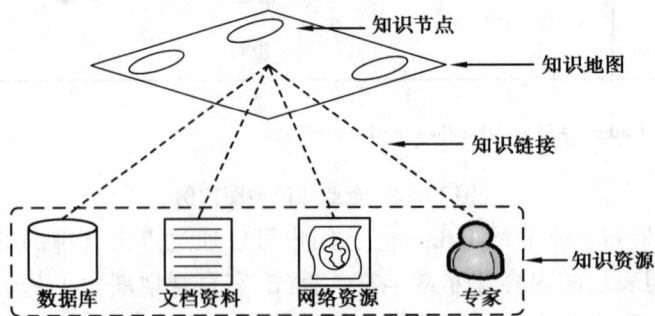

图 13.23　企业知识地图构建模型

在这一模型中,首先需要由地图制作者提取出蕴含在知识资源中的知识点,然后设计出适当的图形表达方式对这些知识点加以描述,形成知识节点,并通过知识链接的方式使图形界面上显示的知识节点能够指向相应的知识点,最终完成知识地图的构建工作。通过构建这样一份知识地图,充分利用地图的信息传输功能,组织机构能够将针对某一问题的解决方案有效地传输给有需要的用户群体,使得适当的人能在适当的时间获得所需的知识,从而达到事先预期的知识管理目的。具体而言,知识地图的完整构建流程包括:①项目筹备,包括成立开发团队、明确制图目的、确立应用层次等工作;②知识提取,使用访谈法、问卷法、培训法等各种方式获得解决知识管理问题所需的解决方案;③图形设计和知识链接,选择适当的图形效果来直观表达提取出的知识点,运用制图工具绘制出图形,使 HTML/URL 超文本链接方式连接知识节点与网页,或者采用数据库连接的方法连接知识节点与数据库中的值。在知识链接工作完成后,最终的知识地图产品才能够发布在 Internet 或是 Intranet 上并投入使用。

本章小结

第四次工业革命正在如火如荼地展开。技术以前所未有的方式在渗透和参与人类的生产、社交及生活,科技的发展极大地改变了展览业的运作与营销方式。尽管这不意味着科技已经把人们面对面交流的需要完全替代了,速度、时间和地点同样重要。不管从观众关注的焦点还是从组织者的角度,如今展览会组办人都手握大量能使活动成功举办的技术工具,并从信息管理的角度更好地撮合交易、连接关系,强化互动体验,推进展览会的成功与持续经营。对于会展人来说,最重要的一项工作就是要从最大效能出发,选择性地应用最合适的技术工具,并从数据和信息中提升管理与决策的效益。对于未来,我们唯一可以指导是,改变将继续以指数爆炸的增长速度先我们袭来,未来展览会和活动会是什么样子也无从猜测。会展人同时需要不断学习,了解最新技术,更新知识储备。

【延伸阅读】

1．"技术与会展专业人士",参见:乔治·费尼奇.会展业导论:原书第 4 版[M].王春雷,译.重庆:重庆大学出版社,2018:253-273.

2．"技术创新:层出不穷,适用至上",参见:王春雷.中国会展业发展:前沿问题与创新策略[M].北京:中国旅游出版社,2015.

3．参见:31 会议网《2017 数字会务行业分析报告》。

复习思考题

【知识链接】

1.名词解释：

信息系统　知识管理　会展科技

2.在技术的作用下,展览业发生了哪些显著的变化?

3.展览会信息的系统的一般结构是什么?

4.会展科技中在展览会中有哪些主要的应用?

5.ERP 的主要功能有哪些?

6.知识管理的主要功能是什么?

【思考再三】

1.对于展览会行业,什么是绿色科技?

2.技术对于场地选址会带来什么样的影响?

3.有人认为随着现代技术的发展,展览会的功能将衰竭,并最终取代展览会。对此,您是怎么看的?

4.如何充分发挥展览会的作用,如何将会展科技应用融入更多营销科技,更好地服务于会展的组织管理,是会展组织者应该思考的问题。下图提供了一个思路,对此您是怎么看的?

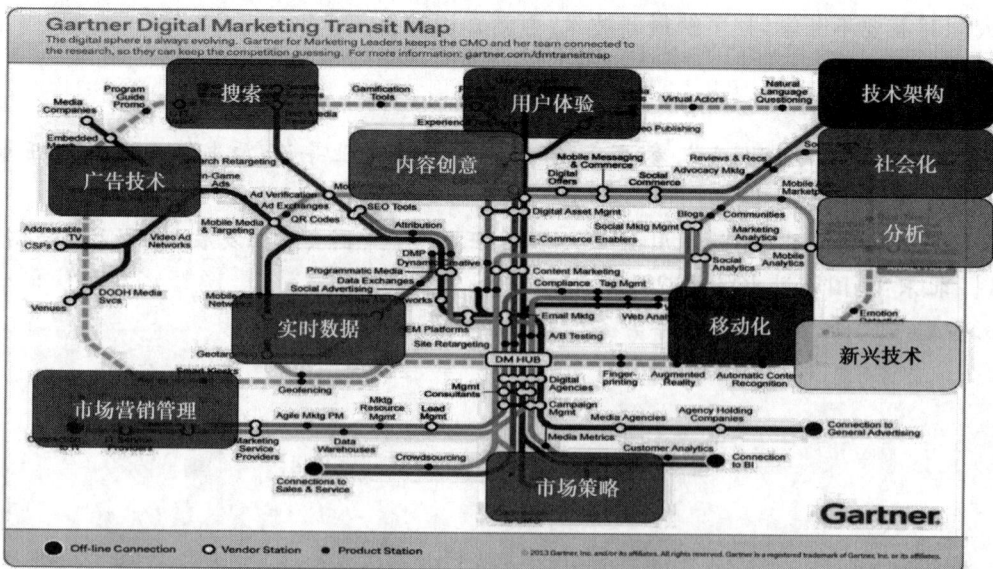

【走进实践】

调研本城市一个展览会项目,分析理解社交媒体是如何影响该展览会运营的?

第 4 编
展览会实务案例

第 14 章
展览会的所有权和运营模式

【学习目标】

1. 认识商业模式的本质；
2. 理解展览会运营模式的含义及其与展会所有权的关系；
3. 理解展览会所有权及其主要法律形式选择；
4. 了解政府主导型及市场主导型展览会的概念；
5. 掌握政府主导型及市场主导型展览会的基本运营模式。

成功的企业总是会不断通过商业模式的创新来为消费者创造持续的价值。在全球化体系下，这一理论无论对于中国、欧洲还是美国的公司都是正确的。

——孔翰宁、张维迎、奥赫贝

商业模式尽管第一次出现是在 50 年代，但直到 90 年代才开始被广泛使用和传播，已经成为挂在创业者、商界人士嘴边的一个名词。与之相关的运作、经营、模式、运营模式等也经常被展览会业界人士所提起。然而正如克里斯托夫·佐特和拉斐尔·阿米特所说："商业模式这个词用起来确实很方便，不过当前还没有明确的概念，即使经常使用的人中恐怕也有四成以上的人其实并不了解它的真正含义"。

事实上，展览会的运营模式受到行业特点、市场环境、组办方的资源条件等诸多因素的影响。本章切入点是展览会的所有权。

14.1　展览会运营模式

模式是主体行为的一般方式，包括科学实验模式、经济发展模式、企业盈利模式等，是理论和实践之间的中介环节，具有一般性、简单性、重复性、结构性、稳定性、可操作性的特征。只要是一再重复的事物，就可能存在某种模式。从这个意义上讲，一个重复举办的展览会项目都可能存在一定的模式。

14.1.1　经营模式

经营模式也称商业模式,一般来说,商业模式以价值创造为核心,描述了企业如何创造价值、传递价值和获取价值的基本原理。

商业模式是一种包含了一系列要素及其关系的概念性工具,用以阐明某个特定实体的商业逻辑。历史上很多学者都提出自己的定义。不过,商业模式的目的是应对商业的多样化、复杂化和网络化,其起始是为拓展传统经营战略框架而产生的概念(图14.1)。在此基础上,哈佛商学院克莱顿·克里斯滕把它归纳为客户价值、盈利方法、关键资源和关键流程等四个要素。翁君奕则把商务模式的创意构思框架看成由价值主张、价值支撑和价值保持三个概念组成重构要素形态组合的全新解决方案。

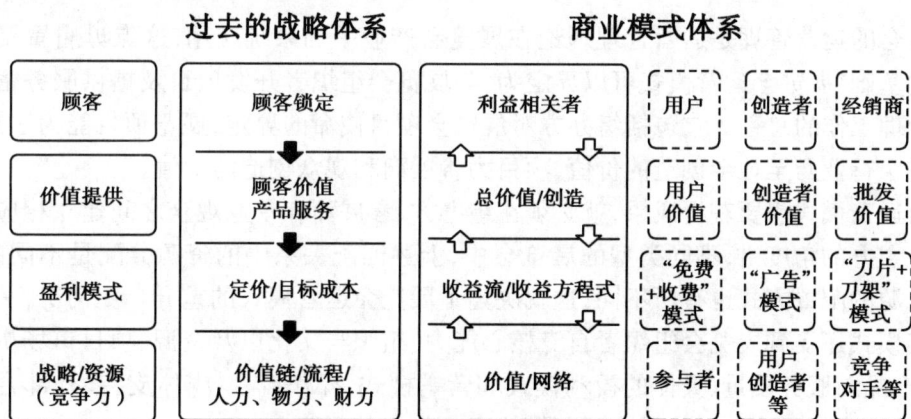

图 14.1　从经营战略体系到商务模式体系①

不管如何,迄今为止,商务模式很好地解决了创新的实现和商业的持续竞争优势等两大问题。商业模式以价值创造为核心,而战略则是对所创造价值的保驾机制,落脚点在于回应环境的变化和竞争。对于任何企业来说,商务模式是衔接战略制定和战略实施的中介平台,具体而言,战略制定以商业模式建构为基础,而战略实施则建立在商业模式的运行和改进的基础上。因此,对于展览会项目的主办方和运营方来说,了解商务模式就是展览会策划、组织和运营工作的必修课。

14.1.2　运营模式

很长一段时间内,西方学者把有形产品的生产称为 Production 或 Manufacturing,而将提供服务的活动称为 Operation,现在的趋势是统称为运营或运作(Operations)。

运营管理,是为了实现组织目标,通过设计、运行评价和改进生产和服务系统,对流程进行有效计划、组织、实施与控制,优化供应链体系。它是将输入的资源以最低成本的方式转化是产品生产和服务各项相关管理工作的总称。其管理对象是生产运营过程和运营系统,核心是提高生产与服务的效率,最终目的都是提升组织的竞争力。其核心内容有三个:生产

---

① 三谷宏治.商业模式全史[M].马云雷,杜君林,译.南京:江苏凤凰文艺出版社,2016:26.

与服务的科学设计和运行,流程的有效控制,系统的评价、改进与完善。其本质就是生产方式的优化。

在此基础上,哈佛大学玛丽格特教授曾认为:作为企业生存盈利的关键要素和这些要素的逻辑关系,企业运营模式包括四个要素:概念——定义企业市场机会、产品与服务、战略定位以及如何创造现金流;价值——企业所能创造和提供的价值;能力——企业为客户创造价值的能力;实现方式——包括手段、流程、支撑系统、渠道、媒介、载体、合作等。

因此,运营管理模式就是根据所需功能选择运营系统结构化的要素及其组合形式,使之形成系统结构,进而根据系统对运行机制的要求选择非结构化要素及其组合形式。

14.1.3 展览会的运营模式

展览会的运营管理是运营管理理论在展览会产业中的系统应用,这点毋庸置疑。因此根据上述基础,展览会运营模式可以界定为:与展览会组织者开发项目及提供服务密切相关的各项管理工作的总称。它包括组办方对展览会项目使命的界定,展览项目能为客户、本组织甚至整个行业乃至社会创造的价值,项目为参展商和观众创造的价值。

任何运营模式想要获得成果,就必须在组办方、参展商和专业观众之间建立相应的匹配关系。从主办的角度讲,不同类型的展览会中,上述匹配关系中的资源分配是不同的,其办展办会资源的配置方式也有所不同,这就决定了展览会运营模式的差异。更何况,一个展览会的运营模式还受到展览会组织者自身核心能力、组织与文化以及资源、项目市场机会与战略定位、产品与服务质量、具体的盈利模式和营销模式、操作流程、媒体支持、外部合作等要素的影响。从这个意义上说,没有运营模式完全相同的展览会。

【延伸阅读】

展览会商业模式运用的思考

结合商业模式的概念,同时考虑展览会企业和项目经营的特殊性,我们可以把展览会经营的商业模式定义为为了实现展览会项目及组织客户价值最大化,会展组办方通过整合组织和项目所需要的内外要素,形成具有独特竞争力且能有效运行的系统,并利用这个系统为客户提供服务,由此达成盈利目标的展览会项目及组织的设计方案。

展览会商业模式的本质是"项目组织设计方案"。在展览会策划与运营中,运用商业模式概念可以有效提高策划与运营管理的针对性、务实性和科学性。

哈佛商学院克莱顿·克里斯滕把它归纳为客户价值、盈利方法、关键资源和关键流程等四个要素。这四个要素提出,为展览会策划和运营提供了很好的框架和方向。在展览会商务模式设计和执行中,是否拥有客户价值和盈利方法,关乎组办方的经营战略。盈利模式尽管不是商业模式的全部,但确是核心。一个展览会可以为客户带来价值,但无法赚钱,那展览会和企业就难以为继,项目就不能存活。而是否拥有关键资源和关键流程,则可以检验组办方的执行能力。

为了设计展览会商业模式,理解创新的产品如何才能盈利,展览会运营者迫切需要厘清的问题包括：

①明白并建立展览会项目可以给刻画带来什哪些好处？（建立什么样的产品价值链，以实现项目及服务的商业化）

②明白谁是你展览会项目的客户？为什么？是否有足够客户愿意加入？（谁将向谁付费）

③明白如何让客户掏钱参加你的展会？（你用什么方式营销）

④明白如何将展览会信息及服务推送给客户？（你的销售渠道是什么）

⑤明白采用哪些方法实现以上意图？（工作目标和工作措施是什么）

⑥明白实现以上意图应该具备哪些必要条件？（需要利用或整合什么资源）

⑦明白谁能帮助你？有哪些合作伙伴愿意加入？他们扮演什么角色？其获利点在哪儿？（有没有可整合的商业伙伴）

⑧明白企业是否能够以适当的成本提供价值的经济逻辑是什么？（投入产出是否划得来）

总之，价值发现（明确价值创造来源）、价值匹配（明确合作伙伴，实现价值创造）、价值获取（制定竞争战略，占有创新价值）是商业模式的三个逻辑性原则，在其开发过程中，每一项思维过程都不能忽略。

14.2　展览会所有权

展览会管理是一项多层次的业务活动，它把几个不同但是相关的业务结合在一起，包括服务承包商、设施、场馆提供者等。用来定义展览会和展览会管理的一个基本要素就是展览会的组织者或运营方所选择的展览会项目在其规范下经营的法律形式。所有权顾名思义，就是展览会或展览会管理组织者或运营方持有或保有一个特定展览会项目的权利。

企业家（一般采用公司的形式）、协会和政府是最重要的三类展览会活动组织者和主办方。

14.2.1　政府所有权

各级政府机构需要和不同组织保持沟通和互动，因而需要对会议活动的举办有持续的需求。不过，出于一些特殊产业政策、外交或与民众沟通等目的和特殊国情下，政府对展览会也同样有着重要的需求。比如在 2018 年 11 月 5 日开始在中国上海举办的中国国际进口博览会。进博会举办是中国坚定支持贸易自由化和全球化，主动向世界开放市场的重大举措。

政府展览会的决策部门需要通过召开会议决定并负责通过部门预算或其他途径来筹集举办资金。政府展览会有很多的规定，如出席官员的住宿费用、展览会支出限额等。同时政府展览会是最需要考虑安全保卫的一类活动。

对于政府主办的展览会来说，一般分为两类主办，即名誉主办和实际主办，前者为挂名式，不承担项目的投资、组织运营等，后者介入展览会的全面或者部分投资运营管理工作。

从展览会运营的角度,政府所有权展览会普遍成立临时机构或组建事业单位来承办;组展和推广较多使用行政系统的力量来完成;展览会会务组织和保障工作实行"全市总动员";本地媒体有责任权利宣传推介;也正是因此,政府主导型展览会往往不论盈亏,战略导向不明。

由于政府掌握大量的展览会资源,同时也是城市经济发展规划的制定者,又拥有权力,其每一决策都影响展览市场的运行,政府所有权展览会的"to be or not to be"问题长期在争议之中。对此,我们需要客观且持续研究的态度,并加以解决。

14.2.2 协会所有权

行业协会或称行业公会是指一群包括职业、行业、教育、科学或社会等方面为了实现一个共同目的而成立的组织。他们通常成立一个被称作非营利性社团法人的经营实体来保护自己。

协会筹办并运营展览会业务的最大动机,就是为会员服务。与西方国家以社团的出资人为主成立董事会和理事会作为协会的经管方不同,我国行业协会脱胎于原有计划经济转轨的政府或事业单位,为解决经费短缺问题,一个最直接与最简单的办法就是组织本行业的展览会(随后又成立展览会公司由协会做后盾)。

协会办展有资源上的优势,其会员就是准参展商,而且协会对该产业的需求和知识层面更加掌握,对于办好展览会似乎更加有利。但由于其参展商往往以会员为主体,在参展利益上难以平衡,管理上缺乏灵活性,更重要的协会往往会因此忽略了其他职能建设。

14.2.3 企业家所有权

企业家往往被定义为以营利为目的满足市场需求提供产品或服务而愿意承担风险的个人。在展览会市场上,一般称之为"独立的会展企业",从展览会所有权角度可以分为"独立所有权"和"公司所有权"两种类型。

其中"独立所有权"用来表示由一个或多个原则上的所有者组成的经济实体。而在展览会企业中,公司占据了企业家所有权的最大比重。

表 14.1　企业家所有权的法律实现形式

序号	法律形式	释义	法律责任
1	单独专营权	单独从事某项旨在盈利展览会活动的自然人	非法人地位;所有者独自承担全部的债务和责任,并承担无限责任
2	一般合伙人	两个或两个以上自然人或实体经营以营利为目的的展览会企业	必须遵守合伙章程;每一个合伙人承担连带责任;共同经营,共担风险;可能存在双重纳税情形
3	公司所有权	依法成立企业所有者对商业行为负责的营利性的法人组织。在现实中,有多种实现形式,如有限责任公司、两合公司、股份有限公司	属于法人地位;所有者承担有限责任;实行法人治理结构;若发行股票,实行股份民主制,符合条件还可上市交易,成为公众公司

注:跨国公司可以不同的方式构建,必须遵循常规营利性公司的所有指导方针,还必须遵守分公司所在国政府实施的规章制度。

独立的展览会公司根据展览会的不同目的,找到能吸引大众或某个特定行业的从业者的具体经济利益的市场领域。展览会为参展商提供了与客户面对面的营销机会。他们以公司利益最大化的原则,不仅策划和运营可为自身带来利益的展览会,也为主办公司、协会或政府客户筹办相关活动。

他们多数办展览会比较专业,善于组织及为参展商与买家着想,以处处为行业着想。弱势就是缺乏协会的资源。在当前的中国,会展企业与专业行业协会之间的利益关系成为中国城市会展业冲突的焦点。这确实值得行业深思和破解的一个问题。

14.3　基于展览会所有权的运营模式

在欧美自由的市场经济国家,展览会趋向于分成两个主要的类别:协会类和公司类两种类型,与之对应的行业协会是国家展览和项目协会(IAEE)及独立组展商协会(SISO)。而对于大多数混合经济体制下的国家,在政府和市场双重力量的作用下,展览会的产权制度较为复杂,形成多种混合所有情况:政府+企业、政府+协会、政府+企业+行业协会等。正因如此,居于主办方的所有权或者说资源配置的方式,可以把展览会分为政府主导型展览会和市场主导型展览会两大类型。

14.3.1　政府主导型展览会

1)概念和地位

政府主导型展览会,即政府作为主办单位或承办单位,由政府投资或组织举办的展览会,旨在贯彻国家政策、引领市场经济活动和交流传播文化文明。在我国大致可以分为三级:国家级(国务院、各部委)、省市级(各省、自治区、直辖市)、县市级(含县级市及镇)等。

政府主导型展览会是市场经济体制下我国各级政府积极利用展览会活动,以展览会项目为载体实施公共服务的一种重要方式。它在我国举办的各类展览会中扮演着举足轻重的角色,这既与我国 20 世纪长时间的计划经济体制有着密切的历史渊源,也是我国社会主义国情下具有鲜明的展览会形式。

2)主要特点

政府主导型展览会一般都体现了各级政府特定的战略目标,其使命、目的、定位与商协会、企业做主办的展览会有很大的区隔,因此呈现出如图 14.2 所示的特点。

政府是展览会的主办机构。通常情况下，政府主办展览会都有专门的组织展览会的工作机构

政府财政投入作为展览会项目运营资金的主要来源

采用特殊的组织管控模式

举办内容的多元性，以综合性展览会为主

举办形式的复合性

以定性描述和定量评估相结合的综合性评判标准

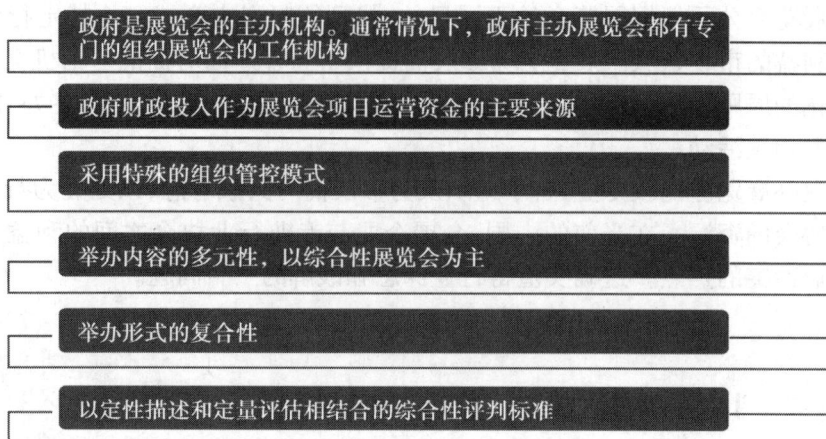

图 14.2　政府主导型展览会的特点

3) 主要运营模式

运营模式学者们根据不同的标准，有不同的划分。根据介入方式和介入目的不同，杨斌把政府主导型展览会分为三种模式：政府支持型、政府发起型和政府运作型。应丽君以展览会的组办参与者的相互关系，把展览会运营模式划分为：政府独立主办；政府有关部门主办；政府主导，社会参与，市场化运作；政府引导，社会参与，市场化运作等模式。李勇军则根据政府和市场介入程度，把政府主导型展览会分为五种模式（表 14.2）。

表 14.2　政府主导型展览会的主要运营模式

	模式	性质	应用	案例
1	政府主办+临时承办+行政计划式招展招商+动员支持+提供场馆	展览会是政治性活动或任务。一般成立临时性筹备委员会（或组委会），依托行政力量组织动员方式完成展览会组织	计划经济时期的办展模式；一般应用于政治性展示活动，阅兵、国家庆祝活动等	大连工业展览会
2	政府套会	在行政性会议基础上套上交流会和展览会的模式	计划经济时期的物资交流会，市场经济时期的区域合作机制	早期的糖酒交易会
3	政府主办+事业单位承办+动员支持+市场化运作	通过成立历时性事业单位或常设性事业单位负责实际运作	是市场经济环境下政府主导型展览会的主要运营模式，一般采取市场收费机制或赞助机制，并进行外包	广交会、中国国际投洽会
4	政府主办+公司承办+动员型支持+市场化运作	通过成立国有公司或委托专业化公司、协会予以运作		义博会、厦门国际投资贸易洽谈会
5	政府名义举办+招投标选择承办单位+政府对展览会安全负责	政府只是作为名义主办，并承担项目的投资、组织运营	积极通过市场化工具提高办展效率和水平的运营模式	广州国际设计周

不同的地区、不同情况和时期的政府主导型展览会可以灵活采用不同的运营模式,以提升展览会高效的组织效率。

14.3.2 市场主导型展览会

1)概念

市场主导型展览会是指依托竞争力强的产业,以产业规模和市场规模为基础,由独立会展企业发起并运作而非政府直接干预的展览会。它与政府主导型展览会的主要区别在于与政府的相关性不大,或者政府提供的服务仅为公共服务,没有明显对个别展览会的偏向性支持。

市场主导型展览会通常由展览会公司按照市场规律独立运作的。随着社会主义市场经济深入,代表我国展会发展的方向和趋势。从长期来看,政府办展存在诸多劣势,产业竞争意识薄弱,产业组织方式也不尽合理,易造成市场调节的"错位"——既不该办也办不好,因此无论政府和学界都认为需要思考政府主导型展览会的市场化转型。其实,问题关键是政府应该把管理职能和办展职能剥离开来,可以不必完全退出展览业,而应该转变扮演的角色——以投资者或者主办的身份,主导引导展览会组办。

这方面,其实国内外都有很好经验。德国虽然在中央政府层面没有专门的展览会管理机构,但通过地方政府(尤其是城市政府)主导会展业的发展。德国的展览会场馆主要是地方政府独立或联合投资兴建,联邦政府一般很少投资兴建,绝大所属的展览公司都是展馆经营性的国有展览公司,同时也是众多品牌展览会的主办方,而博览公司多是地方或城市政府投资控股。从这角度看,德国绝大多数品牌展览会的最终所有者都是地方政府。而有一定政府背景的香港贸发局则经营香港的场馆,也掌握着几乎所有的展览会项目;法国展览会场馆由政府投资兴建。但这些国家和地区共同的特点是政府不直接举办承办具体项目的操作,而是强调行业协会的协调、管理作用。

2)运营模式

真正意义上的市场主导型展览会要求能够提供公平、健全的市场机制,让区域内所有展览会举办者享有同等的政策待遇,各展览会之间进行公平竞争。我国会展学者王春雷根据市场导向理论,把市场主导型展览会分为三种运营模式,即反应式、先导式和互动式市场运营模式。

(1)反应式市场运营模式

反应式市场运营模式是指把展览会定位在满足顾客需求的基础上,展览会主办方需要通过不断地分析市场信息来了解市场的变化,并针对不同的变化理性地决定或调整展览会的发展方向。对于在市场中求生存的展览会而言,采取这样的市场导向有利于维持现有的竞争优势,但同时也容易忽略来自同类型展览会的竞争,导致对市场的新需要认识不足,从而失去新的市场机会。

【延伸阅读】

台北电脑展

台北电脑展(COMPUTEX)创办于1981年,为全球资通讯及物联网科技应用之指标展览,亦是全球新创企业策略合作对象媒合之重要平台,40多年来一路与全球ICT产业一同成长、茁壮,见证产业发展与转变的历史性时刻,每年吸引超过4万名的国际买主来台参观及采购,亦是国际指标厂商选择公布划时代产品的首选平台。台湾被誉为全球最具竞争力的IT制造王国,拥有ICT上中下游完整的产业链,台湾从过去的ODM/OEM的模式,转型到以专业技术、智慧财产及管理

图14.3 台北电脑展标识

技能见长,许多台湾厂商和成功经营的品牌,半导体、IT、通讯、电子精密制造等领域全球领先。全球资通讯产业发展,COMPUTEX与时俱进,2017年以"建构全球科技生态系"为定位,聚焦"人工智能与机器人(AI与机器人)","物联网技术应用噪声比(IoT应用)","创新与新创(创新与创业)","商业解决方案(商业解决方案)"及"电竞与虚拟实境(游戏与VR)"等五大主题。2018年,适时推进,聚焦六大主题:人工智能(AI);5G;区块链(Blockchain);物联网技术应用(IoT);创新与新创(Innovations & Startups);电竞与虚拟现实(Gaming & VR)。放眼产业需求,立足台湾,求新善变,COMPUTEX成为亚洲第一大、仅次于CeBIT的全球第二大的资通讯(ICT)专业展。在工厂业界里常说:"新品看CeBIT,成品看COMPUTEX"。如今,COMPUTEX更是以建构全球科技生态系为目标,期望以跨领域整合创新服务作为最强劲的动力,成为全球科技资源整合的新舞台。

(2)先导式市场运营模式

先导式市场运营模式是指展览会组织者更多关注市场的潜在需求,通过挖掘潜在需求来吸引新顾客,开拓新市场,因为这类展览会关注的市场范围较广,配套活动往往具有前瞻性,展览会的创新能力强。

这类展览会的竞争优势来源于不断增强的创新能力,但同时也会承担更高的风险,为创新付出的成本也较高。单纯采取先导式市场运营模式的展览会的盈利能力往往受到限制。不过对于主力品牌展览会来说:以创新的手段整体性地扩大市场规模是其作为市场领导者的首要任务。

(3)互动式市场运营模式

互动式市场运营模式是展览会在进入比较成熟的阶段后通常采用的运营模式,即展览会组织者既专注于市场的变化,还富有开拓新市场的精神。一般此类展览会不仅能发现各种现有市场机会,而且还善于把握和利用各种潜在的市场需求。

【延伸阅读】

中国厦门国际茶产业博览会

创办于 2010 年的中国厦门国际茶业展览,2012 年升格为中国厦门国际茶产业博览会(以下简称"厦门茶博会"),历经 8 年的成长,厦门茶博会得到了长足发展。2010 年,首次创办时面积达 16 000 平方米,展位数达到 700 个,共有国内外参展企业 221 家,其中境外企业 78 家,同期举办的"品牌连锁加盟推介会"

图 14.4 中国厦门国际茶产业博览会标识

"2010 海峡两岸茶业高峰论坛""海峡两岸茶历史展""国际茶道茶艺表演"等相关配套活动。组办方金泓信公司紧跟市场和产业的变化,锐意创新,展览会规模和影响力年年见长。如今厦门国际茶博会以国际化程度最高、参展的国外企业数量最多、专业性最强的品牌优势,在业内有口皆碑。到 2018 年,厦门茶博会不仅分春秋两季举办,而且单季(以 2018 年秋季为例)展览面积已经超过 75 000 平方米,设置国际标准展位 3 800 个,并规划品牌茶企展区、展区、包装设计展、国际展区以及台湾展区五大特设展区,从全球视角展示茶全产业链盛况!

厦门茶博会在国内众多茶业(叶)展中首次聚焦全产业链的发展,展示内容整合茶叶种植、加工、精深加工和包装等各个环节,打造茶产业全产业链的展示贸易平台。新开拓的 2012 中国厦门国际茶叶包装设计暨制茶机械展是在目前国内茶博会单一展品的局限环境下孕育而生。同时,展览会与全球第一的佛事展和国内唯一的养生素食展同期举办,打通了"茶禅一味"的生活方式展示的全新展会模式,极大地延伸展览会的成长和拓展空间。

到 2016 年基本定型的五大特色展示区域,使得茶博会将茶的生产加工、包装设计、经营销售、茶文化传播等产业链整合汇聚,以全方位的优质服务打造彰显文化底蕴、产业魅力的高端全球专业采购平台。而其配套活动更是以专业的角度、权威的声音、国际的视野,传递茶行业全产业链的最新资讯以及拓展境内外市场构建专业性的贸易交流平台。活动与展览会交相辉映,全面呼应产业和市场的热点、痛点和需求,助力茶产业转型升级,也诠释展览会"对台贸易、产业联动、辐射全球"的宗旨与初心。

表 14.3 大会主要活动一览表

活动名称	时间	地点	主题
2018 中国茶馆营销论坛	10 月 18 日 14:00—17:00	国际会议厅	中国茶馆的创新与未来
东西方茶人"唠"茶	10 月 19 日 10:00—12:00	401 会议室	贸易风波中,茶买卖的战略
2018 国际普洱茶论坛	10 月 19 日 14:00—17:00	观海厅	品味时尚——论普洱茶国际化
2018 国际茶器论坛	10 月 20 日 9:30—12:00	观海厅	一砂一世界——从茶杯到茶室的美学世界

续表

活动名称	时间	地点	主题
2018 国际茶叶包装设计论坛	10 月 20 日 13:30—17:00	观海厅	茶叶的品牌包装与文化
国际品茗汇	10 月 21 日 15:00—17:00	A3 前厅舞台区	
国际茶道茶艺表演	10 月 18—21 日 09:30—17:00	A3 前厅舞台区	

本章小结

　　用来定义展览会和展览会组织运营的一个基本要素就是展览会组织者所选择的展览会在其规范下运营的法定形式。我们探讨了所有权和组织结构,并由此产生的不同的展览会经营模式与运营模式,并论述了通常拥有展览会法律主体的不同类型:政府所有、协会所有和企业所有;同时探讨了不同所有权主体下采用的不同运营模式,也介绍了商业模式的基本问题。不管构建哪一类性质的主体形式,采用何种展览会的运营模式,有一个事实是不变的。组织和运营一个成功的展会需要花费时间、精力和细致的规划。无论是贸易性的或者是面向消费者的展览会,政府、协会和企业家都是根据市场需求来筹办和管理所有类型的展览会的。

【延伸阅读】

1.翁君奕.商务模式创新:企业经营"魔方"的旋启[M].北京:经济管理出版社,2004.

2.三谷宏治.商业模式全史[M].马云雷,杜君林,译.南京:江苏凤凰文艺出版社,2016.

3.应丽君.政府主导型展会发展报告(2010)[M].北京:人民日报出版社,2010.

复习思考题

【知识链接】

1.什么是商业模式?

2.运营管理的本质是什么?

3.展览会所有权有哪些类型?其法律形式决策有哪些?

4.展览会从资源配置的角度有哪些类型？其运营模式如何？

5.政府主导型展览会和市场主导型展览会有哪些具体类型？

【思考再三】

理解商业模式概念是做好展览会策划与运营的工作的必修课，为什么？

【走进实践】

调研一个展览会项目，分析它的商业模式。

参考文献

[1] 柏定国. 文化品牌学[M]. 长沙：湖南师范大学出版社, 2010.

[2] 陈博. 会展知识产权保护问题[J]. 生产力研究, 2010(11)：142-143,181.

[3] 程爱学, 徐文锋. 会展全程策划宝典[M]. 北京：北京大学出版社, 2008.

[4] 京柏. 会展实践与理论[M]. 深圳：海天出版社, 2005.

[5] 陈国华. 现场管理[M]. 2版. 北京：北京大学出版社, 2018.

[6] 成虎, 虞华. 工程合同管理[M]. 2版. 北京：中国建筑工业出版社, 2011.

[7] 蔡清毅. 品牌建设理论模型研究[J]. 武汉理工大学学报, 2009, 31(23)：177-181.

[8] 菲利普·科特勒, 凯文·莱恩·凯勒. 营销管理：第14版. [M]. 王永贵, 等译. 北京：中国人民大学出版社, 2012.

[9] 格里·约翰逊, 凯万·斯科尔斯. 公司战略教程：第3版. [M]. 金占明, 贾秀梅, 译. 北京：华夏出版社, 1998.

[10] 格伦·布鲁姆, 艾伦·森特, 斯科特·卡特里普. 有效的公共关系：第8版. [M]. 明安香, 译. 北京：华夏出版社, 2002.

[11] 伊恩·约曼, 马丁·罗伯逊, 简·艾黎-凯特, 等. 节庆活动的组织管理与营销[M]. 吴恒, 孙小珂, 金鑫, 译. 沈阳：辽宁科学技术出版社, 2005.

[12] 郭肖华. 广告创意训练教程[M]. 北京：高等教育出版社, 2005.

[13] 龚维刚. 会展实务[M]. 上海：华东师范大学出版社, 2007.

[14] 干春晖. 并购经济学[M]. 北京：清华大学出版社, 2004.

[15] 胡平. 会展管理概论[M]. 2版. 上海：华东师范大学出版社, 2017.

[16] 华谦生. 会展策划[M]. 3版. 杭州：浙江大学出版社, 2019.

[17] 何佰洲. 工程合同法律制度[M]. 北京：中国建筑工业出版社, 2003.

[18] 黄合水. 品牌资产：一个认知模型及其验证[D]. 北京：北京师范大学, 2002.

[19] 黄合水, 王霏. 品牌学概论[M]. 2版. 北京：高等教育出版社, 2022.

[20] 金占明, 段鸿. 企业国际化战略[M]. 北京：高等教育出版社, 2011.

[21] 纪华强, 杨金德. 公共关系的基本原理与实务[M]. 3版. 厦门：厦门大学出版社, 2007.

[22] 卡尔·佩格尔斯. 日本与西方管理比较[M]. 张广仁, 张杨, 译. 北京：机械工业出版社, 1987.

［23］陆雄文. 管理学大辞典［M］. 上海：上海辞书出版社，2013.

［24］廖泉文. 人力资源管理［M］. 2 版. 北京：高等教育出版社，2011.

［25］刘大可. 会展营销教程［M］. 北京：高等教育出版社，2006.

［26］刘海桑. 政府采购、工程招标、投标与评标 1 200 问［M］. 北京：机械工业出版社，2012.

［27］刘松萍，刘勇. 外资进入中国会展业的历程和模式分析［J］. 广州大学学报（社会科学版），2013，12（4）：46-50.

［28］刘松萍，吴建华. 会展文案［M］. 天津：南开大学出版社，2010.

［29］刘大可. 展览会组织与经营［M］. 北京：中国人民大学出版社，2012.

［30］李家华. 创业基础［M］. 北京：北京师范大学出版社，2013.

［31］李敏. 会展会议活动项目管理手册［M］. 北京：中国电力出版社，2015.

［32］李勇军. 我国政府主导型展会的演进和模式转变［J］. 西部论坛，2017，27（6）：75-81.

［33］林宁. 展览知识与实务［M］. 北京：经济科学出版社，1999.

［34］曼弗雷德·基希盖奥格，维尔纳·M. 多恩夏特，威廉·基泽，等. 博览管理：博览、会议和活动的策划、执行与控制［M］. 习晓瀛，等译. 上海：上海财经大学出版社，2008.

［35］苗兴壮. 公共危机管理系统的静态要素分析［J］. 学术论坛，2011，34（3）：65-69.

［36］乔治·费尼奇. 会展业导论：原书第 4 版［M］. 王春雷，译. 重庆：重庆大学出版社，2018.

［37］三谷宏治. 商业模式全史［M］. 马云雷，杜君林，译. 南京：江苏凤凰文艺出版社，2016.

［38］桑德拉·L. 莫罗. 展会管理实务：会展艺术［M］. 武邦涛，等译. 2 版. 上海：上海远东出版社，2008.

［39］邵培仁. 会展管理［M］. 上海：上海人民出版社，2011.

［40］苏晓东，郭肖华，洪瑞昇. 720°品牌管理：概念与运用［M］. 北京：中信出版社，2002.

［41］文魁，储祥银. 北京会展业发展研究［M］. 北京：首都经济贸易大学出版社，2006.

［42］吴志才. 会展策划理论与实务［M］. 北京：经济管理出版社，2016.

［43］吴何. 现代企业管理：激励、绩效与价值创造［M］. 2 版. 北京：中国市场出版社，2015.

［44］乌尔里希·贝克. 风险社会：新的现代性之路［M］. 张文杰，何博闻，译. 南京：译林出版社，2009.

［45］王玉，王琴，董静. 企业战略管理教程［M］. 4 版. 上海：上海财经大学出版社，2013.

［46］王春雷，陈震. 展览会策划与管理［M］. 北京：中国旅游出版社，2006.

［47］王春雷，陈震. 展览项目管理：从调研到评估［M］. 北京：中国旅游出版社，2012.

［48］魏士洲. 展览实务［M］. 天津：南开大学出版社，2013.

［49］徐晋. 平台经济学：平台竞争的理论与实践［M］. 上海：上海交通大学出版社，2007.

［50］许传宏. 会展服务管理［M］. 北京：北京大学出版社，2010.

［51］杨琪，李晨，杜凤霞，等. 会议运营管理［M］. 重庆：重庆大学出版社，2016.

［52］余明阳，杨芳平. 品牌定位［M］. 武汉：武汉大学出版社，2008.

［53］余绪缨，林涛，郭晓梅. 企业理财学［M］. 3 版. 沈阳：辽宁人民出版社，2009.

［54］郁义鸿，李志能，罗博特·D.希斯瑞克. 创业学［M］. 上海：复旦大学出版社，2001.

［55］约翰·R.舍默霍恩. 管理学：第 8 版［M］. 周阳，译. 北京：中国人民大学出版社，2011.

［56］周三多，陈传明，鲁明泓. 管理学：原理与方法［M］. 5 版. 上海：复旦大学出版社，2009.

［57］张仁侠. 现代工商企业管理［M］. 3 版. 北京：首都经济贸易大学出版社，2012.

［58］张凡. 会展策划［M］. 武汉：武汉大学出版社，2014.

［59］张金祥. 会展实务［M］. 重庆：重庆大学出版社，2007.